Don Juan

ou

la vie de Byron

Les Discours du docteur O'Grady

Nouveau Discours du docteur O'Grady

Ni Ange ni Bête

L'Instinct du Bonheur

Ariel ou la Vie de Shelley

René ou la Vie de Chateaubriand

Dialogues sur le Commandement

Aspects de la Biographie

Mes songes que voici

Sentiments et Coutumes

Ce que je crois avec les objections faites par quelques lecteurs et les réponses aux objections

Robert et Elisabeth Browning

Les Silences du colonel Bramble

ANDRÉ
MAUROIS

———

Don Juan

ou

la vie de Byron

Bernard Grasset

Paris

Photo : © Roger-Viollet

ISBN 978-2-246-14564-6
ISSN 0756-7170

André Maurois / Don Juan ou la vie de Byron

De toutes les grandes biographies entreprises par André Maurois (Balzac, Hugo, Chateaubriand, entre autres), celle qu'il consacra au poète romantique anglais George Gordon Byron (1788-1824) est sans doute la plus hantée, la plus excessive, la plus risquée. La hantise, l'excès, le risque tiennent au sujet. L'auteur de Childe Harold *et de* Parisina, *avec son génie et son pied-bot, était un homme plein d'amertume, fier, infernal. « Pour les romantiques, la vie est une œuvre », écrit Maurois. Mais les romantiques se jettent aussi dans leur œuvre. Byron a fait de la sienne un tableau, un drapeau, un miroir, un tombeau. Il est mort à 36 ans à Missolonghi, en Grèce, rallié à la lutte de ce pays contre la domination turque. En un sens, la brève vie de ce « carbonaro » fut tout entière une guerre de libération : une mère méprisée, des amours déçues, un mariage problématiqu*

e, une classe sociale qu'il nargue, des exils déguisés en voyages, des ennemis choisis et redoutables tels le pape et les autrichiens…

Ami de Percy Shelley et admirateur de Walter Scott, le poète a poussé sur l'humus du XIXᵉ siècle, mais ses lettres et ses journaux font de lui, comme l'écrit Maurois, un écrivain « de tous les temps ». Pour une raison simple et rare : cette âme qui se pensait damnée ne mentait jamais, avouant l'inceste, l'orgie, le mélodrame, les ricanements.

André Maurois souffre parfois d'une image de notable des lettres. Un notable n'aurait jamais aussi bien compris la psychologie et l'héroïsme romantiques. Anglophile passionné, Maurois connaît son Byron sur le bout des doigts. Son sens du récit, précis et fiévreux, fait merveille. Dans le double registre scientifique et passionnel, Don Juan ou la VIᵉ de Byron, *dont la première édition date de 1930, est un modèle du genre.*

André Maurois se nommait en fait Emile Wilhelm Herzog, né le 26 juillet 1885 à Elbeuf en Normandie. Après des études au lycée de Rouen, il poussa jusqu'à la licence de philosophie (Alain avait été son professeur au lycée…). Embauché dans la filature de son père, il ne pense qu'à la littérature. C'est à la « faveur » de la Première Guerre mondiale où il sert comme agent de liaison auprès du corps britannique qu'il deviendra romancier avec les Silences du colonel Bramble *(1917). Ce livre, qui lui valut immédiatement une certaine notoriété, sera suivi de nombreux romans :* les Discours du Dr O'Grady *(1922),* Bernard Quesnay *(1926), le très fameux* Climats *(1928), un chef-d'œuvre du thème conjugal,* Patapoufs et filifers *(1930), le* Cercle de famille *(1932), sur le conflit des générations,* la Machine à lire les pensées *(1937), les Mondes impossibles,* Récits et nouvelles fantastiques *(1948), etc.*

Elu à l'Académie française dès 1938, il séjourna pendant la guerre aux Etats-Unis et en Afrique du Nord, où il se consacra au journalisme et à des activités de conférencier. Puis, collaborateur de la presse littéraire, il décida de prolonger une carrière de biographie remarquablement entamée par Ariel ou la VIe de Shelley *(1923),* la VIe de Disraeli *(1927) et* René ou la VIe de Chateaubriand *(1938). On lui doit notamment* Don Juan ou la VIe de Byron *(1952),* Lélia ou la VIe de George Sand *(1952),* Olympio ou la VIe de Victor Hugo *(1954),* les Trois Dumas *(1957),* Prométhée ou la VIe de Balzac *(1965).* Maurois a élevé la biographie au rang d'un art : informations précises, maîtrise du style, empathie avec son sujet. On ne saurait donc lui faire le reproche de ne point s'être oublié avec deux volumes autobiographiques : Mémoires *(1949) et* Portrait d'un ami qui s'appelait moi *(1959). Cet humaniste, prototype de* l'honnête homme, *présida en compagnie d'Aragon à la rédaction d'une* Histoire parallèle des USA et de l'URSS *(1962)... Ses études*, De Proust à Camus *et* De La Bruyère à Proust *(1963) mettent en évidence la finesse de cet écrivain du mot juste, presque musical, grand connaisseur de l'âme humaine. Il s'est éteint le 9 octobre 1967 à Neuilly.*

Préface

I

POURQUOI BYRON ?

Bien que j'admire les œuvres des grands classiques, toutes les biographies que j'ai écrites ont été celles d'écrivains romantiques. Ce ne fut jamais un dessein formé mais, si je réfléchis sur ces choix instinctifs, je les explique aisément. Le romantique, tout occupé de soi-même, laisse derrière lui, comme une traînée lumineuse, sa vie, dont ses ouvrages éclairent les instants. Il est pittoresque et facile à ressusciter. Le classique, parce qu'il accepte la société dans laquelle il est né, s'efforce de la peindre avec vérité et tend à s'effacer derrière ses personnages. Sans doute demeure-t-il possible, par hypothèses et interprétations, de reconstituer ce que l'auteur a cru cacher. Racine, La Rochefoucauld, La Bruyère sont présents dans leurs écrits plus qu'ils ne l'eussent souhaité, mais c'est de manière discrète et secrète. Si leurs passions furent vives, les mœurs et croyances du temps leur imposèrent quelque pudeur. Bref, leur vie ne paraît dans leurs ouvrages que comme un filigrane. On ne peut la voir que par transparence. Par force il faut aller à l'œuvre.

Pour les romantiques, la vie est une œuvre. Parce qu'ils se sentent, pour des raisons diverses, en désaccord avec le monde tel qu'il est, ils s'efforcent de se transformer en personnages du monde tel qu'il n'est pas. Ils prennent des attitudes. Chateaubriand se voit malheureux et fidèle; Hugo se veut mage et proscrit; Byron débute en poésie par Childe Harold *qui fait de lui, à ses propres yeux, un personnage satanique et révolté. Ces poses sont pénibles à tenir. Elles ont été adoptées, par l'écrivain, au moment où elles correspondaient à des malheurs authentiques. Le succès, puis la gloire, les rendent moins sincères. Le poète, qui sent cette disparate et en souffre, se trouve amené à regretter le climat fiévreux qui lui permit de produire un chef-d'œuvre. Il cherche à reconstituer autour de soi l'atmosphère sentimentale qui parut convenir à son génie. D'où une étrange course au malheur qui est aussi une course au courage. Qui ne craint pas les conséquences fatales de ses actes, et même les accueille avec un amer plaisir, devient plus facilement un héros. Le rocher de Guernesey et la mort à Missolonghi furent désirés avant d'être trouvés.*

De ces romantiques aux belles vies, Byron demeure un parfait exemplaire. Nos romantiques français gardent, jusque dans leurs excès, quelques traces de vertus bourgeoises. Hugo, lorsqu'il prit une maîtresse, fut à la fois honteux et enivré. Lorsque, plus tard, il se donna toute licence sensuelle, il alla au plaisir plutôt qu'à la passion. La vie de Vigny fut loin d'être chaste, mais les apparences étaient sauvées et la comtesse de Vigny respectée. Le Lamartine réel ne ressemblait guère à celui des Méditations. *George Sand eut son temps de « cavalcades », mais elle fut, pendant la plus grande partie de sa vie, la châtelaine et la ménagère de Nohant. Comme Hugo, comme Vigny, comme Lamartine, elle mourut pleine d'années et dans son lit. Byron, au contraire, a vécu* Childe Harold, Manfred *et* Don Juan. *D'où un mystère fatal et prestigieux qui l'a proposé à l'attention, puis à l'admiration de l'Europe. Tous les autres, et même les Anglais, s'imposent des limites ou des prudences. Shelley, qui ose beaucoup, cache plus encore. Ce qu'il avoue est avouable. La fierté de Byron est de clamer l'inavouable. Il affiche l'inceste, l'orgie. Le défi va chez lui jusqu'au mélodrame; les convives de Newstead boivent dans des crânes. Hugo finit en grand-père, Byron en soldat et en damné. Hugo vit pour une cause à laquelle il croit ; Byron meurt, en ricanant, pour une cause à laquelle il ne croit plus. Et pourtant...*

Et pourtant c'était une âme grande, généreuse, mais faussée par le malheur. Hugo adolescent a eu cette sécurité de respecter et d'adorer sa mère ; Byron, l'humiliation de mépriser la sienne. Hugo est vigoureux, Byron infirme. Le premier amour comble Hugo ; la première femme aimée se moque de Byron et dessèche ce cœur. Hugo a été élevé dans le confortable scepticisme du XVIIIe siècle ; son adhésion au christianisme sera épisodique et superficielle ; il craindra le mystère du monde mais non la mort. Byron, élevé en calviniste, croit à la prédestination et, se constatant diabolique, attend l'enfer. Quand il dort, abrité par les rideaux rouges d'une courtine, il rêve des flammes éternelles. Les cauchemars de Hugo sont apocalyptiques, ceux de Byron sont sataniques. Mais à l'état de veille, c'est Byron qui, des deux, a le plus de bon sens.

Car le romantique ne tient jamais la pose à toutes les heures de sa vie. Il est « campé » pour les autres, et même pour soi. Toutefois cette armure lui pèse et il lui arrive de soulever la visière. Alors son style respire plus librement. Rien n'est plus intéressant à observer que la différence de ton entre la correspondance de Hugo et ses textes de parade. Le grand journaliste des Choses vues *n'écrit pas comme l'auteur de* William Shakespeare. *Et plus encore que les carnets de Hugo, les journaux de Byron sont admirables par la vérité implacable de la vision et du sentiment. Voilà un homme qui ne ment jamais. Thibaudet reconnaissait, en France, deux grandes lignées d'écrivains : celle du lieutenant (Stendhal) et celle du vicomte (Chateaubriand). Lieutenant et vicomte sont romantiques, mais Stendhal exprime la passion dans un style issu de Voltaire et du* Code civil, *Chateaubriand y veut plus de pompeuse harmonie. Or il est remarquable que Byron et Hugo appartiennent, l'un et l'autre, à la fois aux deux*

lignées. Mais, chez Byron, l'élément « lieutenant » domine ; chez Hugo, l'élément « vicomte ». Hugo n'aurait
pas écrit Don Juan. Le vrai fils poétique de Byron chez
nous, c'est le Musset de Namouna. Mais Musset n'eut
jamais la force de Byron, ni son amertume. Il y a, en Don
Juan, quelque chose d'astringent qui donne au vers une
inimitable saveur. Avoir écrit les brûlants poèmes à Augusta et le journal cynique de Ravenne, c'est prouver que l'on
était capable de parcourir toute la gamme des sentiments.
Le registre de Byron, comme celui de Hugo, est d'une
surprenante étendue. Romantique des premières années
du XIXe siècle par ses poèmes, il est, par les lettres et
journaux, écrivain de 1952 et de tous les temps. Je ne
regrette pas de l'avoir choisi : il fut le prototype d'une
illustre série.

II

LES SOURCES.

Les sources originales de toute vie de Byron sont la correspondance (les six volumes de l'édition de Lord Ernle et
les deux volumes complémentaires publiés, par Murray, en
1922) ; les poèmes ; la Vie de Byron par Moore ; l'Astarté
de Lord Lovelace et un certain nombre de mémoires
contemporains.

J'avais aussi eu la chance de pouvoir consulter des documents inédits. Lady Lovelace, veuve du petit-fils de
Byron, avait bien voulu me confier le journal inédit de
Lady Byron et m'autoriser à travailler à Ockham Park, où
se trouvaient les archives de la famille. Elle m'avait ainsi
permis d'élucider le problème de l'inceste. J'emploie le
mot pour complaire à l'ombre de Byron, et bien qu'à mon
avis cet inceste ait été un crime assez imaginaire. Non
seulement Augusta Leigh n'était que la demi-sœur de Lord
Byron, mais il ne l'avait presque jamais vue avant le
moment où, en 1813, il la rencontra et l'aima. De la

*réalité de cet amour, j'avoue ne pas comprendre comment l'on peut douter après la publication d'*Astarté, *des lettres à* Lady Melbourne *et de la* Vie de Lady Byron *par Ethel Colburn Mayne.*

Ce qui détermine ma conviction, c'est : I° la correspondance avec Lady Melbourne, dont personne ne nie l'authenticité et qui est, si l'on n'admet pas l'inceste, dépourvue de tout sens intelligible ; 2° les lettres innombrables échangées entre Lady Byron, Augusta, Mrs Villiers, Médora, Ada, et où l'amour de Byron pour Mrs Leigh est traité comme un fait connu, indiscuté ; 3° les lettres de Mrs Leigh elle-même, qui s'efforce d'établir, non que les relations n'ont jamais existé, mais seulement qu'elles n'ont pas continué après le mariage de Byron, en quoi d'ailleurs elle dit la vérité, et son témoignage est confirmé par celui de Byron ; 4° le livre de Roger de Vivie sur Médora, livre qui, en prouvant que Médora était une fille de Byron, fixe de façon certaine à l'été de 1813 *le début de cette liaison.*

*J'espère, tout en traitant cet épisode sans hypocrisie, avoir fait partager au lecteur les sentiments d'admiration et de pitié que, me semble-t-il, doit inspirer le caractère de Byron. Surtout je me suis attaché à observer les proportions véritables et à ne pas faire de ce thème secondaire le sujet central d'*Une Vie de Byron. *Le conflit qui est l'essence du byronisme existait avant l'inceste ; la cause de la séparation n'est pas l'inceste et, dès* 1818, *Augusta Leigh n'est plus, dans la vie de Byron, qu'une ombre légère et apaisée. On a souvent cherché à opposer Lord Byron et sa femme l'un à l'autre comme s'il était nécessaire que, dans un mariage manqué, il y eût un coupable. Lord et Lady Byron avaient tous deux des défauts irritants et de hautes vertus. Ils n'étaient pas faits pour une vie commune mais on verra, par les textes que je cite, qu'ils avaient fini par se rendre une mutuelle justice, avec plus de lucide sérénité que leurs champions posthumes.*

Je puis aujourd'hui, un temps si long s'étant écoulé, citer quelques lignes d'une lettre de Lady Lovelace, écrite d'Ockham Park le 13 *octobre* 1929 : « *Je tiens à vous dire*

*le grand plaisir avec lequel j'ai lu votre récit du mariage.
Il est parfait! Vous avez rendu justice à Lady Byron, tout
en nous faisant comprendre Byron et par conséquent lui
pardonner. Quant à votre portrait de lui, tous autour de
moi disent unanimement :* Il a ressuscité le poète. *Et cela
était fort nécessaire...* » *Lady Lovelace était une très vieille
femme, aimable, vive et spirituelle.*

*J'avais dû à Harold Nicolson, grand érudit byronien et
auteur d'un livre excellent sur :* Byron, le dernier voyage,
*la communication d'un document remarquable : l'exem-
plaire du livre de Moore qui appartenait à Hobhouse et
avait été annoté par l'ami le plus intime de Byron, Lord
Lansdowne m'avait prêté la correspondance de Byron et
de Miss Elphinstone ; le colonel Murray avait mis à ma
disposition, avec bonne grâce, les dossiers de sa maison
d'édition. Enfin Lord Ernle, qui vivait encore, avait,
malgré son grand âge, accepté de lire mes épreuves et ses
conseils m'avaient été précieux.*

*Depuis que ce livre a paru, de nombreux ouvrages ont
été publiés sur tel ou tel aspect de Byron, le plus important
et le meilleur étant celui de Peter Quennell. En France,
M. Robert Escarpit a donné un :* De quoi vivait Byron, *où
l'influence exercée sur la vie et sur le comportement du
poète par sa situation financière est étudiée de manière
exacte et pénétrante. Il est nécessaire aussi de lire la
grande étude du professeur américain Norman Ivy White
sur Shelley, parce qu'elle prouve que Byron avait raison
de suspecter les rapports de Claire Clairmont et de son
beau-frère. Plus les recherches des érudits mettent au jour
des documents nouveaux de cette période, plus la figure de
Byron apparaît belle dans son audacieuse franchise.*

*Enfin, en 1949, ont été révélés les papiers de la com-
tesse Guiccioli, dernière maîtresse de Byron. Cet épisode
mérite d'être analysé avec quelque détail.*

III

LE DERNIER ATTACHEMENT.

Qu'il est difficile d'être oublié ! Quand nous mourons, nous pourrions croire que nos pauvres amours disparaîtront avec nous. Mais non. Pendant des années, parfois pendant des siècles, les écrits témoins ne cessent de surgir. Comme les villes mortes sortent des sables, les paquets de lettres jaunies émergent des coffrets. Et voici la postérité amenée à retoucher des visages qui depuis longtemps ne sont plus que cendres ou squelettes.

Teresa Guiccioli, dernier attachement de Byron, avait laissé à sa famille de nombreuses reliques enfermées dans une boîte d'acajou sculpté qui ne devait être ouverte que cinquante ans après sa mort. Trésors d'une amoureuse naïve et fidèle : des cheveux de Byron, qu'il lui avait donnés en partant pour la Grèce ; un morceau de sa chemise ; une branche d'arbre cueillie à Newstead ; un exemplaire du Corsaire *relié en peluche rouge, celui dans lequel il avait écrit pour elle une tendre déclaration ; cent quarante-neuf lettres inédites de Byron, en italien, et une* Vie de Byron *écrite par la comtesse Guiccioli, qui l'avait jugée trop intime pour la publier de son vivant.*

De ces précieux documents, la marquise Origo, Anglaise mariée avec un Italien, a tiré un livre. Elle aurait pu être tentée de prendre parti, de faire de Byron un séducteur cynique enlevant une malheureuse étrangère à son mari, pour l'abandonner après satiété, ou, au contraire, de Teresa une adroite intrigante, qui se fût jetée à la tête de Byron pour échapper à un barbon, et aurait contraint Don Juan à se transformer en sigisbée. Ou bien elle aurait pu camoufler l'aventure en comédie italienne, plus divertissante qu'émouvante.

Toutes ces caricatures auraient trahi la vérité. La véri-

table histoire de Byron et de Teresa comporte plus de nuances et mérite plus de sympathie. Pourquoi aima-t-il, avec une tendresse dont il n'était pas coutumier, cette femme de dix-sept ans, si différente de lui ? Elle était jolie et fraîche, sans doute, mais la beauté n'avait jamais attaché Byron. Iris Origo a très bien vu que Teresa dura, en partie par sa vitalité et sa volonté, mais surtout parce que, comme jadis Augusta Leigh, elle apportait à ce cœur tourmenté la gaieté et la paix.

Teresa n'avait qu'une culture de convention et elle écrivait dans le style qu'on lui avait enseigné au couvent de Santa Chiara. Mais Byron n'en souffrait guère, parce que les deux amants s'écrivaient en italien. Une étrangère qui impose sa langue se trouve par là en position favorable pour plaire. L'amusement de l'exotisme, uni à l'amour, donne du charme aux platitudes. Byron lui-même fut alors gagné par le style de Santa Chiara : « Quando piango le mie lagrime, vengono dal'cuor' e sono di sangue... Quand je répands mes larmes, elles viennent du cœur et ce sont des larmes de sang... » D'ailleurs, une fois admises les conventions amoureuses du pays et du temps, Teresa n'était point sotte. Elle lisait très bien les livres français qu'il lui donnait ; seulement elle les lisait, comme toute amante bien éprise, en y cherchant la pensée du donateur plus que celle de l'auteur.

Quand il eut la cruauté de lui offrir Adolphe, peinture trop vraie des malheurs qu'engendrent les liaisons hors mariage, elle réagit avec une légitime tristesse : « Byron, comme ce livre m'a fait mal !... Mon esprit et mon cœur sont profondément blessés. Byron, pourquoi m'avez-vous envoyé ce livre ? Ce n'était pas le moment... Pour pouvoir supporter et goûter cette histoire, il faut être plus loin de la condition d'Ellénore que je ne le suis ; et pour le donner à sa maîtresse, il faut être, ou très près de l'état d'Adolphe, ou très loin... » Ce qui est fin, et même bien écrit.

Quand il s'agissait des œuvres de Byron, elle se montrait plus personnelle encore. Si Byron, écrivant Don Juan,

la regardait avec un sourire amusé et disait : « Je viens
d'écrire quelque chose contre l'amour », elle répondait
vivement : « Effacez-le ! – Je ne puis, répondait-il, cela
gâterait la strophe. » Un artiste supporte mal des restrictions sentimentales qui le privent d'une part de son génie.
Le jour vint où Byron regretta sa liberté. Une très jolie
femme, oui, mais comment passer les soirées ? Et elle lui
plut bien moins encore quand il la vit en milieu anglais,
avec les Hunt et les Shelley.

Après la mort de Byron, Teresa rentra d'abord au foyer
conjugal, mais elle obtint vite une séparation et une pension, car le vieux comte était « excentrique » et débauché.
Libre, elle se fit la prêtresse du culte byronien. Cet amour
avait été la grande aventure de sa vie. Les touristes anglais qui venaient à Rome demandaient à la voir ; la
dernière maîtresse de Lord Byron les intéressait plus que
les Thermes de Caracalla. En 1825, elle eut une liaison
avec un jeune Anglais à la voix douce, qui boitait un peu :
Henry Edward Fox. Il lui avait plu parce qu'il lui rappelait Byron. Il fut d'abord assez dur pour elle : « Pauvre
Lord Byron ! disait-il, je ne m'étonne pas qu'il soit allé en
Grèce ! » Mais, plus tard, il loua sa sincérité et la noblesse
de son caractère. On finissait toujours par s'attacher à
Teresa.

Chateaubriand l'entrevit : « A ses cheveux blonds, au
galbe mal ébauché de sa taille, à l'inélégance de sa beauté, je l'ai prise pour une grasse et blanche étrangère de
Westphalie... » Lamartine fit avec elle de longues promenades dans les jardins Doria et elle lui raconta sa vie. Elle
en avait mis au point une version expurgée, dans le style
de Santa Chiara. Ce fut celle-là qu'elle tenta de faire
accepter par l'Angleterre quand elle y fit, en 1832, un
séjour. John Murray et Lady Blessington s'occupèrent
d'elle, en souvenir de Byron. Elle rendit visite à Augusta
Leigh avec laquelle elle passa trois heures, à Saint-
James's Palace, « ne parlant que de lui ». On ne sait ce
que dirent, de Don Juan, les deux seules femmes qu'il eût
aimées, mais toutes deux se déclarèrent « très satisfaites

de l'entretien ». Lady Blessington, qui allait alors publier ses Conversations *avec Lord Byron, essaya d'obtenir, de la comtesse Guiccioli, des lettres d'amour inédites, pour son livre. N'était-ce pas l'intérêt de Teresa que de « prendre soin de sa gloire » en montrant la solidité de cet attachement ? Mais Teresa fut d'un avis contraire. Elle fit un pèlerinage à Newstead, regarda l'arbre sur le tronc duquel Byron et Augusta avaient gravé leurs noms, et, en rapporta une branche.*

En 1847, Teresa, veuve depuis sept ans, accepta de devenir la femme d'un pair de France, le marquis de Boissy, riche, excentrique tout comme feu le comte Guiccioli, mais plus aimable et moins dangereux que celui-ci. Depuis quelques années, le marquis de Boissy suivait Teresa comme un caniche. Il devait aimer les lettres, car il se montra fier de son « alliance » avec un grand poète. Quand le duc Pasquier, doyen de la Chambre des Pairs, lui demanda avec un peu d'hésitation si sa fiancée était parente de la comtesse Guiccioli dont le nom avait été associé à celui de Lord Byron : « Comment donc ? répondit Boissy avec un sourire radieux, mais c'est elle-même ! » Ils furent mariés dans la chapelle du Luxembourg et formèrent un ménage heureux. Elle avait un portrait de Byron au-dessus de sa cheminée et s'arrêtait devant lui en soupirant : « Qu'il était beau ! Mon Dieu, qu'il était beau ! » Elle croyait à l'écriture automatique et communiquait souvent avec l'esprit de Byron. Quand Boissy fut mort, en 1866, elle évoqua simultanément son mari et son amant : « Ils sont ensemble, disait-elle, et les meilleurs des amis. » Longtemps elle eut envie de détruire celles des lettres de Byron qui démentaient l'incroyable légende d'amour platonique qu'elle s'était efforcée d'accréditer. Mais son loyalisme envers le poète l'emporta sur sa tardive pudeur. Elle décida que tout serait publié, cinquante ans après sa mort, « pour montrer le cœur généreux et bon de Lord Byron ». N'est-ce pas là de la fidélité ? demande Iris Origo.

Certainement, c'est de la fidélité. De sa rencontre avec

*le génie, des malheurs qu'il avait attirés sur elle et sur les siens, Teresa Guiccioli resta toute sa vie reconnaissante, éblouie. Ce dénouement vaut bien celui d'*Adolphe. *Au temps où elle avait soixante-dix ans, à Paris, un vieux marquis de Flamarens disait à un ami anglais que « Mme de Boissy restait ce qu'elle avait toujours été ».*

« En quel sens ? demanda l'Anglais.

– Attachante, répondit-il. Attachante et attachée. »

IV

SITUATION DE BYRON.

La poésie de Byron avait été celle d'une époque inquiète. La Révolution française avait fait naître de grands espoirs qu'elle avait déçus. Les guerres napoléoniennes avaient été l'occasion d'actes héroïques et vains. Des millions d'hommes avaient éprouvé, comme Byron, le sentiment de l'injustice et de la folie de l'univers. Pour eux comme pour lui-même, ses poèmes avaient été « le volcan dont l'éruption empêche un tremblement de terre ».

Après 1830, *la vie de l'Europe changea. Les classes moyennes arrivaient au pouvoir ; la science mettait au service des hommes des forces dont on n'apercevait pas encore les limites. Epoque d'espoirs bourgeois. Le Destin cédait. Un poème sur Don Juan choquait à la fois des aristocrates dévots et des boutiquiers triomphants. Les sujets de la reine Victoria, qui fondaient un empire, ne voulaient pas savoir que les empires se succèdent comme les vagues de la mer. Carlyle, qui avait aimé Byron, se détachait de lui. Un volcan ? Oui, pensait-il, Byron avait eu la force inutile et dangereuse d'un volcan. « Et maintenant, écrivait Carlyle, nous regardons tristement les cendres du cratère qui, avant longtemps, se remplira de neige. »*

Ainsi le prophète s'unissait au marchand pour condamner Childe Harold. Çà et là quelque esprit plus hardi, Ruskin, Browning, reconnaissait sa force et sa grandeur.

En France, Flaubert se nourrissait de Byron et, au cours d'un pèlerinage à Chillon, trouvait une joie religieuse à voir ce nom gravé dans la pierre. « Tout le temps j'ai songé à l'homme pâle qui un jour est venu là, s'y est promené de long en large, a écrit son nom sur la pierre et est reparti... Le nom de Byron est gravé de côté et il est déjà noir, comme si on avait mis de l'encre dessus pour le faire ressortir ; il brille en effet sur la colonne grise et jaillit à l'œil dès en entrant : au-dessous du nom la pierre est un peu mangée, comme si la main énorme qui s'est appuyée là l'avait usée par son poids... » Mais les médiocres jouissaient de la déchéance d'un génie. Le jeune Leconte de Lisle étant allé voir Béranger, le chansonnier lui dit qu'il n'admirait pas Byron : « Des vers comme les siens, peuh ! moi, tous les soirs, j'en fais en rêve quand je dors. – Ah ! mon cher maître, répondit Leconte de Lisle, que ne dormez-vous toujours ! »

Puis la réaction antibyronienne atteignit les meilleurs. En France comme en Angleterre, le réalisme de la prose et la vulgarité de la vie inspirèrent aux poètes le désir de chercher refuge dans la pureté de la forme. A Byron, on préféra Keats, Shelley, Swinburne. En 1881, Matthew Arnold, dans une préface célèbre, défendit Byron, loua l'impérissable excellence de sa sincérité et de sa force, le mit au-dessus de Keats, mort trop jeune, et de Shelley, « bel ange inefficace qui bat en vain le vide de ses ailes lumineuses ». Swinburne et ses amis protestèrent et triomphèrent. Matthew Arnold avait prédit qu'en 1900 le premier nom que prononcerait l'Angleterre, récapitulant les gloires du XIXe siècle, serait celui de Byron. Il se trompait. En 1900, cette poésie ne rencontrait plus que la froide indifférence des esthètes. On jugeait Byron sur le Corsaire, sur le Giaour, sur des poèmes qu'il avait lui-même condamnés. Assez rares étaient (et sont encore) ceux qui avaient lu le troisième chant de Childe Harold, les derniers chants de Don Juan, les courts poèmes lyriques, le Prométhée et les admirables journaux en prose.

La revanche était proche. Après 1920, Desmond Mac

Carthy, Harold Nicolson, Ethel Colburn Mayne, Peter Quennell en Angleterre, Charles Du Bos en France rendirent à Byron sa juste place d'homme et de poète. Quand l'université de Cambridge pria Desmond Mac Carthy, alors le premier des critiques anglais, de faire les Clark Lectures, *série de conférences annuelles, traditionnelles et fameuses, il choisit pour sujet Byron. Lui-même m'a raconté que, le jour de son arrivée, il reçut la visite d'un petit groupe d'étudiants :*

« Nous sommes très heureux, monsieur, lui dirent-ils, de vous voir parmi nous pour quelques semaines. Vous êtes un critique courageux et que nous estimons. Seulement nous regrettons qu'un homme tel que vous ait choisi un sujet aussi usé... Byron ! Qui lit encore Byron ? Si vous ne vouliez pas ici parler d'un poète contemporain, que n'avez-vous élu Keats ? Ou Shelley ? Ou Donne ?... Mais Byron ! »

Le critique défendit son choix, puis parut ébranlé par la violence de ses visiteurs et finit par dire :

« Peut-être avez-vous raison. Voici ce que je vous propose. Je ferai mon cours sur Byron, puisque je m'y suis engagé envers l'université, mais le soir, dans mon appartement de Trinity College, je recevrai votre groupe et, là, je vous parlerai de poètes moins connus, plus proches de votre cœur... »

Ce fut ainsi que, le premier soir, il commenta pour eux un jeune poète dont il leur lut de nombreux vers. Ceux-ci furent accueillis avec ravissement. A la fin de la soirée, l'un des étudiants dit timidement :

« Je vous demande pardon, monsieur. Mes camarades et moi sommes enchantés de tout ce que vous venez de nous révéler, mais vous avez prononcé d'une voix si basse le nom de ce merveilleux poète que nous ne l'avons pas bien saisi. Pourriez-vous le répéter ?

– Avec plaisir, dit Desmond Mac Carthy. Il se nommait George Cordon, Lord Byron. »

A. M.

Première partie

Seigneur, j'étais dans le néant, infiniment nul et tranquille. J'ai été dérangé de cet état pour être jeté dans le carnaval étrange.

PAUL VALÉRY.

Even if Calvinism had been carved on tables of stone and handed down from Heaven by the Almighty Hand, it would not have lived if it had not been found to agree more or less with the facts.

MARK RUTHERFORD.

I. *Les Byron de Newstead*

Dans la magique forêt de Sherwood, près de Nottingham, quelques moines en robe noire, chanoines réguliers
de Saint-Augustin, vinrent errer parmi les chênes. Le roi
Henry II d'Angleterre, menacé d'excommunication pour le
meurtre de Thomas Becket, avait promis au pape de faire
pénitence et de doter des monastères. Un site fut choisi
dans un vallon près d'une source et d'un étang. Les arbres
tombèrent pour la gloire de Dieu et le salut de l'âme du roi.
Une grande étendue de terrain fut défrichée. Les pierres
grises dessinèrent des ogives, des rosaces, un cloître petit,
mais gracieux. Le charme d'un paysage d'eaux et de forêts
tempérait la sévérité monastique. L'abbaye avait été dédiée
à la Vierge et avait reçu le nom de Newstead, le nouveau
lieu, *Sancta Maria Novi Loci*.
La règle de l'ordre était simple. Il était interdit aux moines de rien posséder en propre ; ils devaient aimer Dieu et
leur prochain, vaincre la chair par le jeûne, ne rien faire
qui pût donner offense et ne pas regarder les femmes. En
outre, ils distribuaient aux pauvres des aumônes annuelles
en souvenir de leur fondateur.
Pendant trois siècles, les abbés de Newstead se succédè-
rent sur les bords de l'étang. Puis la vie devint plus dure et
la piété des fidèles plus avare. Le goût du savoir se répandit ; les dons des souverains allèrent aux collèges, aux
universités, aux hôpitaux. La communauté née du remords
d'un roi fut menacée par le caprice d'un roi. « Mme Anne
Boleyn n'était pas une des plus jolies filles du monde. Elle

avait le teint noir, un long cou, une grande bouche, et une poitrine tombante, rien pour elle en somme que le désir du roi et ses yeux, qui étaient noirs et beaux. » Elle fut pourtant la cause d'un grand schisme. Henry VIII demanda au pape d'annuler la bulle qui avait autorisé son mariage avec Catherine d'Aragon. Le pape refusa. Les lords du parti des Boleyn dirent au roi qu'il pouvait, en répudiant l'autorité pontificale, satisfaire à la fois son amour et son amour de l'argent.

Un acte confisqua au profit de la couronne toutes les maisons religieuses qui ne possédaient pas au moins deux cents livres de revenu. Des magistrats religieux et fiscaux commencèrent une visitation des monastères. La loi, toujours respectée en ce pays, exigeait que l'on obtînt des moines une « renonciation volontaire ». Le docteur London devint célèbre pour son adresse à incliner rapidement les volontés. Dès que l'acte était signé, le roi prenait possession de l'abbaye, vendait ce qu'elle pouvait contenir et donnait le domaine à un grand seigneur dont il assurait ainsi la fidélité à la nouvelle église. La vente, qui ruinait les moines, n'enrichissait guère le roi. Les manuscrits étaient achetés par les épiciers, pour leurs cornets. « Vieux livres dans le chœur : six deniers. » Tel était l'inventaire d'une bibliothèque. Quant aux clercs dépouillés, certains d'entre eux recevaient une « capacité », c'est-à-dire l'autorisation d'exercer le ministère séculier, les autres une pension de quelques shillings ; presque tous quittèrent le pays et gagnèrent l'Irlande, l'Ecosse ou les Flandres. « Ainsi l'Eglise devint une proie pour les vautours, ces oiseaux de carnage se parant de ses belles plumes. »

A Newstead, le docteur London fit signer l'acte de renonciation le 21 juillet 1539, par John Blake, prieur, et onze autres chanoines, le prieur recevant vingt-six livres de pension et chacun des autres trois livres, six shillings et huit deniers. Avant de partir, les moines jetèrent dans le lac leur charte de fondation et un lutrin surmonté d'un aigle de cuivre, qu'ils avaient pu soustraire aux soldats du docteur. Puis ils s'éloignèrent. Personne, sous les ifs de Newstead,

ne pria plus pour l'âme des rois. Déjà la tête de Mme Anne
Boleyn, couronnée de cheveux noirs, avait été tranchée par
le bourreau. Les paysans, qui n'avaient pas vu sans regrets
partir les moines, pensèrent que ceux-ci hanteraient désormais les cellules vides et que l'abbaye porterait malheur
à ceux qui oseraient la racheter. Un an plus tard, le roi
Henry VIII vendit le monastère pour huit cents livres à son
fidèle sujet Sir John Byron, qui était connu sous le nom du
« petit Sir John à la grande barbe ».

Ce Byron, qui succédait ainsi aux chanoines de
Newstead, était le chef d'une des plus anciennes familles
du comté. Les Byron, ou Burun, venus de Normandie avec
le Conquérant, s'étaient distingués aux Croisades, puis au
siège de Calais, et possédaient de grandes terres, non seulement autour de Nottingham, mais aussi à Rochdale et
Clayton, dans le Lancashire. Leur devise était *Crede Biron*,
« Confiance en Biron », car ils écrivaient ainsi leur nom, à
la française, étant parents des marquis de Biron. Sir John le
petit à la grande barbe transforma l'abbaye gothique en un
château crénelé et ses descendants s'attachèrent à cette
demeure. Cent ans plus tard l'un d'eux, fidèle ami de Charles Ier Stuart, commanda un régiment de cavalerie dans les
guerres civiles avec autant de courage que d'imprudence,
chargea trop tôt à Edgehill, puis de nouveau à Marsten
Moor, et pour cette double erreur fut fait pair du royaume
et Lord Byron de Rochdale, tandis que le prince Rupert
notait dans son journal : « Par la charge maladroite de Lord
Byron, beaucoup de mal fut causé. » Mais la constance du
nouveau lord valait mieux que sa stratégie. Il n'abandonna
jamais le parti du roi. Newstead fut assiégé par les parle-
mentaires ; le soufre et le plomb fondu arrosèrent les vieux
murs ; les miroirs d'eau qui avaient réfléchi les sons des
hymnes et des psaumes renvoyèrent aux forêts les cris des
mourants, les claquements des mousquets, les appels des
trompettes. Après le triomphe de Cromwell, Lord Byron
escorta en France Charles II Stuart et son loyalisme ne se
démentit pas car sa femme, Lady Byron, fut (nous apprend
Mr Pepys) la dix-septième maîtresse du roi en exil.

Cependant autour de l'abbaye la forêt, lentement, faisait place aux champs cultivés, aux fermes, aux villages. D'immenses troupeaux de daims vivaient parmi les chênes. Le domaine des Byron n'était plus isolé ; d'autres riches familles avaient fait construire des maisons dans ces campagnes. La plus belle et la plus proche était Annesley, où habitaient les Chaworth, et que reliait à Newstead une longue allée de chênes, dite Allée Nuptiale, car les deux familles étaient unies, le troisième Lord Byron ayant épousé Elizabeth, fille du vicomte Chaworth. Ce troisième Lord Byron, qui vivait à la fin du XVIIe siècle, était plus qu'à demi ruiné. Le temps avait confirmé les prédictions faites au moment de la vente de l'abbaye ; un moine fantôme, en capuchon noir, errait la nuit dans les couloirs voûtés et le destin de cette race n'était pas heureux. Le quatrième lord eut deux fils qui fixèrent à tout jamais la sombre légende des Byron, car l'aîné, cinquième Lord Byron, fut jugé pour meurtre par ses pairs et le cadet, marin, devint l'amiral le plus malchanceux du royaume.

L'histoire de l'assassinat, par le cinquième Lord Byron, de Mr Chaworth, maître d'Annesley, son cousin, voisin et ami, est d'une tragique puérilité. Les gentlemen du comté de Nottingham qui se trouvaient à Londres avaient l'habitude de se réunir, une fois par mois, à la taverne de l'Etoile et Jarretière, dans Pall Mall. Le 26 janvier 1675, la réunion habituelle s'était passée très gaiement quand une conversation commença sur la meilleure manière de garder le gibier. Mr Chaworth prôna la sévérité envers les braconniers, Lord Byron déclara que la meilleure manière de conserver le gibier était de ne pas s'en occuper. Mr Chaworth, avec une certaine acrimonie, dit alors que Sir Charles Sedley (un de leurs voisins communs) et lui-même avaient plus de gibier en cinq âcres que Lord Byron dans tous ses manoirs et que, sans leurs précautions, Lord Byron n'aurait plus un lièvre sur ses domaines. Lord Byron demanda où étaient les manoirs de Sir Charles Sedley. Mr Chaworth répliqua : « Si vous désirez des renseignements sur Sir Charles Sedley, il habite dans Dean Street, et

quant à moi, Votre Seigneurie sait fort bien où me trouver. »

Ces mots, prononcés d'un ton sec, avaient mis fin à la
conversation. Quand Lord Byron quitta la salle, il trouva
Mr Chaworth dans l'escalier ; les deux hommes échangèrent quelques mots, puis demandèrent à un garçon de leur
montrer une chambre vide. Ce garçon plaça une chandelle
sur la table et les deux gentlemen refermèrent la porte
derrière eux. Quelques minutes plus tard, une sonnette
retentit. Le maître de la taverne trouva Mr Chaworth et
Lord Byron corps à corps. Mr Chaworth était gravement
blessé. On le transporta chez lui, où il mourut.

Un pair assassin ne pouvait être jugé que par la Chambre des Lords. Quelques mois plus tard, Lord Byron fut
invité à se constituer prisonnier, à la Tour de Londres, d'où
un carrosse escorté par des gardes à cheval le conduisit à
Westminster Hall. La hache du bourreau fut placée à côté
du prisonnier, le tranchant tourné vers lui. Les gentlemen
de Nottingham présents le jour de l'altercation furent
interrogés. Le premier témoin, prudent, répondit : « Mes
oreilles ne sont pas des meilleures. » Un chirurgien expliqua que l'épée était entrée par le nombril et avait fait une
large ouverture à l'estomac. On lui demanda si cette
blessure avait été la cause de la mort de Mr Chaworth. Il
dit qu'il n'en doutait pas. Puis Lord Byron plaida « non
coupable ». Les avis furent recueillis, en commençant par
les pairs les moins anciens et en terminant par les princes
du sang. L'accusé fut déclaré innocent d'assassinat, mais
coupable d'homicide, ce qui, en vertu du statut spécial des
pairs, était un acquittement. Le héraut d'armes cria :
« Oyez, oyez. » Le jugement fut lu. Le Lord Chancelier
brisa un bâton blanc et William, cinquième Lord Byron,
fut laissé libre de retourner en son abbaye de Newstead.

A la vérité personne, parmi les amis des deux combat-
tants, ne pouvait considérer le meurtrier comme un bien
grand criminel, car Mr Chaworth était connu pour un
spadassin querelleur. Le vainqueur garda jusqu'à la mort,
au mur de sa chambre à coucher, l'épée avec laquelle il

avait tué son cousin. Mais dans le pays, où depuis longtemps on l'avait appelé le Mauvais Lord, ce meurtre fit de
lui un personnage terrifiant. On contait d'affreuses histoires, dont quelques-unes étaient fausses. Il n'était pas vrai
qu'il eût, dans un accès de rage, tué son cocher d'un coup
de pistolet et placé ensuite le cadavre au côté de sa femme
pour conduire lui-même ce couple macabre ; il n'était pas
vrai qu'il eût jeté cette femme dans un des étangs de
l'abbaye pour la noyer. Mais il était vrai qu'il était
d'humeur farouche, portait toujours des pistolets à sa
ceinture, avait rendu Lady Byron assez malheureuse pour
qu'elle décidât de fuir Newstead, et l'avait ensuite remplacée par une servante que les villageois appelaient Lady
Betty.

Sous le règne sordide de Lady Betty, l'abbaye s'était
encanaillée. La servante maîtresse avait fait une étable de
la chapelle gothique et transformé en écuries quelques-
unes des belles salles voûtées. Quant au Mauvais Lord, le
mariage de son fils unique avec une cousine germaine,
mariage décidé contre l'avis du père, acheva de le séparer
des hommes. A partir de ce moment sa vie devint sauvage.
Il s'efforça de ruiner ses héritiers. Il paya ses dettes de jeu
en chênes du parc, en abattit pour cinq mille livres et
déboisa presque complètement cette admirable forêt.
Walpole, qui passa par là vers ce temps, nota : « Newstead
m'a enchanté ! voilà certes grâce et gothique mêlés. » Mais
il ajouta que le présent lord était un fou, qui avait coupé
tous ses arbres « et planté une poignée de pins écossais,
qui ont l'air de valets de ferme auxquels on a fait endosser
de vieilles livrées de famille pour un jour de réception ».
Pour achever de dépouiller son fils, Lord Byron tua dans le
parc deux mille sept cents daims et loua, pour vingt et un
ans, le domaine de Rochdale où l'on venait de découvrir
des mines de charbon, au prix absurde de soixante livres
par an.

Ses plaisirs étaient d'un enfant malfaisant. Il allait, la
nuit, ouvrir les écluses des ruisseaux pour détruire les
usines de cotonnades ; il vidait les étangs de ses voisins ; au

bord du sien, il avait fait construire deux petits forts en
pierre et une flotte de bateaux-jouets qu'il lançait sur le
lac. Il passait des journées entières à diriger des batailles
navales entre les bateaux et les forts, qui tiraient les uns sur
les autres avec des canons en miniature. Lord Byron était
dans un des forts et son valet de chambre Joe Murray,
allongé dans un bateau, commandait la flotte. Parfois aussi
Sa Seigneurie se couchait sur les dalles dans la cuisine de
l'abbaye et s'amusait à organiser sur son propre corps des
courses de grillons qu'Elle fouettait avec des brins de
paille quand ils étaient trop lents. Les domestiques disaient
que ces grillons connaissaient leur maître et lui obéissaient.

La vie de son frère cadet n'avait pas été moins riche en
drames. Cet autre Byron (grand-père du nôtre) était un
marin, brave mais malheureux, que ses camarades appelaient Jack Mauvais Temps parce qu'il ne pouvait mettre à
la voile sans que la tempête s'élevât. Comme enseigne il
avait été embarqué, en 1740, à bord du *Wager*, qui devait
prendre part à une expédition contre les colonies espagnoles, et qui échoua sur des récifs, au large de la côte du
Chili. Ce fut une scène terrible; des vagues énormes se
brisaient sur l'épave, un marin devint fou, l'équipage se
révolta, le capitaine dut tirer sur ses hommes à bout portant. Cependant le jeune Byron composait un récit du
naufrage, qu'il publia plus tard sous le titre de *Naufrage du
Wager*, « contenant le récit des grands malheurs soufferts
par lui et ses compagnons sur la côte de Patagonie ». Ce
récit eut quelque succès et devint une manière de classique
de la mer.

En 1764, le capitaine de frégate Byron reçut l'ordre de
faire, sur le vaisseau le *Dauphin*, un voyage de découvertes
autour du monde. Il traversa le détroit de Magellan, revit la
Patagonie et acheva son tour du monde avec une telle
rapidité qu'il ne découvrit aucune terre, hors des îles du
Désappointement. « En fait, dit son biographe, il y avait
tant de terres inconnues à découvrir sur sa route qu'il dut
avoir grand-peine à les éviter. » A son retour, cet explora-
teur discret fut nommé gouverneur de Terre-Neuve, puis

amiral, et commanda en 1778, pendant les guerres améri-
caines, une flotte chargée d'arrêter celle, française, du
comte d'Estaing. L'amiral Byron mit à la mer une première
fois et rencontra une tempête, qui coula un de ses vaisseaux et en désarma plusieurs autres. Une seconde fois, il
trouva d'Estaing mais, fidèle aux traditions de sa famille,
attaqua trop tôt et fut battu. Après cela on ne lui confia
plus de commandement et il mourut en 1786.

L'amiral Byron avait eu deux fils. L'aîné, John (père de
notre héros) fut soldat ; le second, George Anson, marin.
John avait fait ses études dans une académie militaire française. Il entra aux Gardes, servit, presque enfant encore,
dans les guerres d'Amérique, mérita par la violence de son
caractère, l'étrangeté de ses actions et le chiffre de ses
dettes le surnom de Jack le Fou et, en revenant à Londres,
à vingt ans, fit la conquête de la marquise de Carmarthen,
jeune femme d'une grande beauté. Le mari, Lord Carmarthen, futur duc de Leeds, chambellan du roi, était un
homme doux et cultivé. Sa femme préféra sans doute la
folie du jeune Byron car, dès qu'elle fut, par la mort de son
père, devenue baronne Conyers et héritière de quatre mille
livres de rente, elle s'enfuit avec son amant, abandonnant
le chambellan et trois enfants. Lord Carmarthen demanda
le divorce et l'obtint.

Le jeune couple vécut quelque temps dans le château
d'Aston Hall, maison qui appartenait à Lady Conyers, puis
alla en France pour fuir à la fois les mauvaises langues et
les créanciers. Lady Conyers y mit au monde une fille,
l'Honorable Augusta Byron, et mourut, en 1784, des
mauvais traitements de son mari, dirent à Londres les gens
du monde, d'une imprudence, dirent les Byron, car elle
avait chassé à courre relevant à peine de couches. Avec
elle disparaissait sa pension, qui était viagère.

II. *Les Gordon de Gight*

Bath était la ville d'eaux à la mode. Le jeune veuf y alla promener son chagrin sur les belles terrasses en forme de croissant. Là il rencontra une orpheline, héritière écossaise, Miss Catherine Gordon de Gight. Petite, grasse, le teint trop vif, le nez long, elle était loin d'être belle, mais la mort de son père l'avait faite maîtresse de ses biens et elle possédait vingt-trois mille livres, dont trois mille liquides, ce qui était commode pour payer des dettes pressantes, le reste étant représenté par le domaine de Gight, des pêcheries de saumon et des actions d'une banque d'Aberdeen.

Si Catherine Gordon n'était pas belle, elle était bien née et « fière comme Lucifer » de son nom, l'un des plus nobles de l'Ecosse. Le premier *laird* ou seigneur de Gight, Sir William Gordon, avait été le fils du comte de Huntley et d'Annabella Stuart, sœur de James II. Mais si l'histoire de la famille commençait royalement, il était difficile d'imaginer suite plus tragique d'événements. William Gordon noyé, Alexander Gordon assassiné, John Gordon pendu pour le meurtre de Lord Moray en 1592, un autre John Gordon pendu en 1634 pour avoir assassiné Wallenstein, il semblait qu'on eût pendu des Gordon de Gight à toutes les branches de leur arbre généalogique. Des mœurs féodales presque barbares s'étaient maintenues en Ecosse plus longtemps qu'ailleurs. Un Gordon n'hésitait pas à attaquer en pleine campagne l'avoué d'Aberdeen qui avait osé saisir le cheval de l'un de ses amis ; si les autorités de la couronne adjuraient alors les citoyens de se lever en armes pour arrêter le coupable, les bourgeois refusaient prudemment. Ainsi s'était formée une dangereuse race de

nobles brigands. Leur tempérament paraissait dès l'enfance. En 1610, trois jeunes Gordon se retranchèrent dans
l'Ecole de Grammaire d'Aberdeen et s'y défendirent toute
la nuit avec épées et pistolets. C'était plus fort qu'eux. Ils
naissaient ainsi. Le sixième *laird*, malfaiteur conscient,
disait : « Je ne puis m'arrêter. Je sais que je mourrai sur
l'échafaud. Ma main a de mauvais instincts. »

Pendant tout un siècle, ces seigneurs de Gight tinrent
les campagnes du Nord dans la terreur. Les ballades
écossaises étaient pleines des exploits de ces hommes
cruels, séduisants et cyniques. L'une d'elles raconte l'histoire d'un Gordon qu'adorait sa femme, alors qu'il aimait, lui, la Dame de Bignet. Il était condamné à mort
pour avoir tué cinq orphelins dont il convoitait la fortune ; sa femme, le jour de l'exécution, venait implorer le
pardon du roi :

> O Geordie, Geordie, je vous aime de tout cœur,
> Aucune jalousie ne peut changer mon amour,
> Les oiseaux dans l'air, qui volent en paires,
> Savent seuls combien vous aime mon cœur.

Alors le roi, ému, faisait grâce et Gordon, mis en liberté,
criait à la femme qui l'avait sauvé :

> Un doigt de la main de la Dame de Bignet
> Vaut mieux que tout votre beau corps.

Tels étaient les seigneurs de Gight, marqués d'un signe
tragique, et si, au XVIIIe siècle, la couronne, plus forte,
avait pu les contraindre à observer les lois, la liste des
morts violentes n'en avait pas été interrompue. Alexander
Gordon s'était noyé ; son fils, George Gordon, s'était noyé
(sans doute volontairement) dans le canal de Bath. Il était
le père de cette Catherine Gordon qui, quelques années
plus tard, se prenait pour les beaux yeux du capitaine
Byron d'un amour aussi vif, aussi désespéré que celui de
son aïeule de la ballade.

Elle avait été élevée par sa grand-mère, une Duff, Ecossaise elle aussi, qui lui avait appris la sévère économie de ces campagnes, l'avait fait assez bien instruire et lui avait transmis les traditions de politique libérale de la famille Duff. Catherine Gordon aimait la lecture ; elle écrivait des lettres d'aspect désordonné, mais de style rapide et vivant. Elle avait le caractère brutal et la main trop vive des Gordon, mais aussi leur courage. Elle le fit bien voir, en épousant, le *treize* mai 1784 à Bath, où son père s'était suicidé, le plus redoutable des maris.

Le jeune couple alla s'installer à Gight, qui était un beau domaine, et fut mal accueilli par les parents et amis des Gordon. Le capitaine Byron avait transporté, dans ces campagnes puritaines, ses habitudes dissipées. On dansait et on buvait à Gight toutes les nuits. Des cousins de Mrs Byron, venus un samedi soir, se demandèrent si le dimanche serait au moins respecté. « Les danses s'arrêtèrent au moment où l'horloge sonna minuit. » Les Ecossais voyaient avec mépris cet étranger, cet homme du Midi, cet Anglais, qui jetait au vent une fortune écossaise. On blâmait la folle héritière qui se croyait jolie, se couvrait de soie, de plumes, cachait sous des colliers son cou trop court et s'était fait épouser pour son argent. Les rimeurs anonymes le lui dirent :

> Un garçon débauché, qui nous vient d'Angleterre ;
> Les Ecossais ne savent pas quelle est même sa famille,
> Il entretient des femmes et ne paie pas son loyer.
> Il détruira bien vite le domaine de Gight.

Et un autre :

> Tu t'es mariée, tu t'es mariée avec Johnny Byron,
> Pour ruiner les terres de Gight.

Les rimeurs n'avaient pas tort. Le jeune Anglais dissipait rapidement la fortune des Gordon. D'abord disparurent les trois mille livres d'argent liquide, puis le capitaine fit vendre par sa femme les actions de la banque

d'Aberdeen, puis les droits de pêche au saumon. Les bois
du domaine furent coupés et huit mille livres empruntées
sur hypothèque. Il y avait à Gight des hérons qui, depuis
des centaines d'années, bâtissaient leur nid près de l'étang.
Un vieux dicton de la famille donnait à ces oiseaux valeur
prophétique :

> Quand le héron quittera son arbre,
> Le laird de Gight sera sans terres.

En 1786, les hérons de Gight s'envolèrent en face, chez
Lord Haddo. « Laissez venir les oiseaux, dit-il, et ne leur
faites aucun mal, car les terres suivront bientôt. » L'année
suivante, il achetait le domaine pour dix-sept mille huit
cent cinquante livres, que les hommes de loi écossais
décidèrent de conserver entre leurs mains, car il y avait des
oppositions de créanciers.

Depuis un an déjà les Byron avaient quitté Gight, devenu trop lourd pour leur pauvreté ; ils avaient un peu erré en
Angleterre, puis, les huissiers devenant familiers, avaient
traversé la Manche. Les parents écossais de Mrs Byron plaignaient la « pauvre malheureuse créature ». En France, son
mari, familier du maréchal de Biron, qui le traitait en parent, ami de plusieurs grands seigneurs, jouait, courait les
filles, menait grand train et se couvrait de dettes. Cependant
Catherine Gordon vivait courageusement, à l'écossaise, sans
grandes dépenses, et s'efforçait d'élever la petite Augusta.
A Chantilly, où le couple resta longtemps, Augusta fut très
malade et sa belle-mère la soigna. « Je me souviens encore
avec horreur, lui écrira-t-elle vingt ans plus tard, des
nombreuses nuits sans sommeil et des jours d'agonie que
j'ai passés près de votre lit, noyée dans les larmes, tandis
que vous gisiez insensible et presque aux portes de la mort.
Votre guérison fut certainement miraculeuse et, Dieu
merci, j'avais fait mon devoir. » Vraiment elle n'avait rien
à se reprocher. Elle adorait son « Byrrone », dont elle
prononçait le nom en roulant les *r* à la manière de son pays
natal ; elle aimait sa beauté, sa hardiesse, mais elle avait

peur de l'avenir. En 1787, elle devint enceinte. Quand le moment de l'accouchement approcha, elle souhaita revenir en Angleterre. La grand-mère maternelle d'Augusta, Lady Holderness, offrit alors de reprendre cette enfant qui fut désormais élevée par les parents de sa mère.

A Londres, l'étrange descendante des Stuarts trouva un appartement dans un quartier assez élégant. En cet état où les femmes ont si grand besoin de se sentir protégées, elle se voyait abandonnée ; le capitaine vivait à Douvres et à Paris, ne venait la voir que pour lui demander de l'argent et dépensait ensuite en quelques jours les sommes qu'il obtenait de sa faiblesse. Le seul être au monde qui s'occupât d'elle était un homme d'affaires auquel l'avaient recommandée ses amis d'Aberdeen, John Hanson, dont la femme indiqua à Mrs Byron une nurse et un accoucheur. L'enfant naquit le 22 janvier 1788 et fut baptisé George Gordon Byron, car un testament exigeait que l'héritier des Gordon de Gight portât leur nom. C'était tout l'héritage.

Dès son retour en Angleterre, Mrs Byron avait appris qu'elle était ruinée. La vente de Gight avait été inutile, le capitaine étant d'appétit à dévorer un domaine par mois. Dès qu'on payait une traite, d'autres surgissaient. John Byron se savait incorrigible. « Je ne puis répondre de moi », disait-il. Il avait pensé quelque temps aller vivre au pays de Galles. « Mais j'y ferais certainement des folies ; j'achèterais des chevaux, peut-être une meute. » Les avoués écossais écrivaient à leur cliente des lettres sévères. Une lettre de change de quatre cents livres, signée de John Byron, était présentée par un homme d'affaires de Paris ; la même semaine il fallait envoyer cinquante livres à Mrs Byron et trente, à Douvres, à Mr Byron. Cela ne pouvait durer. De l'argent de Gight, il ne restait déjà plus que quatre mille deux cent vingt-deux livres (dont douze cent vingt-deux servaient de gage pour une pension hypothèque du domaine) ; les trois mille autres furent placées en rente cinq pour cent inaliénable, sur la tête de Mrs Byron et de son fils ; et l'avoué écossais chargea un confrère de Londres de verser cent cinquante livres de revenu à

Mrs Byron, par petites sommes. Le premier dimanche, elle
envoya chez lui sa servante avec un reçu de cent livres. Il
refusa. Quelques heures plus tard la servante revint avec
un reçu de vingt-cinq livres et une lettre suppliante.

Catherine Byron, économe, dure pour elle-même, était
plus capable que personne de vivre avec cent cinquante
livres par an, mais elle ne pouvait résister à son mari.
Quand elle apprenait qu'en trois semaines il avait refait
treize cents livres de dettes, la fureur des Gordon flambait ;
elle déchirait son manteau, ses bonnets ; elle jetait la
vaisselle à la tête de sa servante, mais, dès qu'elle revoyait
les yeux de son Byron, elle balbutiait. « Mrs Byron a bien
peur d'être incapable de refuser aucune requête qui lui
serait faite personnellement par Mr Byron », écrivait
l'avoué de Londres à son confrère écossais, ajoutant :
« Lui n'a, à la lettre, plus un centime et elle est dans la
même situation. »

Elle avait vingt-trois ans. Dans sa jeunesse, elle s'était
vue l'héritière d'un grand nom et d'une grande fortune ;
elle avait eu la faiblesse de se croire digne d'être aimée ;
elle avait pensé l'être ; elle aimait encore. (Sa devise était :
« Je ne change qu'en mourant. ») Elle devait reconnaître
qu'elle avait été trompée, dépouillée de tout et se retrouvait
pauvre avec, à sa charge, un mari, un petit enfant, une
nourrice, une maison. Beaucoup de femmes auraient perdu
la tête et elle la perdait quelquefois. Dans sa détresse elle
éprouvait un grand désir de fuir vers l'Ecosse, vers Aberdeen. Elle n'y possédait plus un seul pouce de terre. Mais
au moins, dans cette dure et familière Ecosse, ne serait-elle
plus l'étrangère. A Londres, harcelée par les huissiers, elle
était trop malheureuse. Elle partit.

Le capitaine Byron ne la suivit pas tout de suite. Il avait
perdu la ravissante Lady Conyers et les quatre mille livres
de rente qui lui permettaient de vivre gaiement avec ses
brillants amis français. Il se voyait lié à une femme ruinée,
qui n'avait jamais été belle, devenait d'une corpulence
ridicule et avait l'air, malgré son sang royal, de la femme
d'un épicier de village. Elle voulait l'entraîner dans une

province sévère, au climat rude, où un clan honnête et vertueux méprisait l'Anglais prodigue. Celui-ci n'était pas pressé.

Dans Aberdeen, Mrs Byron avait trouvé, pour un prix raisonnable, un appartement meublé. Elle s'y installa avec ses servantes écossaises, deux sœurs, Agnès et May Gray, qui furent tour à tour les nourrices du petit George ou, comme on l'appelait en Ecosse, Geordie. Cet enfant était aussi beau de visage que son père, mais dès qu'il avait été en âge de marcher, sa mère s'était aperçue avec effroi qu'il boitait. Les pieds étaient de forme normale, les jambes de longueur égale, mais, si l'enfant posait le talon à terre, sa cheville se tordait. Il ne pouvait se tenir debout que sur la pointe des pieds. Les médecins, consultés, accusèrent une fausse manœuvre à l'accouchement, due à la pudeur excessive de Mrs Byron. Les tendons de la cheville semblaient paralysés. Le docteur d'Aberdeen correspondit avec le grand accoucheur de Londres. Celui-ci fit faire des chaussures spéciales et les envoya en Ecosse, mais le petit Byron continua de boiter, aux côtés de May Gray, dans les rues d'Aberdeen.

C'était un enfant très intelligent, affectueux, mais d'un caractère violent. Comme sa mère, quand il était en colère, il était capable de bouderies passionnées. Encore en jupons, ayant été réprimandé pour avoir sali une nouvelle robe, il saisit cette robe des deux mains et, dans une rage silencieuse, la déchira du haut en bas, en regardant sa nurse d'un air de défi. Les jugements d'un enfant sur la vie se forment dès ses premières années. Que voyait celui-ci ? Son père et sa mère avaient essayé de vivre ensemble et avaient dû y renoncer. Aigrie par le malheur, Mrs Byron était devenue très irritable. « Elle est aimable à distance, écrivait son mari, mais je vous défie, vous et tous les Apôtres, de vivre avec elle deux mois, car si quelqu'un pouvait la supporter, c'était moi. Mais *jeu de mains, jeu de vilains.* » Pendant quelque temps, ils avaient occupé à Aberdeen des appartements distincts, l'un dans Queen Street, l'autre dans Broad Street, se faisant des visites et allant prendre le thé l'un chez l'autre. Elle continuait à ne pouvoir résister aux yeux de son mari ; il réussit encore à la persuader d'emprunter trois cents livres, qu'elle lui donna et dont elle paya l'intérêt, ce qui réduisit sa rente à cent trente-cinq livres. Là-dessus elle vivait sans faire un sou de dettes, toujours fière comme Lucifer, mais s'abandonnant parfois à de redoutables fureurs. Alors les porcelaines volaient dans la maison.

L'enfant observait ses parents avec une grave curiosité. Les autres petits garçons avaient un père et une mère qui vivaient ensemble, qui s'aimaient. Mais lui, son intelligence s'éveillait au bruit des querelles, des reproches et des plaintes. Il voyait que les servantes tenaient ses parents pour des êtres fous, dangereux, parfois risibles. Différent des autres par sa famille, il l'était plus encore par son infirmité. Pourquoi ses talons se dérobaient-ils sous lui ? Il en éprouvait une telle honte qu'il ne posait jamais la question. Un jour une femme, dans la rue, dit à May Gray : « Quel joli petit garçon que ce Byron. Quelle pitié qu'il ait de telles jambes ! » Il la frappa de son petit fouet, et cria : « Ne parlez pas de cela ! » Le soir, il lui fallait subir des traitements pénibles parce qu'on espérait le guérir en enveloppant son pied de bandages.

Vers la fin de 1790, John Byron obtint de sa femme et de sa sœur, Mrs Leigh, un peu d'argent pour fuir en France. Mrs Leigh possédait une maison à Valenciennes. Ce fut là qu'alla vivre le capitaine déchu, mêlé à la Révolution française sans la comprendre, troussant les servantes d'auberge et toujours à court d'un louis. Quelques lettres adressées à Mrs Leigh laissent entrevoir les derniers sursauts de cette épave : « Valenciennes, 1er décembre 1790... – Pour moi je suis ici, et amoureux de qui ? D'une nouvelle actrice qui est arrivée de Paris, elle est belle et a joué hier soir dans *L'Epreuve villageoise*... Quant à Mme Schoner – elle m'a vraiment dit qu'elle m'aimait, mais elle était ivre et je ne sais que faire... Pas d'huissiers, car Fanny les mord tous et je ne suis jamais à la maison. – Nous allons tous bien, et Joséphine fait son devoir, – elle reçoit peu d'argent, beaucoup d'injures, c'est la seule façon de la traiter... Il y a une nouvelle pièce appelée *Raoul de Créqui*, et une des phrases est : « J'ai sauvé mon roi, mais je meurs content. » Tout le monde a crié : « *Bis !* Vive le Roi ! Vive la Nation ! » et moi, le jus de la treille aidant, et me rappelant que mes ancêtres étaient Français, j'ai crié aussi fort que les autres, et maintenant ils disent « que cet Anglais est aristocrate en diable ». – Quant à mes amours, elles sont toutes finies et les gens d'ici disent que je suis très amoureux mais très inconstant. Un clou chasse l'autre et je crois que j'ai eu le tiers des femmes de Valenciennes, et particulièrement une fille de l'Aigle Rouge, une auberge où j'ai dîné un soir qu'il pleuvait... Elle est grande et belle, et je n'en suis pas encore fatigué. » Vers l'été de 1791, les lettres devinrent tragiques : « Je n'ai réellement plus une chemise... Je n'ai pas un sou. » L'épicier, le boucher refusaient de continuer à le nourrir. « Je n'ai qu'un vêtement sur le dos, et en loques... J'aimerais mieux être un galérien... » « Je n'ai plus une chemise sur le dos, ni un vêtement, car celui que j'avais est complètement usé... » Quelques jours plus tard, il mourait. On dit qu'il s'était suicidé.

Cette mort fit beaucoup de peine à sa femme qui n'avait jamais cessé de l'aimer. « Chère madame, écrivit-elle à sa belle-sœur, vous me jugez bien mal en pensant que je ne souffrirai pas de la mort de Mr Byron. Elle m'a rendue très malheureuse, et plus encore parce que je n'ai pas eu la mélancolique satisfaction de le voir avant sa mort. Si j'avais su sa maladie, j'aurais été le soigner... Malgré toutes ses faiblesses (car elles ne méritent pas de nom plus sévère) je l'ai toujours sincèrement aimé... Vous dites qu'il a eu sa connaissance jusqu'au bout. A-t-il parlé de moi ? A-t-il été longtemps malade ? Et où est-il enterré ? Soyez assez bonne pour me l'écrire et pour m'envoyer un peu de ses cheveux. »

Le petit George n'oublia jamais son père ; il l'avait admiré. Il restait seul dans la vie, avec une femme dont l'humeur incohérente faisait succéder une pluie de baisers

à un déluge de coups. Il savait qu'elle était malheureuse. Il
la redoutait et la plaignait. Quand il allait dans le jardin de
John Stuart, professeur de grec à Aberdeen, il cueillait des
fruits et demandait toujours s'il pouvait emporter des
pommes « pour sa pauvre chère maman ».

III. *Prédestination*

« Et l'Eternel reçut le sacrifice d'Abel et non celui de
Caïn, et Caïn fut irrité et son visage en fut abattu. Et
l'Eternel dit à Caïn : "Pourquoi es-tu en colère et pourquoi
ton visage est-il abattu ?" May Gray lisait la Bible à haute
voix. Le petit Byron l'écoutait avec passion. Il ne comprenait pas tous les mots, mais il goûtait l'étrange et terrible
poésie du Livre. Pourquoi l'Eternel refusait-il le sacrifice
du pauvre Caïn ? "A cause de son péché", disait May Gray.
Péché ? Qu'est-ce que c'était, le péché ? Caïn n'avait pas
encore tué Abel. Non, mais Caïn était damné, disait May
Gray. Damné ? Qu'est-ce que c'était, damné ? Cela voulait
dire que le Diable le prendrait et le ferait brûler au feu de
l'Enfer, pendant l'Eternité. May Gray parlait beaucoup du
Diable. Elle aimait à faire peur. Elle racontait des histoires
de revenants ; elle disait que la maison était hantée. Le soir,
en enroulant autour des petits talons malades les bandelettes trop serrées, elle lui faisait répéter des psaumes. Il
aimait ce rythme fort, ces chants. Deux surtout étaient ses
favoris, le premier : "Heureux l'homme qui ne marche pas
suivant les conseils des méchants, qui ne s'arrête pas dans
la voie des pécheurs et qui ne s'assied pas au banc des
moqueurs..." Et le vingt-troisième : "L'Eternel est mon
berger. Je n'aurai point de disette. – Il me fait reposer dans
des parcs d'herbe verte. – Il me conduit le long des eaux
tranquilles..." May Gray éteignait la lumière. Sa consigne
était de rester près de l'enfant, dans la chambre voisine,

mais il savait qu'elle sortait. Quand elle était partie, il avait peur ; toute l'Ecosse était pleine de fantômes, la maison voisine d'un cimetière. L'enfant percevait, dans l'obscurité, des présences qui rôdaient. Il rampait le long du vestibule jusqu'à une fenêtre par laquelle il pouvait apercevoir une lumière et restait là jusqu'à ce que le froid le forçât à regagner son lit.

May Gray était sévère. Mrs Byron était folle. Un jour, elle disait : « Petit chien, vous êtes un vrai Byron, aussi mauvais que votre père. » Un autre jour elle serrait son fils à l'étouffer et remarquait qu'il avait d'aussi beaux yeux que le capitaine. Elle lui disait qu'il descendait par elle des Gordon, des seuls vrais Gordon, et que ceux-ci avaient été des seigneurs puissants, de sang royal, mais May Gray et les amis de May Gray racontaient que les Gordon avaient tué, avaient été pendus, noyés ; sans doute étaient-ils damnés comme Caïn ; sans doute le Diable les avait-il pris. Sa mère lui parlait moins des Byron, qu'elle jugeait de race inférieure. Pourtant il savait par sa nourrice qu'il y avait quelque part, au nord de l'Angleterre, dans un vieux château, un méchant lord qui était le chef de sa famille, que cette famille était ancienne et qu'elle avait compté de grands guerriers, des marins. Etre un Byron, c'était l'emporter par une mystérieuse qualité sur ces petits garçons aux jambes solides, aux parents tranquilles, qu'il enviait. Un jour, ayant jeté une pierre à un oiseau, il atteignit une petite fille. Elle pleura. On voulait le forcer à demander pardon ; il entra dans une de ses rages silencieuses. « Savez-vous, lui dit-il, que je suis le fils de Byron ? » Une heure plus tard, il venait de lui-même apporter des bonbons à la victime.

Quand il eut quatre ans et dix mois, il fut envoyé, à quelques pas de chez lui, à l'école de Mr Bowers, dit Bodsy, où la pension était de cinq shillings par trimestre. « Je vous ai confié George pour que vous le fassiez tenir tranquille », écrivait Mrs Byron à Bodsy. Cette école était une chambre sale, basse, au sol creusé de trous par le temps. Les enfants y apprenaient à lire dans un livre de

monosyllabes. *God made man – Let us love him...* Le petit
Byron, qui avait de la mémoire, sut bientôt par cœur la
première page et annonça qu'il savait lire. Il récita devant
sa mère le petit couplet et ce fut un grand succès mais,
quand elle tourna la seconde page, il recommença : *God
made man...* Hélas ! le texte était différent, et l'impatiente
Mrs Byron gifla son fils. Retournant chez Bodsy, il apprit
que : *God made Satan – And Satan made sin...* On parlait
beaucoup de Satan et du péché dans ces écoles écossaises.

La science de Bodsy paraissant insuffisante, Mrs Byron
fit donner à son fils des leçons particulières par deux
professeurs du collège. L'un était Ross, petit ministre
dévot, aux manières douces, qui fit faire de grands progrès
à l'enfant et lui donna la passion de l'histoire. Son second
maître fut un jeune homme mélancolique qui s'appelait
Paterson ; c'était le fils d'un cordonnier, bon latiniste.
Avec lui Byron commença le latin et continua son éducation religieuse car Paterson, comme May Gray, était un
rigide presbytérien. Sans doute mettait-il de son mieux à la
portée d'un enfant la doctrine calviniste qui était la sienne.
« Nous sommes corrompus en naissant, parce que nous
avons participé au péché originel. Certains hommes peuvent, en étant unis au Christ par le Saint-Esprit, être élevés
à une vie de sainteté ; ceux qui ne sont pas sauvés sont
condamnés aux châtiments éternels. Quant à l'opération du
Saint-Esprit, elle dépend du choix de Dieu, qui a prédestiné les uns à la vie éternelle et les autres à la damnation. »
Cela plongeait cet enfant de sept ans dans de grandes
réflexions. Etait-il, lui, parmi les élus ou parmi les réprou-
vés ? Sûrement les Byron et les Gordon, si violents, avaient
presque tous été damnés. Lui-même sentait s'élever en lui
des colères soudaines, involontaires ; le sang montait à son
visage et pendant un instant il ne savait plus ce qu'il
faisait. Peut-être était-ce le démon qui le possédait ? Pourtant, à d'autres moments, il se sentait si tendre, si bon.
Tout cela était effrayant. Mais était-ce vrai ?

Son esprit vif suivait avec passion les événements de la
Révolution française qui divisaient les gens de la petite

ville écossaise. Les articles du journal d'Aberdeen avaient pour titres : *La Fuite à Varennes, Danton* ; les faits divers locaux étaient relégués au bas d'une colonne. Mrs Byron, aristocrate ruinée et d'ailleurs élevée en libérale par sa grand-mère Duff, professait des opinions politiques avancées. Elle écrivait à sa belle-sœur, Mrs Leigh, à Valenciennes : « Je suis très intéressée par ce que font les Français, mais je suppose que vous et moi sommes dans deux camps opposés, car je suis tout à fait démocrate et je ne trouve pas que le roi mérite d'être restauré, après sa trahison et son parjure. Bien sûr, le peuple a commis des fautes, lui aussi, mais si l'autre parti avait triomphé, il aurait été tout aussi cruel. » Le petit Byron était, comme sa mère, du côté du peuple. D'ailleurs il lisait maintenant beaucoup lui-même. Le libraire Brown, à l'enseigne de la Tête d'Homère, louait les dernières nouveautés. Mrs Byron, malgré sa pauvreté, avait pris un abonnement à ce cabinet de lecture. Son fils la suppliait de lui rapporter toutes les Histoires de Rome, de Grèce, et de Turquie. Il lisait aussi, avec une agréable terreur, le récit « du naufrage de grand-père ». Autour de lui, on parlait de guerre. Des volontaires s'entraînaient sur la place. « Ses premiers rêves furent de gloire militaire. » « Je voudrais, disait-il, lever un jour un régiment de cavaliers. J'habillerais mes hommes en noir et je leur donnerais des chevaux noirs. On les appellerait *Byron's Blacks* et on entendrait parler de leurs exploits. »

Un jour de 1794, comme Mrs Byron prenait le thé chez des voisins, quelqu'un lui demanda si elle savait que le fils de Lord Byron était mort. Elle bondit. Il était surprenant qu'un homme si jeune fût mort, mais surtout incroyable que son fils fût devenu héritier du titre, de Newstead, de tous les biens de la famille, sans que personne eût pensé à la prévenir. C'était pourtant la vérité. Le fils de Lord Byron était mort en Corse, au siège de Calvi. Entre le fils du capitaine et la Pairie, il n'y avait plus que le vieillard à demi fou qui soutenait sur le lac de Newstead un combat naval contre son valet ou, couché sur le sol de la cuisine, faisait courir les grillons. La mère de l'héritier écrivit à

Mrs Leigh une lettre sévère, pour protester contre le traitement que lui avait infligé la famille. Quelle humiliation
que d'apprendre par des étrangers une telle nouvelle ! Lord
Byron n'allait maintenant pouvoir faire moins que d'aider
la mère du futur chef de la famille à donner à celui-ci
l'éducation qui convenait à son rang. Mais Lord Byron
était homme à goûter un cruel plaisir en pensant à « ce
petit garçon d'Aberdeen », qui, boiteux et misérable,
attendait sa mort. Il ne répondit pas aux lettres et continua
de dévaster, avec une sauvage méthode, le domaine et
l'héritage des Byron.

Mrs Byron dut donc, malgré sa fureur, renoncer à envoyer son fils dans une école aristocratique et le laisser
continuer ses études à l'Ecole de Grammaire d'Aberdeen.
C'était d'ailleurs une école de traditions vénérables, fon-
dée en 1256 et sans doute l'une des plus anciennes des
trois royaumes. Les vieux bâtiments étaient couverts en
chaume de bruyère. On y faisait surtout du latin, cinq
heures par jour. Les élèves étaient presque tous assez
pauvres, l'argent de poche un penny par semaine. George
Byron y acquit vite la réputation d'être un parfait joueur de
billes. Il était aimé par ses camarades, bien qu'au début il
les eût étonnés par son caractère affectueux et violent. Le
portier du collège donnait souvent la chasse à ce petit
garçon à cheveux et veste rouges, qui venait le narguer en
boitant. Les gens de la ville l'appelaient « le petit diable
boiteux de Mrs Byron ». « Un gosse très prenant, disait un
de ses maîtres, mais difficile à diriger. » Malgré son infirmité il était d'un grand courage, « toujours beaucoup
plus prêt à donner des coups qu'à en recevoir ». Bien que
ses jambes fussent vite fatiguées, il avait appris à se battre
pendant assez longtemps debout sur la pointe des pieds.
Un jour, un garçon l'ayant insulté et un combat immédiat
étant impossible, le petit Byron promit à l'offenseur de le
retrouver. La semaine suivante il l'arrêta dans la rue et le
battit avec méthode. Quand il rentra, May Gray lui demanda pourquoi il était hors d'haleine, il répondit qu'il avait dû
tenir une promesse, parce qu'il était un Byron et que la

devise de la famille était *Crede Biron*. Hors de l'école, il prenait des leçons particulières d'écriture et de français, sans grand succès. Mais il lisait beaucoup plus que ses camarades. « On ne me voyait jamais lire, mais toujours en train de flâner, de faire de mauvais coups et de jouer. La vérité était que je lisais en mangeant, que je lisais au lit, que je lisais à des heures où personne ne lisait, et que j'avais lu tout ce qu'on pouvait lire depuis l'âge de cinq ans. » La Bible lui avait donné le goût de l'Orient et il aimait particulièrement *Les Mille et Une Nuits*, les mémoires du baron de Tott sur son ambassade en Turquie, les lettres de Lady Mary Wortley Montague et le *Zeluco* du docteur Moore.

Zeluco était un roman à la mode dont le héros avait, pendant plus d'une soirée d'insomnie, tourmenté George Byron. Comme lui Zeluco perdait son père dès l'enfance. Orphelin, il devenait « inflammable comme la poudre, jetant des éclairs de rage à la moindre provocation ». Zeluco élevait un moineau apprivoisé, l'aimait, et pourtant un jour le tuait. Vers la fin Zeluco, devenu un homme, étranglait son propre enfant. Cette histoire ravissait et inquiétait Byron. Il avait peur d'être un Zeluco et il jouissait de cette peur. Certains des Gordon avaient été des monstres aussi terribles que Zeluco.

Quand son professeur d'allemand avait voulu lui faire lire *La Mort d'Abel* de Gessner, il s'était réjoui d'y retrouver cette obscure histoire de Caïn, qui le hantait. La tragédie était ennuyeuse et, tout en traduisant, Byron pensait que débarrasser le monde d'un personnage aussi sot que l'Abel de Gessner ne pouvait être un crime. Mais le problème « Caïn » continuait à le troubler. Petit cerveau affamé de justice, il plaignait le Réprouvé. Pourquoi Dieu avait-il permis que Caïn tuât son frère ? Pourquoi Dieu permettait-il que parfois George Byron eût envie d'être cruel, impie ? Il pensait aux flammes rouges de l'Enfer. Il avait une imagination vive. A l'école, ses camarades l'écoutaient volontiers improviser des histoires qu'il tirait de ses lectures. L'hiver, quand un ouragan de neige blo-

quait les écoliers sous un abri de hasard, Byron racontait
Les Mille et Une Nuits et ses amis oubliaient le froid.

En 1796, après une fièvre scarlatine, sa mère l'emmena
passer quelques jours dans une ferme. Il aima les montagnes perdues dans une brume bleue, la sauvage beauté de
la vallée de la Dee et du pic de Loch-Na-Gar dont le
sommet apparaissait parfois au-dessus des nuages blancs
de neige. Il se plut à errer parmi les rochers aux formes
étranges, au pied des cascades, en sautillant de son pas
difficile et en se faisant conter les histoires des chefs de
bande, ses ancêtres. Lui-même était alors vêtu du plaid et
du bonnet des montagnards. Il se sentait très Écossais. Un
amour d'enfant pour la fille d'un fermier l'attachait à cette
vallée. Celle qu'il aimait s'appelait Mary ; elle avait de
longues boucles d'or. Il éprouvait, quand elle était là, une
émotion douce, vive. Sa sensualité était, comme sa sensibilité, précoce et vive.

Il avait découvert, dès neuf ans, que l'on peut trouver un
bonheur infini dans une présence. Quand il revint à Aberdeen, il fut amoureux de sa cousine, Mary Duff, petite fille
aux yeux noisette, aux cheveux bruns. Il admirait ses
traits ; il ne pouvait rien imaginer de plus beau. Il aimait à
se promener avec elle, à s'asseoir à côté d'elle, à la caresser doucement. Il ne pensait plus qu'à ce visage, qu'aux
robes de sa cousine ; il n'en dormait pas ; il ne parlait que
de Mary Duff. Quand il n'était pas avec elle, il tourmentait
sa mère pour qu'elle écrivît à Mary Duff et l'amour donnait tant de force à cet enfant que, bon gré, mal gré, en
haussant les épaules, Catherine Byron devenait la secrétaire de son fils [1].

Ah ! qu'il était passionné et timide ! Quand il pensait à
sa jambe boiteuse, à sa démarche sautillante, il se sentait
ridicule, honteux. Il aurait voulu se cacher, disparaître.
Sentimental, rêveur, il devenait soudain, sans raison appa-

---

1. Note de Hobhouse : « Au sujet du précoce développement de
telles dispositions chez Byron, je connais un fait très difficile à raconter, mais beaucoup moins romanesque et beaucoup plus satisfaisant que
l'amour avec Mary Duff. »

rente, farouche. Quelquefois, après un long silence, il faisait un geste brutal et qui semblait inexplicable. Un jour, à table, il saisit un couteau et l'appuya si fort sur sa poitrine que sa mère fut terrifiée. Les causes de ces accès étaient d'autant plus difficiles à deviner qu'il avait une mémoire rancunière et nourrissait longtemps un ressentiment. Le point de départ d'une crise de rage était souvent un événement vieux de quelques semaines.

Quand il eut dix ans, en 1798, un jour arriva la nouvelle de la mort du maître de Newstead. Le Mauvais Lord avait quitté la terre. Pour quel séjour infernal ? Le petit George Gordon Byron devenait sixième Lord Byron. Il était à l'école quand la nouvelle arriva. Le maître, informé sans doute par Mrs Byron, le fit appeler, lui donna des gâteaux, du vin et lui dit que son cher grand-oncle étant mort, il était maintenant un lord. Le vin, les biscuits, et le ton respectueux de son maître lui donnèrent une haute idée de sa nouvelle dignité. Le soir, en rentrant, il courut à la glace et demanda à sa mère si elle pouvait voir en lui une différence quelconque, car il n'en percevait aucune. Le lendemain matin, à l'école, sous les toits de chaume, quand on fit l'appel des élèves, le maître, en le regardant, l'appela non plus « Byron », mais *Domine de Byron*. Il fut incapable de répondre *Adsum* et fondit en larmes.

Il fallait maintenant quitter Aberdeen pour aller recueillir l'héritage et, à l'automne de 1798, Mrs Byron, son fils et May Gray partirent pour Newstead. Avant le départ, elle vendit ses meubles ; tout le mobilier de la mère du jeune baron produisit soixante-quatorze livres, dix-sept shillings et sept pence.

IV. *L'abbaye*

Des trois voyageurs, le plus jeune était sans doute celui qui jouissait le plus vivement de ce romanesque voyage. Sentencieux, intelligent, il regardait de tous ses yeux les lacs, les grandes landes de bruyères de la campagne écossaise, les prés et les bois d'Angleterre. Quand ils passèrent près de Lochleven, Mrs Byron raconta à son fils l'histoire de l'évasion de la reine Mary et lui rappela qu'il descendait lui-même des Stuarts. Donc il était Lord Byron et il allait prendre possession de ses domaines? L'aventure lui semblait aussi étonnante que celles des *Mille et Une Nuits.*

A quelques milles de Nottingham, la voiture entra dans la forêt de Sherwood. Une barrière arrêta les voyageurs; c'était le péage de Newstead. Devant eux était un chêne immense, sauvé de la hache du Mauvais Lord par des voisins ingénieux; à leur droite une grille, l'entrée d'un parc. Mrs Byron, affectant d'ignorer où elle se trouvait, et triomphante en son cœur, demanda à la femme du péage à qui appartenait ce château. La femme dit que le propriétaire, Lord Byron, venait de mourir. « Et qui est l'héritier? – On dit que c'est un petit garçon qui vit à Aberdeen. – Et le voici. Dieu le bénisse! » dit May Gray qui, se tournant vers le jeune lord, assis sur ses genoux, l'embrassa.

La voiture traversa des taillis, un bois de pins, et soudain, comme l'allée tournait, les trois voyageurs découvrirent Newstead. Au bord d'un grand lac à demi couvert de roseaux, se dressait la gracieuse masse gothique de l'abbaye, grise dans un ciel gris, tranquille, parfaite. Comme tous les enfants doués d'une grande imagination, Byron avait créé dans ses rêves le décor où il eût souhaité vivre et régner. Newstead était plus beau que tous les rêves.

Les femmes mirent pied à terre, le vieux domestique Joe Murray s'approcha et la visite de la maison commença. Tout était en ruine. Toits, murs, planchers n'avaient pas été réparés depuis des années. Le désordre et la saleté étaient incroyables. Pour s'excuser, les domestiques décrivirent les folies du vieux lord. Le petit garçon tendait l'oreille. Au récit de l'extraordinaire mode de vie de ce vieillard misanthrope, résonnaient en lui des cordes inconnues. « Il portait toujours des armes, un pistolet dans chaque poche... » Comme l'enfant comprenait cela ; peu solide sur ses jambes, il avait toujours craint, dans les luttes d'écoliers, d'être trahi par son corps ; mais le pistolet était son arme, qui rétablissait l'équilibre entre les êtres forts et lui. Dès sept ans il avait eu, lui aussi, des pistolets d'enfant dans ses poches. Le récit du duel Chaworth... « Raccourcissant son épée, il le poignarda... » Voilà, c'était juste. Le vieux Murray montra la grande allée, l'Allée Nuptiale, qui menait à la maison des Chaworth, Annesley. Puis il raconta les grillons : « Après la mort de Mylord, ils ont quitté Newstead en telle quantité que le hall en était noir et qu'on les écrasait par centaines... » Oui, les grillons avaient perdu leur maître, l'étrange et diabolique magicien qui les dressait à coups de fétu de paille. Qu'elle était sombre et belle, cette famille, la sienne ! En écoutant le vieux domestique et en se promenant avec lui dans les chambres (« Celle-ci est hantée ; quelquefois on y a rencontré un moine en capuchon noir... Ici était leur réfectoire, ici leur cuisine... Cette tête de Sarrasin, gravée sur le mur, rappelle Rupert Byron, mort à la croisade... ») il prenait possession de cet héritage, plus réel que les maisons et les champs, plus important que des yeux gris-bleu et des cheveux aux tons de cuivre : l'idée qu'un homme se fait de ses ancêtres.

Dès cette première rencontre, Byron s'attacha à Newstead avec la même force qu'à Mary Duff. Avec le vieux Murray, il explora les couloirs voûtés, le cloître, les allées, les ruisseaux et les sources. Il planta un gland dans la terre et dit que l'arbre serait *son* chêne. Il aurait voulu ne plus quitter cet héritage féerique, mais Mrs Byron avait reconnu qu'il n'était pas possible de loger dans une maison en ruine. Réparer l'abbaye était difficile. La fortune de Byron, pair d'Angleterre et mineur, allait être administrée par la Chancellerie ; sa mère ne pourrait engager de grandes dépenses, et d'ailleurs cette fortune était faite de domaines, non d'argent liquide. Jusqu'à ce que les comptes fussent apurés, Mrs Byron, bien que mère d'un jeune seigneur, n'avait pour vivre que ses cent cinquante livres. Elle prit pour homme d'affaires de son fils cet avoué de Londres, Hanson, qui s'était jadis occupé d'elle au moment de son accouchement, et après quelques jours quitta Newstead pour aller s'installer à Nottingham.

Elle se logea dans la ville haute, près du château, dans une rue étroite et noire. L'appartement, très petit, n'était pas plus beau que celui qu'elle venait de quitter à Aberdeen. Grand désappointement pour l'enfant : le palais de conte de fées se changeait en citrouille. Dans cette ville inconnue, il était plus malheureux qu'en Ecosse. Mrs Byron dut faire plusieurs voyages à Londres pour essayer d'obtenir une pension du roi pendant la minorité de son fils. Elle le laissa à Nottingham, aux soins de May Gray. Or, May Gray était indigne de cette confiance. Hanson qui vint, de Londres, voir le jeune lord, son client, s'attacha tout de suite à cet enfant, interrogea les voisins et s'indigna. « Je vous assure, madame, écrivit-il à Mrs Byron, que je ne me serais pas permis de m'occuper de vos arrangements domestiques si je ne croyais absolument nécessaire de vous informer des agissements de votre servante, Mrs Gray... Mon honorable petit ami, bien que disposé à contenir ses sentiments, n'a pu s'empêcher de se plaindre à moi des durs traitements qu'il reçoit d'elle... Il m'a dit qu'elle le battait sans cesse et qu'il en avait parfois les os tout meurtris, qu'elle amenait dans l'appartement des gens de la plus basse compagnie, qu'elle sortait très tard le soir et le laissait souvent se coucher tout seul, qu'elle faisait entrer les postillons dans la voiture avec elle et s'arrêtait à

chaque cabaret pour boire avec eux... J'ai beaucoup
d'affection pour Lord Byron et j'espère que je ne serai pas
considéré seulement comme son avoué, mais comme son
ami. Je l'ai présenté à Lord Grantley et à son frère, le
général Norton, qui ont été très séduits par lui, comme
d'ailleurs l'est tout le monde, et je serais très mortifié de
voir les sentiments élevés de mon petit compagnon exposés aux indiscrétions inadmissibles d'une servante. Il a de
l'intelligence, de la rapidité d'esprit et une sûreté de jugement très rare chez un être si jeune. Il est digne d'être le
compagnon d'hommes faits et il faut choisir très soigneusement les gens qui vivront avec lui. »

Hanson avait raison. Le petit Lord Byron montrait une
force d'esprit très rare chez un enfant de son âge. Une vie
difficile hâte souvent la formation de l'intelligence. Un
enfant heureux se laisse vivre et accepte de ses parents la
vérité ; un enfant élevé au bruit des querelles juge ses
parents et construit lui-même une image du monde, souvent dure. May Gray lui avait dit que les méchants sont
livrés au feu éternel ; si vraiment elle l'avait cru, aurait-elle
osé mener elle-même une telle vie ? Sans doute cela était-il
faux. Mensonge pour grandes personnes. Peut-être May
Gray était-elle damnée, comme Caïn, de toute éternité ?
S'il en était ainsi, postillons et cabarets n'y changeaient
rien. Mais alors Dieu était injuste ? Que croire ? Pourquoi
lui, un innocent, souffrait-il ? Mrs Byron, depuis que son
fils était devenu Lord Byron, supportait moins que jamais
de le voir boiteux. On lui avait recommandé un charlatan
de Nottingham qui se nommait Lavender, et elle lui avait
confié le jeune infirme. Ce Lavender était une brute. Tout
son traitement consistait à tordre de force le pied de
l'enfant et à le visser fortement dans une machine de bois.
Byron prenait alors des leçons de latin avec un Américain,
Mr Rogers, brave homme qui souffrait, en lisant avec son
élève Virgile et Cicéron, de voir l'expression pénible
qu'amenaient sur le petit visage les instruments de torture
de Lavender. « Cela me met mal à mon aise, My Lord, de
vous voir tant souffrir. – Ne vous occupez pas de moi,

Mr Rogers, je ne montrerai pas trop de signes de mon mal. »

Rogers, comme Hanson, avait tout de suite eu beaucoup d'affection pour cet enfant courageux. Il était peu commun de voir un écolier de dix ans demander à ce qu'on augmentât le nombre de ses leçons. « Mr Rogers, écrivait Byron à sa mère, pourrait me donner une leçon tous les soirs... Je vous recommande ce plan, parce que, si on n'en adopte pas un de ce genre, je serai appelé, ou plutôt flétri, du nom de cancre, ce que, vous le savez, je ne pourrai jamais supporter. » Les voisins même souffraient de voir cette jeune âme brûlante abandonnée à une May Gray et à un Lavender. Ce dernier, pendant les séances de massage, trouvait comique d'envoyer le petit lord lui chercher sa bière, et Nottingham s'indignait de voir le maître de Newstead traverser les rues en boitant et porter avec précaution la pinte de bière du charlatan.

Pourtant il restait gai ; à l'égard même du tourmenteur, ses vengeances étaient comiques. Lavender, ignorant et pompeux, prétendait savoir toutes les langues. L'enfant griffonna sur un bout de papier les lettres de l'alphabet, en les disposant au hasard en forme de phrases, puis, plaçant cette note devant la brute, lui demanda quel langage c'était. « Italien », répondit le charlatan, et Byron éclata d'un rire triomphant. Des imposteurs, voilà ce qu'étaient Lavender et May Gray. La haine de l'hypocrisie devenait un de ses sentiments les plus forts.

Enfin Mrs Byron obtint du roi une pension de trois cents livres, qui allait lui permettre de vivre à Londres. John Hanson chercha une école pour Byron, choisit celle du docteur Glennie et parvint à décider Lord Carlisle, cousin de Byron (sa mère était sœur de l'amiral), à devenir tuteur de l'enfant. Le comte de Carlisle avait été dans sa jeunesse un prodigieux dandy, qui faisait le voyage de Lyon pour acheter des gilets de soie brodée ; il avait publié des odes, des tragédies ; puis, s'étant marié, avait commencé une carrière politique sérieuse et était devenu lord lieutenant d'Irlande, puis ministre. Peut-être eût-il été pour Byron un tuteur dévoué si Mrs Byron avait été différente. Mais la première rencontre du grand seigneur délicat, élégant, avec cette femme bruyante, irritable et un peu ridicule, suffit à décider de leurs rapports. Mrs Byron trouva Carlisle hautain, poseur, et le classa parmi ses « ennemis » ; quant au noble lord il regretta son bon mouvement et décida de voir aussi peu qu'il serait possible cette femme qui sentait le whisky, s'habillait mal et parlait anglais avec un accent rude.

Le docteur Glennie, le nouveau maître de Byron, éprouva bientôt, lui aussi, les effets de l'humeur de Mrs Byron. Comme tous ceux qui approchaient Lord Byron, il s'était aussitôt pris pour lui d'une affection mêlée d'estime. Il admirait le petit infirme qui essayait, avec tant de courage, de suivre dans leurs exercices athlétiques les garçons les plus forts de l'école. Il aimait à parler avec lui, car peu d'écoliers de cet âge avaient autant lu. Il le trouvait original. L'enfant récitait des vers, connaissait les poètes et, le dimanche, étudiait la Bible avec une ardeur vivante qui prouvait que le Livre était pour lui un ami. Ses camarades l'aimaient assez, mais l'appelaient « le vieux baron anglais » parce qu'il parlait un peu trop de l'antiquité de son titre, et riaient quand ils voyaient arriver la grosse femme aux bras potelés, couverte de bijoux, qui discutait à tue-tête avec le docteur Glennie. « Byron, disaient les plus hardis, votre mère est une folle. » Il répondait, d'un air sombre : « Je le sais bien. »

Ce n'était pas qu'elle n'aimât son fils, à sa manière, et peut-être Lord Carlisle et le docteur Glennie l'auraient-ils mieux jugée s'ils l'avaient observée avec plus d'indulgence. Peut-être auraient-ils remarqué qu'elle était héroïque dans la misère, généreuse quand elle le pouvait, mais elle les irritait trop pour qu'ils eussent le désir de la connaître davantage. Brusquement, un samedi, elle emmenait son fils chez elle et le gardait à la maison, au mépris des règles. Le docteur Glennie se plaignit à Lord Carlisle, qui essaya une fois d'intervenir, fit connaissance avec les rages des Gordon et écrivit au docteur : « Je ne veux plus rien avoir à faire avec Mrs Byron, arrangez-vous avec elle comme vous pourrez. »

Le jugement de ses maîtres et de ses camarades confirmait Byron dans un sentiment qu'avaient fait naître depuis longtemps ses propres observations : un mépris silencieux et farouche de sa mère. Oui, pensait-il, c'était une folle. Il se sentait responsable d'elle, il lui en voulait de n'être pas l'objet possible d'une tendresse qu'il sentait vaine. Jeune, il l'avait crainte. Maintenant il la bravait. Quand elle était en fureur, elle le poursuivait à travers toute la maison, et c'était un spectacle tragi-comique que de voir, devant le gnome épais, fuir le bel ange boiteux.

Les vacances furent colorées par un nouvel amour, enfantin et profond, pour une cousine, Margaret Parker, « un des plus beaux des êtres charmants dont l'essence semble fugitive ». C'était une fillette de treize ans dont Byron ne devait jamais oublier les yeux noirs, les longs cils, le visage de statue grecque. « Je ne me rappelle à peu près rien qui soit égal à la transparente beauté de ma cousine, ou à la douceur de son caractère, pendant la courte période de notre intimité. Elle avait l'air d'être faite d'un morceau d'arc-en-ciel – toute beauté et paix. Ma passion eut sur moi ses effets habituels – je ne pouvais dormir – je ne pouvais manger – je ne pouvais me reposer. » Il essaya d'écrire pour elle des vers. Elle lui apparaissait comme l'incarnation d'une douceur innocente, divine qu'il avait toujours cherchée dans le monde pour rafraîchir une âme trop brûlante, et n'avait trouvée que chez deux enfants.

Pendant les vacances de cette année 1801, Mrs Byron, dans une ville d'eaux, consulta une diseuse de bonne aventure, alors célèbre, Mrs Williams, qui lui dit qu'elle était la mère d'un fils boiteux, que celui-ci se marierait deux fois, la seconde avec une étrangère, et que les deux périodes dangereuses de sa vie seraient sa vingt-septième et sa trente-septième année. Cette prédiction, dont on parla devant Byron, le frappa beaucoup.

V. *Harrow-sur-la-colline*

En 1801 il fut décidé que Byron, comme il convenait à son rang, entrerait dans une grande école. Harrow fut choisi ; Hanson l'y conduisit. L'école n'était pas loin de Londres ; de la colline sur laquelle, au milieu de grands arbres, étaient groupés ses bâtiments de brique, on découvrait un vaste panorama de rivières et de forêts au fond duquel, invisible et présente, était la ville. Pour Byron, qui avait alors treize ans et demi, cette montée vers des lieux pour lui si nouveaux était émouvante. Quel accueil allait réserver ce monde moqueur et cruel à un garçon boiteux et assez ignorant ? Sans doute il était Lord Byron, mais on lui avait dit que personne n'en tiendrait compte ; l'ambassadeur américain venait justement d'envoyer son fils à Harrow « parce que c'était la seule école où aucune faveur spéciale ne fût attachée au rang ».

Le *Headmaster* de Harrow était, depuis plus de quinze ans, le docteur Joseph Drury, homme de cinquante ans environ, énergique et qui avait donné à l'école un grand prestige. Eloquent, intelligent, jamais irrité, il consacrait une grande partie de son temps à des conversations et à des promenades avec les élèves. « C'était un plaisir positif, dit l'un d'eux, que d'être réprimandé par le docteur Drury. »

Hanson présenta Byron à Drury et dit que l'éducation de cet enfant avait été négligée mais qu'il y avait en lui des qualités remarquables. Le docteur remercia l'avoué, le reconduisit et, après son départ, emmena Byron dans son bureau, essayant de le faire parler de ses études et de ses plaisirs. « Je découvris bientôt que c'était un sauvage poulain de montagne qui venait de m'être confié. Mais il y avait un feu dans ses yeux. » Drury observa que le sentiment le plus vif de son nouveau poulain était l'orgueil et qu'il craignait, à cause de sa mauvaise préparation, d'être placé dans une classe au-dessous de son âge. Le vieux maître promit que Byron serait confié à un professeur, en leçons particulières, pendant un certain temps, et ne serait pas classé avant qu'il fût possible de le faire travailler avec ses contemporains. Cela parut rassurer un peu le nouveau.

Ses débuts à l'école ne furent pas heureux. Parmi trois cent cinquante élèves, il eût été surprenant qu'il ne s'en trouvât pas quelques-uns pour railler un infirme, par nature timide et fier. Ses jambes n'étaient pas devenues meilleures; il lui fallait porter des chaussures de forme spéciale que sa mère faisait faire à Londres chez un grand cordonnier, Sheldrake. Quelquefois, le matin, il se réveillait en sentant que ses camarades plaçaient ses talons dans un bassin d'eau, dure allusion aux soins qu'il devait prendre. Peut-être aurait-il pu apaiser ses tourmenteurs à force de soumission, mais il était loin d'être soumis. Garçon privé de père, il avait appris très jeune à mépriser toute autorité. Son esprit ne reconnaissait pas le devoir d'obéir à des êtres dont il avait découvert les faiblesses; son orgueil lui défendait de plier par prudence, à défaut de respect. Elevé par sa mère dans l'amour de la Révolution française, il en gardait une adoration pour Bonaparte, soldat de la République; il avait apporté à l'école un petit buste du Premier Consul et le défendit, de toute la force de ses poings, contre des camarades patriotes. Parce que son infirmité lui inspirait la crainte d'être dédaigné, il se montrait hautain, batailleur, ombrageux. Au physique un peu gros, mais les traits beaux, les yeux et la ligne des sourcils admirables, les cheveux d'un blond roux, bouclés. La passion qu'il mettait en toutes choses étonnait. Il ne travaillait que par accès mais, dans les bons moments, était capable d'écrire d'un seul coup trente ou quarante hexamètres latins. Il n'apprenait pas ses leçons mais, par ses grandes lectures, ses connaissances générales étaient vastes. Il était érudit et paresseux.

La première conquête de Byron à l'école fut celle du

délicieux docteur Drury. Quelques expériences avaient
convaincu le *Headmaster* que l'on pouvait conduire ce
cheval de sang par un cordon de soie plus facilement que
par un câble. Il ne le tenait que par un fil léger et il en était
récompensé ; Byron s'était attaché à son maître. C'était la
première personne, ayant sur lui de l'autorité, qu'il trouvât
à la fois sévère et juste. Or, il avait un grand besoin de
justice. Il sentait, parce que les enfants comme les hommes
sentent toujours ces choses, que Drury l'admirait. Lord
Carlisle pria le docteur de venir lui parler de son pupille.
« Il a des talents, Mylord, qui ajouteront de l'éclat à son
rang, dit le docteur. – Vraiment ? » dit Lord Carlisle avec
surprise et il ne parut pas très satisfait.

Après le maître les camarades, lentement, cédèrent au
charme de Byron. Charme très complexe, fait d'abord d'un
courage sans réserves dans les paroles comme dans les
actions. Rien de bas en ce garçon incapable de mentir.
Personne, dans toute l'école, ne se battait plus volontiers.
Il y avait en son attitude quelque chose de chevaleresque.
Il s'était attaché à un enfant, William Harness, comme lui
boiteux. Byron, voyant Harness maltraité par un élève plus
grand et plus fort, lui dit : « Harness, si n'importe qui vous
ennuie, dites-le-moi, je le battrai, si je peux. » Robert Peel
était alors à Harrow, malheureux sous une apparence
hautaine. « Que faire d'un enfant qui récitait les discours
de Pitt et vivait dans un monde à lui ? » Le sérieux solennel
du petit Peel tentait les tourmenteurs scolaires ; il était
brimé. Un de ses tyrans lui infligea une bastonnade ;
comme les coups se succédaient et que Peel se tordait de
douleur, Byron s'approcha. Il n'était pas assez fort pour
battre un « grand » mais, les larmes dans les yeux, la voix
tremblante de terreur et d'indignation, il demanda :
« Combien de coups avez-vous l'intention de lui donner ?
– Pourquoi, petit coquin, dit l'autre, qu'est-ce que cela
peut vous faire ? – Parce que, s'il vous plaît, dit Byron, je
voudrais en prendre la moitié. »

Les collégiens, bons juges de caractère, reconnurent
après un an que ce camarade était de métal pur. Il avait le

goût des jeux et le désir d'y briller malgré son infériorité physique. En particulier, il aimait à nager et à plonger ; dans l'eau, son infirmité cessait d'être un handicap. Né rebelle et brave, il était l'inspirateur de toutes les aventures dangereuses. Le poulain de montagne tirait sur le fil de soie jusqu'à le casser. Quand il voyait, après une de ces équipées, le docteur Drury le regarder tristement, il en souffrait, car il aimait son maître, mais c'était plus fort que lui. Comme jadis celle de son ancêtre écossais, « sa main avait de mauvais instincts ». Quelquefois il s'étonnait lui-même des actions qu'il venait de commettre. Un flot de sang était monté ; il avait frappé ou brisé. Comment s'en empêcher ? Il était Byron.

Cette première année d'école avait été difficile ; au début Byron avait souffert, déplu. Mais son infirmité même contribuait à faire de lui un personnage singulier et que les maîtres ne confondaient pas avec le peuple des écoliers. Parce qu'il se fatiguait vite et parce qu'il était de nature rêveuse, il cherchait souvent la solitude. On le voyait se diriger, un livre sous le bras, vers l'église qu'entourait un étroit cimetière, au sommet de la colline de Harrow. Là était une tombe sous un grand arbre, tombe d'un inconnu, John Peachey. Byron allait s'asseoir sur cette pierre qu'abritaient les branches d'un orme. La femme du docteur Drury, de sa fenêtre, le regardait monter, en sautillant péniblement, le sentier pierreux. « Voici notre Byron, disait-elle, qui roule sur la colline comme un vaisseau dans un ouragan, sans boussole ni gouvernail. »

C'était un sentiment assez complexe qui poussait Byron vers le cimetière. L'idée de la mort le troublait. Effrayé dans son enfance par tant de récits sur l'Enfer, il préférait penser que les morts trouvent un sommeil sans rêves en de tels lieux tranquilles, sous des feuilles pâles qu'agite la brise. Il venait d'apprendre la mort de sa belle cousine, Margaret Parker ; elle était morte à quinze ans, celle qu'il avait appelée « le plus beau des êtres évanescents ». Il pensait à ses yeux noirs, à ses longs cils. Donc on avait couché dans un cercueil et enfoui dans le sol ce corps fragile qu'il avait tant aimé à regarder. Il s'étonnait de trouver une amère douceur à ces pensées désespérées. Sa rêverie prenait forme de phrases rythmées.

> Dans une étroite cellule repose cette boue,
> Cette matière qui brilla de tant d'animation ;
> Le Roi des Terreurs l'a saisie comme sa proie ;
> Ni sa vertu ni sa beauté n'ont pu racheter sa vie...

Les élèves qui passaient montraient de loin Byron, assis sur « sa » tombe. Il savait qu'il étonnait et que l'étonnement n'est jamais loin de l'admiration. Il y avait de la coquetterie dans sa tristesse.

VI. *Étoile du matin*

> *Newstead! fast-falling, once resplendent dome!*
> *Religion's shrine! repentant Henry's pride!*
> *Of Warriors, Monks, and Dames the cloister'd tomb,*
> *Whose pensive shades around thy ruins glide...*
>
> BYRON.

En avril 1803, Newstead avait été loué pour cinq ans à Lord Grey de Ruthyn, jeune seigneur de vingt-trois ans. Ainsi Byron rentrerait en possession de son héritage au moment de sa majorité. Mrs Byron avait conservé son logement de Nottingham, à la demande de Byron qui voulait garder un domicile près de sa chère abbaye. Mais quand le temps des grandes vacances arriva, Lord Grey invita Byron à les passer à Newstead même et Byron accepta avec enthousiasme, à la grande fureur de sa mère : « Je suis bien récompensée. Je suis venue à Nottingham pour lui faire plaisir, et maintenant il déteste cette ville. »

Ce n'était pas tant Nottingham qu'il détestait que la compagnie de Mrs Byron, et d'ailleurs pouvait-il résister au bonheur de vivre à Newstead? Il revit avec délices l'étang, l'abbaye et la noire allée des ifs. Lord Grey, qui savait n'être là que pour peu de temps, laissait tout à l'abandon, mais il y avait, dans cette misère même d'une belle chose, une tristesse qui ravissait Byron. Le vent sifflait à travers les cours voûtées; dans le jardin, les chardons, la ciguë montaient et étouffaient les roses; le soir, des chauves-souris volaient dans la chapelle aux fenêtres sans vitraux où trois cents ans plus tôt les moines, en chœur, avaient chanté leurs oraisons à Marie. Dans le parc, il chercha le chêne qu'il avait planté six ans auparavant, quand il était venu là pour la première fois. Il le trouva. Le petit arbre grandissait. Cette découverte lui fit plaisir. Il aimait les présages mystérieux. Il dit, à demi sérieux, que son destin serait désormais lié à celui de ce chêne : « Comme il prospérera, je prospérerai. »

Il aimait, assis près de ces ruines, à évoquer ses ancêtres, John Byron qui avait été aux Croisades, Paul et Hubert qui étaient morts dans la vallée de Crécy, Rupert qui avait combattu à Marsten Moor, tous jadis comme lui jeunes et pensifs, violents et tendres, maintenant squelettes, poussière et boue, ombres glissantes.

Mais le plus grand charme de ces lieux était le voisinage d'Annesley, la grande maison, jumelle de Newstead, qui abritait Miss Mary Chaworth, petite-nièce du Mr Chaworth victime du célèbre duel. Byron avait fait à Londres la connaissance de ses voisins d'Annesley. Les Chaworth avaient naturellement été brouillés avec le Mauvais Lord tant que celui-ci avait vécu, mais ils n'avaient aucune raison de garder rancune, à un enfant de quinze ans, d'une aventure à laquelle il n'avait pas été mêlé. D'ailleurs Mr Chaworth était mort, Mrs Chaworth s'était remariée et Mary-Ann Chaworth, sa fille, ne pouvait en vouloir à un jeune cousin qui semblait la trouver si belle.

Elle avait dix-sept ans, un visage tranquille, des sourcils calmes et réguliers, les cheveux partagés par une raie médiane. Elle ne pensait certes pas qu'un écolier infirme, fût-il Lord Byron de Newstead, pût jamais faire un mari pour Miss Chaworth d'Annesley. Mais le collégien avait de la fantaisie ; il avait beaucoup lu ; il ne l'ennuyait pas. Elle était, comme une fille unique élevée seule dans un grand parc, ignorante de la vie, naïve. Comment aurait-elle su qu'elle faisait plus de mal en encourageant cette folie juvénile qu'en la guérissant dès le début par une feinte froideur ? Et d'ailleurs faisait-elle plus de mal ? N'est-il pas bon que les jeunes hommes aient des passions un peu fortes ? Mary-Ann Chaworth accueillit avec bonne grâce cet amoureux puéril et celui-ci se mit à former les rêves les plus absurdes. Pour un grand lecteur de romans et de tragédies, l'aventure n'était-elle pas la plus belle du monde ? Les Byron et les Chaworth, divisés par un meurtre, avaient été les Montaigu et les Capulet de ces campagnes ; sans doute Mary-Ann et lui étaient-ils destinés à devenir le Roméo et la Juliette du plus touchant des drames réels. Elle était un peu plus âgée que lui, mais quoi ? Deux ans. Ne rencontre-t-on pas dans le monde bien des ménages où les femmes ont deux ans de plus que leurs maris ? Ne serait-elle pas tentée d'unir à nouveau, par un mariage, les deux joyaux du comté, Newstead et Annesley ? La longue allée qui réunissait les deux maisons ne s'appelait-elle pas l'Allée Nuptiale ? Byron s'abandonnait à ces rêveries avec un complaisant optimisme.

Dès le début des vacances, il prit l'habitude de galoper tous les matins jusqu'à Annesley. La campagne, entre les deux maisons, était ravissante : collines, grands prés où paissaient les moutons, et que coupaient de beaux arbres isolés. Annesley avait peut-être moins de majesté que Newstead, mais autant de grâce. Derrière la maison, de la chambre de Mary-Ann, on sortait de plain-pied sur une longue terrasse que bordait un mur dont le sommet festonné semblait fait de guirlandes successives accrochées aux boules de pierre des piliers. Le lierre qui couvrait tout ce mur en faisait comme une belle draperie végétale et souple. De la terrasse, par un double escalier majestueux et qu'ornaient en son sommet les armes des Chaworth, on descendait vers le parc. En bas, entre les deux branches de l'escalier, s'encadrait une porte de bois. Byron, qui avait toujours des pistolets dans sa poche, chaque fois qu'il passait par là, tirait sur cette porte. Les Chaworth montraient avec amusement la trace de ses balles. « Tous ces Byron, disaient-ils en souriant, étaient dangereux. » Loin d'être une gêne, la vieille vendetta formait un sujet de plaisanterie qui unissait les deux adolescents. Quand on offrit à Byron de lui donner une chambre à Annesley pour qu'il n'eût pas besoin de retourner le soir à Newstead, il commença par refuser, avec un mélange d'ironie et de sérieux qui lui était particulier, en disant qu'il n'osait pas, que les vieux Chaworth descendraient de leurs cadres pour chasser un Byron. Puis, un soir, il dit gravement à Mary-Ann : « En rentrant, la nuit dernière, j'ai vu un fantôme dans la prairie. » On sourit, on offrit de le garder et, à partir de ce moment, il passa toutes les nuits à Annesley.

Délices de ces vacances. Aimer follement et vivre sous le même toit que celle que l'on aime. Le matin, la voir apparaître sur la terrasse, toute baignée de sommeil encore. Faire seller deux chevaux et partir, au galop, à travers les prairies. Souvent ils allaient s'asseoir ensemble sur la colline qui est au bout de l'Allée Nuptiale et que couvre un diadème d'arbres. C'était le dernier éperon de ces hauteurs. A leurs pieds, sur la pente douce, s'étendait une mer de fougères doucement agitée par le vent, puis un étang, des champs, des bois et, çà et là, dans cet immense horizon, quelques demeures humaines, des fumées se tordant au-dessus des toits rustiques. Mary Chaworth regardait cette belle plaine caressée par le soleil. Byron regardait Mary Chaworth. Il ne voyait plus qu'elle dans l'univers. Ce visage était devenu pour lui le seul spectacle digne d'être contemplé. Il l'avait regardé jusqu'à ne plus pouvoir l'oublier. Il ne respirait plus, il n'existait plus qu'à travers elle. Elle était sa vue, car il suivait son regard et ne voyait que par ses yeux. Il l'appelait l'Etoile du Matin, l'Etoile du Matin d'Annesley. Quand il n'était pas avec elle, il s'abandonnait à une longue rêverie que cette image, comme jadis celle de Mary Duff, celle de la pauvre petite Parker, remplissait seule et tout entière.

Quelquefois au cours des promenades leurs corps se touchaient, leurs mains s'effleuraient. A ce contact le sang de l'enfant bondissait. Il alla voir avec Miss Chaworth des grottes souterraines que l'on visitait en bateau : « Je dus traverser dans une barque (où deux personnes seulement pouvaient se coucher) un ruisseau qui coule sous un roc, la pierre étant si près de l'eau que le batelier (sorte de Charon) doit rester courbé. La compagne de mon voyage était M. A. C., que j'aimais depuis longtemps, et à laquelle je ne l'avais jamais dit, bien qu'*elle* l'eût découvert sans que je le lui dise. Je me souviens de mes sensations, mais je ne puis les décrire, et cela vaut mieux. » Un enfant ardent peut vivre pendant des années sur un souvenir comme celui-là. Mais la soirée du même jour, à Matlock, fut pénible. C'était une petite ville d'eaux où l'on dansait. Byron, boiteux, avait pour la danse un mépris qui touchait à la haine. Il dut rester assis pendant que Miss Chaworth dansait. Quand elle revint s'asseoir près de lui, ramenée par un inconnu, il lui dit avec amertume : « J'espère que vous avez aimé votre ami. » Le lendemain, il eut sa revanche car la petite ville était près de son domaine de Rochdale et il eut plaisir à montrer à sa bien-aimée les trente-deux mille acres qui lui appartiendraient le jour où il aurait gagné son procès, avec privilège seigneurial sur toutes les paroisses du pays.

Miss Chaworth ne voyait-elle pas que, sous ce naïf étalage de biens, se cachaient un grand amour et le désir de la conquérir ? Elle le devinait et ne pensait pas que cela fût grave. Elle affectait de considérer Byron comme un frère. L'homme qu'elle aimait, elle, était Jack Musters, de Colwick Hall, le plus grand chasseur à courre et le meilleur cavalier du comté. Il était de onze ans plus âgé que Byron, assez violent, mais admirable athlète, et célèbre à Nottingham pour avoir un jour, sur la place du marché, sauté à pieds joints dans toute une rangée de tonneaux sans en renverser un seul. Par les matins d'automne, les paysannes aimaient à le voir marcher dans la prairie, de son pas élastique, et humer l'air pour savoir si bientôt les gelées de l'hiver allaient ouvrir la saison du renard.

Quand Mary Chaworth était assise à côté de Byron sur la colline du Diadème, et contemplait d'un regard vague et pur les fougères agitées par le vent, elle guettait au loin le cheval de Musters. Mais une femme résiste toujours mal au plaisir de tenter un amant. Si jeune, si déshérité que soit l'homme, il est agréable pour elle de sentir qu'elle règne sur un esprit. Mary Chaworth donna à Byron un portrait, une bague. Le pauvre enfant n'avait pas besoin de telles faveurs pour être fou. D'ailleurs, eût-elle voulu l'éloigner qu'elle n'y eût sans doute pas réussi ; il ne souhaitait pas être guéri. Il ne le fut même pas par un incident qu'il nota pourtant comme la plus pénible humiliation que lui eût valu son infirmité. Un soir, à Annesley, comme Mary-Ann était déjà montée au premier étage, Byron, encore dans le hall, entendit une conversation au sommet des marches, entre elle et sa femme de chambre : « Est-ce que vous pensez que je pourrais tenir à ce garçon boiteux ? » dit Mary-Ann. Cette phrase fut pour lui comme un coup au cœur. Dans la nuit noire il plongea hors de la maison et, sans savoir ce qu'il faisait, courut d'un trait jusqu'à Newstead. Tristesse, fureur, désir de mourir, désir de tuer, les sentiments les plus violents l'assiégèrent toute la nuit.

Il revint le lendemain et ne parla jamais de ce qu'il avait entendu. A quinze ans, il éprouvait déjà cet affreux besoin d'un être qui fait que l'on supporte tout plutôt que de renoncer à voir son visage, à entendre sa voix, à toucher sa main. Il était si follement amoureux qu'en septembre, à la fin des vacances, il refusa net de rentrer à Harrow. Mrs Byron le somma de repartir ; elle n'aimait pas à le voir dans la société de ces Chaworth. « Je sais, lui écrivit-il, que le temps est venu d'aller à Harrow. Cela me rendra *malheureux* ; mais j'*obéirai*. Je désire seulement (et je vous supplie de m'accorder) ce seul jour, et sur mon *honneur* je partirai demain, le soir ou dans l'après-midi. Je regrette que vous désapprouviez le choix de mes compagnons qui, pourtant, sont les premiers de ce comté et mes égaux en tous points ; mais je demande la permission de choisir pour moi-même. Je ne m'occuperai jamais des gens que vous voyez et je vous prie de ne pas vous occuper de mes amis. » Une lettre étrangement ferme pour un garçon de quinze ans. Mrs Byron accorda la journée.

Mais Byron ne partit ni le lendemain, ni la semaine, ni la quinzaine suivantes. Le 4 octobre le docteur Drury, surpris, écrivit à Hanson pour demander ce qu'était devenu son élève. Hanson s'adressa à Mrs Byron et reçut la lettre suivante : « Je comprends que vous soyez surpris, vous et le docteur Drury, de ce que Byron n'est pas retourné à Harrow. La vérité est que je ne puis le faire retourner à l'école, bien que depuis six semaines j'aie fait tout ce qui était en mon pouvoir. Il ne souffre de rien du tout que d'amour, d'un amour désespéré, la *pire* des *maladies* à mon avis. En un mot, le petit aime à la folie Miss Chaworth, et il n'a pas été trois semaines avec moi pendant ses vacances, passant tout son temps à Annesley. Si mon fils était d'âge convenable, et si la dame n'était pas *fiancée*, ce serait le dernier des liens que j'aurais voulu le voir contracter ; cela m'a donné beaucoup d'inquiétude. »

Byron manqua l'école pendant tout un trimestre et ne rentra qu'en janvier 1804. Ses trois mois de sursis ne furent pas heureux. Il s'était brouillé avec son hôte et locataire Lord Grey, pour des raisons mystérieuses et graves qu'il avait refusé, avec une farouche pudeur, de révéler, même à sa mère, même à Hanson. Cette brouille lui interdisait de jamais rentrer à Newstead. Il ne voulait plus se trouver dans la même chambre que Lord Grey et sortait d'une maison si celui-ci y entrait. Quant à ses amours avec Mary Chaworth, elles étaient de plus en plus malheureuses. C'est toujours une erreur, pour un amant méprisé, que d'insister pour garder au moins la présence de celle qu'il aime. Les silences chargés de soupçons, les sous-entendus hostiles rendent pénibles et longues les heures sauvées. Tel était donc l'amour, ce sentiment qu'il

avait cru si beau ? Quand il partit, en janvier, il était presque heureux de retourner à Harrow. Son seul regret était de
s'éloigner du cher Newstead ; il alla revoir de loin l'abbaye
et écrivit une Elégie sur ce départ :

> Adieu, ombres des héros, votre descendant qui s'éloigne
> Du séjour de ses ancêtres, vous dit adieu...

VII. *Amitiés romanesques. – La douairière*

Annesley avait perdu son attrait ; Harrow parut moins
haïssable. Pour Byron, les ennuis du servage étaient terminés. Le docteur Drury, qui ne lui gardait pas rancune de
cette fugue de trois mois, l'avait choisi pour un des rares
élèves auxquels il enseignait lui-même grec et latin. Ses
amis et anciens compagnons de torture, Tom Wildman,
Long, étaient devenus comme lui des Puissances. A son
tour, il avait droit à des *fags*. Mais il était loin de les traiter
comme ses aînés l'avaient traité lui-même. Il s'entourait
d'enfants très beaux ; rien ne lui était plus agréable que de
protéger des êtres jeunes et faibles ; cela flattait son orgueil
et satisfaisait son besoin de tendresse. Lord Clare était son
préféré, mais il aimait aussi le duc de Dorset, Lord Delawarr et le jeune Wingfield. Il les défendait contre les autres
moniteurs. Wildman ayant mis Lord Delawarr sur sa liste
de punis, Byron lui dit : « Wildman, je vois que vous avez
Delawarr sur votre liste. Je vous demande de ne pas le
battre – Pourquoi pas ? – Pourquoi ? Je ne sais pas. Peut-
être parce que c'est un de mes pairs. En tout cas, je vous
prie de ne pas le faire. »
Son prestige scolaire grandissait. Il était choisi pour dé-
clamer au « Jour des Discours », grande fête harrowienne.
Lord Byron : Latinus, ex Virgilio, disait le programme. Tout
le monde savait qu'il écrivait des vers. Quand il passait dans

le sentier étroit du cimetière, élèves et maîtres regardaient avec une complaisance affectueuse Byron monter vers « sa » tombe. Parce que le docteur Drury avait deviné son génie, des esprits plus moqueurs étaient devenus indulgents à ses fantaisies. Une cour de beaux adolescents l'admirait.

> ... Joyeuse bande,
> Qui m'acclamait pour chef, obéissant à mes ordres ;
> Et qui, pour tous les sports de notre âge, me suivait,
> Leur premier conseiller et leur dernier ressort.

Pourquoi l'aimait-on ? Peut-être justement parce qu'il était un ami difficile. D'une sincérité exacte, pénétrante, et de caractère changeant, il inquiétait comme certaines femmes. Ses brusques humeurs surprenaient. Ses amitiés étaient tourmentées. L'amour l'avait déçu ; il cherchait refuge dans un autre sentiment et il y apportait la même violence.

« L'amitié qui, dans le monde, est à peine un sentiment est une passion dans les cloîtres », soulignait-il dans son Marmontel. Même pour son favori, Lord Clare, l'amitié de Byron était loin d'être un sentiment calme et continu. Il s'y montrait jaloux, ardent, exigeant. D'étude à étude, le « grand » Byron et le « petit » Clare s'écrivaient plusieurs fois par jour. Byron reprochait à Clare comme un crime affreux de l'avoir appelé « mon cher Byron » au lieu de l'habituel « mon *très* cher ». Un autre jour, il faisait une scène à son ami parce que celui-ci avait paru triste du départ de Lord John Russell pour l'Espagne. Quelquefois c'était lui qui éveillait la jalousie de Clare, en accueillant de nouveaux compagnons. Alors Clare devenait à son tour ombrageux : « Vous avez été si peu gentil pour moi depuis quelque temps, Byron, en me traitant de toutes sortes de noms chaque fois que vous me rencontriez, que je dois vous demander une explication, désirant savoir si vous voulez être encore mon ami. Pendant ce dernier mois, vous m'avez entièrement lâché, – pour vos nouveaux camarades, je suppose. Mais ne croyez pas que je vais toujours vous supplier (parce qu'il vous plaît d'avoir un caprice ou un autre), ou faire ce que font d'autres garçons pour regagner votre amitié ; ne croyez pas non plus que je suis votre ami par intérêt, ou parce que vous êtes plus grand et plus vieux que moi. Non, – cela n'a jamais été et ne sera jamais. Je ne voulais rien qu'être votre ami, je le suis encore, – à moins que vous ne continuiez ainsi à me traiter de noms quand vous me rencontrez. »

Ces mouvements de jalousie rappelaient à Byron son autre passion, plus forte, hélas ! pour l'Etoile du Matin d'Annesley. Les grands yeux, l'Allée Nuptiale, la gravité songeuse de Mary-Ann, toutes ces images passaient encore dans ses rêveries. Mélange amer de désir, de regrets. Ah ! qu'il eût souhaité tuer, arracher de son cœur ce sentiment pénible ! Il recherchait les auteurs qui parlent de l'amour avec ironie, détachement ou sarcasme. Il se plaisait à lire, avec ses camarades, les vers libertins, alors à la mode, du poète Thomas Little (pseudonyme de Thomas Moore). Oui, c'était ainsi qu'il fallait aimer, en cherchant la volupté, non la passion. Mais le souvenir des corps allongés dans le bateau, sous la voûte de pierre, et des chaudes journées d'août sur la colline du Diadème, était encore source de douleur.

A Pâques, il vit sans joie venir les vacances. Brouillé avec Lord Grey, il ne pouvait les passer à Newstead ; force était d'aller rejoindre, comme il disait, la Douairière. Elle avait quitté Nottingham et s'était installée à quelques milles de Newstead, dans la petite ville de Southwell. Elle y avait trouvé une maison simple, qui portait le nom pompeux de Burgage Manor. Elle n'était pas reçue par les gens du Comté, auxquels il avait suffi de la rencontrer une fois pour la juger vulgaire, ennuyeuse, impossible. Ceux de la ville étaient plus indulgents ; la Douairière était en bons termes avec la famille Pigot qui occupait, en face de la sienne, l'autre grande maison de Southwell.

Byron, vulnérable, intuitif dès que l'orgueil était en jeu, comprit tout de suite l'impression que sa mère avait faite sur la petite aristocratie locale. Il en éprouva un sentiment d'hostilité, à la fois envers ces châteaux méprisants et envers celle qui méritait leur mépris. Autant il était maintenant à son aise à l'école, autant il demeurait timide dans un milieu nouveau. Son infirmité faisait qu'il craignait, plus que tout, d'avoir à marcher devant des inconnus. Il avait horreur du mouvement de surprise et de pitié que provoquait toujours la découverte. A cette honte, qui existait en lui depuis l'enfance, s'étaient ajoutées la conscience de l'infériorité de sa mère et, depuis l'épisode Mary Chaworth, la terreur des femmes. Quand on le présentait à l'une d'elles, il était si troublé qu'il ne pouvait que répéter à mi-voix : « Un, deux, trois, quatre, cinq, six, sept... Un, deux, trois, quatre, cinq, six, sept... » Il les adorait et les haïssait. Il les haïssait parce qu'il les adorait. Ah ! conquérir ces êtres mystérieux, les humilier, les faire souffrir à son tour, se venger. Mais comment ? Il était infirme, pauvre, et se croyait ridicule.

Pourtant une jeune fille de Southwell, Elizabeth Pigot, réussit à l'apprivoiser. « La première fois que je lui fus présentée, dit-elle, ce fut à une réunion chez sa mère, où il se montra si timide qu'elle fut forcée de l'envoyer chercher trois fois avant de pouvoir le persuader de venir dans le salon jouer avec les autres jeunes gens. C'était alors un garçon gros et embarrassé, avec les cheveux peignés tout droits sur son front... Le lendemain matin, Mrs Byron l'amena chez nous où il fut de nouveau timide et cérémonieux. La conversation tourna sur Cheltenham, où nous avions fait un séjour, et je dis que j'y avais vu jouer très bien le rôle de Gabriel Lackbrain. Quand sa mère se leva pour partir, il fit un salut très solennel et moi, en allusion à la pièce, je lui dis : *"Good bye, Gaby."* Son visage s'éclaira, sa jolie bouche s'ouvrit en un sourire, sa timidité s'évanouit et, quand sa mère lui dit : "Allons, venez, Byron, êtes-vous prêt ?" il dit que non et qu'il resterait encore. Depuis ce moment il prit l'habitude d'entrer et de sortir à toute heure et de considérer notre maison comme la sienne. »

Depuis quelques mois, il avait une autre confidente. C'était sa demi-sœur Augusta. Seize ans auparavant, au moment de l'accouchement de Mrs Byron, Augusta avait été confiée à sa grand-mère maternelle, Lady Holderness, qui avait empêché toute communication entre Mrs Byron et la jeune fille. Celle-ci n'avait donc jamais vu son frère, ce « Baby Byron » dont on avait tant parlé devant elle. En 1801, Lady Holderness était morte et Augusta, adoptée par sa noble famille, avait vécu soit chez ses demi-frères et sœur Leeds, soit chez son cousin Carlisle, le tuteur de Byron.

Dès la mort de Lady Holderness, Mrs Byron avait cherché à renouer des relations avec Augusta, dont la situation mondaine l'éblouissait et à qui elle gardait l'affection naturelle d'une femme pour une enfant qu'elle a soignée. Elle écrivit à Augusta, en 1801, une de ces lettres, pointues par avance, de ceux qui s'attendent à être traités avec hauteur. « Comme je désire enterrer le passé dans l'*oubli*, j'éviterai toute réflexion sur une personne qui n'est plus ; j'ai suspendu mon opinion sur vous ; le temps est maintenant arrivé où j'en formerai une très *décidée*... Nous serons heureux si nous pouvons jamais vous rendre service, maintenant ou plus tard. Je prends sur moi de répondre pour mon fils ; bien qu'il vous connaisse si peu, il me parle souvent de vous avec affection. »

Augusta ne justifia pas le pessimisme préventif de Mrs Byron, elle s'intéressa tout de suite à son frère et lui, qui était seul au monde, hors cette mère dangereuse, fut enthousiasmé de découvrir qu'il possédait une sœur, une amie, un peu plus âgée que lui (puisqu'elle avait vingt ans et lui seize), mais gracieuse, élégante, de manières douces et fines, toute semblable enfin à la famille qu'il eût souhaité avoir et n'avait pas. Jusqu'alors il ne lui avait guère écrit mais, dès le début de ces vacances de Pâques, il s'excusa et ajouta : « Je ferai maintenant tous mes efforts pour vous rendre votre bonté, et dans l'avenir j'espère que vous me considérerez non seulement comme un *frère* mais comme votre *ami* le plus cher, le plus affectueux et, si jamais les circonstances l'exigeaient, votre *protecteur*. Souvenez-vous, ma très chère sœur, que vous êtes *la parente la plus proche* que j'aie au monde, *aussi bien par les liens du sang* que par ceux de l'*affection*. S'il y a quoi que ce soit où je puisse vous servir, vous n'aurez qu'à me le dire ; faites confiance à votre frère, il ne trahira jamais cette confiance. Quand vous verrez mon cousin et futur frère, George Leigh, dites-lui que je le considère déjà comme un ami. » Car Augusta était fiancée avec son cousin germain, le colonel George Leigh, du 10ᵉ dragons, fils de la Mrs Leigh à laquelle avaient été adressées les lettres de Valenciennes.

Celles de son frère plurent beaucoup à la jeune fille. « Il fut le plus délicieux des correspondants tant qu'il resta à Southwell. » Elles étaient en effet charmantes, ces lettres, très tendres : « Ma bien-aimée sœur... Ma toujours si chère sœur... Mon plus grand plaisir est d'écrire à mon Augusta... », pleines de sentiments délicats et de confidences enfantines : « Faites mes amitiés au pauvre vieux Murray (c'était le serviteur du Mauvais Lord, qu'on avait mis en pension chez le duc de Leeds, en attendant que Newstead fût rouvert aux Byron), dites-lui que, tant que je vivrai, il ne sera jamais abandonné dans sa vieillesse... » « Vous me dites que vous ne connaissez pas mon ami Lord Delawarr ; il est beaucoup plus jeune que moi, mais le garçon le plus aimable, le plus intelligent du monde. A quoi il ajoute la qualité (très grande aux yeux des femmes) d'être remarquablement beau, presque trop pour un garçon. » « ... Je ne sais pas quand je quitterai Harrow... J'aime beaucoup l'école. Le maître, le docteur Drury, est le plus aimable *clergyman* que j'aie jamais rencontré ; il unit le gentleman à l'érudit, sans affectation ni pédanterie ; c'est à lui seul que je dois le peu que j'ai appris, et ce n'est pas sa faute si ce peu n'est pas plus. »

Puis, devenant plus hardi, il lui parlait de ses idées sur l'amour. Thomas Little et Mary Chaworth avaient formé un sceptique. Il racontait à Augusta qu'il irait à un bal, à Southwell, et qu'il avait l'intention de devenir follement

amoureux d'une femme quelconque : « Ce sera un amusement *pour passer le temps* et cela aura au moins le charme
de la nouveauté ; puis, dans quelques semaines, je serai
tout à fait au *désespoir*, je me tuerai et je sortirai du monde
avec *éclat*. »

Si Augusta répondait que l'amour est un sentiment très
grave et qu'elle aimait, elle, son colonel de dragons jusqu'à la souffrance : « Que vous soyez malheureuse, ma
chère sœur, me rend malheureux aussi... Mais réellement,
après tout (pardonnez-moi, ma très chère sœur), j'ai un peu
envie de rire de vous, car l'amour, à mon humble avis, est
une complète absurdité, un simple jargon de compliments,
de romanesque et d'artifice ; pour ma part, si j'avais cinquante maîtresses, je les oublierais toutes en quinze jours
et si par hasard je me souvenais d'une seule, j'en rirais
comme d'un rêve et bénirais mon étoile pour m'avoir
délivré des mains du malfaisant petit Dieu aveugle. Ne
pouvez-vous chasser ce cousin de votre jolie tête, car les
cœurs sont hors de question ? » Ainsi le cynisme succédait
à la déception amoureuse ; évolution normale de la maladie.

Mais surtout Augusta était la confidente du grand malheur de la vie de son jeune frère, qui était la conduite de
« cette *aimable* mère dont l'humeur *diabolique* semble
croître avec l'âge et acquérir de nouvelles forces avec le
temps ». Depuis longtemps il la méprisait ; vivant avec elle
pendant ses vacances, il en venait à la détester. Direct,
comme tous les siens, il ne savait pas cacher ses sentiments, ce qui ne contribuait pas à apaiser les Furies. Presque chaque jour une querelle s'élevait, grandissait ; de
lourds objets volaient, des cris retentissaient. Mrs Byron
disait que son fils était un monstre, qu'il était ligué avec
ses pires ennemis : Lord Carlisle, Mr Hanson. Elle lui
reprochait de s'être brouillé avec Lord Grey ; sur quoi il
supposait (avec ce goût de la jeunesse pour le drame) que
la Douairière était amoureuse de Lord Grey. « Elle a une
excellente opinion de son charme personnel, ment de six
ans sur son âge, prétend qu'elle avait dix-huit ans quand je

suis né, alors que vous, ma chère sœur, savez aussi bien
que moi qu'elle était majeure en épousant mon père et que
je ne suis né que trois ans après. » Il aurait pardonné ces
faiblesses de femme mûrissante, mais elle l'injuriait,
maudissait les cendres de son père, lui disait qu'il devien-
drait un vrai « Byrrone ». « Dois-je appeler une telle
femme ma mère ? Parce que la loi de la nature lui donne
autorité sur moi, dois-je me laisser ainsi piétiner ?... Quel
exemple elle me donne ! J'espère, mon Dieu, que je ne le
suivrai jamais. Je ne vous ai pas tout dit, Augusta, je ne le
puis pas ; je vous respecte trop comme femme. »

La vérité était que Mrs Byron se trouvait très malheureuse ; elle avait été veuve à vingt-sept ans : sa vie était
gâchée, elle-même exilée dans un comté anglais qui lui
était hostile, et pourquoi ? Pour veiller sur les intérêts d'un
fils qui ne comprenait pas ce sacrifice, qui détestait
Southwell où elle n'était venue que pour lui, qui le disait,
car il était brutal comme son père, comme son oncle
assassin, comme tous les Byron. Et pourtant elle se sentait
capable de tant de dévouement, la dure Ecossaise. Elle
avait tout donné jadis à son mari ; elle eût volontiers tout
donné à son fils. Mais était-ce encore son fils, ce jeune
étranger hautain, exigeant, qui, détaché d'elle, la jugeait ?
Elle perdait lentement son enfant comme elle avait perdu
son mari. Elle aurait voulu le retenir, être tendre, mais
devant cette vie sans espoir elle perdait la tête et ne savait
que crier.

Après les scènes, mère et fils avaient des remords. Byron cherchait des excuses pour sa mère. « Je regrette de
dire que, la vieille dame et moi, ne nous entendons pas
comme des agneaux dans une bergerie, mais je crois que
c'est ma faute... Je ne désire pas être séparé d'*elle* entièrement, car je crois qu'elle m'aime ; elle le fait voir en
plusieurs choses, et particulièrement en ce qui concerne
l'argent, dont je ne manque jamais... Mais sa conduite est
si étrange, ses caprices si impossibles à satisfaire, ses
passions si violentes, que le mal fait plus que balancer ses
qualités agréables. »

Ce rythme de générosité et de fureur était dangereux à introduire dans la vie d'un être jeune. Tout en blâmant sa mère, il prenait l'habitude de l'imiter. La querelle violente, où l'on dit tout, après avoir été un supplice, devenait une habitude. Il s'en rendait compte. Il se jugeait avec une implacable clarté d'esprit. Il aurait voulu se séparer de cette femme. « Telle, Augusta, telle est ma mère... Ma mère ! Je la désavoue à partir d'aujourd'hui. »

Augusta fit de son mieux. Elle écrivit à Hanson plusieurs lettres intelligentes et mesurées pour expliquer ce qui se passait, pour indiquer qu'elle craignait que Mrs Byron ne se fût mise à boire, et qu'il lui paraissait souhaitable que, pour ses prochaines vacances, Byron fût envoyé ailleurs, par exemple chez Hanson lui-même, si celui-ci voulait le recevoir. Elle alla parler de cette situation à son ami et cousin Lord Carlisle. Celui-ci se dit prêt à tout autoriser, pourvu que cela ne l'obligeât pas à avoir des rapports directs avec Mrs Byron qui continuait à lui inspirer une grande terreur.

La fin des vacances fut triste. Mrs Byron reçut d'Ecosse une lettre qui lui annonçait le mariage de Mary Duff, cette jolie cousine que son fils avait aimée et caressée si tendrement quand il avait neuf ans. Elle parla de ce mariage avec méchanceté. Elle éprouvait un secret plaisir à blesser ce fils trop détaché d'elle, mais pouvait-elle penser qu'une affection d'enfant avait été une passion dont la force n'était pas encore épuisée ? La réaction de Byron la terrifia. « Je ne puis expliquer mes sentiments, mais ils me jetèrent presque dans des convulsions et alarmèrent tellement ma mère que, lorsque je fus remis, elle évita le sujet, au moins avec moi, et se contenta de raconter l'histoire à tous les gens de notre connaissance. »

La même année, il dit adieu à Mary Chaworth. De Southwell, pendant ses vacances, il avait quelquefois été invité à Annesley, mais l'enchantement était rompu ; il était clair que ce roman si beau n'avait été pour elle qu'un jeu... Vacances d'un garçon boiteux... Tout le monde savait qu'elle était fiancée avec Jack Musters. Byron alla

se promener avec elle, une fois encore, sur la colline du Diadème. Il lui parla avec beaucoup de calme. Il avait appris à
ne plus être exalté, mais méprisant. « La prochaine fois que
je vous verrai, je suppose que vous serez *Mrs* Chaworth ? –
Je l'espère », répondit-elle.

Réponse assez dure mais pourquoi, pensait-elle, était-il
ironique ? Elle avait été indulgente aux folies d'un collégien. C'était la récompense. Il alla lui faire une dernière
visite. Il l'attendit dans l'oratoire. Il était pâle, s'assit, traça
quelques lignes sur un papier, agita la tête avec désespoir.
Il tremblait. Elle entra, souriante. Elle savait qu'il l'aimait,
qu'il était malheureux. Il se leva, prit sa main froidement,
ils échangèrent encore un sourire, puis il s'élança hors de
la chambre, sauta sur son cheval et repassa, pour la dernière fois, la grande porte sculptée. Elle se maria au début
de l'année suivante. Un vrai cynique fût devenu l'ami du
couple et eût attendu de l'avenir une revanche, mais Byron
avait aimé Mary Chaworth trop sincèrement pour être
capable envers elle de machiavélisme sentimental. Hors
Augusta et (qui sait ?) peut-être Mrs Byron (car elle comprenait plus de choses qu'elle n'en avait l'air, la pauvre
Douairière, et voulait consoler mais ne savait que blesser),
personne ne sut quels dangereux changements ce mariage
avait produits dans l'âme de Byron. Pendant les quelques
mois où il avait cru naïvement pouvoir épouser Mary
Chaworth, tous ses rêves avaient été de retraite et d'amour
idyllique. L'échec le rejetait « seul sur une mer sans riva-
ges ». En 1804, Augusta avait jugé son frère un jeune
homme enthousiaste et tendre ; quand elle le revit, en 1805,
son caractère était si complètement changé qu'elle eut
peine à le reconnaître.

VIII. *Dieux sur le mont Ida*

Ce fut un adolescent divisé et troublé qui revint à Harrow pour sa dernière année d'école. Il était heureux de « rentrer ». Comme tous les timides il aimait la monotonie d'une existence où les êtres sont connus, les actions réglées. Là ses mauvaises jambes n'étonnaient plus personne. Son autorité grandissait. L'arche sainte de Harrow était une antique salle de classe, *the Fourth Form Room*, entourée de noires boiseries de chêne trois fois centenaires. Byron, moniteur, était devenu l'un des maîtres de ce sanctuaire. Trois fois il avait entaillé dans le bois un *Byron* vigoureux et hardi, parmi tant de noms illustres. Toujours une petite bande de jeunes héros règne sur une école anglaise ; Lord Byron faisait maintenant partie de cette troupe sacrée. La haute colline de Harrow, dominant les plaines où travaillaient les laboureurs, où luttaient les équipes rivales de cricket, le faisait penser à la montagne d'Ida au sommet de laquelle les Dieux, dans Homère, contemplent les travaux et les guerres des humains.

Mais les Dieux eux-mêmes ont leurs passions. Des amitiés violentes et jalouses continuaient à tourmenter Byron. L'ami favori était maintenant le petit Delawarr, « presque trop beau pour un garçon », mais Clare était jaloux, et d'autres aussi. Sur le mont Ida, les Immortels se querellaient. Que ce fût à Southwell ou à Harrow, il était difficile de rêver en paix. Delawarr lui-même n'avait pas de l'amitié une idée aussi belle que Byron. Celui-ci, qui était prêt à donner sa vie, à tout sacrifier pour ses amis, s'étonnait de trouver les sentiments des autres si tièdes. Presque chaque jour un poème de reproches, de plaintes, de mépris, venait frapper d'un éclair brûlant l'un des sujets trop aimés du jeune Dieu.

> En toi j'espérais étreindre
> Un ami dont la mort seule me séparerait,
> Mais l'Envie, de sa main méchante,
> T'a détaché de mon cœur pour jamais...

Et, un autre jour :

> Vous saviez que mon âme, mon cœur, mon existence
> Etaient, dans le danger, à vous comme les vôtres ;
> Vous me saviez inchangé par les ans, la distance,
> Et ne vivant que pour l'amour et l'amitié.
>
> Vous saviez – mais quittons ces souvenirs trop vains...

La bande joyeuse qui recevait ces lettres s'étonnait, riait, puis oubliait. Un événement plus grave menaçait le bonheur de Harrow et celui de Byron. Drury devait prendre sa retraite à Pâques. Il n'avait pas toujours été satisfait, pendant ces derniers mois, de son élève favori. Byron travaillait mieux, mais l'esprit d'agitation habitait cette âme. « Ses esprits animaux sont trop vigoureux », disait le bon docteur. Il était frappé par le manque de jugement de Byron. Cet enfant, le plus intelligent qu'il eût connu, agissait parfois comme un fou. Le docteur, qui se sentait responsable de la santé morale de l'école, n'aimait pas l'influence intellectuelle et surtout sentimentale que Byron avait prise sur ses jeunes disciples. En décembre 1804 il l'avait même prié, non sans regrets, de quitter Harrow. Hanson, Lord Carlisle étaient intervenus et le docteur s'était laissé fléchir. L'élève ne gardait pas rancune à son maître. Il l'aimait. Le premier homme qui a su imposer à l'esprit d'un adolescent le respect d'une force morale plus haute conserve sur lui une autorité que l'orgueil même ne détruit pas. La dernière leçon du dernier jour fut, pour Byron, une scène triste. Rien ne fut dit. Cela eût été contraire aux principes les plus secrets de l'école. Mais les jeunes gens qui entouraient le docteur sentirent qu'une période heureuse de leur vie venait de s'achever.

Qui lui succéderait? Il y avait plusieurs concurrents, dont le frère du docteur, Mark Drury; l'adversaire le plus dangereux de celui-ci était le révérend George Butler, homme jeune, grand mathématicien. Les élèves ne connaissaient la valeur réelle ni de l'un ni de l'autre, mais le nom de Drury suffisait à leur inspirer une partialité passionnée, et il se forma un parti Drury, à la tête duquel était Tom Wildman, ami de Byron. Un des élèves dit à Wildman : « Je sais que Byron ne sera pas avec nous parce qu'il n'acceptera jamais de servir en second; donnez-lui le commandement et il viendra. » Wildman suivit le conseil et Byron devint chef des factieux.

Le *Headmaster* était désigné par un vote des Gouverneurs. Drury et Butler eurent exactement le même nombre de voix. Dans un tel cas, la charte du collège prévoyait que la décision finale devait être prise par l'archevêque de Canterbury. L'excitation grandit. Un matin l'école apprit avec colère que l'archevêque avait choisi le docteur Butler. La transmission des pouvoirs marqua le début d'une période de révolte. Byron et Wildman étaient l'âme de cette sédition. Ils ne se promenaient plus qu'armés de pistolets chargés. Qu'en voulaient-ils faire? Tuer le docteur Butler? Il en fut question. Certains conjurés exaltés proposèrent de répandre de la poudre à canon tout le long du chemin que devait suivre le docteur Butler pour aller à la *Fourth Form Room*, et de le faire sauter. Un des enfants, James Richardson, les arrêta en demandant à ses camarades de ne pas détruire les murs sur lesquels les noms de leurs pères avaient été gravés.

Byron, sans trop savoir ce qu'il faisait et dans un de ses accès de rage à la Gordon, arracha les grilles qui étaient devant les fenêtres de la maison du maître. Butler montra du bon sens, essaya de traiter ses jeunes ennemis avec bonne humeur, mais en vain. Byron écrivit sur lui des vers satiriques, où il l'avait baptisé *Pomposus*, et prit pour devise : « Liberté ou Rébellion. » Le docteur Drury qui, dans sa retraite, entendit parler du conflit, voulut, pour l'apaiser, venir lui-même à Harrow. Les élèves l'attendirent au bas de la colline, sur la route de Londres, dételèrent les chevaux de sa voiture et la traînèrent en triomphe jusqu'au sommet. Il décida de ne plus revenir.

Le dernier trimestre de Byron à Harrow fut rempli par cette lutte. Il travaillait peu. Il était considéré comme un élève assez bien doué, mais paresseux. Il avait pourtant appris beaucoup de latin, un peu de grec. Aux récitations publiques de 1805, il parut deux fois, récitant cette fois en anglais, et particulièrement remarquable dans le *Roi Lear*. Il avait demandé à sa sœur Augusta de venir l'entendre : « Je vous prie, madame, de paraître dans une des voitures les plus brillantes de Sa Seigneurie, car notre étiquette de Harrow n'admet, en nos jours de grands festivals, que les véhicules les plus superbes. » Ton comique, pour masquer le désir réel d'étonner ses amis par l'élégance de sa sœur. C'était si nouveau pour lui, et si agréable, de compter enfin dans sa famille une personne dont il n'eût pas honte. Il fut sans doute satisfait, ce jour-là, et d'elle et de lui-même, car il eut un grand succès et se considéra comme un nouveau Garrick. Il était plus fier de ses talents d'acteur et d'orateur que des vers innombrables qu'il avait écrits pendant ces trois ans. « Mes qualités étaient beaucoup plus oratoires et martiales que poétiques ; et le docteur Drury, mon grand patron, pensait que je deviendrais un orateur. » Il brillait surtout dans les textes qui exprimaient une passion véhémente. Il était aussi le grand nageur de l'Ecole et (trait remarquable chez un boiteux) jouait au cricket assez bien pour être envoyé au match Harrow-Eton de 1805.

Ce fut le dernier épisode de sa vie scolaire. Que rapportait-il de Harrow ? Un goût vif de l'amitié, une certaine connaissance des poètes. Avait-il commencé à comprendre la multiple énigme de la vie ? Non. Ce qui semblait malheureusement trop certain, c'était que les autres créatures humaines éprouvaient moins que lui le besoin de sentiments absolus. Hommes ou femmes, enfants ou jeunes filles, ils négociaient prudemment avec l'amour, avec la vérité, avec Dieu. Pourrait-il jamais devenir l'un d'eux ? Il ne le souhaitait pas. Mais quelle était la place dans l'univers de George Gordon, Lord Byron ? Vers la fin de son séjour à Harrow, il nota sur la première page de ses *Scriptores Graeci* : « George Gordon Byron. Mercredi 26 juin, *anno domini* 1805. 3 h 3/4 de l'après-midi. Calvert monitor, Tom Wildman à ma gauche. Long à ma droite. Harrow-sur-la-Colline. »

Etrange besoin qu'ont les jeunes hommes de se rappeler à eux-mêmes leur propre identité, de faire le point. A quoi pouvait rêver Byron, sur son banc de chêne tailladé, en ce 26 juin de l'an 1805 ? A cette école qu'il allait bientôt quitter ? A Cambridge, où Lord Carlisle voulait l'envoyer ? Il était triste de voir le changement si proche. Malgré Pomposus et quelques brouilles puériles, il avait été là plus heureux qu'ailleurs. Dans cette petite société fermée, il était accepté comme un prince de la jeunesse. Ce Wildman à sa gauche et ce Long à sa droite étaient des amis, des amis sûrs. Voix jeunes et gaies dans la cour pavée, sourires sur les visages quand il passait, groupes animés auxquels s'il le voulait il pouvait se mêler, que la Colline Sacrée était différente de ce monde extérieur hostile, inquiétant. Au-dehors, que pouvait-il espérer ? Mary Chaworth ? Elle devait se marier pendant les vacances. Les femmes ? Ne seraient-elles pas toutes semblables à celle-là ? Sa mère ? Une furie. Sa maison ? L'enfer. Les Carlisle ? Ce tuteur élégant souhaitait-il le voir ?

Poulain ombrageux, il avait besoin de maîtres adroits. Sous la gaieté naturelle de l'enfance, grandissait en lui une zone de voluptueuse mélancolie. L'idée de la mort le hantait. Elle avait déjà frappé autour de lui. Sur sa belle cousine, sur quelques-uns de ses jeunes camarades, il avait composé des vers funéraires. Dans le cimetière, sous les branches de l'orme, il alla rêver une dernière fois. « John Peachey... » Qui avait-il été, ce John Peachey dont les os blanchissaient sous cette pierre ? C'en était fini de ces douces et tristes méditations, au-dessus de la plaine où dormait Londres. Le jeune héros du mont Ida allait quitter le séjour des Dieux pour se mêler aux tourments des mortels. Reviendrait-il un jour dormir sous cette herbe qui avait été le terrain de jeux de son enfance ? Sa tombe... Comme ce Peachey, il n'y voulait qu'un nom, mais il l'eût souhaité glorieux :

> Mon épitaphe sera mon nom, lui seul :
> S'il ne peut couronner avec honneur ma cendre,
> Ah ! qu'aucune autre gloire ne paie mes actions !
> Mon nom, mon nom, lui seul, désignera l'endroit :
> Célèbre par ce nom ou comme lui perdu.

Il était à peine au début de la course, et déjà pensait au repos.

IX. *Trinity college, Cambridge*

> *La jeunesse est un temps pendant lequel les conventions sont, et doivent être, mal comprises : ou aveuglément combattues, ou aveuglément obéies.*
>
> PAUL VALÉRY.

Il alla résider à Trinity College, Cambridge, en octobre 1805. Pour la première fois de sa vie, il se trouvait riche ; le Chancelier lui avait accordé de prendre sur ses revenus une somme annuelle de cinq cents livres, une des plus belles pensions du collège. Il allait avoir un cheval, un valet, et se sentait aussi indépendant « qu'un prince allemand qui frappe sa propre monnaie, ou qu'un chef indien qui ne frappe aucune monnaie, mais jouit du bien le plus précieux, la Liberté. Je parle avec ravissement de cette *déesse* parce que mon aimable Maman était si despotique... Je serai tout à fait délivré d'elle et, comme elle a depuis longtemps piétiné et déchiré tous les liens d'affection, je suis sérieusement décidé à ne jamais retourner la voir et à ne plus jamais être en termes amicaux avec elle. Je le dois à moi-même, à mon propre bonheur, et à la mémoire de mes parents les plus proches, qui ont été honteusement diffamés par cette Tisiphone. » Le ton était dur, mais l'enfance de Byron n'avait été qu'une longue scène où une mère au tempérament vif criait ses sentiments les plus violents. Personne ne lui avait enseigné la pudeur, ni les nuances.

Trinity College. Une porte fortifiée, flanquée de deux tours, s'ouvrait sur un immense rectangle qu'entouraient des bâtiments gothiques. Au centre une fontaine rendait sensible par le mouvement de son jet d'eau l'immobilité du décor. En traversant une voûte on trouvait la seconde cour, Nevile's Court, plus grave, plus sombre, mais de nobles proportions et tout entourée d'un cloître. C'était là qu'étaient les chambres de Byron, petit appartement qui lui plut et qu'il entreprit aussitôt de meubler dans un style qui lui fît honneur.

A l'Université comme à l'Ecole, devenir un centre, un chef, eût été son secret désir. Il avait l'ambition inquiète des faibles, tempérée par une paresse rêveuse. A Trinity, tous les étudiants avaient à peu près son âge ; il n'y avait pas de place pour ce sentiment (qu'il aimait) de protection tendre envers des êtres plus jeunes. Dès les premiers jours, il comprit que, hors quelques forts en thème méprisés qui usaient leurs yeux en scandant des vers grecs à la chandelle, le bon ton était de ne rien faire. C'était le temps où la mode, en Angleterre, commandait aux hommes de boire et de jouer. « Personne ne peut étudier l'histoire du XVIIIe siècle anglais sans être étonné par la place vraiment immense que tenaient la boisson dans l'histoire spirituelle de la jeunesse, et les effets de la boisson dans la vie physique de l'âge mûr. » Un convive qui n'était capable de boire que deux bouteilles pendant un dîner était un médiocre compagnon. On disait d'un buveur : « C'est un homme de quatre bouteilles... de cinq bouteilles... » Lord Panmure et Lord Dufferin étaient célèbres parce qu'ils étaient hommes de six bouteilles. Le jeu n'était pas moins en honneur. Lord Holland donnait de grandes sommes à son fils, Charles John Fox, âgé de quinze ans, « pour lui permettre, disait-il, de faire convenablement son apprentissage de joueur ». Un jeune gentilhomme perdait sept mille livres en une matinée dans une maison de jeu voisine de Pal-Mall.

Cambridge imitait Londres. La lecture, la culture, pour lesquelles Byron avait un goût sincère bien que désordonné, ennuyaient ces étudiants. Le soir, Byron dîna d'abord dans le Hall. Sous l'œil du roi Henry VIII, à la haute table dressée sur une estrade, mangeaient les *fellows* et parfois le Maître. Byron les regarda vite avec mépris. Erudits sans poésie, sans grandeur d'âme, que goûtaient-ils dans la vie ? De médiocres jeux de mots, des plaisanteries savantes, des commérages de collège, des bénéfices ecclésiastiques bien dotés. En sortant du Hall, on se réunissait dans les chambres et l'on buvait, tout en jouant, tard dans la nuit. Byron détestait boire, mais il souhaitait plaire. Il donna l'ordre à Hanson de lui faire envoyer quatre douzaines de bouteilles : porto, sherry, bourgogne, madère. Il n'aimait pas jouer plus qu'il n'aimait boire. « Je n'avais ni sang-froid, ni jugement, ni combinaisons. » Pourtant il imitait ses camarades. Il était « conventionnel », comme tous les êtres qui, accueillis tard dans une société fermée, ont pour les lois de cette société un attachement un peu inquiet. De tous les conventionnalismes, le plus tyrannique chez les adolescents est celui de l'anticonvention : « Notre loi est de mépriser la loi. » Au personnage d'un Lord Byron s'imposait, pour un esprit conformiste, un cérémonial de la débauche.

Il se réveillait, le matin, la tête fumeuse. Les cloches de la chapelle sonnaient dans l'air matinal. Il fallait s'y rendre, un surplis blanc sur les épaules quand c'était la fête d'un saint. Les sons doux et célestes de l'orgue enveloppaient les étudiants somnolents. La journée commençait. Le *tutor* de Byron avait vite compris qu'il avait en celui-ci un élève qu'il verrait peu. Byron avait acheté un beau cheval

gris qu'il nommait *Oat Eater*, le Mangeur d'Avoine. Il
montait tous les matins, en chapeau blanc et manteau gris
clair. Tenue extravagante, mais les dandies régnaient alors.
En revenant de sa promenade à cheval, si le temps était
beau, il allait se baigner.

Il avait choisi, à quelque distance de Cambridge, un
tournant de la rivière, profond et abrité sous de larges
branches. Son camarade de sport, son seul ami, était un
condisciple et voisin de Harrow, Edward Noel Long
(« Tom Wildman à ma gauche, Long à ma droite »),
garçon honnête et généreux, très simple, comme Byron
grand nageur et grand lecteur. C'était un vrai plaisir que
d'aller avec Long, chercher sous quatorze pieds d'eau, une
assiette, un œuf ou un shilling. Au fond de la rivière, il y
avait un vieux tronc auquel Byron aimait à s'accrocher, en
se demandant comment diable il était arrivé en ce curieux
paysage aquatique. Le soir, Long venait dans la chambre
de Byron et lui jouait de la flûte ou du violoncelle. Byron
l'écoutait en buvant de l'eau gazeuse, sa boisson favorite.
Les rythmes musicaux lui suggéraient des rythmes poétiques et le jetaient dans une rêverie voluptueuse et triste où
passaient les cloîtres de Newstead, les chauves-souris vole-
tant dans la chapelle en ruine, la terrasse d'Annesley, les
chansons de Mary-Ann, le murmure du vent dans les branches de l'orme au-dessus de la tombe de Peachey, les yeux à
jamais fermés de Margaret. Quelquefois ils lisaient ensemble à haute voix. « L'amitié de Long et une passion violente, quoique pure, qui s'empara de moi en ce temps, furent
le roman de cette période, la plus romanesque de ma vie. »

Pour qui cette passion, aussi violente que pure ? Les
collèges de Cambridge entretenaient des chœurs pour leurs
chapelles. Une rencontre de hasard fit connaître à Byron
un des enfants du chœur de Trinity, Eddleston, garçon de
quinze ans qu'il empêcha de se noyer. Puis il remarqua,
pendant les services, la beauté de la voix de ce garçon et
s'attacha à lui. C'était son type d'amitié favori pour un
être, non seulement plus jeune, mais inférieur par la naissance et la fortune. Avec Eddleston, beaucoup plus facile-

ment qu'avec Clare ou Delawarr, il régnait en maître sur un esprit. En échange il accordait une protection sans réserves. Le jeune choriste, d'abord un peu intimidé, devint vite sentimental. Il offrit un cœur de cornaline, sur lequel Byron composa un poème, un peu plat, mais d'une sincère tendresse :

> Ce n'est pas la splendeur de cette pierre
> Qui la rend chère à ma mémoire ;
> Elle n'a brillé qu'*un seul jour*,
> Et rougit, modeste comme son donateur.
>
> Ceux qui peuvent ricaner des liens de l'amitié
> M'ont, pour ma faiblesse, souvent blâmé ;
> Et pourtant je tiens à ce don si simple, ·
> Car le donateur, j'en suis sûr, m'aima.
>
> Il me l'offrit les yeux baissés,
> Craignant de le voir refusé ;
> Je lui dis, en prenant son cadeau,
> Que ma seule crainte serait de le perdre.

Ecrire des vers devenait son plus grand plaisir. Il ne lisait plus autant que jadis et préférait maintenant rêver, nager et surtout s'engourdir dans une paresse apparente au fond de laquelle s'organisaient des rimes, des rythmes, des strophes.

Cette vie n'aurait pas été désagréable et Byron, créature d'habitudes, s'y fût adapté comme à toute autre, si elle n'avait coûté fort cher. Dès novembre il devint clair que la pension de cinq cents livres qui lui avait paru royale avant ses premiers essais de vie libre, était maigre pour un étudiant grand seigneur. A la fin de chaque mois arrivait de la cuisine du collège une note, toujours très élevée, parce qu'au lieu de manger dans le Hall, Byron invitait ses amis dans sa chambre. Il avait laissé à Harrow des dettes qu'il fallait payer. A Cambridge, il avait dû meubler son appartement. Il écrivit à Hanson d'exiger un supplément de la Chancellerie.

Ses rapports avec Hanson avaient changé. Il n'était plus
le petit garçon qui demande assistance, mais le noble lord
qui traite son homme d'affaires, « cet imbécile de Hanson », avec hauteur. L'avoué répondit que si Lord Byron
menait une vie plus simple, sa pension lui suffirait. Byron
riposta brutalement : si on ne lui donnait pas le moyen de
payer ses dettes, il négocierait un emprunt avec les usuriers. Pour un jeune homme, propriétaire de Newstead et
de Rochdale, et si près de sa majorité, il n'était pas difficile
de trouver de l'argent à cent pour cent.

La seule objection des usuriers fut que, si Byron, mineur, mourait trop tôt, ils ne pouvaient être couverts que
par la signature d'un parent majeur. Ce fut à Augusta qu'il
pensa ; il lui affirma qu'elle ne risquait rien, puisque, s'il
mourait, elle hériterait de lui et que s'il vivait, il paierait.
« Si vous avez le moindre doute sur mon honnêteté, ne le
faites pas. » Augusta lui donna sa signature et il put emprunter plusieurs centaines de livres. Mrs Byron, qui ne
tarda pas à l'apprendre, fut terrifiée : « Ce garçon sera ma
mort et me rendra folle ! Où peut-il trouver des centaines
de livres ? Est-il tombé dans les mains des usuriers ? » Et
un peu plus tard : « Lord Byron a donné trente et une livres
et dix shillings pour la statue de Pitt. Il a aussi acheté une
voiture, dont il a dit qu'il me la destinait et que j'ai refusé
d'accepter... Je crains qu'il ne soit tombé en de mauvaises
mains, non seulement en ce qui concerne l'argent, mais à
d'autres points de vue. Mon idée est qu'il s'est jeté dans
une affaire avec quelque femme. »
Il était vrai que, depuis qu'il avait de l'argent, non seulement il ne faisait plus rien, mais avait même quitté
l'Université. Il s'était installé au n° 16 de Piccadilly, dans
des chambres louées par Mrs Byron pour les séjours
qu'elle faisait à Londres. Il avait pris une maîtresse,
d'assez basse classe, qui habitait dans Brompton Row. Il
l'habillait en homme, la donnait pour son frère et
l'emmenait à Brighton le dimanche. Là, il avait loué une
petite maison, en face du Pavillon. Sur la plage, les pas-

sants admiraient l'agilité avec laquelle cet infirme sautait dans son bateau. A Londres, il passait une grande partie de sa vie chez Jackson et Angelo, qui enseignaient, dans Bond Street, les arts de combat. Angelo lui apprenait l'escrime ; « Gentleman Jackson », champion d'Angleterre bien qu'il n'eût paru que trois fois sur le ring, homme magnifique, capable de signer son nom avec un poids de quatre-vingts livres sur les doigts, faisait de Byron un boxeur autant que le permettaient les mauvaises jambes. Byron, qui l'appelait : « Mon vieil ami et pasteur corporel », admirait l'habit écarlate de Jackson, ses manchettes de dentelle, sa culotte, ses bas de soie, et le traitait avec respect. Les exercices violents auxquels le soumettaient Jackson et Angelo le faisaient maigrir, et maigrir était son désir le plus vif. D'ailleurs, s'il n'avait eu cette salle comme refuge, où aurait-il pu passer ses journées ? Il ne connaissait à la lettre personne. Il entendait, non sans mélancolie, parler des hommes qu'il eût voulu rencontrer, des dandies, du prince de Galles, de Charles John Fox ; il voyait les femmes qui, en passant dans Saint-James's, souriaient à Brummell toujours assis dans la célèbre fenêtre de White's. Mais Lord Byron était seul, hobereau provincial, sans famille et sans amis. Il vécut ainsi tout un trimestre à Londres.

Quand il revint à Cambridge, au printemps, il y transporta son nouvel entourage. La jeune femme de Brompton Row l'y suivit, et le boxeur Jackson. Il reçut Angelo avec de grands honneurs, l'invita à dîner, envoya chercher à Saint John's College la bonne bière pour laquelle ce collège était renommé et alla même jusqu'à la diligence pour offrir à son hôte un dernier verre de bière au moment du départ, au grand étonnement des autres passagers. Son « tuteur » lui reprocha cette société. Il répliqua que les manières du maître d'armes étaient infiniment supérieures à celles des *fellows* du collège. Son mépris pour la vie de l'Université restait le même : « Personne ici ne semble ouvrir un auteur, ancien ou moderne, s'il peut l'éviter. Les Muses, pauvres diablesses, sont totalement négligées...

Moi-même (si grand que soit mon goût pour le savoir) je
suis emporté par le courant et n'ai soupé chez moi que
deux fois. » Il menait une vie folle qui l'ennuyait, le ruinait, mais par point d'honneur n'osait en mener une autre.

X. *Heures d'oisiveté*

*Pour qu'un homme devienne un poète, il doit être
amoureux ou malheureux. J'étais les deux quand
j'écrivis* Heures d'Oisiveté.

BYRON.

A la fin de l'année scolaire 1806, il revint à Southwell,
où son arrivée fut marquée par une scène violente. Devant
les enfants Pigot stupéfaits, Mrs Byron jeta les pincettes et
la pelle du foyer à la tête de son fils, qui sortit, se réfugia
dans la maison de ses amis et partit pour Londres sans la
revoir. De Londres, il écrivit à Pigot : « Merci pour votre
amusant récit des derniers procédés de mon aimable
Alecto, qui commence maintenant à sentir les effets de sa
folie. Je viens de recevoir une épître repentante, à laquelle,
craignant qu'elle ne me poursuive, j'ai répondu avec
modération... Son doux gazouillement doit avoir ravi ses
auditeurs ; ses notes hautes étant particulièrement musica-
les, on aimerait à les entendre par un calme clair de lune...
Sincèrement, votre mère m'a rendu grand service, et vous,
comme tout le reste de votre famille, méritez mes remer-
ciements les plus chauds pour votre bienveillante complicité quand je cherchais à échapper à *Mrs Byron furiosa...*
Oh ! que n'ai-je la plume de l'Arioste, pour évoquer, en un
poème épique, l'orage de cette veillée mémorable, – ou

plutôt que l'ombre de Dante m'inspire, car seul l'auteur de
l'*Enfer* devrait inspirer un tel essai. »

Gaieté courageuse, mais amère. La Douairière le poursuivit à Londres et, après un engagement de quelques
heures, « se retira en désordre, laissant derrière elle son
artillerie et quelques prisonniers ». Byron, avec les honneurs de la guerre, alla passer quelques semaines dans les
plages du Sussex, puis fit un petit voyage à Harrogate,
accompagné de John Pigot. Pigot, étudiant en médecine et
frère d'Elizabeth, était agréable et cultivé. Il fut amusé par
l'équipage de son compagnon. Sur les portières de la
calèche étaient peintes les armes des Byron et la devise
Crede Biron ; deux chevaux de selle suivaient, conduits
par un groom ; dans la voiture, avec Pigot et Byron, voya-
geaient le valet, Frank, et deux chiens : un terre-neuve,
Boatswain, et un bulldog, Nelson.

Pourquoi Byron, qui n'était pas riche, s'obstinait-il à
transporter ce personnel et cette ménagerie ? Il montrait
une curieuse incapacité à éliminer de sa vie ce qui y était
entré par hasard. Il avait, un jour de caprice, attaché à sa
personne ce valet, ces chevaux, ces chiens ; il les gardait. Il
était fétichiste. Sa sentimentalité mal guérie faisait qu'il
s'attachait à tout ce qui l'approchait. John Pigot, assez
perspicace, vit pendant leur séjour à Harrogate beaucoup
d'exemples de la timidité byronienne. Quand ils prenaient
leurs repas dans la salle à manger de l'hôtel, Byron demandait toujours que l'on remontât vers les chambres au
plus vite. Pigot fut surpris de constater à quel point son
ami, qui passait pour débauché, avait horreur de boire et
observait un régime strict. Ses plaisirs semblaient être de
composer des vers, de monter à cheval et de regarder les
femmes, à distance. En dépit de l'épisode Mary Chaworth,
il restait dangereusement sensible à leur charme. Devant
Pigot, il posait à l'homme qui a compris les dangers de
l'amour, qui a jugé les femmes et les méprise. Le moyen
de les conquérir, ce n'était pas, cher Pigot, de les aimer,
mais de les dédaigner :

Pourquoi, Pigot, se plaindre,
Du dédain d'une fille ?
Pourquoi vous agiter, désespéré ?
Essayez s'il vous plaît
Mais, croyez-moi, jamais
Un soupir n'a conquis une coquette.

Comment la conquérir ?
Feignez d'aimer ailleurs ;
Elle commencera par montrer de l'humeur.
Quittez-la pour un temps,
Elle sourira bientôt,
Et vous pourrez alors embrasser la coquette.

Que n'avait-il lui-même connu cette naïve et prudente recette au temps de son M. A. C. ?

Enfin les deux amis revinrent à Southwell et Byron s'installa chez la Douairière, temporairement matée. La pauvre femme fut épouvantée en voyant arriver son fils avec deux domestiques, des écuries et un chenil. Elle n'osa rien dire mais se demanda comment cette tribu allait vivre. Byron, toujours franc, ne cherchait pas à lui cacher les motifs de ce rapprochement familial. Il avait dépensé tout le prêt des usuriers. Il n'avait d'argent ni pour voyager ni pour retourner à Cambridge à la rentrée. Le seul charme de Southwell était pour lui de n'y rien dépenser. D'ailleurs au bout de quelques jours, avec sa merveilleuse inertie, il accepta Southwell, commença d'y suivre un programme quotidien et dès lors ne s'y trouva pas plus mal que dans sa chambre de Trinity.

Sa vie avait maintenant un nouvel objet, qui était de devenir un poète. C'était Elizabeth Pigot qui lui avait donné cette idée. Un jour, elle lui avait lu des vers ; il avait répondu : « J'en écris », et lui avait récité son poème à Delawarr : « En toi j'espérais étreindre... » La charmante Elizabeth avait admiré de bonne foi. Un autre jour, comme elle avait récité devant lui du Burns, il avait dit : « J'aime cette cadence » et composé immédiatement sur la même coupe : *Hills of Annesley, bleak and barren...*

Collines d'Annesley, nues et stériles,
Où mon enfance insouciante erra,
Comme les tempêtes du Nord, belliqueuses,
Hurlent au-dessus de vos ombres herbeuses !

C'en est fini, je ne charme plus les heures,
En contemplant des yeux que j'ai tant aimés ;
C'en est fini, ma souriante Mary
Ne fait plus de vous pour moi un paradis.

Elizabeth avait été charmée par le poème, touchée par le souvenir de cet amour malheureux. Elle était pour Byron une parfaite amie. C'était une de ces aimables filles sans coquetterie, tendrement dévouées, que les hommes ont la sottise de ne pas aimer. Elle le plaisantait sur sa timidité. Il arrivait encore au dandy de Cambridge dans ses mauvais moments de murmurer : « Un, deux, trois, quatre, cinq, six, sept... » Elizabeth le rassurait en l'admirant. Elle lui offrit de copier ses vers et d'en préparer un manuscrit pour l'édition.

Dès lors fut créé ce que Byron aimait : une routine. Il travaillait la nuit, se couchait tard, se levait plus tard encore, et, vers la fin de la matinée, traversait la rue pour aller chez Elizabeth Pigot lui remettre son travail. Si d'autres visiteurs arrivaient, le timide poète se sauvait par la fenêtre. Il allait alors chez un autre ami, le révérend Mr Becher, le clergyman de Southwell, pasteur jeune, de bon conseil, avec lequel Byron avait de longues conversations sur l'Univers et la Destinée. Becher essayait de montrer à Byron combien la Providence, dont il se plaignait, l'avait comblé d'avantages divers : naissance, esprit, bientôt fortune, et surtout « un talent qui le plaçait au-dessus du reste de l'humanité ». « Ah ! mon cher ami, disait Byron, tristement, en mettant le doigt sur son front, si ceci me place au-dessus du reste de l'humanité, ceci (montrant son pied) me met bien au-dessous de tous. » Souvent il arrivait chez Becher avec une épître, réponse à des conseils donnés la veille :

Cher Becher, vous me dites de me mêler aux hommes ;
Je ne le puis, encore que le conseil soit sage ;
Mais la retraite s'accorde au ton de mon esprit ;
Je ne veux pas aller à un monde que je méprise.

J'ai goûté la douceur et l'amertume de l'amour :
Tout jeune, j'avais appris à croire à l'amitié ;
Les prudentes matrones réprouvent mes passions
Et j ai appris trop tôt qu'un ami peut tromper.

Il se considérait, dans sa retraite de Southwell, comme
un vieil ermite à qui la sagesse et les malheurs ont enseigné la misanthropie. Il déjeunait en face de la Douairière,
mais lisait pendant les repas pour la réduire au silence.
Quand il était de bonne humeur, il lui ouvrait la porte de la
salle à manger en annonçant : « Entre l'Honorable Kitty
Gordon ! » L'après-midi était consacré aux sports. Il se
baignait, plongeait dans la rivière, empruntait à ses amis
des objets qu'il jetait à l'eau pour le plaisir de les y chercher, terrifiait tout Southwell en tirant au pistolet dans son
jardin et montait à cheval, assez mal. Le but réel de tous
ces exercices était de rester maigre. L'exercice violent et le
jeu étaient sa règle. Jouer au cricket en portant sept gilets
et un pardessus, ne pas manger une once de viande en
vingt-quatre heures, un seul repas par jour, pas de bière, à
ce prix on lui voyait les côtes et ses traits pâles devenaient
charmants.

Le soir, il allait dans une maison amie, chez les Pigot ou
chez les Leacroft. Southwell était plein de jeunes filles. Il
était arrivé à les connaître assez bien pour n'en plus avoir
peur. Fidèle aux préceptes qu'il avait prêchés à son ami
John Pigot, il les courtisait toutes. Il leur envoyait des
vers ; il essayait de les embrasser ; il prenait part avec elles
à des représentations d'amateurs. Il avait une intimité plus
sensuelle avec une fille de condition assez médiocre, une
nouvelle Mary aux cheveux d'or, et montrait fièrement à
Julia Leacroft et à Ann Houson, plus réservées, une boucle
qu'elle lui avait donnée. Il se glorifiait d'être volage. Une
dame de Southwell possédait une large agate, trouvée dans

un tumulus, qu'elle gardait dans sa corbeille à ouvrage. Elle dit un jour à Byron que cette amulette avait le pouvoir d'empêcher son possesseur d'être amoureux. « Donnez-la-moi ! cria-t-il avec une soudaine violence, c'est le talisman qu'il me faut !... »

Ce fut à Southwell que non seulement il prit ses premières leçons de sensualité, mais qu'il eut l'occasion de voir à quels bas expédients l'intérêt peut descendre – car une des familles de l'endroit ferma les yeux sur son intimité avec la fille dans l'espoir de l'entraîner à un mariage inégal.

La monotonie des jours permettait un travail continu. La petite excitation des amourettes fournissait à la fois un remède contre l'ennui, et des sujets de poèmes. Un artiste a besoin d'une vie régulière, parce qu'il aime son travail, et d'une vie un peu folle parce qu'elle anime son esprit : Byron travaillait bien. Il réunissait et corrigeait ses vers à Delawarr, à Clare, à Dorset, des traductions de Catulle, de Virgile, le poème sur la cornaline d'Eddleston, ses élégies sur Newstead, ses vers amoureux à diverses jeunes filles. Le recueil prenait bonne tournure. L'auteur relisait ses vers avec une surprise charmée. Ce petit livre allait-il lui donner la gloire ? Elizabeth Pigot le croyait.

Byron faisait imprimer son volume chez Ridge, un imprimeur de Newark, sous le titre de *Pièces fugitives*. Quand les deux premiers exemplaires sortirent, il les porta aux Pigot et à Becher. Mais l'effet fut loin d'être celui que Byron attendait. Le pasteur, ayant lu les vers de son ami, fut si choqué par un poème intitulé *A Mary* qu'il lui parut impossible de laisser Byron publier le volume. Le pauvre Byron, qui espérait des éloges, reçut de Becher une épître qui le priait de supprimer son livre. Le choc fut pénible, mais la réponse immédiate. Byron promettait de détruire l'impression et la promesse fut tenue le même soir. Tous les exemplaires furent brûlés, sauf celui qui avait déjà été envoyé à John Pigot, alors étudiant à Edimbourg, et (ce qui était assez comique) celui de Becher. Il est dur, pour un jeune auteur, de renoncer à son premier livre. Byron avait fait le sacrifice héroïquement.

Puis, sans perdre un seul jour, il se remit au travail avec
l'imprimeur, supprima « le malheureux poème à ma pauvre
Mary » et produisit en quelques semaines *Poems on various occasions* qui fut publié en janvier 1807. « Ce volume était incroyablement correct et chaste. »

L'auteur distribua des exemplaires à ses anciens amis de
Cambridge, à ses hôtes de Southwell. De Cambridge, il
reçut des éloges. A Southwell, le livre souleva des orages.
La famille Leacroft s'émut. Dans un poème, il était question d'une Juliette. N'était-ce pas leur Julia ? Un autre,
intitulé *A Lesbie*, poème ironique dans la veine favorite de
Byron adolescent (mépris hautain de l'amour), semblait
aussi lui être destiné. En tout cas, tout Southwell le disait.
C'était intolérable. Le frère de Julia, le capitaine Leacroft,
demanda des explications à Byron. Celui-ci consulta
Becher ; ils rédigèrent ensemble une réponse mesurée,
mais cette mesquine méthode d'interprétation, cette hypocrite pudeur, ces brouilles, achevèrent de dégoûter Byron
de Southwell. Il avait de la petite ville l'horreur qui convient à ceux qui n'ont pas encore connu la grande, et ce
mépris de la province dont on ne se guérit que par le séjour
des capitales. Il s'était ennuyé à Southwell tant que sa vie y
avait été sans événements, mais ennuyé avec une douceur
agréable ; les incidents qui accompagnèrent la publication
de son livre interrompirent à la fois son ennui et son
bonheur. C'était un trait de son caractère qu'il souhaitait
l'excitation d'une vie tumultueuse et haïssait celle-ci dès
qu'il la trouvait. Miss Pigot, la maternelle Elizabeth, qu'il
appelait « chère reine Bess », devint confidente de ce
dédain grandissant : « Je hais Southwell, votre maudit,
détestable et abhorré séjour de scandale. A part vous et
John Becher, je m'attristerais fort peu si toute cette ville
était précipitée dans l'Achéron. » Il désirait partir. Sa mère
ne le retenait pas. « Lord Byron a maintenant été chez moi
sept mois, avec deux valets. Je n'ai jamais reçu de lui un
sou, car il a besoin de ses cinq cents livres par an pour lui-
même. Il est impossible que je l'entretienne, lui et eux,
avec mon petit revenu. »

Il resta encore quelques semaines, pour achever une nouvelle version de ses poèmes, augmentée et destinée cette fois au « grand public ». Le titre était changé. Le livre s'appelait maintenant : *Heures d'Oisiveté*, par George Gordon Lord Byron, un mineur. « Un mineur » était assez comique, mais il avait écrit une préface qui, pensait-il, devait lui assurer l'indulgence : « Ces poèmes sont les fruits des heures les plus légères d'un jeune homme qui vient d'achever sa dix-neuvième année... Comme ils prouvent eux-mêmes un esprit enfantin, ce renseignement n'était peut-être pas nécessaire... Le contenu du livre pourra apporter quelque amusement à des jeunes gens de mon âge ! j'espère qu'on le trouvera en tout cas inoffensif. Il est très improbable que, dans ma situation et avec mes projets, je m'impose une seconde fois au public... Le docteur Johnson, à propos des poèmes d'un de mes nobles parents, assurait que "si un homme de haute naissance se fait auteur, il mérite d'être traité avec bienveillance" ; cette opinion aura sans doute peu de poids sur les critiques ; en serait-il autrement que je répugnerais à me réclamer de ce privilège... » Dès que l'édition fut publiée, en juin 1807, il partit pour Londres afin de surveiller lui-même la distribution aux libraires.

Il est agréable, à vingt ans, de se trouver à Londres, par un beau mois de juin, avec un peu d'argent et un livre fraîchement imprimé. La « dame au tempérament d'agneau » était désormais seule dans ses provinces du Nord, le maudit Southwell était loin et la reine Elizabeth recevait là-dessus des lettres franches et sans détour : « Southwell est un endroit damné – j'en ai fini à tout jamais avec lui – au moins c'est probable ; à part vous, je n'y estime personne. Vous étiez ma seule compagnie *raisonnable* ; et pour dire la vérité, j'avais plus de respect pour vous que pour toute cette *troupe*, des faiblesses de laquelle je m'amusais... Vous vous êtes donné plus de mal pour moi et mes manuscrits qu'un million de ces *poupées* ne l'auraient fait. Croyez-moi, je n'ai pas oublié votre beau caractère dans cet *antre* de *péché*, mais j'espère qu'un jour je serai capable de vous prouver ma gratitude ! » Il était sincère ; il n'avait que du mépris pour toutes ces Julia, ces Mary, qui s'étaient laissé caresser par lui ; ses « esprits animaux » et son orgueil le poussaient à les poursuivre, mais en un temple intérieur bien caché, un petit Ecossais calviniste gardait son respect pour la pureté.

Le grand souci était maintenant de savoir si les *Heures d'Oisiveté* feraient de lui un poète connu. Il n'était pas mécontent du succès. Un libraire de Londres, qui avait accepté d'en prendre quelques exemplaires en dépôt, les avait placés et en demandait d'autres. Ridge, l'imprimeur de Newark, en avait vendu cinquante en quinze jours. Sans doute les lecteurs étaient surtout des gens de Southwell mais, malgré son dédain, le jeune auteur était curieux de leur avis. « Quelles sont les dames qui les ont achetés ? demandait-il à Elizabeth... Est-ce qu'on les aime ou non à Southwell ? »

Sur l'opinion de ces êtres effrayants et inconnus, les lecteurs de Londres, il était plus difficile d'être renseigné. Byron avait envoyé un exemplaire à Lord Carlisle, qui avait répondu par cette lettre polie que l'on écrit avant d'ouvrir un livre quand on a décidé de ne pas le lire. Un de ses cousins, Alexander Gordon, lui dit que sa mère, la duchesse de Gordon, « avait acheté mon volume, l'avait admiré énormément, comme d'ailleurs tous les gens du monde, et souhaitait proclamer sa parenté avec l'auteur ». Mais Sa Grâce ne réalisa pas son désir et n'invita pas son jeune parent. « Dans toutes les fenêtres des librairies, je vois mon propre nom, je ne dis rien, mais je jouis en secret de ma gloire. » Un libraire en avait vendu sept. « Sept, c'était magnifique », disait le libraire et Byron le croyait volontiers. Auteur actif, il s'occupait lui-même d'en faire envoyer dans les principales villes d'eaux. « Carpenter (l'éditeur de Moore) m'a dit qu'il y a plusieurs jours qu'ils ont vendu tous les leurs et que, depuis, ils ont eu plusieurs demandes qu'ils n'ont pu satisfaire. Le duc d'York, le marquis de Headfort, la duchesse de Gordon, etc., etc., étaient parmi les acheteurs ; et on me dit que la vente sera encore plus active cet hiver, car l'été est une mauvaise saison, les gens étant absents de Londres. »

Quelques critiques s'étaient occupés des *Heures d'Oisiveté* : « J'ai été loué par une revue et abîmé par une autre. On me dit que c'est excellent pour la vente du livre : cela ouvre une controverse et empêche d'être oublié. D'ailleurs les grands hommes de tous les temps ont eu leur part et les plus humbles n'y échappent pas ; – je supporte donc tout en philosophe. »

Il était encore très seul. A son hôtel de Londres (Dorant's Albermale Street) peu de visiteurs se présentaient. Un de ses anciens maîtres, Henry Drury, de Harrow, tenta en vain de le trouver. Vint aussi un homme qui se dit son parent éloigné, Robert Dallas, dont la sœur avait épousé l'oncle de Byron, George Anson. Ce Dallas écrivait des romans et traduisait des livres français. Homme grave, il pensait que le but d'un auteur est d'être « l'auxiliaire du théologien et du moraliste ». Il avait entendu parler des *Heures d'Oisiveté* par des gens de la famille et avait acheté le petit volume. Après l'avoir lu, il écrivit à Byron : « My Lord, vos poèmes m'ont été envoyés il y a quelques jours. Je les ai lus avec plus de plaisir que je n'en puis exprimer et je me sens irrésistiblement poussé à vous rendre hommage sur ces effusions d'un noble esprit si véritablement poétique... Vos poèmes, My Lord, ne sont pas seulement très beaux, ils prouvent un cœur tout brûlant d'honneur et qui vibre au son de la vertu. »

Une lettre un peu ridicule, dut penser le jeune cynique, mais c'était le premier écrivain qui eût remarqué son œuvre et il reçut une réponse courtoise : « Quoique les critiques aient été pour moi d'une indulgence peu commune, je confesse que les éloges d'un homme d'un génie reconnu sont encore plus flatteurs... Mais mes prétentions à la vertu sont malheureusement si faibles que je ne puis accepter vos compliments... Les événements de ma courte vie ont été d'une nature si singulière, que, bien que cet orgueil que les hommes appellent honneur m'ait empêché de salir mon nom par une lâcheté, j'ai déjà été tenu pour un ami de la débauche et un disciple de l'infidélité... En morale, je préfère Confucius aux Dix Commandements, et Socrate à saint Paul (bien que tous deux soient d'accord sur le mariage). En religion, je suis en faveur de l'émancipation des catholiques, mais je ne reconnais pas le pape... Je tiens la vertu, en général, pour un élément du caractère, un sentiment, non un principe. Je crois que la Vérité est le premier attribut de la Divinité, et, la mort un sommeil éternel, au moins du corps. Vous avez là un bref résumé des sentiments du *mauvais* George, Lord Byron ; et jusqu'à ce que j'aie acquis un nouveau costume, vous remarquerez que je suis mal habillé. » Texte qui remplit le solennel Dallas d'admiration et de perplexité.

Rien n'était plus divertissant que de devenir un auteur, et déjà Byron formait des plans de travail pour l'avenir. Il pensait à mettre en vers les vieilles traditions écossaises, à traduire des poèmes anciens que l'on pourrait faire paraître sous le titre de *La Harpe de l'Ecosse*, ou quelque chose d'également original. Il avait aussi l'idée d'un poème épique sur la bataille de Bosworth, mais ce serait une affaire de trois ou quatre ans. Peut-être des stances sur le mont Hécla ? En attendant la gloire du poète, il cultivait celle du nageur. Sous la surveillance de Jackson, il fit la traversée de Londres à la nage. Le critique Leigh Hunt, qui venait de se baigner et se rhabillait sur la rive, vit une tête paraître et disparaître à la surface de l'eau comme une bouée tandis que, de loin, un homme d'aspect respectable surveillait le nageur. L'homme de la rive était Mr Jackson, le grand boxeur mondain ; la bouée, George Gordon Lord Byron, un mineur.

XI. *Les mousquetaires de Trinity*

Que faire de la vie ? On ne peut la passer à nager et rimer. Vers la fin de juin il se rendit à l'Université afin, pensait-il, de lui dire adieu. Il revit la belle cour de Trinity, les rives gazonnées de la Cam. Il était devenu si mince, si angélique, que maître, camarades et portier ne retrouvaient plus le garçon bouffi qu'ils avaient connu un an plus tôt. Un régime austère et sportif lui avait fait un visage de jeune ascète. Il avait l'air « d'un beau vase d'albâtre éclairé à l'intérieur ». Sur ce teint transparent se détachaient des cheveux châtains aux reflets cuivrés (il devenait un peu moins roux avec l'âge), et des yeux bleu-gris, qui regardaient avec inquiétude, sous de longs cils noirs à demi fermés. Parmi les étudiants qui l'observaient sous le cloître de Nevile's Court, il remarqua un jeune homme qu'il crut reconnaître et qui le regarda, lui aussi, hésitant ; c'était son enfant de chœur, Eddleston. Il allait quitter Cambridge, il était pauvre ; il entrait comme employé dans une maison de commerce de Londres.

Byron, très ému par cette rencontre, offrit de placer de l'argent dans la maison de commerce pour qu'Eddleston pût en devenir associé, ou bien Eddleston pourrait quitter Londres dès la majorité de Byron pour venir vivre avec lui à Newstead. La reine Elizabeth de Southwell fut informée du réveil de cette passion : « Je l'aime certainement mieux qu'aucun être humain, et ni le temps ni la distance n'ont eu aucun effet sur mes sentiments (qui sont pourtant si changeants)... Enfin nous ferons rougir par notre constance *Lady Eleanor Butler et Miss Ponsonby, Pylade et Oreste*, et il ne nous faut qu'un beau drame comme *Nisus et Euryale* pour éclipser *Jonathan et David*. Il m'est peut-être encore plus attaché que je ne le suis à lui. L'an dernier, quand j'étais à Cambridge, nous nous voyions tous les jours, été et hiver, sans que jamais un moment fût fatigant et nous séparant chaque fois avec un regret croissant. J'espère que vous nous verrez un jour ensemble. Il est le seul être au monde que j'estime, quoique j'aie du goût pour beaucoup. » Lady Eleanor Butler et Miss Ponsonby étaient deux femmes inséparables qui étaient devenues célèbres parce qu'elles vivaient ensemble depuis trente ans, habillées comme des hommes, portant des perruques poudrées et « ressemblant exactement à deux vieux clergymen en retraite ».

Quand Byron avait abandonné Cambridge, on avait donné les chambres si magnifiquement meublées par lui à un autre étudiant, Matthews. Byron rencontra celui-ci et le trouva très agréable. Matthews était un érudit spirituel, bon écrivain à la fois en latin et en anglais. Il passait pour hautain, mais reçut Byron avec gentillesse. En lui donnant les chambres, son *tutor* lui avait dit : « Mr Matthews, je vous recommande de n'abîmer aucun de ces meubles car Lord Byron, monsieur, est un jeune homme aux passions tumultueuses. » Matthews avait été ravi de cette phrase. Quand un ami venait le voir, il lui recommandait de ne toucher à la poignée de la porte qu'avec précaution, « parce que Lord Byron, monsieur, est un jeune homme aux passions tumultueuses ». Il reçut son « propriétaire » en lui parlant de ses « passions tumultueuses », de façon amusante et sardonique. Byron rencontra chez lui quelques autres étudiants du même type intellectuel et entrevit la possibilité de vivre à Cambridge dans un milieu beaucoup plus agréable que celui de sa première année. Ses goûts le portaient vers l'intelligence et les conventions vers la débauche. Mais en ces nouveaux compagnons il trouvait un mélange piquant de dissipation et d'esprit, qui permettait d'être intelligent sans déchoir. Comment ne les avait-il pas connus plus tôt ? Au temps de sa première année de Cambridge, il avait été méprisé par eux. Qu'était-il alors ? Un garçon trop gros, infirme, timide, orgueilleux sans

qu'aucun mérite pût expliquer sa hauteur. On l'avait évité.
Il était maintenant l'auteur d'un volume de vers que Cambridge avait lu ; il était beau ; les clans, jadis fermés,
s'ouvraient pour lui. Il le comprit, en fut heureux et décida
de revenir en octobre, pour un an.

A la rentrée, il reprit ses chambres et fit désormais partie
d'un groupe fidèle. Il y avait d'abord Matthews que Byron
admirait beaucoup. Matthews, hors ses heures d'étude,
était grand amateur de folies. Bien qu'érudit, il aimait la
boxe, la nage, mais nageait avec effort, la tête trop haute
sur l'eau. Byron, expert, lui dit qu'il se noierait s'il
n'apprenait à mieux allonger son corps. Matthews, lui,
critiquait avec une pénétrante vigueur les idées de Byron et
achevait de détruire en lui ce qui pouvait y rester
d'Aberdeen. Il ne croyait à rien, riait de Dieu et du Diable.
Byron, sous l'influence de lectures voltairiennes, avait
depuis longtemps perdu la foi, mais une grande inquiétude
lui restait. La hardiesse des jugements de Matthews
l'enhardit dans son scepticisme.

L'autre ami intime de cette dernière année de Cambridge fut différent. John Cam Hobhouse, fils d'un marchand de Bristol, de famille non conformiste et d'opinions
whig avancées, était comme Matthews un érudit. Il travaillait à un *Essai sur l'origine et le but des sacrifices* (que
Byron appelait « votre essai sur les entrailles »). Hobhouse
se mêlait aux jeux du groupe, mais avec une nuance de
réserve et de prudence qui n'était pas chez Matthews. Il
chassait à courre tandis que les autres nageaient ; cela
marquait assez bien les distances. Le ton de Matthews
n'était pas tout à fait celui qu'eût souhaité Hobhouse ; lui-
même était incroyant, mais avec plus de gravité. Libéral
convaincu, il avait fondé parmi les étudiants un club
libéral, et une « Société Amicale » qui se sépara après
quelques mois d'existence, parce que l'on s'y querellait
trop. Il avait horreur des Bourbons et s'entendit tout de suite
avec Byron dans une grande admiration pour Napoléon.

La vérité était que, par besoin profond, Hobhouse préférait la vie sérieuse. Il tenait à la petite influence politique

qu'il avait déjà acquise dans l'Université. Ami impartial, il vous disait vos défauts, mais il ne les disait qu'à vous. C'était honnête. Matthews et Hobhouse échangeaient des lettres comiquement aigres : « Votre caractère atrabilaire, Hobhouse... » Pendant la première année du séjour de Byron, Hobhouse avait méprisé ce jeune lord boiteux, qui se faisait sottement remarquer par son chapeau blanc et ses costumes gris clair, mais Hobhouse aimait la poésie et avait reconnu dans les *Heures d'Oisiveté* les signes d'un talent naissant. Il n'avait plus, pour les caprices féminins de Byron, qu'une mâle et tendre indulgence. Dans le petit groupe des amis de Byron, il représentait le Bon Sens ; Matthews, la Fantaisie.

Le dernier des quatre mousquetaires qui régnèrent à Trinity en 1808, fut Scrope Davies. Par ses manières, par sa tenue, il rappelait Brummell, roi des dandies. Rien de voyant en son costume. Calme, réservé, mais plein d'esprit, il parlait sur un ton sec et caustique que rendait plus séduisant encore un irrésistible bégaiement. Davies était le grand rival de Byron comme nageur et plongeur. Il passait la plus grande partie de son temps à la table de jeu ; il gagnait souvent, étant un joueur tranquille, calculateur. Byron joua pour plaire à Davies, ce qui lui valut des sermons de Hobhouse : « Vraiment, il faut que vous abandonniez cela. Etre vu chaque nuit dans la plus basse compagnie de la ville, y a-t-il rien de plus choquant et de plus indigne ? »

Mais, dans le groupe, Hobhouse était en minorité, et la vie à Trinity, cette année-là, fut assez vive. Byron avait amené un nouvel ami, qui était un ours apprivoisé. Les autorités du collège lui avaient demandé ce qu'il voulait en faire : « Un candidat pour une chaire », dit-il. La réponse n'avait pas beaucoup plu. On voyait arriver de Londres, pour souper avec Byron, des jockeys, des joueurs et des femmes. Hobhouse lui gardait pourtant une estime affectueuse. Vraiment il n'y avait rien de bas en cet adolescent que personne n'avait élevé. Il montrait un courage sans limites, un grand désir de s'exposer pour les autres et, qualité charmante, de la bonté pour ses inférieurs. Sur son trimestre de cent vingt-cinq livres, il réservait toujours cinq livres pour le vieux Murray, le domestique de Newstead. De son enfance difficile, il avait gardé une pitié sincère pour la pauvreté. Il donnait beaucoup et n'avait jamais un penny. Il continuait à emprunter de l'argent et le chiffre de ses dettes montait furieusement. « Faudra-t-il, demandait-il à Hanson, vendre mon titre ? Que vaut une baronnie ? Quinze livres ? Ce serait quelque chose pour un homme qui n'a pas autant de pence. » En janvier 1809, il devait plus de trois mille livres aux usuriers, huit cents à Mrs Byron et mille à diverses femmes. En mars, il écrivait : « Entre nous, je suis dans un joli pétrin ; mes dettes, tout bien compté, atteindront neuf ou dix mille livres avant ma majorité. »

Il mêlait le travail à la débauche. L'édition des *Heures d'Oisiveté* était épuisée. Il en préparait une autre mais, rendant le poète esclave des caprices et des humeurs de l'homme, il supprimait ou ajoutait des textes suivant les mouvements de ses amours ou de ses haines. Depuis quelque temps on lui disait qu'un article hostile et violent était en préparation contre lui à la *Revue d'Edimbourg*, le grand organe whig écossais. On en avait lu des fragments chez Lady Holland. Rien ne pouvait être plus pénible à Byron. Pourtant il attendait l'attaque avec bonne humeur. Il écrivait à Becher : « Dites à Mrs Byron de ne pas trop se fâcher contre eux, et de préparer son esprit à la plus grande hostilité de leur part. »

Le numéro ne parut qu'à la fin de février 1808 ; Byron l'ouvrit avec fièvre et lut : « La poésie de ce jeune lord appartient à la classe dont ni les dieux ni les hommes ne permettent l'existence. Pour diminuer son crime, le noble auteur met surtout en avant l'argument de sa minorité. Peut-être veut-il nous dire : "Voyez comme un mineur peut écrire ! Ce poème a vraiment été composé par un jeune homme de dix-huit ans... Celui-ci par un jeune homme de seize ans seulement..." Mais, hélas ! nous nous souvenons tous des poèmes qu'écrivait Pope à douze ans et, loin d'apprendre avec surprise que ces vers ont été écrits par un jeune homme, nous croyons qu'il n'y a rien de plus commun que cette aventure, qu'on la retrouverait dans la vie de neuf Anglais un peu instruits sur dix, et que le dixième homme lui-même écrirait de meilleurs vers que Lord Byron. » Puis le critique anonyme lui reprochait d'avoir mis en avant son titre de lord ; il lui apprenait que le fait de rimer et de compter un certain nombre de pieds ne constitue pas tout l'art de la poésie, et concluait en raillant le ton de la préface de Byron : « Quelque jugement que l'on porte sur les poèmes de ce noble mineur, il semble que nous devions les prendre tels qu'on nous les offre et nous estimer trop heureux, car ils sont les derniers que nous aurons de lui. Il n'attend, dit-il, aucun profit de leur publication, et qu'elle réussisse ou non, il est peu probable qu'il condescende encore à devenir un auteur. Prenons donc ce qu'on nous donne et soyons reconnaissants. Quel droit avons-nous, nous autres pauvres diables, à faire les difficiles ? Nous sommes déjà bien heureux d'avoir tant reçu d'un homme qui a la situation de ce lord, qui ne vit pas dans un grenier, mais règne en maître sur Newstead Abbey. »

L'article était cruel. Cette insistance à reprocher à un enfant sa naissance constituait un snobisme à rebours, non moins sot que l'autre. Le ton manquait de justice et de mesure. Byron, en lisant, fut atterré. Un visiteur qui entra au moment où il venait de le finir le vit si bouleversé qu'il dit : « Vient-on de vous provoquer en duel, Byron ? » Hobhouse dit qu'il ne fut pas loin de se tuer. Le soir, dînant avec Scrope Davies, il but trois bouteilles de vin pour noyer sa fureur, mais rien ne le soulagea, que d'exprimer son indignation en vers. Après les vingt premiers, il se sentit mieux.

Qui était l'auteur de cette absurde attaque ? Longtemps Byron crut que c'était Jeffrey, le rédacteur en chef de la revue ; c'était en réalité Henry Brougham, homme d'une méchanceté encyclopédique, qui critiquait aussi injustement un physicien qu'un poète et dont l'article sur la théorie de l'ondulation de Young égalait en incompétente dureté l'article sur les *Heures d'Oisiveté*. Il fit d'ailleurs peu de mal à Byron. Le grand poète Wordsworth entra chez Charles Lamb, la revue en main : « Je ne puis plus supporter ces gens, dit-il, voilà un jeune homme, un lord, qui publie un petit volume de poésie ; et ils l'attaquent comme si personne ne pouvait être un poète à moins de vivre dans un grenier. Je dis, moi, que ce jeune homme deviendra quelqu'un, s'il continue. »

Le premier mouvement de Byron avait été d'achever et de publier le plus vite possible une satire contre ses ennemis ; il comprit heureusement qu'il valait mieux attendre et que la meilleure réponse était de composer un excellent poème. « Je regrette que Mrs Byron soit si ennuyée. Pour mon compte, ces *obus de papier* n'ont fait que m'apprendre à tenir sous le feu. » Ils lui avaient aussi procuré un nouvel ami, Francis Hodgson, jeune professeur de King's College, qui lui avait écrit un mot de sympathie.

Le 4 juillet 1808, Byron reçut de l'Université le diplôme de *Magister Artium* et quitta Cambridge. Cette dernière année l'avait beaucoup transformé. Harrow avait été le temps des amitiés sentimentales, amoureuses ; Cambridge venait de lui révéler les amitiés intellectuelles. Dans cet air de cynisme, sec, vigoureux, il respirait bien. Avec Hobhouse, Davies, Matthews, il pouvait se montrer tel qu'il croyait être ; affranchi de son calvinisme, léger en amour, libre enfin. Mais est-on jamais libre après une telle enfance ?

XII. *Crâne d'ivoire poli*

On jouit de ce qui n'est pas commun, même quand cette chose est un malheur.

CHATEAUBRIAND.

Depuis quelques mois Mrs Byron, dans sa bruyante retraite de Southwell, s'inquiétait du prochain retour et de la majorité de son fils. Elle avait pour lui les sentiments que

lui avait jadis inspirés son terrible mari. Elle le redoutait,
l'adorait et le maudissait. Qu'allait-il faire, maître de sa
fortune, ce nouveau « Byrrone » mâtiné de Gordon ? Quel
mauvais lord, doublé d'un Jack le Fou, allait régner à
Newstead ? Pourquoi, elle, la parcimonieuse veuve écossaise, qui pouvait vivre, sans faire un sou de dettes, avec
cent trente-cinq livres par an, devait-elle toujours être
responsable des hommes de ce sang prodigue ? Pendant
ces derniers mois de la minorité de Byron, Hanson fut
assiégé de lettres anxieuses. Il fallait à tout prix régler la
question de Rochdale et obtenir ainsi un revenu pour
Byron, sinon il ferait quelque folie : « Quoique j'aie une
aussi haute opinion de mon fils que qui que ce soit, je sais
pourtant que les gens intelligents ne sont pas toujours les
plus prudents en ce qui concerne les questions d'argent. »
Les avoués chargés du procès de Rochdale recevaient des
lettres d'une vigueur injurieuse : « Je vous dirai la vérité.
Pourquoi mon fils est-il ainsi pillé par vous et Mr Hanson ? » C'était peut-être vrai, mais tant de brutalité indis-
posait les hommes de loi comme elle avait à tout jamais
écarté Lord Carlisle. Ils se lassaient des « affaires Byron ».
Hanson notait en marge : « Quelle impudence ! » Oui, elle
était impudente, la malheureuse Douairière, mais que
devait-elle faire ? Elle n'était ni souple, ni adroite ; elle
était une Gordon, toute violence, et elle avait tant de
soucis. Par exemple il fallait que Lord Grey de Ruthyn
quittât l'abbaye avant le retour de Byron, « car je ne veux à
aucun prix qu'ils se rencontrent ; ils se haïssent et je suis
certaine qu'ils auraient une querelle qui pourrait se terminer très gravement ». Dieu savait dans quel état Lord Grey
allait laisser Newstead : « Je n'ai pas vu Newstead moi-
même, mais tout le pays en parle et dit que c'est dégoûtant
pour une personne qui passe pour un gentleman de laisser
une maison dans un tel état. »

La question qui la préoccupait le plus était celle-ci :
« Maintenant que Byron a terminé ses études, me deman-
dera-t-il de venir loger avec lui à Newstead et de tenir sa
maison pour lui ? » « Chère madame, lui écrivit-il, je n'ai

pas de lits pour les Hanson ni pour qui que ce soit à présent... Je vivrai à ma manière et aussi seul que possible. Quand les chambres seront prêtes, je serai heureux de vous voir : en ce moment ce serait indécent, et désagréable pour nous deux. Vous ne pouvez pas vous plaindre de ce que je rende ma maison habitable. Je partirai pour la Perse en mars (ou au plus tard en mai) et *vous* serez ma *locataire* jusqu'à mon retour. »

Il était vrai qu'il avait trouvé Newstead dans un état de saleté et de décrépitude incroyable. Dans le parc « son » chêne, l'arbre auquel il croyait sa fortune attachée, était mourant, à demi étouffé par les mauvaises herbes. Il le dégagea avec soin, le soigna et le sauva. Réparer toute l'abbaye eût été ruineux et d'ailleurs inutile. Il se fit une chambre à coucher au centre de laquelle était un grand lit à colonnes et baldaquin, fermé par des rideaux chinois. Aux murs il plaça quelques gravures : le boxeur Jackson dans son bel habit bleu ; le portrait du vieux domestique Murray, « le seul être qu'il aimât, avec ses chiens » ; puis des vues de Harrow et des collèges de Cambridge. Il y avait là King's, Trinity, Jesus College ; c'était curieux, ce besoin qu'il avait de s'entourer de ses dieux familiers. Etait-ce parce qu'il avait eu, dans son enfance, un tel sentiment de solitude et d'abandon ? Il commençait par haïr les êtres et les lieux nouveaux. Quand il les avait annexés, il les adorait comme des fragments de lui-même. Des fenêtres il voyait le lac bordé de joncs, les cygnes, les forts crénelés du Mauvais Lord et les belles collines déboisées. Une porte donnait sur la chambre hantée, chambre de pierre, sans meubles, où de temps à autre, la nuit, une servante peureuse rencontrait un moine en capuchon noir. Un escalier intérieur descendait jusqu'à une autre pièce qui servait de cabinet de travail et de salon. Quelques chambres avaient été meublées pour des amis, mais les immenses couloirs voûtés, les nombreuses cellules qui entouraient le cloître, restaient abandonnés et nus.

Comme il aimait Newstead ! Il ne se lassait pas d'y rêver, tantôt étendu sur un sofa où il passait presque tout le

jour, essayant des rimes, griffonnant un poème, tantôt dans
le jardin où il allait volontiers travailler, appuyé au tronc
d'un chêne qui, coupé par le Mauvais Lord, formait un
pupitre naturel autour duquel s'enroulait un lierre.

Il ne voulait pas connaître les châtelains du voisinage ;
quelques-uns vinrent lui faire des visites, qu'il ne rendit
pas. Il accepta un dîner à Annesley, où Jack Musters,
rencontré dans les champs, l'avait invité, bien qu'il connût
le passé, avec une franchise d'homme de sport. Il voulut
s'imposer l'épreuve de revoir son M. A. C., devenue
Mrs Chaworth-Musters : « J'ai dîné l'autre soir à côté
d'une femme à laquelle, comme enfant, j'ai été aussi
attaché que les enfants peuvent l'être, et beaucoup plus
qu'un homme ne devrait se le permettre. J'étais décidé à
être courageux et à parler avec *sang-froid* ; mais en la
voyant j'ai oublié ma vaillance et ma nonchalance, je n'ai
pas une fois ouvert mes lèvres pour rire, bien moins encore
pour parler, et la dame a été presque aussi absurde que
moi-même, ce qui nous a fait tous deux remarquer par
l'assistance beaucoup plus que si nous nous étions conduits avec une indifférence aisée. Vous trouverez tout cela
bien naïf... Quels fous nous sommes ! Nous pleurons pour
un jouet ; comme les enfants nous ne sommes pas satisfaits
tant que nous ne l'avons pas ouvert, et nous ne pouvons
malheureusement comme eux nous en débarrasser en le
mettant dans le feu. »

Une nourrice amena une petite fille de deux ans. Byron
souffrit en trouvant réunis dans ce visage encore à peine
formé les traits fermes et séduisants du père, et les yeux
qu'il avait si souvent contemplés sur la colline du Diadème. Il regardait ce mari, homme vigoureux, qui se
vantait de n'avoir jamais ouvert qu'un seul livre : *Robin-
son Crusoé*, et qui parlait du dernier renard tué. Dans le
chenil voisin les chiens aboyaient. Mary-Ann demeurait
silencieuse. Elle observait à la dérobée que Byron était
devenu mince et beau. En rentrant à Newstead, il se jeta
sur son sofa et écrivit un poème :

Eh bien ! Tu es heureuse, et je sens
Que je devrais donc être heureux aussi ;
Car mon cœur s'intéresse encore à toi
Aussi chaudement qu'autrefois...

Quand j'ai vu ton enfant favori,
J'ai cru que mon cœur jaloux se briserait ;
Quand ce petit être inconscient a souri,
Je l'ai embrassé à cause de sa mère.

Je l'ai embrassé, – j'ai réprimé des soupirs
Car je voyais son père dans son visage,
Tandis qu'il avait les yeux de sa mère,
Ces yeux, qui avaient été tout pour moi.

Mary, adieu ! Je dois partir :
Si tu es heureuse, je ne me plains pas ;
Mais je ne vivrai jamais près de toi ;
Mon cœur serait trop vite reconquis...

Va-t'en ! Va-t'en ! De mon rêve de jeunesse,
Le souvenir ne doit pas s'éveiller :
Où es-tu, fleuve du Léthé ?
Mon cœur, sois calme ou brise-toi.

Les seuls êtres qu'il eût envie de voir étaient ses amis de Cambridge. Il était fier de leur montrer son abbaye. Hobhouse vint le premier. Byron vivait volontiers avec Hobhouse ; ils avaient l'un pour l'autre une amitié bougonne, affectueusement brutale. Quand ils étaient ensemble, ils travaillaient chacun de son côté, comme un vieux et fidèle ménage, Byron à la satire qu'il rendait chaque jour plus piquante, Hobhouse, atteint par la contagion, à des poèmes philosophiques. Quand ils étaient las d'écrire, ils se déshabillaient et plongeaient dans le lac ou, si le temps était trop froid, dans une piscine souterraine que Byron avait creusée en transformant les caves des moines. Ils s'amusaient à dresser le terre-neuve Boatswain, Byron sautant à l'eau tout habillé et feignant de se noyer pour se faire sauver par son chien. Le vieux Murray les servait à table.

Plus d'une fois Hobhouse vit, après le dîner, Byron remplir un verre de madère et le tendre par-dessus son épaule à Joe Murray, debout derrière sa chaise, en disant avec une cordialité qui éclairait tout son visage : « A votre santé, mon vieil ami. »

Cette vie était agréable, mais le voisinage d'Annesley restait pénible. Il est à peu près insupportable de vivre près d'une femme que l'on a aimée. Etonnée de trouver froid un homme qu'elle a connu passionné, elle se montre plus tendre. L'espoir, sentiment à la vie dure, se colore de nouveau faiblement. Celui qui l'éprouve sait qu'il est vain. Le meilleur remède est la fuite, et Byron pensait partir au printemps. Il parla de ce voyage pendant ses visites à Annesley. Mary, innocemment, lui demanda pourquoi il voulait s'éloigner et reçut une réponse en vers :

> Quand l'Homme, expulsé des bosquets de l'Eden,
> S'attarda un instant près des portes,
> Chaque scène lui rappela les heures évanouies,
> Et lui fit maudire son sort futur...
>
> Il en est, Dame ! ainsi de moi,
> Et je dois m'éloigner de tes charmes ;
> Car, tant que j'erre si près de toi,
> Je soupire pour ce qui fut.
>
> Dans la fuite, je serai sûrement sage
> Echappant à la tentation ;
> Je ne puis voir mon Paradis
> Sans le désir d'y séjourner.

Il se garda bien de montrer ces vers à Hobhouse, qui avait horreur du sentimentalisme et de « l'absurde race des femmes » et dont le rimeur favori était Pope, classique, spirituel et mesuré.

Le chien Boatswain attrapa la rage. Byron le soigna comme un ami, épongeant lui-même, de sa main nue, la bave qui coulait de cette gueule ouverte. Le terre-neuve resta fidèle jusqu'au bout, et ne mordit personne. Quand il fut mort, Byron dit : « J'ai maintenant tout perdu, sauf mon vieux Murray. » Il répétait depuis longtemps qu'il voulait être enterré avec son chien. Il s'occupa de faire construire un caveau. Par un curieux et caractéristique défi, il fit élever ce monument sur l'emplacement de l'autel, dans l'église en ruine des moines. Un soubassement, fait de grandes marches circulaires, conduisait à un piédestal finement sculpté sur lequel était gravée une inscription, et qui supportait lui-même une urne antique dont la belle silhouette se découpait, sur les ogives nues. Sur l'une des faces du piédestal, il fit graver :

Près de cet endroit
Reposent les restes d'un être
Qui posséda la beauté sans la vanité,
La force sans l'insolence,
Le courage sans la férocité,
Et toutes les vertus de l'homme sans ses vices.
Cet éloge, qui serait une absurde flatterie
S'il était inscrit au-dessus de cendres humaines,
N'est qu'un juste tribut à la mémoire de
BOATSWAIN, un chien,
Né à Terre-Neuve en mai 1803,
Et mort à Newstead Abbey, le 18 *novembre* 1808.

Byron dit à Joe Murray qu'il le ferait enterrer dans le même caveau. Mais Murray montra peu d'enthousiasme. « Si j'étais sûr, dit-il, que Sa Seigneurie y viendrait aussi, j'aimerais encore assez cela, mais je n'aimerais pas être couché là tout seul avec le chien. »

Le 22 janvier 1809, Lord Byron de Newstead célébra sa majorité. Un bœuf entier fut rôti dans la cour de l'abbaye pour les vassaux et, le soir, un bal leur fut donné où le grave Hanson, qui était venu de Londres pour représenter son noble client, dansa. Une lettre indignée de Mrs Byron blâma ces dépenses excessives. Quant au jeune seigneur lui-même, il dînait à Londres d'une bouteille d'ale, d'un œuf et de bacon. Dîner frugal, mais c'était déjà une infraction au régime sévère de Byron. Ce jour de fête le laissait assez mélancolique. Il avait jadis souffert de n'être plus un enfant ; voilà qu'il n'était même plus un jeune homme. Il avait appris, la veille, la mort de son grand ami de Cambridge, Long, qui s'était noyé dans un naufrage en allant à Lisbonne. Byron rouvrit son vieux livre de classe, ses *Scriptores Graeci* de Harrow, sur la couverture duquel, quatre ans plus tôt, il avait écrit : « Wildman à ma gauche, Long à ma droite » et ajouta :

> Eheu fugaces, Posthume ! Posthume !
> Labuntur anni.

« B. janvier 1809. – Des quatre personnes dont les noms sont ici inscrits, l'une est morte, une autre sous des climats lointains, *toutes* séparées, et pourtant cinq ans ne se sont pas passés depuis qu'elles étaient ensemble à l'école, et aucune n'a encore vingt et un ans. »

Les tombes jouaient un rôle étrangement précoce dans cette vie d'adolescent. Ce n'était plus maintenant sur celle de l'inconnu Peachey qu'il allait rêver, mais sur celle de Boatswain le chien, c'est-à-dire sur la sienne, sur celles de ses amis disparus et sur celle, invisible, de ses amours d'enfance. La vie était ainsi, les Byron voués au malheur. Il fallait donc défier le Destin. Dallas, l'officieux Dallas, qui vint le voir à l'hôtel en ce soir de sa majorité, le trouva très brillant et plus léger que jamais sur les sujets religieux.

Il ne lui restait plus qu'à quitter l'Angleterre. Hobhouse avait promis de l'accompagner. Où irait-on ? Byron n'en savait rien. En Orient, en Perse, aux Indes, ou peut-être vers les Tropiques. Peu importait, pourvu qu'on s'éloignât d'Annesley, des souvenirs. Rien ne le retenait... La Douairière était devenue un personnage mythique et d'ailleurs, pendant son absence, aurait Newstead. Il ne fallait que terminer quelques affaires urgentes.

La première, c'était la publication de la satire enfin achevée, toute chargée de venin, brillante, si méchante que

Dallas, chargé de trouver un éditeur, dut en consulter plusieurs avant d'en trouver un qui consentît à l'imprimer. Non seulement les critiques écossais, mais la plupart des poètes anglais y étaient traités avec dureté. Même le Thomas Moore tant admiré par les écoliers de Harrow, même le tuteur. Lord Carlisle, contre lequel Byron avait maintenant de nouveaux griefs. Non seulement Carlisle n'avait répondu à la dédicace des *Heures d'Oisiveté* que par une lettre froide et banale, mais en outre il venait de se dérober quand son pupille lui avait demandé le plus simple des services. Majeur, Byron devait occuper officiellement son siège à la Chambre des Lords et il était d'usage qu'en telle occasion un jeune pair fût assisté d'un parent ou d'un ami. Il avait écrit à Carlisle, qui n'avait répondu que par des conseils. Byron était donc allé seul, le 13 mars, prendre place dans l'assemblée.

L'officieux Dallas l'accompagnait, choqué de voir qu'un jeune homme de cette naissance et de ce talent était assez négligé pour que personne ne fût avec lui en un tel jour. Byron lui-même sentait plus cruellement que jamais combien il était isolé dans la vie. Les privilèges de la naissance et du nom qui allaient être les siens étaient immenses. L'Angleterre était alors entièrement gouvernée par les descendants de quelques nobles familles. Il était naturel que Byron adolescent fût naïvement satisfait d'être un lord. Malheureusement les circonstances le plaçaient à l'extrême frontière d'une société si agréable; il avait le titre, non les traditions, ni les amitiés, ni l'aisance.

Il fut reçu dans l'antichambre par un fonctionnaire qui alla prévenir le Lord Chancelier de son arrivée. Il passa devant le Sac de Laine sur lequel le Chancelier, Lord Eldon, présidait les débats et s'avança vers la table où il devait prêter serment. Quand la brève cérémonie fut terminée, le Chancelier quitta son siège et s'avança vers lui, la main tendue. Byron fit un salut raide et plaça à peine la pointe de ses doigts dans la main du Chancelier qui, blessé, reprit son siège. Byron se jeta négligemment sur un des bancs vides de l'opposition, puis, au bout de quelques minutes, se leva et rejoignit Dallas auquel il dit : « Si j'avais serré sa main avec vigueur, il aurait cru que j'étais de son parti – je ne veux rien avoir à faire avec eux, de l'un ni de l'autre côté... Je peux maintenant partir en voyage. »

Quinze jours plus tard, la satire était publiée. Elle eut un grand succès. Bien que le volume ne fût pas signé, tous les hommes de lettres prononcèrent le nom de Lord Byron, les uns avec rancune, les autres avec admiration, tous avec étonnement. Une revanche était prise, une partie gagnée ; il ne restait plus rien à faire en ce pays. Il ne manquait, pour partir, que de l'argent. Byron avait douze mille livres de dettes. À qui emprunter les quatre mille livres nécessaires ? Hanson reçut l'ordre de les trouver. Au besoin, il fallait vendre une des propriétés, mais Rochdale, et non Newstead. « Arrive que pourra, Newstead et moi tiendrons ou tomberons ensemble. J'ai maintenant vécu dans cet endroit, j'y ai attaché mon cœur, et aucune force, présente ou future, ne me décidera à mettre à l'encan ce dernier vestige de notre héritage. J'ai en moi une fierté qui me rendra capable de supporter les difficultés... Mr Hanson parle sur ce sujet comme un homme d'affaires, – je sens, moi, comme un homme d'honneur et je ne vendrai pas Newstead. »

Un moyen de salut aurait été d'épouser une héritière. Tel était l'avis de Mrs Byron qui voyait son fils sur la route de la ruine, « à moins que les mines de charbon ne se changent en mines d'or ou qu'il ne répare sa fortune de la vieille manière usuelle, en épousant une femme avec deux ou trois cent mille livres... Il faut qu'il épouse au printemps une femme riche ; les mariages d'amour sont des absurdi-tés. Qu'il fasse au moins usage des talents que Dieu lui a donnés ». Et Byron lui-même : « Je suppose que tout cela finira par mon mariage avec une *poupée dorée* ou en me faisant sauter la cervelle ; lequel des deux, il importe peu, les remèdes sont presque semblables. » La solution fut trouvée, de façon assez inattendue, dans un emprunt fait à Scrope Davies. Davies, le spirituel et bégayant Davies, avait continué à jouer à Londres, comme jadis à Cambridge, perdant et gagnant des sommes énormes. Ses amis l'abandonnaient ivre, après minuit, dans des maisons de jeu, et le retrouvaient le lendemain, par miracle, chez lui, dormant encore au milieu de l'après-midi, ayant à côté de son lit un pot de chambre rempli de plusieurs milliers de livres, gagnées Dieu savait comment et Scrope ne savait pas où. En un tel matin de fortune, il put avancer à Byron la somme nécessaire pour le voyage.

Avant de partir, Byron voulut réunir à Newstead ce petit groupe de Cambridge dont l'intelligence aux arêtes vives avait si fortement modelé la sienne. En mai 1809, le léger Matthews et le méthodique Hobhouse vinrent faire un séjour à l'abbaye. Ce furent quelques jours de plaisante folie. La gravité apparente des lieux, les ombres qui les hantaient donnaient, par contraste, un agrément piquant à la gaieté de ces jeunes gens. A l'entrée, à la droite des marches qui conduisaient dans le hall, était enchaîné un ours ; à gauche, un chien-loup. Si on entrait sans crier pour annoncer son arrivée, on n'avait échappé à l'ours et au chien que pour se trouver sous le feu d'une bande de jeunes tireurs, essayant leurs pistolets sous les voûtes. Le matin, on se levait tard, le breakfast restant sur la table jusqu'à ce que tout le monde fût descendu. Puis on lisait, on faisait de l'escrime, on tirait au pistolet, on montait à cheval, on ramait sur le lac, on jouait avec l'ours. Dans le parc, Matthews, sur une des faces de la tombe de « Boatswain, un chien », crayonnait l'épitaphe de « Hobhouse, un porc ». On dînait entre sept et huit heures. Après le dîner, on faisait passer à la ronde un crâne humain rempli de vin. C'était celui de quelque moine, dont le jardinier avait trouvé le squelette en bêchant. Byron l'avait fait monter en coupe par un orfèvre de Nottingham, qui l'avait renvoyé bien poli et couleur écaille de tortue. Il avait composé des vers sur cette coupe :

J'ai vécu, j'ai aimé, plaisanté comme toi :
Je suis mort : que la terre abandonne mes os ;
Remplis, ami – tu ne peux me faire aucun mal ;
Les vers ont des lèvres plus affreuses que les tiennes.

Mieux vaut contenir le raisin mousseux,
Que nourrir la race rampante des vers ;
Mieux vaut enfermer dans mon cercle
Boissons des Dieux que viande de reptile.

Pour compléter la mise en scène, les hôtes s'habillaient en moines et Byron, abbé de Newstead ou, comme le nommaient ses amis, abbé du Crâne, présidait le chapitre, crosse en main. La cave était bonne et les filles de service pourvoyaient aux autres plaisirs de la bande. Byron était assez fier de cette petite troupe de jolies servantes recrutées dans les villages voisins. Ces mœurs faciles lui semblaient féodales, idylliques, et d'ailleurs flatteuses. L'abbaye, dans la légende locale, devenait le repaire d'un nouveau Mauvais Lord et les chevaux de Newstead oubliaient le chemin nuptial d'Annesley.

Ainsi se passa le mois de mai. Il fut décidé qu'en juin Hobhouse et Byron partiraient ensemble pour Gibraltar et, de là, pour Malte et l'Orient. Il ne vit pas avant le départ sa sœur Augusta. Elle avait épousé, en 1807, le fameux cousin, le colonel Leigh, écuyer du Prince Régent, et elle habitait à Six Mile Bottom, près de Newmarket. Elle avait eu une petite fille, l'année précédente, et Byron lui avait écrit : « Je vous remercie de m'avoir rendu oncle, et vous pardonne le sexe pour cette fois ; mais le prochain *doit* être un neveu... J'ai secoué Mrs Byron depuis deux ans, et n'ai pas l'intention de retomber sous son joug... Je ne puis pardonner à cette femme, ni vivre sous le même toit qu'elle. Je suis au fond un homme très malheureux, car je crois que naturellement je n'avais pas mauvais cœur ; mais il a été tellement courbé, tordu et piétiné qu'il est devenu aussi dur que le talon d'un Highlander. » Au moment de la publication de la satire, Augusta avait pris le parti de Lord

Carlisle et Byron lui en gardait rancune. Encore un lien qui se dénouait.

Ce cœur, dur comme le talon d'un Highlander, restait pourtant bien sensible. Byron réunissait, pour les emporter en voyage, les portraits de ses camarades. Fétichiste, méticuleux conservateur de son propre musée sentimental, il les avait fait peindre à ses frais par un des premiers miniaturistes du temps. Pour faire de ce départ le dramatique événement qu'il eût aimé, il aurait voulu trouver ses amis complices de sa mélancolie. Or, ils étaient de joyeux garçons qui avaient monté ses chevaux, bu son vin, caressé ses servantes, mais lui refusaient des larmes hypocrites. Comme il avait souffert à Harrow de la tiédeur de Clare, il se plaignait maintenant de tous les hommes. Dallas le vit dans ces derniers jours, misanthrope, dégoûté de la vie parce qu'il était attaqué grossièrement dans de basses publications, plus effrayé que jamais par la société des femmes, et parlant de l'amitié sur le ton farouche d'un Timon d'Athènes au seuil de sa caverne.

Il eut, avant de partir, une dernière déception qui fut l'indifférence de Lord Delawarr. Ils avaient pourtant échangé des portraits surmontés de leurs armoiries. Mais Delawarr était sans âme. « Le croiriez-vous, dit Byron à Dallas, je viens de rencontrer Delawarr et lui ai demandé de venir bavarder une heure avec moi. Il s'est excusé et qu'a été son excuse ? Incroyable. Il avait promis à sa mère et à des femmes d'aller faire des courses avec elles ! Et il sait que je pars demain, que je serai absent pour des années, que je ne reviendrai peut-être jamais ! Amitié ! Je ne crois pas que je laisse derrière moi, vous-même et ma famille excepté, et peut-être ma mère, un seul être qui se soucie de ce que je deviendrai ! » Cet incident le frappa. Toute sa vie il devait parler de la blessure que lui avait faite Lord Delawarr en l'abandonnant, la veille de son départ, pour aller chez une modiste avec des femmes. Oui, vraiment, Timon d'Athènes avait raison. Tant que l'on avait une soupe à faire laper à ces chiens, on possédait les bouches, les yeux et même les cœurs des hommes. Mais ceux-ci devinaient-ils que la mort, le départ ou la ruine allaient vous empêcher de rester les compagnons de leurs plaisirs, aussitôt « ils vous laissent nu, exposé à tout vent qui souffle ». Delawarr, en allant chez la modiste, avait été loin d'imaginer qu'il se rendait, par cet acte simple, l'objet de réflexions si douloureuses.

Matthews se conduisit mieux. La veille du départ, il offrit un dîner magnifique à Hobhouse et à Byron. Déjà ceux-ci avaient pris, l'un envers l'autre, un ton de voyageurs, plaisant, détaché, un peu artificiel. Byron, avant de s'embarquer, écrivit des stances pour Mary-Ann :

> C'est fait – et, tremblant dans l'orage,
> La barque déroule sa voile blanche ;
> Soufflant sur le mât qui se penche,
> La brise fraîchissante chante haut ;
> Et moi je dois quitter ce pays,
> Parce que je n'aime qu'une seule femme.

Etait-ce un sentiment vrai ? Partait-il parce qu'il l'aimait encore et ne pouvait supporter de vivre trop près d'elle ? Un homme n'est pas si simple. Quand il dînait avec Matthews et Hobhouse, quand il écoutait en riant l'irrésistible bégaiement de Scrope Davies, il ne pensait guère à Mrs Musters. Mais un premier amour marque durement un enfant. Les jours d'Annesley restaient les plus aigus de ces souvenirs tristes et beaux dont Byron aimait à composer ses voluptueuses rêveries.

XIII. *Premier pèlerinage de Childe Harold*

Les deux amis s'embarquèrent le 26 juin 1809, dans le petit port de Falmouth, sur le bateau du capitaine Kidd qui devait les conduire à Lisbonne. Hobhouse, qui composait déjà dans sa pensée des notes archéologiques, emportait cent plumes, deux gallons d'encre et plusieurs volumes de papier blanc. Byron, une fois encore, était devenu le pôle magnétique de tout un cortège de serviteurs. Le vieux Murray devait aller jusqu'à Gibraltar, l'air de la mer étant sain pour lui. Le service actif était confié à William Fletcher, valet de chambre de Newstead, qui venait de se marier et regrettait en grognant sa femme, Sally. Un jeune page, Robert Rushton, dit Bob, fils d'un fermier (qui plaisait à Byron « parce que, comme moi-même, il semble être un animal sans amis »), et un valet allemand, recommandé par le docteur Butler, de Harrow, complétaient l'escorte.

Hodgson reçut une description, en vers héroï-comiques, du départ et de Hobhouse vomissant à la fois son déjeuner et ses premières impressions de voyage. « Il a plu à la Providence d'intervenir en faveur du malheureux public en donnant à Hobhouse une foulure du poignet, de sorte qu'il ne peut pas écrire et que la pluie d'encre s'arrête... Pour moi je quitte l'Angleterre sans regret – j'y reviendrai sans plaisir. Je ressemble à Adam, le premier condamné à la déportation, mais je n'ai pas d'Eve et je n'ai mangé aucune pomme qui ne fût acide. »

Mrs Byron, elle aussi, eut sa lettre d'adieu : « Le monde est tout entier devant moi, et je quitte l'Angleterre sans regret, et sans un désir de revoir aucune des choses qu'elle contient, sauf vous-même et votre présente résidence. Croyez-moi bien sincèrement à vous... » Il lui avait laissé l'ours, le chien-loup et les servantes jolies.

La traversée fut dure. A Lisbonne, les voyageurs prirent contact avec l'Europe en guerre. Les Français de Junot venaient de céder la place aux Anglais du général Crawford. Hobhouse, président d'un club libéral, fut choqué par les mœurs du pays. Un clergé tyrannique imposait ses lois. Les morts étaient exposés dans les églises, un plateau sur la poitrine, et on attendait pour les enterrer qu'il y eût assez d'argent pour payer le prêtre.

L'Inquisition n'avait pas été abolie. On arrêtait les hommes
dans la rue, pour en faire des soldats. Byron, plus vif que
Hobhouse et impatient de toute contrainte pour les autres
comme pour lui-même, avait envie de prêcher la révolte,
mais il goûta le contraste entre la misère des hommes et la
beauté des paysages portugais. Il aima les orangers qui
doraient le vert profond des vallées, les monastères perchés
au sommet des rocs. « Je suis très heureux, parce que
j'aime les oranges, et parle aux moines un mauvais latin
qu'ils comprennent parce qu'il ressemble au leur, – et vais
dans le monde (avec mes pistolets de poche), et traverse le
Tage à la nage, et monte à âne ou à mulet, et jure en
portugais, et ai attrapé la diarrhée, et suis piqué par les
moustiques. Mais qu'importe ? Les gens qui vont en
voyage d'agrément ne doivent pas chercher le confort. »

De Lisbonne à Séville, ils voyagèrent à cheval. La route
était bordée de croix ; chacune rappelait un meurtre. Ils
rencontrèrent un prisonnier et des espions qu'on emmenait
à Séville pour y être pendus. Il y avait dans le spectacle de
ce monde où la mort et l'amour étaient à chaque pas
quelque chose d'animal et de franc qui allait au cœur de
Byron. Il écrivait à sa mère qu'il était logé dans la maison
de belles Espagnoles « qui sont, en général, très plaisantes,
avec leurs grands yeux noirs, et très bien faites. L'aînée a
honoré votre fils indigne d'une très particulière attention,
l'embrassant avec grande tendresse au départ... après avoir
coupé une boucle de ses cheveux, et lui avoir offert une
tresse des siens, d'environ trois pieds de longueur, que je
vous envoie, et vous prie de me garder pour mon retour.
Ses derniers mots ont été : "Adieu, joli garçon ! Vous me
plaisez beaucoup." Elle m'avait offert de partager sa
chambre, ce que ma vertu m'avait fait refuser ; elle a ri et
dit que je devais avoir une maîtresse anglaise ; elle a ajouté
qu'elle allait se marier avec un officier de l'armée espa-
gnole ». Puis, par Cadix, « douce Cadix, pleine des plus
belles femmes de l'Espagne », les deux amis allèrent à
Gibraltar. Là il fallut se séparer du vieux Murray et du
jeune Rushton, tous deux trop fatigués par le voyage.

Byron les renvoya à Newstead, ne gardant avec lui que Fletcher. *A Mrs Byron :* « Je vous prie de vous occuper de Robert, auquel son maître manquera ; pauvre garçon, il n'avait aucune envie de repartir. »

Sur le paquebot de Gibraltar à Malte, les passagers aimèrent Hobhouse qui tout de suite s'était mêlé à eux et, le soir, après le dîner, racontait des anecdotes, lesquelles (pensait Byron, qui écoutait de loin) étaient presque toutes de Scrope Davies. Byron, plus distant, plaisait moins. Comme il ne mangeait presque rien, il quittait la table avant les autres. Il se tenait à l'écart, regardait la mer et semblait respirer la sombre poésie des rochers. Dès que le soir tombait et que s'allumaient les feux, il allait s'asseoir sur un paquet de voiles et restait pendant des heures à contempler les jeux des rayons de lune sur les flots. Dans cette pâle lumière, il faisait penser au matelot de Coleridge qui a tué un albatros. Il était « un mystère enveloppé d'un linceul et couronné d'un halo ». Ses compagnons de voyage, prenant pour du mépris sa recherche de la solitude, le jugèrent sévèrement. On nota son regard en dessous, anxieux, méfiant. Il manquait de naturel ; il bousculait Fletcher ; il semblait mal à son aise et agité.

S'ils avaient pu deviner l'inquiétude que cachait cette conduite, la douloureuse timidité de l'infirme, ils l'auraient plaint. Byron se réfugiait dans la compagnie muette des vagues et des étoiles parce qu'il craignait les hommes. Seulement, ayant adopté une attitude parce qu'elle lui était naturelle, il lui arrivait de la garder parce qu'il pensait qu'elle était noble. Regardant la proue lentement balancée du navire fendre les eaux, il pensait que chaque vague l'éloignait de ses disgrâces. Il méditait encore sur sa jeunesse manquée, mais avec plus de sombre douceur et comme si elle eût été celle d'un étranger. Pourquoi n'écrirait-il pas un poème sur ce pèlerinage ? Depuis l'enfance s'accumulaient en lui des sentiments forts qui, brassés dans cette âme brûlante, formaient comme une lave en fusion... Il imaginait un héros qu'il appellerait du vieux nom de sa famille, Childe Burun, et qui serait Byron, ce

Byron désespéré, déçu, que Hobhouse ne connaissait pas et d'ailleurs n'aurait pas compris... Le bateau dansait au clair de lune.

Le troisième jour de la traversée, plusieurs passagers, sur le pont, jouèrent à tirer au pistolet sur des bouteilles ; Byron essaya sa chance et fut celui qui tira le mieux. Cela le rendit heureux. Hobhouse, qu'il malmena pour une innocente plaisanterie, apprit à ses nouveaux amis, avec une indulgence tendre mais supérieure, qu'il fallait le traiter comme un enfant.

A Malte, Byron prit des leçons d'arabe avec un moine et des leçons d'amour platonique avec Mrs Spencer Smith. Elle avait eu des aventures romanesques : arrêtée par les soldats de Napoléon, puis sauvée par un noble Italien qui l'avait chevaleresquement respectée. « Il y avait de la sylphide en elle. » Ses charmants yeux myopes regardaient les hommes avec une incertitude troublée, troublante. Byron fut séduit, mais sa philosophie toute fraîche de l'amour lui interdisait la faiblesse. Par une rancune naïve contre le sentiment, il se voulait insensible.

> La belle Florence trouva, sans doute non sans surprise,
> Celui qui, disait-on, soupirait pour toute femme,
> Supportant sans émoi l'éclat de son regard...

« Un cœur de marbre », c'était ainsi maintenant qu'il aimait à se voir, habile s'il l'eût voulu dans cet art de séduire qui n'est fait que du mépris de la femme et de confiance en soi-même, mais dédaigneux de victoires trop faciles. La « douce Florence » obtint de lui le grand diamant jaune qu'il portait en bague et ses yeux myopes quelque temps encore passèrent dans les rêveries de Byron. Mais il s'arracha sans aucune peine à cette nouvelle Calypso.

L'Albanie était alors presque inconnue. Ses montagnes sauvages rappelèrent à Byron l'Ecosse de ses vacances enfantines. Les hommes portaient une courte jupe, presque semblable au kilt, et un manteau en peau de chèvre. Le

Pacha de Janina, Ali, célèbre pour son courage et pour sa cruauté, informé par le résident anglais de l'arrivée d'un jeune homme de race noble, invita les voyageurs à lui rendre visite. Byron admira le décor, les Albanais en veste brodée, les Tartares aux hautes coiffures, les esclaves noirs, les chevaux, les tambours, les muezzins qui, du minaret de la mosquée, chantaient : « Il n'y a d'autre Dieu que Dieu. » Le terrible Ali Pacha était un petit homme de soixante-dix ans, cinq pieds six pouces, barbe blanche, manières dignes et courtoises. Mais on savait qu'il n'hésitait pas à faire rôtir un ennemi sur le gril ou à jeter dans le lac quinze femmes qui avaient déplu à sa belle-fille. Il demanda pourquoi Byron avait quitté son pays si jeune, et ajouta qu'il aurait tout de suite reconnu sa haute naissance à ses petites oreilles, à ses cheveux bouclés et à la blancheur de ses mains. Cette phrase fit tant de plaisir à Byron que, pendant plusieurs mois, chacune de ses lettres la contint. Ali Pacha, Zeluco réel, resta longtemps un des héros de Byron. L'amour du pouvoir, le mépris des règles morales ou sociales, le mystère dont il aimait à s'entourer, tout le personnage d'Ali éveillait en Byron des émotions vives. Bandit, corsaire, chef de bande, tout être de cette classe maudite le touchait par réaction contre l'hypocrisie, et par goût pour le courage. La sympathie fut mutuelle et le Pacha donna aux deux Anglais des guides et une escorte armée pour le retour.

Parcourir un pays sauvage, sous la garde de soldats à demi barbares, était une entreprise hardie, mais enivrante. Byron, depuis l'enfance, avait pensé qu'il était fait pour une vie martiale. Il n'avait peur de rien. Il aimait ses guerriers albanais ; il les trouvait simples, fidèles ; il avait toujours eu le goût des êtres primitifs qui divertissent l'esprit sans l'occuper. Ce fut parmi eux, à Janina, qu'il commença d'écrire son *Childe Burun* qui devint, après le premier chant, *Childe Harold*. Il l'écrivait dans la strophe de Spenser, une strophe de neuf vers qui, pensait-il, se prêtait à la variété du ton. Hobhouse, de son côté, prenait des notes pour un récit.

D'Albanie ils voulaient aller en Grèce par mer, mais l'incompétence des marins et une tempête les en empêchèrent. « J'ai été presque perdu dans un bateau de guerre turc, à cause de l'ignorance du capitaine et de l'équipage, bien que l'ouragan ne fût pas violent. Fletcher hurlait et appelait sa femme, les Grecs invoquaient tous les saints, les musulmans Allah ; le capitaine a fondu en larmes et couru vers l'intérieur du bateau, en nous disant d'invoquer Dieu. » Les voiles étaient déchirées, l'équipage incapable de manœuvrer, et Fletcher répétait, non sans vraisemblance, qu'ils trouveraient là tous « un tombeau humide ». Byron, incapable à cause de sa jambe de rendre des services, et fatigué de ses vains efforts pour consoler Fletcher, se roula dans son manteau albanais, se coucha sur le pont et, en dépit de tout, s'endormit. Quand il se réveilla, la tempête était terminée et le bateau avait échoué sur une plage où ils furent reçus par des Souliotes. C'était une peuplade de montagne, farouche et noble, qui avait su rester libre. Les Souliotes servaient le Pacha, mais en mercenaires, toujours payés avant le combat. Ils passaient pour dangereux ; ils reçurent les naufragés avec bonté, tirent sécher leurs vêtements, les nourrirent, leur donnèrent le spectacle d'une danse autour du feu et d'un chant magnifique dont le refrain était « Tous bandits à Parga ». Puis, comme Byron les priait d'accepter quelques sequins, le chef répondit : « Je veux votre amour, non votre argent. »

Le mot plut à Byron. Il admirait ces hommes aux passions fortes, capables de meurtre et d'amitié. Son mépris des religions augmentait. Il voyait depuis quelques semaines des catholiques, des protestants, des musulmans, des orthodoxes, et il retrouvait en tous le même animal humain. « J'aime beaucoup les Albanais ; ils ne sont pas tous Turcs ; quelques-unes de leurs tribus sont chrétiennes. Mais leur religion change très peu de chose à leurs manières ou à leur conduite. » Un des thèmes favoris de ses lettres était la comparaison entre le pauvre William Flet-

cher de Newstead qui, sous la pluie des montagnes alba-
naises, se promenait avec un parapluie, et les nouveaux
serviteurs indigènes, indifférents et splendides. « Fletcher,
comme tous les Anglais, est mécontent, quoiqu'un peu
réconcilié avec les Turcs par un présent de quatre-vingts
piastres du Vizir... Il n'a souffert de rien que du froid, de la
chaleur et de la vermine ; mais il n'est pas vaillant et il a
peur des voleurs et de la tempête... »

La mer les ayant rejetés, ils décidèrent de gagner la
Grèce par terre. Ce fut une belle chevauchée montagnarde.
Le soir, l'escorte souliote chantait des poèmes que Byron,
avec l'aide de l'interprète, transposait. Enfin ils arrivèrent
au pays plat et s'arrêtèrent dans la petite ville de Missolonghi, au bord d'une immense lagune. Ils étaient en Grèce.
   Byron était ému. Depuis son enfance, à travers les poètes, les historiens, il avait aimé ce pays. Il n'était pas déçu.
Pour des yeux accoutumés au dur climat du Nord, à des
paysages enveloppés de vapeurs, à des voiles mouvants de
nuages, le ciel indigo, l'air léger, les montagnes pierreuses
relevées par des touches d'ocre et de safran formaient un
tableau de lumière et de bonheur. Il traversa le golfe de
Lépante, d'abord jusqu'à Patras, la blanche ville fortifiée,
puis de nouveau dans l'autre sens pour atterrir au pied du
Parnasse. Chaque mot du guide éveillait un souvenir. Cette
contrée était celle de Méléagre et d'Atalante, celle du
sanglier d'Erymanthe. La cime neigeuse que l'on apperce-
vait au loin était l'Hélicon, et il était émouvant de coucher
près de l'antre de la Pythie. A Delphes, Hobhouse et
Byron gravèrent leurs noms sur les colonnes d'un temple.
De grands oiseaux tournaient au-dessus d'eux. Byron y vit
des aigles ; Hobhouse, des buses. Mais Hobhouse lui-
même s'échauffa quand on approcha d'Athènes. A la
naturelle beauté des lieux s'ajoutaient de puissantes suggestions. Le courage, l'amour de la liberté, le respect de la
beauté, l'éloquence, les plus grandes vertus humaines
avaient pris naissance sur cette terre sèche et pure.
   Enfin, le 24 décembre 1809, après avoir chevauché

toute la matinée à travers les pins et les oliviers, un des guides s'écria : « Seigneur ! Seigneur ! Le village ! » C'était Athènes. On voyait dans la plaine, à une distance considérable, une ville groupée autour d'un haut rocher et, au-delà de la ville, la mer.

Le guide n'avait pas tort. Athènes était alors un grand village. Les Turcs occupaient la ville et, conquérants plus qu'administrateurs, l'abandonnaient à son destin. Dans le café officiel, près du Bazar, on voyait les agas accroupis fumer leur narghileh en riant. Une garnison turque occupait l'Acropole. Byron et Hobhouse y montèrent, apportant au gouverneur ottoman un présent de sucre et de thé. Ils furent très bien reçus par ce fonctionnaire affamé qui, sur ses cent cinquante piastres de traitement, devait encore payer ses hommes. Il les promena parmi les débris blancs des temples. « Ah ! My Lord, dit Fletcher, quelles cheminées on ferait avec tout ce marbre ! » Byron sembla plus intéressé par les souvenirs de Périclès que par la beauté du Parthénon. « Eh bien, dit Hobhouse, voilà qui est vraiment très grandiose. – Cela ressemble beaucoup à Mansion House », répondit Byron, froidement.

Mais il était touché par le contraste entre la splendeur passée de ces lieux et leur misère présente. Etait-ce à Newstead qu'il avait pris ce goût des édifices et des empires en ruine ? Y trouvait-il un obscur symbole de sa propre destinée ? C'était plus complexe. Par son courage, par son ennui, par son besoin d'évasion il appartenait à la race des hommes nés pour l'action. Il le savait. Il suivait la course météorique d'un Bonaparte avec admiration et envie. Mais son infirmité le condamnant à une vie sans éclat, il goûtait à la fois la grandeur et le néant des actions des autres. Comme il avait aimé jadis, sur la colline de Harrow, à s'asseoir au milieu des tombes, il se plaisait maintenant à rêver sur les colonnes brisées de l'immense cimetière d'empires qui s'étend, parmi les cyprès et les pins, de Gibraltar à l'Hellespont.

Si, au Portugal, l'esclavage du peuple l'avait choqué, il l'indigna bien plus dans la patrie de Miltiade et de Thémistocle. Des appels à la révolte remplirent le manuscrit de *Childe Harold :*

Belle Grèce ! Triste relique d'une grandeur disparue !
Immortelle, bien que tu ne sois plus : et, bien que tu sois
  tombée, grande.
Qui va se mettre à la tête de tes enfants dispersés ?
Qui te délivrera d'un esclavage auquel tu n'es que trop
  habituée ?
Ils étaient bien différents, tes fils, qui autrefois
Guerriers sans espoir, acceptant leur destin,
Attendaient dans le défilé sépulcral des Thermopyles
  désolées.
Oh ! qui retrouvera cet esprit héroïque ?
Qui sautera les bancs de l'Eurotas et te réveillera dans ta
  tombe ?

« Que puis-je faire ? lui répondit un jour un jeune Athénien auquel il reprochait sa soumission. – Esclave ! s'écria Byron, tu es indigne de porter le nom de Grec. Ce que tu peux faire ? Te venger. » Il l'eût fait lui-même. *Crede Biron.*

Hobhouse et Byron avaient loué des chambres dans deux maisons voisines, Byron chez la veuve d'un vice-consul anglais, Mme Théodora Macri. Un balcon couvert donnait sur une cour intérieure où poussait un citronnier et où jouaient trois jeunes filles. Byron ne pouvait négliger cette occasion d'être amoureux. « J'ai presque oublié de vous dire que je meurs d'amour pour trois jeunes filles d'Athènes, trois sœurs. J'ai vécu dans la même maison. Theresa, Mariana et Katinka sont les noms de ces divinités – toutes ont moins de quinze ans. » Pour l'aînée, Theresa, il composa un poème :

Fille d'Athènes, avant de nous séparer,
Rends-moi, oh ! rends-moi mon cœur !
Ou, puisqu'il a quitté ma poitrine,
Garde-le et prends le reste !
Ζωη μου, σασ αγαπω

« Ma vie, je vous aime » était un beau refrain ; à la vérité c'était « Harold plutôt que Byron » qui aimait Theresa. Pourtant ce fut pour elle qu'un jour, suivant une coutume d'amour orientale qu'on lui avait enseignée, il déchira sa poitrine de la pointe de son poignard, ce qu'elle accepta avec grand calme, comme un hommage dû à sa beauté.

Le consul de France, Fauvel, accompagna Byron et Hobhouse dans toute l'Attique. A travers des bois d'oliviers et des prairies d'asphodèles, ils allèrent jusqu'au cap Sounion. Les blanches colonnes d'un temple encadraient « la mer violette ». Sur l'une d'elles Byron, éternel écolier, écrivit son nom. Puis, assis sur les marches de marbre, il goûta le calme du promontoire où il était seul avec les vagues. Il se sentait très heureux. Ce printemps perpétuel, ce ciel sans nuages étaient divins. Il s'attachait aux Grecs. « Ce sont des ingrats, dit-on, mais qui a rendu service au peuple grec ? » Devaient-ils de la reconnaissance aux Turcs qui les opprimaient, aux Anglais qui dépouillaient l'Acropole de ses chefs-d'œuvre, aux Français qui donnaient des conseils et point de secours ? Byron vit avec fureur les agents de Lord Elgin dégrader, par leur négligence, les métopes du Parthénon. Le gouverneur turc pleura en voyant briser l'un des frontons. D'ailleurs, tout en aimant les Grecs, Byron faisait bon ménage avec les Turcs. Le préfet de la ville, plein d'attentions, fit donner cinquante coups de bâton devant Fletcher à un homme qui avait insulté les deux Anglais. Hobhouse, satisfait, observa : « Quelles que soient mes opinions sur le despotisme en Angleterre, à l'étranger il a ses avantages. »

Un pèlerin ne peut s'arrêter. Le *Pylade*, vaisseau anglais, partait pour Smyrne ; ils le prirent. Les vagues de la mer d'Ulysse, vagues lie-de-vin au sommet d'opale, les balancèrent parmi les îles. A Smyrne, Byron acheva le second chant de son poème. Hobhouse n'en pensait pas grand bien. Sentiments exagérés, disait-il, déclamations oratoires ; il préférait Pope. Byron lui-même, très attaché à la poésie du XVIIIe siècle, presque étonné de ce qu'avait été l'expression involontaire de ses émotions, enfouit le manuscrit au fond de son portemanteau et chercha quelque autre moyen de trouver la gloire.

La frégate qui les emmenait de Smyrne à Constantinople s'arrêta dans l'île de Tenedos. De là il voyait l'entrée des Dardanelles, brèche étroite qui sépare deux continents. Une mer rapide coulait comme un fleuve entre les hautes rives nues et terreuses. C'était là cet Hellespont que Léandre avait traversé à la nage pour rejoindre son amante. Byron voulut l'imiter. Il fit deux essais ; le premier échoua ; le second, le 3 mai, réussit. Il nagea de l'Europe vers l'Asie, restant une heure et demie dans l'eau. Son compagnon, Mr Ekenhead, le battit de cinq minutes. Les deux hommes n'étaient pas fatigués, mais un peu gelés, et Byron prodigieusement fier de lui-même. Il écrivit à sa mère, à Hodgson, à toute la terre, qu'il avait traversé l'Hellespont et cet exploit devint, avec les plaintes de Fletcher et la façon dont Ali Pacha avait loué la petitesse de son oreille, l'un des thèmes essentiels de ses lettres. « Je commencerai par vous dire, ne vous l'ayant encore dit que deux fois auparavant, que j'ai nagé d'Abydos à Sestos. Je le fais pour vous inspirer le respect qui convient pour moi, auteur de cette performance, car je m'en glorifie plus que de toute autre sorte de gloire, politique, poétique ou oratoire. »

Pendant ce séjour à Tenedos, il vit la Troade. Le mont Ida, évocateur de la colline de Harrow, dominait la plaine de Troie. De la ville il ne restait rien que les tombes de ses destructeurs, grands monticules qui rappelaient les tumuli des Danois dans la campagne anglaise. Byron, fidèle à son amour pour le néant final et le sommeil des héros, médita devant la tombe d'Achille. Puis la frégate fit voile vers Constantinople et jeta l'ancre entre le Sérail et les Sept Tours, le 13 mai 1810.

De Stamboul, Byron aima surtout le site, les rives d'Europe et d'Asie tout éclaboussées de palais, la coupole dorée de Sainte-Sophie, les îles des Princes si douces dans

le lointain. Sainte-Sophie elle-même lui parut très inférieure à Saint-Paul de Londres. « Je parle en *cockney* »,
dit-il. C'était vrai. Hobhouse, lui aussi, jugea que les
bazars orientaux « sont des bâtiments assez médiocres
pour un homme qui connaît les boutiques de Londres ».
Mais il était intéressant de se promener parmi les tombes
des sultans, en uniforme écarlate brodé d'or, chapeau à
plumes, et suivi par les janissaires que Byron avait engagés. L'ambassadeur, Robert Adair, et son secrétaire,
Canning, traitèrent les deux pèlerins en grands personnages. On les présenta au Capitan Pacha. Pour la visite au
palais du gouvernement, il y eut une dispute d'étiquette
entre Byron et Canning. Comme Canning refusait de
marcher derrière lui, Byron quitta le cortège. Il bouda trois
jours, puis écrivit une lettre très digne pour reconnaître
qu'il avait eu tort.

Il remonta le Bosphore et alla s'asseoir sur les rochers
bleus des Symplegades, qui en gardent l'entrée et qui,
disaient les Anciens, se rapprochaient, quand passaient des
navires, pour les broyer. Il ne faisait rien tout le jour que
fumer, monter à cheval et ramer aux Eaux Douces d'Asie,
mais il était content. Seul Fletcher l'irritait : « Ses perpé-
tuelles lamentations pour réclamer du bœuf et de la bière,
son mépris stupide et bigot pour tout ce qui est étranger, et
son incapacité à acquérir fût-ce quelques mots de n'importe quel langage, font de lui, comme de tous les domestiques anglais, un encombrement. Je vous assure que l'ennui d'avoir à parler pour lui, le confort dont il avait besoin
(beaucoup plus que moi), le pilaf dont il ne pouvait manger, les vins dont il ne voulait pas boire, les lits dans
lesquels il ne pouvait pas dormir, et toute sa longue liste de
calamités, telles que les chevaux qui butaient et le manque
de thé !!! etc., auraient fait de lui une source constante de
rire pour un spectateur, mais de désagrément pour son
maître. »

Enfin, le 24 juillet 1810, Byron et Hobhouse quittèrent
Constantinople. Hobhouse rentrait en Angleterre ; Byron
allait faire un nouveau séjour à Athènes. Ils s'étaient raillés

l'un l'autre pendant un an avec bonne humeur, mais c'est une épreuve très dure pour une amitié qu'un long voyage en commun et un changement était bienvenu. *Byron à sa mère :* « Je suis très content d'être seul une fois de plus, car j'étais dégoûté de mon compagnon – non qu'il fût plus mauvais qu'un autre, mais parce que ma nature me porte à la solitude et que chaque jour ajoute à cette inclination. »

La séparation fut gentiment pathétique ; Hobhouse la décrivit dans son journal : « Pris congé, non sans larmes, de ce singulier jeune personnage sur la terrasse de pierre, au bout de la baie, partageant avec lui un petit bouquet de fleurs, la dernière chose peut-être que je partagerai avec lui. » La lettre qu'Hobhouse écrivit à Byron, après leur séparation, se terminait par le *post-scriptum* suivant : « J'ai gardé la moitié de votre petit bouquet jusqu'à ce qu'il ait été entièrement fané, et même alors je n'ai pu supporter de le jeter. Je ne puis expliquer cela. Vous non plus, je suppose. » Il aimait Byron, et plus qu'il ne le disait. Il l'avait trouvé, pendant ce voyage, difficile à vivre, bizarre, susceptible et pourtant irrésistible. Quant à Childe Harold, sentimental en vers, il ne l'était pas en prose : « Votre dernière lettre se termine pathétiquement par un *post-scriptum* sur un bouquet ; je vous conseille de le placer dans votre prochain roman. Je ne vous soupçonnais pas de si beaux sentiments, et je suppose que vous plaisantiez, mais j'aime la plaisanterie. »

Pendant son second séjour à Athènes, Byron logea au couvent des Capucins. L'endroit était beau : devant lui l'Hymette, l'Acropole derrière, le temple de Jupiter à sa droite, la ville à sa gauche. « Eh ! monsieur, voilà une situation, voilà du pittoresque pour vous ! Rien de tel, monsieur, dans votre Londres, non, pas même Mansion House. » Le monument de Lysicrate était encadré dans les bâtiments du couvent. C'était un charmant petit temple circulaire dont les moines avaient fait une bibliothèque et qui s'ouvrait sur un jardin d'orangers. La vie que l'on menait dans ce couvent manquait de sainteté. Outre le *Padre Abbate*, il y avait là une *scuola* composée de six *ragazzi* adolescents, dont trois étaient catholiques, trois orthodoxes. Byron organisait des matchs de boxe entre catholiques et orthodoxes et le père abbé se réjouissait de voir les catholiques vainqueurs. La vie était une vie de collège, gaie, bruyante et licencieuse, à laquelle Byron, qui n'avait jamais cessé de regretter ses amis de Harrow, se mêlait avec une joie enfantine. Il s'était pris d'une de ses passions protectrices pour le jeune Nicolo Giraud, nouvel Eddleston, protégé français, sujet grec, qui parlait italien et l'enseignait à Byron. « Je suis son "Padrone" et son "amico" et Dieu sait quoi en outre. Il y a environ deux heures qu'après m'avoir informé que son plus vif désir était de me suivre à travers le monde, il a conclu en me disant qu'il fallait non seulement que nous vivions, mais que nous mourions ensemble. »

Les journées n'étaient qu'un éclat de rire. Le matin, Byron était réveillé par ces jeunes lutins criant : *Venite abbasso*, à quoi la voix du frère répondait gravement : *Biogna bastonare*. Les intrigues étaient innombrables. La mère de Theresa Macri était rentrée en scène. « Elle est assez folle pour s'imaginer que je vais épouser la petite : mais j'ai des amusements qui valent mieux. » Fletcher, l'homme marié qui avait tant gémi d'être loin de sa Sally, avait pris une maîtresse grecque. Les deux serviteurs albanais et l'interprète l'avaient imité. « Vive l'amour, écrivait Byron à Hobhouse. Je bavarde avec tout le monde, bien ou mal, et je traduis les prières du livre de messe : mais mes leçons sont interrompues par des gambades ; on mange des fruits, on se jette les écorces, on joue : en fait, je suis de nouveau à l'école et j'y fais aussi peu de progrès que jadis, perdant mon temps de la même façon. » Le soir, il y avait d'étonnantes réceptions de dignitaires turcs chez le père abbé. Le Mufti de Thèbes et le gouverneur d'Athènes s'enivraient, en dépit de Mahomet, et la fête attique était brillante.

Naturellement il fallut traverser le Pirée à la nage.

L'enfant Nicolo nageait très mal. Comme Byron sautait du môle, d'un bateau voisin une voix anglaise l'appela. C'était le marquis de Sligo, un camarade de Harrow. Il était là, sur un brick qui lui appartenait, accompagné de Lady Hester Stanhope. Byron fut assez content de les trouver et fit avec eux plusieurs excursions, mais il était loin d'être aussi naturel en présence de ces Anglais qu'avec ses petits Italiens. Lady Hester fut assez sévère : « Il y a beaucoup de vice dans son regard, ses yeux très rapprochés, son sourcil froncé... Etrange caractère : généreux avec une arrière-pensée, avare avec une arrière-pensée ; un jour il était sombre, et personne ne devait lui parler ; le lendemain il aurait voulu que tout le monde plaisantât avec lui. » Trait qu'observaient en effet tous ceux qui le rencontraient. Enfermé en lui-même, incapable d'imaginer les sentiments des autres, il attendait d'eux des mouvements d'humeur toujours semblables aux siens et s'irritait naïvement quand leur tristesse ou leur joie lui paraissaient mal réglées. A ses propres yeux, Byron fumant sa pipe et frisant sa moustache entre l'Hymette et l'Acropole, était un phénomène naturel, rocher au milieu des montagnes ; il aimait les êtres naïfs qui regardaient ce roc assez abrupt avec étonnement et admiration.

Dès qu'il rencontrait des Anglais, son bonheur, si frêle, vacillait. Leur présence évoquait une société dont Byron avait à la fois l'horreur consciente et le respect inconscient. S'il n'était plus seul avec des enfants, des serviteurs, le souci de ce qu'on pouvait penser de lui le hantait. Il se savait bizarre et maniaque. Il avait des superstitions enfantines, d'étranges habitudes, comme celle de toujours placer des pistolets chargés au chevet de son lit. Sa sensualité exigeante le poussait à des actes qu'il souhaitait cacher. Hobhouse lui-même avait été une contrainte et si Fletcher irritait souvent son maître, c'était beaucoup parce que le Sancho de Newstead demeurait en cette folle vie d'Athènes, au milieu des orangers, des moinillons et des Turcs, le gardien un peu ridicule, mais redoutable, des conventions britanniques.

Pendant ce second séjour Byron fit plusieurs voyages en Morée, allant jusqu'à Tripolitza et s'arrêtant toujours à Patras où le consul anglais, Mr Strané, lui servait de banquier. Il voyait avec plaisir ce port où des bateaux aux coques peintes, et qui rappelaient la flotte d'Agamemnon, déployaient leurs voiles au pied d'une ville blanche. Mais l'endroit était malsain ; dès que le vent soufflait de Missolonghi, dans la saison des moustiques, la malaria régnait. Byron, mal soigné, faillit en mourir. Que pouvait faire un pauvre diable fiévreux contre un médecin assassin ? La nature, la jeunesse et Jupiter combattaient pour lui, le docteur Romanelli contre lui. Fletcher avait perdu la tête. Heureusement les serviteurs albanais le soignèrent et dirent au médecin qu'ils le tueraient si leur maître mourait. Fut-ce cette menace, ou Jupiter, ou la jeunesse ? Enfin Byron se remit. Il avait pu mesurer, pendant cette maladie, combien il tenait peu à la vie. Il était là, seul, grelottant de fièvre, à deux mois de mer de son pays. « Je regardais la mort comme un remède à la douleur, sans aucun désir d'une vie future, mais avec la confiante certitude que le Dieu qui punit dans cette existence, a laissé ce dernier asile aux âmes lasses. » Il ajoutait, en grec : « Celui qu'aiment les dieux meurt jeune. »

Quand il revint au couvent des Capucins, il était pâle et fatigué. Le régime qu'il suivait pour conserver sa maigreur et sa beauté, n'était pas fait pour le fortifier. Bain turc trois fois par semaine, pour boisson un mélange de vinaigre et d'eau, pour seule nourriture solide du riz. La vie, pendant tout l'hiver, fut à peu près la même qu'avant sa maladie. Il travailla un peu, écrivit deux satires, l'une dans le ton de Pope, *Hints from Horace*, l'autre, *La Malédiction de Minerve*, violente invective contre Lord Elgin. Un jour il demanda à l'un des capucins, le père Paul d'Yvrée, si on lui permettrait d'habiter une cellule. Peut-être la vie monastique l'arracherait-elle à son ennui et à sa tristesse. Il dit qu'il n'était pas un athée. Il demanda au père de lui donner un crucifix qu'il embrassa en pleurant. Pour lui, la religion, comme toutes choses, devait être une sensation forte.

Mais Hanson n'envoyait plus d'argent et réclamait la présence de son client pour défendre Newstead et Rochdale, menacés par les créanciers et les gens de loi. Hélas ! il fallait rentrer. Fletcher fut envoyé en éclaireur, chargé des bagages et d'une lettre pour Mrs Byron : « Vous voudrez bien prendre soin de mes livres et de plusieurs boîtes de papiers. Je vous prie de me laisser quelques bouteilles de champagne, car j'ai très soif... Je suppose que vous avez la maison pleine de femmes idiotes, colportant des scandales. »

Les voyages avaient fait du bien à Fletcher ; il était moins insulaire. « Après avoir été rôti, cuit, grillé, dévoré par toutes sortes d'animaux rampants, Fletcher commence à philosopher ; il est devenu un caractère raffiné autant que résigné et promet, à son retour, d'être un ornement pour sa paroisse et, dans l'avenir, un très important personnage dans le pedigree familial des Fletcher. »

Quelques semaines après le valet, le maître lui-même s'embarqua sur la frégate *La Volage*. Nicolo Giraud l'accompagna jusqu'à Malte. Il ramenait deux domestiques grecs. L'un des serviteurs albanais, qu'il dut congédier, s'élança hors de la chambre en pleurant. « Pour moi, quand je me rappelai que peu de temps avant mon départ d'Angleterre, un de mes plus intimes et nobles amis s'était excusé de ne me venir point faire ses adieux sur ce qu'il avait une parente à conduire chez la marchande de modes, je ne me sentis pas moins humilié que surpris en comparant le présent et le passé. »

De Malte, la traversée dura trente-quatre jours. Il était seul, sans compagnons intéressants, mais il goûtait cette solitude. En somme, il n'avait pas été malheureux pendant ce voyage. Il avait failli faire naufrage dans un navire turc ; il avait eu une passion pour une femme mariée à Malte, fait une visite à un Pacha, aimé trois jeunes Grecques à Athènes, traversé les Dardanelles, écrit quelques vers, appris l'italien avec un moinillon. Il avait vu de beaux paysages, évoqué des souvenirs héroïques et retrouvé six mois de jeunesse. Il avait parlé avec des Français, des Italiens, des

Grecs, des Turcs, des Américains, et avait pu juger des
idées et des manières d'autres pays. S'il avait passé un
siècle à fumer dans les clubs de Londres ou à bâiller dans
une maison de campagne, il aurait été loin d'acquérir
autant de connaissances utiles et amusantes.

Il est toujours intéressant de voir, au cours d'une vie, se
former les couches successives qui, durcies par le temps,
limiteront un caractère. Sur l'apport ancestral : violence
des Gordon, tempérament sensuel des Byron, s'était
déposé un apport physique ; infirmité qui inspirait la haine
du monde, beauté qui donnait les moyens de s'en venger.
A la religion étroite et triste enseignée par les premiers
maîtres écossais s'était superposé, sans la détruire, le
déisme voltairien des étudiants de Cambridge, au sentimentalisme naïf de l'adolescence un humour ironique et
fort. La vision du monde qui formait maintenant ce paysage intérieur était simple. Le globe avait été créé, sans but
connu de nous, par un Dieu qui semblait indifférent à nos
maux. Les hommes, mus par leurs passions, par le destin,
poursuivaient ou des sensations agréables, ce qui était
sage, ou la gloire, ce qui était fou. Les empires s'élevaient
et s'abaissaient comme les vagues de la mer. Tout était
vanité, hors le plaisir.

Le voyage en Orient confirmait cette doctrine. Partout
où Byron avait passé il avait trouvé la vie dure, les vices
universels, la mort présente et facile. Le fatalisme des
musulmans avait renforcé le sien. Leur traitement des
femmes lui avait plu. La multiplicité des religions lui avait
prouvé leur faiblesse. Il rapportait des doutes qu'il croyait
solides comme des actes de foi. Dans cette longue solitude
il avait appris quelques vérités sur lui-même. Il savait
maintenant qu'il n'était heureux que hors la loi. Il avait
aimé ces pays où il ne se souciait de personne et où personne ne se souciait de lui. La distance lui avait enseigné
le mépris. Pouvait-on s'émouvoir de l'article hostile d'un
pédant lorsque la Méditerranée et l'Atlantique roulaient
entre vous et lui, lorsque le tonnerre des revues hyperbo-
réennes était assourdi par le mugissement de l'Hellespont ?

Désormais, si ses affaires en Angleterre se gâtaient, il saurait qu'à quinze jours de mer on trouve des îles blanches sous un ciel toujours bleu.

Seul sur le pont de la frégate, il regardait les vagues s'élever et s'abaisser. Vers quoi le conduisait cette longue traversée ? Sa mère ? Il n'avait pas l'intention de la voir longtemps. « Vous aurez la bonté de préparer mes appartements à Newstead ; mais ne me considérez que comme un visiteur. Je vous informe seulement qu'il y a longtemps que je suis entièrement végétarien, je ne mange ni poisson ni viande ; j'espère donc trouver un stock important de pommes de terre, de légumes verts et de biscuits ; je ne bois pas de vin. J'ai deux domestiques, tous deux hommes d'un certain âge et Grecs... Je ne pense pas que je serai trop empoisonné par les visiteurs ; s'il en vient, vous les recevrez, car je suis décidé à ce que personne ne vienne encombrer ma retraite : vous savez que je n'ai jamais aimé la société, et aujourd'hui moins que jamais. » Sa seule volonté de propriétaire était de diviser la ferme d'un certain B*** pour donner à Fletcher un petit domaine. « Je me bornerai (comme Bonaparte) à démembrer le royaume de Mr B***, et à en ériger une partie en principauté pour le maréchal Fletcher ! J'espère que vous gouvernez mon petit empire et sa malheureuse dette nationale d'une main prudente. »

A part elle, qui trouverait-il ? Hobhouse ? Il n'avait aucune nouvelle d'Hobhouse : on disait qu'il avait revêtu « le monstrueux déguisement » de soldat. Hodgson ? Oui, sans doute, mais Hodgson était devenu dévot. Augusta ? Il l'avait presque oubliée. Que diable allait-il faire dans ce pays ? Faire payer des fermiers à Newstead, vendre des charbonnages à Rochdale, payer des dettes à Londres ? Besognes basses. Qui verrait-il ? Ah ! il y avait Dallas, le solennel et serviable Dallas. Quelques jours avant d'arriver, il écrivit à Dallas : « Après deux ans d'absence, je suis de nouveau sur le chemin d'Angleterre. J'ai vu tout ce qu'il y a de plus remarquable en Turquie, en particulier la Troade, la Grèce, Constantinople et l'Albanie... Je ne crois pas que j'aie rien fait pour me distinguer des autres voyageurs, sauf peut-être ma traversée à la nage de Sestos à Abydos, un exploit assez convenable pour un moderne. »

Deuxième partie

The great object of life is sensation – to feel that we exist, even though in pain. It is this « craving void » which drives us to gaming – to battle – to travel – to intemperate, but keenly felt pursuits of any description, whose principal attraction is the agitation inseparable from their accomplishment.

BYRON.

Le grand objet de la vie est la sensation. Sentir que nous existons, fût-ce dans la douleur. C'est ce « vide implorant » qui nous pousse au jeu – à la guerre – au voyage – à des actions quelconques, mais fortement senties, et dont le charme principal est l'agitation qui en est inséparable.

XIV. *Timon de Newstead*

« You're getting damned romantic,
– No, bored. »

ERNEST HEMINGWAY.

Il descendit à Reddish Hotel, Saint James's Street. Il rapportait un châle et de l'essence de roses pour sa mère, des marbres pour Hobhouse, pour lui-même une fiole de ciguë attique, quatre crânes athéniens et des tortues vivantes. Dallas qui, depuis plusieurs jours, guettait son arrivée, vint aussitôt. Byron semblait de bonne humeur et parla avec animation de ses voyages ; Dallas demanda s'il en rapportait un récit. « Non, il n'avait jamais eu l'intention d'écrire là-dessus ; la satire était son fort et il en avait composé une nouvelle. C'était une paraphrase de l'*Art poétique* d'Horace. » Il en semblait content, confia le manuscrit à Dallas et lui demanda de revenir le lendemain matin.

Dallas passa la journée à lire ces *Hints from Horace...* Il aimait ce jeune Byron et désirait de tout cœur trouver le poème bon, mais quel désappointement ! Quoi, c'était là ce qu'avaient produit deux ans de voyages et d'aventures ? Un froid pastiche, des plaisanteries pénibles, aucun renouvellement de forme ? Il retourna le lendemain matin à Reddish Hotel, embarrassé, murmura de vagues compliments, demanda si rien d'autre n'avait été écrit... Si, Byron rapportait encore quelques courts poèmes et un grand

nombre de strophes sur le voyage. Cela ne méritait pas
d'être lu mais, si Dallas le voulait, il lui en faisait cadeau,
et il tira d'une malle une liasse de papiers. Dallas dut
promettre de faire éditer la paraphrase d'Horace le plus tôt
possible et partit, emportant sous son bras le *Pèlerinage de
Childe Harold.*

Jadis en l'île d'Albion vivait un jeune homme,
Qui ne trouvait point de charme aux voies de la Vertu ;
Il passait tous ses jours en débauches les plus folles,
Et choquait du bruit de ses plaisirs l'oreille langoureuse de la
Nuit.

... Childe Harold était son nom : – mais d'où venait ce nom ?
Quel était son lignage ? Il ne me convient pas de le dire.
Qu'il suffise de savoir que c'était un grand nom,
Et qu'il avait été glorieux en d'autres temps...

... Mais avant d'avoir parcouru le tiers de sa vie,
Le Childe éprouva pire que l'adversité ;
Il sentit le dégoût de la satiété ;
Alors il eut horreur de son pays natal...

... Car il avait parcouru le long labyrinthe du péché,
Et n'avait pas fait pénitence pour ses fautes ;
Il avait soupiré pour bien des femmes mais n'en avait aimé
qu'une,
Bien-aimée qui, hélas ! ne pouvait être à lui...

Byron, c'était enfin Byron lui-même que Dallas trouvait
en ces vers dédaignés. Tout y était : sa mère, sa sœur :
« Childe Harold avait une sœur qu'il aimait mais ne vit pas
– Avant de commencer son pèlerinage », son abbaye :
« Dôme monastique où la superstition jadis avait son antre
– Où des filles de Paphos chantent et sourient maintenant. » Sans doute le poème manquait d'ordre, de plan,
sans doute les filles de Paphos avaient été des filles de
ferme et le labyrinthe du péché une baraque de fête villageoise. Mais le sentiment qui inspirait cette éloquence un
peu factice était sincère. Dallas y retrouvait la misanthro-

pie de Byron, son voluptueux ennui, le plaisir sombre qu'il goûtait à constater le néant de toutes choses humaines.

> Auguste Athéna ! Où
> Sont tes grands hommes disparus ?...
> ... Scintillant vaguement à travers le rêve des choses qui ont été,
> Premiers dans la course qui conduisait au but : la Gloire.
> Ils ont gagné, ils ont passé – est-ce là tout ?
> Un conte pour écoliers, l'étonnement d'une heure !...

Dallas ne put résister à l'enthousiasme et il écrivit, dès le 16 au soir, à Byron qui était allé faire un pèlerinage à Harrow : « Vous avez écrit un des plus délicieux poèmes que j'aie jamais lus... J'ai été si fasciné par Childe Harold que je n'ai pu le quitter. »

Mais, quand il revit Byron, il fut très étonné de l'entendre parler de cet ouvrage avec un dédain qui n'était pas joué. « C'était tout, sauf de la poésie. » Il avait montré le poème à un bon critique qui l'avait condamné ; Dallas n'avait-il pas vu les observations dans les marges du manuscrit ? Ce qui était important, c'était de trouver au plus vite un éditeur pour *Horace*, Dallas eut le goût de tenir bon : « Vous m'avez donné *Childe Harold* et je suis si convaincu de sa valeur que je vais le publier. »

Byron avait écrit à sa mère qu'il était retenu à Londres par Hanson, pour signer quelques papiers, et qu'il lui rendrait visite dès qu'il le pourrait. Une lettre assez froide pour un fils qui revenait après deux ans d'absence. Elle commençait par « Ma chère madame », mais le dernier paragraphe semblait cordial : « Vous considérerez Newstead comme votre maison, non comme la mienne, et moi seulement comme un visiteur. » Etait-elle heureuse de ce retour, la solitaire matrone ? Elle avait eu beaucoup de tourments au cours de ces deux ans. Elle avait mis son orgueil, pendant le séjour à Newstead, à ne rien coûter à son fils ; avec sa pension elle pouvait entretenir elle-même et une servante, mais non le jardinier. Elle avait proposé à

Hanson de le supprimer : « Cela n'ajoute rien aux biens de Lord Byron d'entretenir son jardin, puisque celui-ci ne produit rien que l'on puisse vendre. » Et elle soumettait à Hanson un budget :

Main-d'œuvre dans le jardin	156	livres
Un garde-chasse	39	—
Joe Murray	50	—
Une servante	30	—
Chien-loup.......................	20	—
Ours.............................	20	—
Impôts	70	—
Au total	385	livres

Or, elle n'avait pas 385 livres de revenu ; que faire ? « J'ai réduit mes dépenses autant que je pouvais. J'ai renvoyé la servante il y a presque un an. J'ai renvoyé deux des chiens aux fermiers qui les gardent pour rien ; quant à l'ours, le pauvre animal est mort subitement il y a environ quinze jours. » Une vraie lettre de Catherine Gordon. Elle renvoyait une servante par économie et soignait un ours jusqu'à son dernier jour.

Elle avait été, depuis le départ de Byron, hantée par l'idée qu'elle ne le reverrait pas. En recevant la lettre de Londres, elle dit à sa femme de chambre : « Si je mourais avant la visite de Byron, quelle étrange chose ce serait. » Cette même semaine elle tomba malade ; indisposition légère, mais que son obésité et une circonstance fortuite rendirent grave. Une note de tapissier provoqua une crise de colère au cours de laquelle elle eut une congestion cérébrale et mourut sans avoir repris connaissance.

Byron, qui était encore à Londres, discutant avec Dallas et s'occupant de poursuivre un pamphlétaire pour diffamation, s'apprêtait à partir pour Newstead et Rochdale quand il fut informé de la maladie de sa mère. Le lendemain, 1er août, il apprit sa mort. Il avait toujours cru aux coïncidences ; le Destin des Byron avait imaginé pour ce retour la plus cruelle et la plus étonnante des catastrophes. En chemin, il écrivit à Pigot : « Ma pauvre mère est morte hier ! et je suis en route pour la conduire au caveau familial... Grâce à Dieu, ses derniers moments ont été très tranquilles. On me dit qu'elle a peu souffert et ne s'est pas rendu compte de la situation. Je sens maintenant la vérité de la remarque de Mr Gray : "Nous ne pouvons avoir qu'*une* mère." Paix soit avec elle ! »

Quand il arriva à l'abbaye, les serviteurs lui racontèrent ce qu'avait été l'attaque d'apoplexie. Dans la nuit, une femme de chambre, Mrs By, entendant de profonds soupirs, entra et le trouva assis près du cadavre. « Ah ! Mrs By, dit-il en fondant en larmes, je n'avais qu'une amie au monde et je l'ai perdue ! » Toujours, sous leurs violentes querelles, était demeuré le sentiment d'un lien solide, formé de leurs natures semblables. Elle était morte et la mort, en faisant des êtres humains les sujets de méditations tristes et poétiques, attachait Byron à leur souvenir. Ce soir-là, il écrivit à Hobhouse : « En regardant cette masse en putréfaction qui était l'être dont je suis sorti, je me demandais si j'existais vraiment et si elle avait vraiment cessé d'exister. J'ai perdu celle qui m'a donné la vie et quelques-uns de ceux qui avaient fait de cette vie un bonheur. Je n'ai ni espoir ni crainte au-delà du tombeau. » Le jour de l'enterrement, il refusa de suivre le cortège funèbre. Debout sur la porte de l'abbaye, il regarda s'éloigner vers la petite église de Hucknall Torkard le corps de sa mère, que suivaient les fermiers ; puis il appela le petit Robert Rushton avec lequel il avait coutume de boxer et lui demanda d'apporter les gants. Seuls son silence et l'extraordinaire violence des coups trahirent ses sentiments.

Deux jours plus tard, il apprit que Matthews s'était noyé dans la Cam. Prisonnier des herbes aquatiques, il avait lutté en vain pour se dégager au cours d'une longue et terrible agonie. Que de fois Byron lui avait dit : « Vous nagez mal, Matthews ; si vous continuez à tenir votre tête aussi haute, vous vous noierez. » Quel retour ! Sa mère, le plus brillant de ses amis... L'adversaire invisible frappait vite et fort. « Les coups se sont suivis si rapidement que le choc me laisse stupide... Il semble qu'une malédiction soit suspendue sur moi et sur les miens. Ma mère n'est plus qu'un cadavre étendu dans cette maison ; un de mes meilleurs amis vient de se noyer dans un fossé. Que puis-je dire, ou penser, ou faire ?... Que la paix soit avec les morts ! Le regret ne peut les éveiller. Un soupir pour les disparus, puis reprenons la morose routine de la vie, avec la certitude que, nous aussi, nous aurons notre repos. »

Seul dans son immense abbaye, entouré de ses étranges talismans, le crâne du moine, ceux des Athéniens, le collier vide de Boatswain, il se souvenait des soirs assez gais qu'il avait passés dans cette même chambre, avec Hobhouse et Matthews. Il écrivait à Hobhouse de venir ; ils boiraient tous deux à la mémoire de Matthews, « car ces libations, si elles ne peuvent atteindre les morts, apaisent du moins les survivants, et c'est pour ceux-ci seulement que la mort peut être un mal ». En attendant cette visite, ou celle de Hodgson, il était seul, seul avec ses chiens, ses hérissons, ses tortues « et autres Grecs ». Il bâillait : « A vingt-trois ans me voici seul, que peut-il arriver de plus à soixante-dix ? Il est vrai que je suis assez jeune pour recommencer, mais avec qui puis-je rappeler la partie riante de la vie ? » Il avait recommencé à rêver sur son sofa, en chiquant du tabac, nouvelle habitude qu'il avait prise pour calmer la faim. Il aurait pu voir les châtelains du voisinage, mais « je ne suis pas un animal social, et me sentirais fort mal à mon aise parmi les comtesses et les filles d'honneur, particulière-ment au moment où j'arrive d'un pays lointain, où l'on n'a pas l'habitude de combattre pour les femmes, de les poursuivre pour danser avec elles, ni de leur permettre de se mêler (publiquement) avec les hommes, il faut donc pardonner à ma naturelle *méfiance* et à mes deux ans de voyage ».

Certes non, il n'irait pas courtiser une nouvelle Mary Chaworth. Il s'occupa de son « confort sensuel ». L'escouade des filles de Paphos s'était dispersée. Il fit revenir les plus jolies. Il repeuplait le domaine : « Les perdrix sont abondantes, les lièvres assez beaux, les faisans un peu moins et les filles du manoir... Comme je suis un grand ami de la discipline, je viens de publier un édit pour la suppression des bonnets ; pas de cheveux coupés sous aucun prétexte ; corsets permis, mais pas trop bas devant... Lucinda prendra le commandement de toutes les faiseuses et défaiseuses de lits de la maison. » Comme dans les danses macabres des sculpteurs du Moyen Age, les corps jeunes et nus, dans la vie de Newstead, alternaient avec les crânes et les squelettes.

Il travaillait peu. Pas de nouveaux poèmes. Il s'amusait seulement à charger de notes en prose *Childe Harold,* dont il commençait à recevoir des épreuves. Dallas, croyant et dévot, lui avait adressé une protestation contre celles des strophes de *Childe Harold* qui, constatant la multiplicité des croyances religieuses des hommes, en déduisaient leur commune fausseté. « Si parmi des hommes faibles et corrompus, écrivait Dallas, les religions ont pu régner tour à tour ; si Jupiter et Mahomet, erreur après erreur, ont pu pénétrer dans le cerveau des hommes abusés, cela ne prouve pas qu'il n'y ait pas de vraie religion... Si un crâne est un excellent sujet de méditations morales et si, quand il a été mangé par les vers, aucun saint, sage ou sophiste ne le peut reconstruire – il ne s'ensuit pas que le pouvoir de Dieu soit limité, et que ce qui est abandonné à la corruption ne se puisse relever incorrompu. » Sur quoi l'immortalité de l'âme avait été établie par Byron au rang des hypothèses aimables.

Çà et là il ajoutait une strophe pour célébrer un ami ; Mrs Byron, Wingfield, Matthews eurent leur stance, stèle funéraire. Aux morts de Byron s'ajoutait Eddleston, l'enfant de chœur de Cambridge. Le donateur de la cornaline, mort en mai 1811. Comme les autres il eut sa strophe, plus un poème sur un cœur brisé, et le poème : *à Thyrza.* En des temps plus heureux Eddleston aurait été longtemps pleuré par Byron, mais celui-ci « avait presque oublié le goût de la douleur et il était rassasié d'horreur ». Pouvait-il douter, après tant de preuves, de l'hostilité du sort ? Il était maintenant certain que tout être auquel il s'attacherait serait, par cet amour, condamné.

Depuis son retour, il avait de nouveau échangé quelques lettres avec sa sœur Augusta. Il ne l'avait pas revue, mais la savait malheureuse. Le colonel Leigh, qu'elle avait tant désiré épouser, était un libertin et un joueur, qui abandonnait sa maison dix mois par an, ne rentrant que pour assister aux courses de Newmarket et faire un enfant à sa femme. « Je perds mes parents, écrivait Byron à sa sœur, et vous ajoutez au nombre des vôtres ; lequel des deux vaut le mieux, Dieu seul le sait... » Le ton de leur correspondance avait changé. Byron n'était plus le jeune frère qui demande protection. Bien qu'Augusta eût déjà vingt-sept ans, il se sentait beaucoup plus âgé qu'elle, assez tendre d'ailleurs, et paternel. « Bonsoir, enfant », terminait-il ses lettres. Elle était un peu intimidée par ce frère, maintenant inconnu et paré du prestige d'un voyage lointain. « J'ai commencé une lettre pour vous, puis l'ai détruite, par crainte de paraître encombrante. » Elle écrivait pourtant, longues épîtres obscures de femme toujours dérangée par les cris d'un enfant ou les plaintes d'une servante mal payée ; phrases chargées de points de suspension, d'exclamation, de mots et de phrases soulignés. Elle insistait pour qu'il se mariât : « Je suis contente d'apprendre que vous avez surmonté vos préjugés contre le beau sexe assez pour être décidé au mariage ; mais je voudrais bien que ma future belle-sœur eût d'autres charmes que la fortune, quoique certainement *cela* aussi soit tout à fait nécessaire. »

Il répondit : « Quant à Lady Byron, quand j'en découvrirai une qui sera assez riche pour me convenir et assez folle pour me vouloir, je lui donnerai l'occasion de me rendre malheureux si elle le peut. L'aimant qui m'attire est l'argent ; quant aux femmes, l'une vaut l'autre, la plus âgée est encore la meilleure, car nous aurons alors une chance de la voir plus vite au Ciel... Vous me demandez des nouvelles de ma santé ; je suis d'une maigreur tolérable, que j'obtiens par l'exercice et l'abstinence. Je ne crois pas avoir acquis grand-chose dans mes voyages, sinon une teinture de deux langues et l'habitude de mâcher du tabac. »

L'attitude était agréable ; il payait d'une assez dure solitude le droit de mépriser les hommes et les femmes, mais ce mépris avait des charmes. Il était Lord Byron, baron Byron de Rochdale, Timon de Newstead, misanthrope. Depuis la mort de son terre-neuve, il n'aimait personne que le souvenir de celui-ci, un daim apprivoisé et trois tortues grecques. Il épouserait une vieille héritière et quant à ses biens... Il fit un curieux testament : Newstead irait à George Anson Byron ; Rochdale devait être vendu et, sur le produit de la vente, l'énorme somme de sept mille livres payée à sa majorité à Nicolo Giraud, d'Athènes et Malte ; Fletcher, Joe Murray et le serviteur grec Demetrius Zograffo recevaient chacun cinquante livres par an ; Robert Rushton, le page, la même somme, plus mille livres à sa majorité ; Byron léguait le moulin de Newstead à Fletcher, sa bibliothèque à Hobhouse et à Davies. Il ajoutait : « Je désire que mon corps soit enterré dans le caveau du jardin de Newstead, sans aucune cérémonie ou service, et qu'aucune inscription, hors mon nom et mon âge, ne soit gravée sur cette tombe. Je désire aussi que mon fidèle chien ne soit pas retiré de ce caveau. » Les avoués protestèrent contre cette clause, mais Byron la leur imposa.

Il fit quelques voyages à Londres en octobre et novembre, puis revint passer Noël à Newstead. L'hiver venait ; les pelouses étaient couvertes de neige, l'abbaye, presque vide, agréablement triste. Deux amis lui rendirent visite. L'un, Harness, était l'enfant infirme que Byron avait protégé à Harrow ; l'autre, ami de Cambridge, Hodgson, se préparait à devenir clergyman. Harness avait vingt et un ans, Byron vingt-trois, Hodgson vingt-huit. Ces trois semaines furent plaisantes. Byron retouchait *Childe Harold*. Les deux autres travaillaient de leur côté. Le soir, on parlait poésie ou religion. Byron, depuis ses voyages, croyait avoir sur ce dernier sujet des idées claires : « Si des hommes peuvent être sauvés à Tombouctou, à Otaheite, ou dans quelque *Terra Incognita,* qui n'ont jamais entendu parler ou rêvé de la Galilée et de son prophète, alors à quoi bon le christianisme ? S'ils ne peuvent être sauvés sans celui-ci, pourquoi ne sont-ils pas tous orthodoxes ? Il est un peu dur d'envoyer un homme prêcher en Judée et de laisser le reste du monde – les Nègres et les autres – aussi noirs que leur peau, sans un rayon de lumière pour les conduire plus haut. Qui croira que Dieu ait voulu damner des hommes parce qu'ils ignorent ce qu'on ne leur enseigna jamais ? »

Hodgson, bien que futur clergyman, trouvait difficile de déloger Byron de ses positions métaphysiques parce que celui-ci n'en occupait aucune : « Je ne suis pas platoniste, je ne suis rien du tout ; mais j'aimerais mieux être n'importe quoi que l'une des soixante-douze sectes qui se déchirent les unes les autres pour l'amour du Seigneur... Quant à votre immortalité, si nous devons revivre, pourquoi mourir ? Nos carcasses qui, dites-vous, doivent se lever un jour, en valent-elles bien la peine ? J'espère en tout cas, si la mienne est ressuscitée, que j'aurai une meilleure *paire de jambes* que celles qui m'ont été données dans ces dernières vingt-deux années, ou je serai singulièrement bousculé dans la queue qui se formera devant le Paradis. »

Après les vacances, les visiteurs le quittèrent et il se trouva seul, abandonné même par ses servantes-maîtresses car il venait de découvrir que l'une d'elles, qu'il avait un peu aimée, le trompait avec un rustre. Incident sans importance s'il n'en avait été extraordinairement affecté. « J'ai une requête à vous adresser, dit-il à Hodgson, après lui avoir raconté ce drame, c'est de ne plus jamais me parler d'une femme dans une de vos lettres et de ne plus même faire allusion à l'existence de ce sexe. »

Vraiment il n'était pas un être au monde sur qui l'on pût s'appuyer. Il regrettait les cris des petits Italiens, sous les orangers, près du monument de Lysicrate. « Je deviens nerveux... Votre climat me tue ; je ne puis ni lire, ni écrire, ni m'amuser, ni amuser les autres. Mes jours sont sans travail et mes nuits sans repos ; il est bien rare que j'aie quelque société et, quand j'en ai, je la fuis. » Que faire en ce Newstead hivernal et funèbre ? Continuer *Childe Harold* ? Il lui eût fallu le soleil et le ciel bleu : « Je ne puis décrire des scènes qui me sont si chères, assis au coin d'un feu de charbon. »

Dans une lettre très intime et très sincère, adressée à un de ses amis, il disait : « Les dernières années de ma vie ont été une lutte continuelle contre les sentiments qui en ont rendu la première partie si amère ; bien que je me flatte de les avoir en grande partie vaincus, il y a encore des moments où je suis aussi naïf qu'auparavant. Je n'en ai jamais tant dit, et ne l'aurais même pas dit à vous, si je ne craignais d'avoir été un peu brutal et ne désirais vous en donner la cause. Mais vous savez que je ne suis pas un de vos gentlemen doloristes : donc, maintenant, rions. » En effet, il n'en avait jamais tant dit, mais là était bien la clef de ses contradictions apparentes. Depuis plusieurs années il luttait pour tuer en lui un Sentimental qui l'avait fait cruellement souffrir. Trop brave pour se complaire dans le rôle de « gentleman doloriste », mais croyant avoir perdu toute confiance dans les femmes et dans les hommes, il essayait de vivre en Corsaire du plaisir, sans amour et sans amitié. Le malheur était que, dans le silence des passions, il s'ennuyait à crier.

Il y a, chez les êtres qui ont souffert et dont l'habitude ou l'oubli ont guéri la souffrance, une prodigieuse aptitude à l'ennui, parce que la douleur, tout en rendant notre vie insupportable, la remplit de sentiments si vifs qu'ils en masquent le néant. Byron avait commencé la vie par un grand amour. Cet amour avait été un échec, mais avait donné à cet enfant le besoin d'une agitation sentimentale qui lui était devenue nécessaire. Comme un voyageur au palais gâté par les épices trouve fade toute nourriture saine, Byron dans le calme du cœur ne percevait plus le goût de la vie. Il se croyait prêt à poursuivre toute passion violente, même criminelle, pourvu qu'elle lui rendît le sentiment toujours fuyant de sa propre existence. Au même Hodgson qui l'avait exhorté à être plus gai, il adressa une épître où une fois encore était évoquée Mary Chaworth :

> Oublions ces choses – je ne gémirai plus,
> Je ne chercherai plus des rives orientales...
> ... Mais si dans quelque année future
> Tu entends parler d'un homme dont les crimes
> S'accordent bien avec des temps si sombres...
> Cet homme, tu le connaîtras – et le connaissant,
> Considérant l'effet, te souviendras de la cause.

« Le pauvre garçon ne pensait pas un mot de tout cela », notait en marge Hodgson, caractère indulgent et optimiste. Mais Byron était un être plus malheureux et plus complexe que ne le savaient ses amis.

Il décida d'aller s'installer à Londres où il trouverait au moins le Parlement, et des épreuves à corriger. « N'importe quoi pour me guérir de conjuguer le maudit verbe : s'ennuyer. »

XV. *Annus mirabilis*

Who does not write to please the women ?

BYRON.

A Londres, il n'était plus tout à fait réduit comme jadis à la société de Hanson et de Dallas. Celui-ci avait confié *Childe Harold* à John Murray, qui devenait l'éditeur à la mode. Byron, quand il revenait de tirer à l'épée chez Angelo ou au pistolet chez Manton, aimait à entrer chez Murray. Il criait un peu, se plaignait des retards de l'imprimerie, puis, choisissant pour cible un livre dans les rayons, le pourfendait du bout de sa canne, en répétant :

« Quarte, sixte... quarte, sixte... » tandis que Murray lisait à haute voix la nouvelle strophe apportée. « C'est une bonne idée, hein ? Murray ? Une bonne idée ? » demandait Byron, sans cesser d'attaquer et de murmurer à mi-voix : « Quarte, sixte... quarte, sixte... » Murray, qui aimait ses reliures, n'était pas fâché de le voir partir. De là Byron allait dîner avec son ami Tom Moore, chez Stevens, dans Bond Street.

Tom Moore était le Thomas Little dont les poèmes innocemment érotiques avaient excité, quelques années plus tôt, les collégiens de Harrow. Au moment où Byron avait publié *English Bards*, un passage de cette satire avait blessé Moore qui lui avait écrit, aux soins de Hodgson, une lettre de provocation. Byron était déjà parti pour l'Orient et la lettre resta chez Hodgson, fermée. Au retour de Byron, Moore s'informa de sa lettre. Byron répondit qu'il ne l'avait jamais reçue, fit une enquête et renvoya comme preuve de sa bonne foi la lettre encore scellée. Moore, qui venait de se marier avec une charmante fille et n'avait aucune envie de se battre, proposa de remplacer le duel par un déjeuner.

La réaction spontanée de Moore, s'il avait un déjeuner à offrir, était de le donner chez Rogers, qui devait sa grande situation dans le monde des lettres autant à la perfection de sa table qu'à la rareté de ses poèmes. Fils d'un riche banquier libéral, il était entré dans la banque de son père, puis, à vingt-sept ans, avait étonné Londres en publiant un poème assez bon, *Les Plaisirs de la Mémoire*. Un banquier poète, l'idée était nouvelle. Lord Eldon, qui avait Gosling pour banquier, avait dit : « Si mon vieux Gozzy, je ne dis même pas écrit, mais dit quelque chose de spirituel, je solderai mon compte chez lui le lendemain matin. » Mais Rogers avait plu et les maisons les plus fermées s'étaient ouvertes à ce petit homme précieux, spirituel, méchant, maigre comme un squelette et blanc comme un cadavre.

Un cadavre agit peu. Les actions de Rogers avaient été prudentes et raffinées. Il avait construit sa maison comme un poème, avec un soin méticuleux, dans une position idéale au-dessus de Green Park. Tout y était parfait ; beaux meubles d'un classicisme froid, belles peintures ; dans la bibliothèque les meilleures éditions des meilleurs auteurs, sur les tables des vases d'albâtre. Il n'y manquait qu'une femme, mais Rogers était resté célibataire. Le mariage est une décision trop précise pour un esthète qui vit au ralenti. Quelquefois il disait à sa grande amie, Lady Jersey : « Si j'avais une femme, j'aurais au moins quelqu'un à qui je tiendrais. – Oui, répondait-elle, mais votre femme tiendrait peut-être à quelqu'un d'autre. » Il recevait donc seul, dans une exquise maison, et donnait des dîners délicats, assaisonnés de l'esprit vif et cruel du maître de la maison, lequel était méchant aussi naturellement qu'il était égoïste, et généreux d'ailleurs de son argent, ce qui est quelquefois, pour un homme riche, un moyen commode d'épargner son cœur.

Un dîner chez Rogers était une œuvre d'art ; cuisine, choix des convives, tout était exquis. Pour ce déjeuner de réconciliation, il n'invita, outre Byron et Moore, qu'un autre poète, Thomas Campbell, et pria ses deux amis de le laisser seul jusqu'à l'arrivée de l'hôte inconnu, car il savait que ce jeune homme boitait et craignait qu'il ne fût gêné pour entrer. Tous furent frappés par la beauté de Byron et par la noblesse de ses manières. Il était en deuil de sa mère, ses vêtements noirs faisaient ressortir la spiritualité de sa pâleur. Rogers lui offrit du potage : « Non, je ne prends jamais de potage. – Du poisson ? – Non, jamais. » On apporta de l'agneau. Même question ; même réponse. « Un verre de vin ? proposa Rogers. – Non, je ne prends jamais de vin. » Rogers, désespéré, demanda ce que Byron mangeait et buvait. La réponse fut : « Rien que des biscuits secs et de l'eau gazeuse. » Il n'y avait malheureusement dans la maison ni les uns ni l'autre. Byron dîna de pommes de terre écrasées sur son assiette et arrosées de vinaigre. On l'avait trouvé intéressant, mais timide. Quelques jours plus tard, rencontrant Hobhouse, qui était enfin revenu de ses guerres et apprenant qu'il était l'ami de Byron, Rogers lui dit : « Combien de temps Lord Byron observera-t-il son régime actuel ? – Aussi longtemps, répliqua Hobhouse, que vous y ferez attention. »

A partir de ce jour, Byron et Moore ne se quittèrent plus. Byron, « animal sans amis », ne demandait qu'à s'attacher. Il admirait Moore qui semblait si merveilleusement à son aise dans un monde où lui, Byron, ne connaissait personne. Pourtant Byron était seigneur de Newstead et Moore fils d'un épicier de Dublin. Mais Moore était de ces hommes légers, nés pour plaire, dont les grands aiment la présence à la fois fantasque et déférente. Dès l'enfance, il avait fait preuve d'une gracieuse facilité aussi bien en poésie qu'en musique. A quinze ans il paraphrasait Anacréon ou, s'asseyant au piano, improvisait en s'accompagnant des chansons sur des thèmes irlandais. Les salons de Dublin s'étaient disputé un homme aussi précieux pour distraire une compagnie. De cette « éducation de boudoir », il avait conservé une confiance gaie dans la vie et un goût naïf pour le libertinage. Murray, qui ne l'aimait pas, le disait snob, mauvaise langue, mais Byron trouvait en lui un ami gai, très heureux de sortir avec un lord, toujours prêt à chanter, à boire, à rire, et Moore lui paraissait être « la quintessence de ce qu'il y a au monde de plus exquis ». Presque chaque soir ils allaient dîner ensemble au Saint-Albans ou chez Stevens. Plus exactement, Moore dînait et Byron mangeait ses biscuits en disant : « Moore, ne trouvez-vous pas que manger du bœuf vous rend féroce ? » Quand Byron était seul, il allait à l'Alfred Club, un peu trop sobre et littéraire, mais décente ressource par un jour de pluie. Grâce à Moore et à Rogers, il commençait à connaître les tavernes douteuses, les dandies de Fop's Alley, les tripots, les « enfers » ; il y dissimulait son invincible gêne de puritain bien refoulé, mais n'était pas tout à fait à son aise.

Souvent il parlait de vendre Newstead et d'aller vivre dans l'île de Naxos ; il adopterait les coutumes et les mœurs des Orientaux et passerait sa vie à étudier leurs poèmes. Le froid de cet hiver anglais l'attristait, et aussi l'atmosphère spirituelle du pays. C'était un temps de politique autoritaire. La guerre atteignait peu les classes dirigeantes. Leur vie était facile, la chasse au renard, l'amour, le Parlement occupaient leurs riches loisirs. Les luttes extérieures servaient de prétexte pour supprimer la liberté de pensée. Cobbett avait eu deux ans de prison pour avoir dénoncé un scandale militaire. Le peuple qui souffrait, sans la comprendre, de la révolution industrielle, voyait opposer à ses plaintes la raison d'Etat et le patriotisme.

A la Chambre des Lords, on discutait une loi nouvelle destinée à punir sévèrement les ouvriers qui brisaient les machines accusées par eux de les priver de leur gagne-pain. Byron avait pu observer de tels faits pendant son séjour à Newstead. Autour de Nottingham, les industriels avaient installé les nouveaux métiers à tricoter les bas, qui permettaient de remplacer sept hommes par un seul. Les chômeurs s'étaient battus contre la cavalerie. On avait dû envoyer deux régiments supplémentaires à Nottingham. Le gouvernement voulait appliquer la peine de mort aux briseurs de machines.

Byron, qui avait vu ces pauvres gens et s'était rendu compte de leur bonne foi, décida de prendre la parole. Plus tard ses ennemis dirent qu'il avait pensé, par un discours politique, faire une utile réclame pour le poème qui allait paraître. Mais les mobiles de Byron étaient plus simples. Il lui était agréable de se lever parmi ces grands seigneurs et de leur dire, sur leur cruauté, quelques vérités assez dures. Il n'avait pas perdu le souvenir du petit garçon d'Aberdeen, élevé dans une école populaire et demandant des pommes pour sa pauvre maman. A Nottingham, le capitaine de la Milice qui avait si brutalement cravaché les ouvriers était Jack Musters, l'homme qui lui avait enlevé Mary-Ann. Musters pouvait être bienveillant pour un paysan pourvu d'une jolie femme, mais il n'aimait pas les ouvriers et avait toujours trouvé un plaisir assez cruel à les poursuivre pour braconnage. Les souvenirs personnels de Byron s'unissaient à la tradition de sa famille maternelle pour faire de lui sur cette question un whig avancé. Il se mit en rapport avec Lord Holland, qui devait parler sur le même sujet.

Dallas fut convoqué à Saint-James's Street et Byron, de sa voix la moins naturelle, déclama son discours, qui n'était pas mauvais. Il décrivait les souffrances des ouvriers, « hommes évidemment coupables du crime capital de pauvreté... Et quels sont vos remèdes ?... Les convulsions doivent se terminer par la mort ?... N'y a-t-il pas déjà dans vos lois assez de peines capitales ?... Et le malheureux affamé qui a bravé vos baïonnettes, sera-t-il effrayé par vos gibets ? » L'orateur parut assez brillant, un peu théâtral. Il n'était pas prudent de dire, en cette assemblée, que « dans les provinces les plus opprimées de la Turquie, il n'avait jamais rencontré tant de sordide misère qu'au cœur de l'Angleterre chrétienne ».

Ce discours, dans les milieux whig, attira l'attention sur le jeune pair et lui ouvrit Holland House, dont la redoutable Lady Holland avait fait une des forteresses intellectuelles et sociales de Londres.

Quelques jours plus tard, Murray publia les deux premiers chants de *Childe Harold*. Jusqu'au dernier moment Byron avait douté de la valeur de son poème. Il n'en avait parlé qu'avec timidité. Dallas, effrayé de sa responsabilité, était, lui aussi, anxieux. Pourtant le succès était probable. Murray, éditeur actif et adroit, parlait depuis longtemps à ses amis de *Childe Harold*. Il en avait distribué des « bonnes feuilles » aux écrivains et aux gens du monde qui pouvaient « lancer » le livre. Rogers avait eu des épreuves dès janvier. Il lut le poème à haute voix à sa sœur et lui dit : « Voilà qui en dépit de toute sa beauté ne plaira jamais au public ; on n'aimera ni le ton pleurnicheur et mécontent ni le mode de vie débauché du héros. » Se croyant certain de l'échec, il fit l'éloge du nouveau poète et cita des strophes qui excitèrent la curiosité. Rogers régnait dans quelques salons littéraires, et en particulier dans celui de Lady Caroline Lamb, qu'il louait « jusqu'aux deux » pour son esprit. Il lui apporta ces épreuves en la priant de ne pas les montrer. Elle fit, le jour même, le tour de la ville, racontant à tout le monde qu'elle avait lu le nouveau poème et que c'était une merveille. A Rogers, elle dit : « Il faut que je le voie. Je meurs d'envie de le voir ! – Il a un pied-bot, dit Rogers, et il ronge ses ongles. – Fût-il aussi laid qu'Esope, il faut que je le voie ! »

Bientôt toutes les femmes pensèrent comme elle. La vie de Byron avait été transformée aussi brusquement que celle d'un héros de conte oriental par le coup de baguette d'un enchanteur : « Je me réveillai un matin et me trouvai célèbre », écrivait-il. C'était l'histoire fidèle de son aventure. Un soir, Londres avait été pour lui un désert peuplé de trois ou quatre amis ; le lendemain, c'était une ville des *Mille et Une Nuits*, toute semée de palais illuminés qui s'ouvraient au plus illustre des jeunes Anglais.

Une grande société mondaine (c'est-à-dire, comme disait Byron, les quatre mille personnes qui sont debout quand tout le monde est couché) est toujours sujette à de rapides mouvements d'admiration et de dégoût ; parmi ces hommes et ces femmes qui se voient chaque jour, chaque soir, une gloire nouvelle fait son chemin avec une foudroyante vitesse. Or, ils avaient besoin d'admirer. La Révolution française, puis Bonaparte avaient fait naître en des milliers de jeunes Européens des espoirs immenses que Napoléon avait déçus. En Angleterre surtout, le sentiment de la vanité était trop fort dans une société qui s'était dégoûtée des plaisirs par leur facilité, de l'ambition guerrière par de trop longues guerres, de l'ambition politique par la continuité d'un gouvernement conservateur rendu invincible par le danger.

Les poètes, impuissants ou craintifs, n'avaient pas exprimé ce dégoût secret. *Childe Harold*, le premier, faisait écho au scepticisme triste d'une génération déçue. Enfin l'art rejoignait la vie. Enfin un jeune Anglais moderne, semblable à ceux qui le lisaient, découvrait l'Europe de 1812, telle que l'avaient faite révolution et guerres. Pour un peuple sevré depuis dix ans de toute vie continentale, le récit d'un voyage en Albanie, chez les Souliotes, était plus étonnant qu'un voyage aux Indes ou aux îles du Pacifique. *Childe Harold* était accompagné de notes politiques dont la hardiesse toute nouvelle enchantait. C'était un poème de la mer, et les descendants des Vikings, privés de l'Océan par le Blocus, y respiraient le vent chargé d'écume dont le sel commençait à leur manquer. L'opposition des critiques conservateurs servait Byron. Il était comique de le blâmer, comme la *Quarterly Review*, pour avoir parlé avec mépris « du métier de spadassin » et d'ajouter : « On se demande avec anxiété si ce sont là les opinions d'un pair du royaume sur l'armée britannique. » Depuis vingt ans les poètes s'étaient les uns après les autres convertis à la sagesse officielle. Il y a toujours dans l'histoire d'un peuple des moments où ceux mêmes qui en jouissent sont las de la platitude de l'ordre établi. *Childe Harold* dans la vie de l'Angleterre paraissait en un tel moment.

Encore arrive-t-il parfois qu'après une œuvre triomphante l'auteur déçoive. Là, au contraire, l'auteur valait l'œuvre. Il était patricien de vieille souche, et le Monde lui était reconnaissant d'apporter à une classe souvent attaquée le prestige du génie. Il était jeune, beau ; « ses yeux gris-bleu brillaient d'émotion à travers les longs cils... Son teint pâle était délicat jusqu'à la transparence... Sa bouche celle d'une femme charmante, sensitive et capricieuse. » Son infirmité même ajoutait à l'intérêt qu'on lui portait. La sombre histoire de son héros était la sienne. Ne savait-on pas que, comme Childe Harold, il revenait de Grèce, de Turquie ? On lui attribuait l'incessante tristesse, la solitude, les malheurs du Childe. Une œuvre d'art doit suggérer la réalité des sentiments qu'elle exprime ; mais combien la suggestion est plus forte, plus naturelle, si le public, à tort ou à raison, croit que ces sentiments sont ceux de l'auteur.

Toute la ville ne parlait que de lui. Des foules de gens illustres sollicitaient une présentation, ou déposaient des cartes de visite. Dans Saint-James's Street les voitures arrêtées à sa porte gênaient la circulation. Chez un libraire était exposé un exemplaire de *Childe Harold* que la princesse Charlotte, fille du Régent, avait fait relier. Le Régent lui-même se fit présenter Byron et lui parla longuement des poètes et de la poésie. Dans les dîners de Mayfair le murmure des conversations ne semblait plus être qu'un long

« Byr'n, Byr'n » toujours répété. Chaque saison avait alors son lion politique, militaire ou littéraire. Byron fut le lion sans rival des soirées de 1812.

Il connut « cette mer étincelante de pierreries, de plumes, de perles et de soie ». Les femmes imaginaient avec émotion la grande abbaye, les passions criminelles, et ce cœur de marbre de Childe Harold, refusé, donc convoité. Tout de suite elles l'assiégèrent, foule charmante. Elles avaient peur de lui et jouissaient délicieusement d'avoir peur. Lady Roseberry, parlant avec lui sur le seuil d'une chambre, sentit soudain son cœur battre si violemment qu'elle put à peine lui répondre. Et lui, qui devinait déjà l'effet produit, essayait le pouvoir fascinant de son « regard en dessous ». Dallas, un jour, l'entendit qui lisait à haute voix *Childe Harold*. Sans doute cherchait-il à retrouver en lui-même ce qu'y admiraient les autres. « Je suis convaincu, prophétisa Dallas, que la mélancolie de sa jeunesse va maintenant être dissipée pour le restant de sa vie. »

Dallas se trompait. Cette mélancolie faisait partie du personnage qu'avaient aimé les lecteurs du poème et Byron le sentait bien. Sachant que ceux qui l'invitaient s'attendaient à recevoir Childe Harold, il entrait dans les salons, sombre, dédaigneux, masquant de froide réserve la timidité héréditaire des Byron. « Lord Byron, écrivait Lady Morgan, l'auteur du délicieux *Childe Harold*, est froid, silencieux, réservé dans ses manières. » Il ne lui arrivait plus, comme au temps d'Elizabeth Pigot, de murmurer désespérément : « Un, deux, trois, quatre, cinq, six, sept... » quand on le présentait à une femme. Mais il dissimulait sous quelques mots secs une inquiétude qui était grande. Dans ce monde, si plein de vie et de couleur, qui l'accueillait soudain bruyamment après l'avoir longtemps ignoré, il n'avait pas un parent, pas un ami. Ces hommes, ces femmes semblaient tous s'être connus depuis l'enfance, ils s'appelaient par leurs prénoms, par des surnoms. Il ignorait tout d'eux. Il avait peur de prêter au ridicule par des manières de Southwell, par son infirmité, et cette crainte même lui donnait un charme dont il n'était pas encore conscient. Immobile, tandis que les autres dansaient, à cause de sa mauvaise jambe, il semblait, dans l'embrasure des portes dorées, tout semblable à son héros debout à l'avant d'un bateau, les yeux fixés au loin sur les vagues.

Moore qui, au cours de leur brève amitié, avait toujours vu Byron gai compagnon, au rire presque enfantin, essaya souvent de le plaisanter sur cette sombre et triomphante tristesse. Byron refusa d'y reconnaître une pose. Non, il était sincèrement mélancolique et, au fond, désespéré ; la gaieté n'était qu'à la surface. Il demeurait un étranger dans le monde. On lui affirmait qu'il l'avait conquis. Il en doutait. Il avait peine à croire au succès de son poème. Hobhouse avec sa brusque franchise lui disait : « Après Pope il n'y a plus rien à faire. » C'était aussi l'avis de Byron. Tous deux, classiques au fond du cœur, pensaient que le triomphe de *Childe Harold* était dû à l'expression de sentiments morbides, mais que bientôt, le bon goût l'emportant, le public abandonnerait Byron pour revenir à Pope.

Et pourtant la fièvre byronienne ne fit qu'augmenter pendant toute la saison. « Le sujet de conversation, de curiosité, d'enthousiasme de ce moment n'est ni l'Espagne, ni le Portugal, ni la guerre, ni le patriotisme, c'est Lord Byron !... écrivait la duchesse de Devonshire. Le poème est sur toutes les tables et lui-même courtisé, flatté, loué, partout où il apparaît. Il est pâle, il a l'air malade, le corps est laid mais le visage est beau, enfin il est le seul sujet de toutes les conversations – les hommes jaloux de lui et les femmes l'une de l'autre. » Les rares personnes qui le connaissaient, Rogers, Tom Moore, Lord Holland, furent assiégées de demandes de présentation. Une petite fille, Elizabeth Barrett, pensait très sérieusement à s'habiller en garçon et à se sauver, pour devenir le page de Lord Byron. Dans les dîners, les femmes essayaient de faire changer les places pour être assises à côté de lui. Rogers était amusé par les manœuvres des nobles dames qui lui écrivaient pour l'inviter à dîner, ajoutant en post-scriptum : « Je vous en supplie, ne pourriez-vous amener Lord Byron avec vous ? » Etonnante destinée pour le jeune infirme qui, quelques années auparavant, portait avec précaution dans les rues de Nottingham la bière d'un charlatan.

Lady Caroline Lamb qui avait souhaité le voir « fût-il plus laid qu'Esope » le rencontra chez Lady Westmorland. Arrivée près de lui, elle regarda cet admirable visage, ces sourcils à l'arc parfait, ces cheveux bouclés dans lesquels brillaient encore quelques reflets un peu roux, la bouche aux lèvres de statue grecque, les coins légèrement abaissés ; elle écouta un instant cette voix douce, basse et si musicale que les enfants disaient de lui : « Le monsieur qui parle comme de la musique. » Elle observa cette courtoisie étudiée, cette humilité fière et presque insolente. Elle vit les femmes qui l'entouraient, tourna sur les talons et s'éloigna. Le soir, elle écrivit dans son journal : « Fou, méchant et dangereux à connaître. »

Deux jours plus tard, elle était à Holland House quand Lord Byron fut annoncé. Il lui fut présenté et dit : « Cette présentation vous a été offerte l'autre jour. Puis-je vous demander pourquoi vous l'avez refusée ? »

Elle était longue et mince ; ses grands yeux noisette interrogeaient. Belle ? Non, mais fragile, attirante. Byron lui demanda s'il pourrait venir la voir ; tout en parlant avec elle, il observait avec curiosité cet animal pour lui nouveau : une patricienne. Elle disait de jolies choses, tantôt sentimentales, tantôt brillantes, d'une curieuse voix, agréable en dépit du ton traînant, un peu bêlant, commun à tous ceux qui formaient « la coterie de Devonshire House ».

Dans son journal, au-dessous de la première phrase sur Lord Byron, elle ajouta : « Ce beau visage pâle sera mon destin. »

XVI. *L'amour*

Je ne suis ni un Joseph, ni un Scipion, mais je puis
affirmer que jamais de ma vie je n'ai séduit aucune
femme.

BYRON.

Fou ? Méchant ? Comme elle jugeait vite, cette jeune
femme. Qu'avait-elle observé pour être si sévère ? L'amertume des réponses ? La violence du mépris ? La moue
dédaigneuse des lèvres ? Les yeux qui, sous les paupières à
demi baissées, semblaient impatients et irrités ?... Fou ?
Méchant ? Il n'était ni l'un ni l'autre, mais dangereux à
connaître, certes. Avant tout méfiant, esprit blessé qui se
tenait sur ses gardes. Aucune Mary Chaworth ne le ferait
plus souffrir ; il croyait savoir ce qu'étaient les femmes et
comment il fallait les traiter. Fini pour lui le temps de la
tendresse et de l'abandon ; ce sexe fort peu angélique lui
avait enseigné la dureté ; il saurait profiter de la leçon.

Lors de la première visite qu'il fit à Melbourne House
(car Lady Caroline vivait avec sa belle-mère, Lady Melbourne), il trouva chez elle Rogers et Moore. Elle revenait
d'une promenade à cheval et s'était jetée sur un divan, sans
changer de robe. Quand on annonça Lord Byron, elle
s'enfuit. Rogers dit : « Lord Byron, vous êtes un homme
heureux. Voilà Lady Caroline qui était restée avec nous
dans toute sa saleté, et dès que vous avez été annoncé, elle
s'est sauvée pour se faire belle. » En apercevant les deux
autres hommes, il avait froncé le sourcil. Ne pourrait-il la
trouver seule ? Elle lui demanda de revenir à l'heure du

dîner. Il vint, et bientôt on ne vit plus que lui à Melbourne House.

La maison était l'une des plus brillantes de Londres et, avec Holland House, le centre intellectuel du parti whig. Les Lamb, devenus Melbourne par la pairie, appartenaient à une famille de fortune assez récente et le progrès de leur grandeur avait été naturel. Au début du XVIIIᵉ siècle, un Lamb, homme de loi, s'était enrichi. Le fils, vers 1750, avait acheté un château, Brocket Hall, et possédant un demi-million de livres sterling en terres et un demi-million en argent liquide, avait été, suivant les lois non écrites du royaume, fait baronnet. Le baronnet avait épousé une femme singulièrement belle, Elizabeth Milbanke, et était entré au Parlement. Le Premier Ministre, qui avait besoin d'une majorité et savait comment on les obtient, avait fait du baronnet Lord Melbourne. Puis un grand art de sauver les apparences et un esprit qui évoquait *Les Liaisons dangereuses* avaient permis à Lady Melbourne de mener sans scandale une vie agitée, de plaire au prince de Galles et de conquérir Londres.

Les premiers enfants des Melbourne avaient été deux fils. Le père aimait l'aîné, qui lui ressemblait ; la mère le second, William Lamb, qui ressemblait à Lord Egremont. Elle le gâta. Affranchi de toute discipline, élevé dans le spectacle de la plus extravagante prodigalité et de la plus complète liberté morale, ignoré par un père qui vivait dans la maison en hôte silencieux et réprobateur, il était devenu un garçon indolent, spirituel, et dépravé. En 1805, il avait épousé Caroline Ponsonby, fille de Lord et Lady Bessborough (celle même que venait de rencontrer Lord Byron).

Mariage d'amour, assez courageux. Caroline était adorable et dangereuse. Sa mère, Lady Bessborough, avait eu une légère attaque d'apoplexie trois ans après la naissance de sa fille, et avait dû renoncer à élever celle-ci, qui avait été confiée à sa tante Georgiana, duchesse de Devonshire. La duchesse s'était occupée d'elle comme de ses propres enfants, c'est-à-dire qu'elle l'avait abandonnée aux domestiques. Elevée dans le luxe et le désordre, « servie dans des plats d'argent dès le matin, mais obligée d'aller les chercher elle-même à la cuisine », cette petite fille était convaincue qu'il n'y avait au monde que des ducs, des marquis et des mendiants. « Nous n'imaginions pas que c'était un être humain qui faisait le pain et le beurre ; comment ils arrivaient dans la maison, nous n'y avions jamais pensé. Nous croyions que les chevaux étaient nourris de bœuf. A dix ans, je ne savais pas écrire... J'étais incapable d'épeler correctement, mais je faisais des vers que tout le monde trouvait très beaux. Pour moi j'aimais mieux laver mon chien, ou polir un éperon, ou brider un cheval. » Les résultats de cette éducation avaient paru inquiétants aux médecins : « Lady Caroline était capricieuse, sujette à des rages violentes et à de telles sautes d'humeur qu'on craignait quelquefois pour elle la démence. » Jusqu'à quinze ans on ne lui enseigna rien. Puis tout d'un coup elle découvrit le grec, le latin, apprit la musique, le français, l'italien, peignit, joua la comédie, dessina, caricatura, et devint en quelques années une des jeunes filles les plus originales de Londres.

Elle avait horreur de ce qui était « conventionnel ». Elle datait ses lettres « de Dieu sait quel jour ». Envoyant un livre à son frère, elle avouait ne pas savoir son adresse. Sa sensibilité était célèbre. Sa cousine, Harriet Cavendish, disait avant une lecture que devait faire à Londres Benjamin Constant : « J'ai demandé que Caroline soit présente, pour qu'elle pleure et fasse sensation pour nous tous. » Un de ses grands charmes était son art de passer, comme les fées de Shakespeare, sans transition, de la mélancolie à la gaieté, de la plaisanterie familière à la gravité poétique. Ses adorateurs l'appelaient Ariel, le Sylphe, la Jeune Sauvage, et admiraient cette gracieuse incohérence ; les plus délicats regrettaient qu'elle fût un peu gâtée par la préciosité ; les femmes la jugeaient artificielle, « voulue » et affectée par besoin d'étonner.

Elle avait rencontré une première fois son futur mari, William Lamb, quand elle avait treize ans et lui dix-neuf. Elle avait déjà lu des vers de lui. Elle avait « une folle envie » de le connaître. Elle le vit, elle aima ce garçon aux yeux brillants, un peu dandy, avec un air de négligence qui lui allait à merveille. Elle lui plut. « De toutes les jeunes filles de Devonshire House, dit William Lamb, voici celle qu'il me faut. » Dès ce jour, il décida qu'il l'épouserait. Longtemps elle ne le désira pas. « Je l'adorais, dit-elle plus tard, mais je savais que j'étais un être terrible et je ne voulais pas le rendre malheureux. » Il la poursuivit avec ténacité et, en 1805, l'obtint.

Le jour du mariage, elle était ravissante, mais nerveuse. Elle entra en fureur contre l'évêque qui officiait, déchira sa robe, s'évanouit et dut être portée dans sa voiture. Etrange début, mais son charmant mari sembla prendre plaisir à gâter encore un caractère si fragile. William Lamb avait horreur de la morale ; cela était fatigant et de mauvais ton. « J'ai peut-être tort, disait-il, mais je ne peux jamais sentir le moindre remords ou regret pour les heures que j'ai passées à vraiment m'amuser, même par la folie ou le vice. » Lady Melbourne, femme d'expérience, partageait les sentiments de son fils sur la morale, mais non sur ce qu'on doit en dire. Certes une femme pouvait tout faire impunément, elle l'avait prouvé, mais il y avait la manière. Elle n'approuvait pas la coquetterie à ciel ouvert de sa belle-fille, le bonheur trop visible avec lequel celle-ci accueillait les attentions de Sir Godfrey Webster, par exemple. Mais William en riait et Caroline était plus folle que jamais.

Lady Melbourne, qui avait si bien réussi pendant une longue vie à combiner l'indépendance avec la respectabilité, voulut enseigner à Titania une sagesse plus mondaine. On vit s'affronter « la femme mûre, mais encore belle, à l'esprit clair », ironiquement précis, et l'irréelle belle-fille qui la flattait, la caressait et expliquait à sa « chère, très chère Lady Melbourne » que son attitude était la conséquence de celle de son mari. C'était William qui l'avait appelée prude, lui avait dit qu'elle était guindée, et s'était amusé à l'instruire de choses qu'elle n'avait jamais entendues, de sorte qu'elle en était arrivée à se croire tout permis. L'étrange était que William commençait, lui aussi, malgré le masque, à paraître malheureux. Que souhaitait-il ? Dans son style léger, dont une ombre de tristesse voilait la franchise gaie, elle le priait de prendre soin de leur ménage : « Je crois que depuis quelque temps, mon très cher William, nous avons été bien insupportables l'un pour l'autre... A l'avenir, je serai silencieuse le matin, amusante après le dîner, docile, courageuse comme une héroïne au dernier volume de ses malheurs, forte comme un tigre de montagne... Seulement c'est vous qui devriez me dire : "Raisonnez mieux et répliquez moins." » Il se contenta de noter dans son journal : « Autrefois, quand je voyais qu'un ménage allait mal, ou que dans une maison les enfants étaient insupportables, je blâmais le mari ou le père. Depuis que je suis marié, je sens que c'était là un jugement téméraire et prématuré. » Tel était le couple, déjà plus qu'à demi détruit par une femme désappointée, dont Lord Byron devenait soudain le familier.

Le rôle, nouveau pour lui, d'abbé de ruelle lui plaisait plus qu'il ne l'avouait. Il aimait à venir, vers onze heures du matin, vivre dans un boudoir de la vie d'une femme, ouvrir les lettres, caresser les enfants, choisir les robes pour la journée. A Melbourne House, pendant les premières semaines, l'amitié resta platonique. Byron « parlait longuement de sa voix grave et balançait sur ses genoux le petit garçon de Caroline », un enfant délicat, aux yeux immobiles, et qui semblait « demeuré ». Il savait qu'elle attendait de lui qu'il fût byronien et non Byron ; il lui parlait de la malédiction qui pesait sur sa famille, des Gordon, du Mauvais Lord, de la mort qui atteignait tout ce qu'il aimait, de sa mère et de ses amis abattus en un mois, de son cœur de marbre aussi, et des belles Orientales. Elle l'écoutait avec admiration, le trouvant si différent de William Lamb, et si beau.

L'aimait-il ? Plus tard il le nia. Elle n'était pas « son type ». Son corps, bien que gracieux, semblait trop maigre pour être vraiment beau, et elle n'avait pas ces yeux de

gazelle, cette « timidité d'antilope », cette grâce de Péri
que Byron cherchait depuis l'enfance. Pourtant elle possédait « une vivacité infinie » et, si l'orgueil jouait, devenir le
familier de Melbourne House était flatteur pour un jeune
homme qui, quinze jours plus tôt, n'avait à Londres que de
rares amis. Certainement il fut tenté de s'abandonner à un
sentiment qui, en elle, semblait si fort. Dallas vit un jour
chez Byron un page, vêtu de soie et de dentelles, et Byron
« si absorbé que son temps et sa pensée semblaient entièrement consacrés à lire les lettres de Lady Caroline et à lui
répondre ». Le bon Dallas crut même devoir le mettre en
garde contre un monde dangereux pour la vertu, et contre
une femme dont tout le monde disait qu'elle était folle.
Mais Byron n'était que trop en garde.

Cette société aristocratique où il pénétrait enfin avec
bonheur, société tout imprégnée encore des mœurs du
XVIIIᵉ siècle, était sensuelle et non sentimentale. Elle
s'accordait, non peut-être au Byron le plus profond, mais
au Byron sarcastique, désabusé, qu'avaient modelé des
circonstances malheureuses. En prose, il préférait le ton
« Madame de Merteuil » de la vieille Lady Melbourne au
style romanesque de la belle-fille. Lady Melbourne professait un libertinage méthodique que Byron admirait, essayait d'imiter et auquel il n'atteignait jamais tout à fait
parce que chez lui la zone de tendresse restait vulnérable à
la moindre atteinte. Mais justement parce que cette dure
philosophie lui était secrètement inaccessible, il éprouvait
un respect presque soumis pour les hommes et surtout pour
les femmes qui en avaient fait la règle de leur vie. Lady
Caroline l'ennuyait souvent ; Lady Melbourne l'intimidait
et le charmait par une désinvolture dont il n'était capable
que par accès. Elle jouait, pour achever sa conversion au
scepticisme amoureux, le rôle qu'avait joué Matthews à
Cambridge pour l'amener au scepticisme religieux.

Les deux conversions n'étaient qu'apparentes, mais à
Melbourne House comme jadis à Trinity College, le
conventionnalisme de l'anticonvention était de tous le plus
exigeant. « Lady Melbourne, qui aurait pu être ma mère,

excitait en moi un intérêt que peu de jeunes femmes eussent été capables d'éveiller. C'était une charmante personne – une sorte de moderne Aspasie, unissant l'énergie d'un esprit d'homme à la délicatesse et à la tendresse d'une femme... J'ai souvent pensé que, si elle avait été un peu plus jeune, Lady Melbourne m'aurait tourné la tête. » Après la mère, l'être qu'il préférait dans la maison était le mari, William Lamb, « aussi supérieur à moi, disait-il, qu'Hypérion au Satyre ». Fallait-il tromper cet homme intelligent, loyal, et qui lui tendait la main avec confiance ? La puissance de trahison des femmes l'épouvantait.

Souvent il était, pour Lady Caroline, d'une étonnante dureté. Un matin de printemps, il lui apporta la première rose et le premier œillet, en lui disant ironiquement : « Votre Seigneurie, me dit-on, aime tout ce qui est nouveau et rare – pour un moment. » Elle lui répondit, sur un étonnant papier dont la bordure dentelée formait, aux quatre coins de la feuille, des coquillages, par une lettre à la fois touchante et irritante, où la préciosité de la forme gâtait la soumission tendre du ton. Elle s'y comparait à la fleur de tournesol qui « ayant une fois contemplé dans tout son lustre le soleil brillant et sans nuages qui pour un moment a consenti à l'éclairer, ne peut plus penser pendant toute son existence qu'un moindre objet puisse être digne de son culte et de son admiration ».

Humilité maladroite. Byron aimait à être traité par les femmes « comme une sœur favorite et un peu méchante », non comme un maître. Le plaisir et l'amour sont, dans l'esprit d'un homme, associés aux premières et inoubliables expériences qui lui ont révélé l'un et l'autre. Pour Byron adolescent, le plaisir, donné par des êtres faciles et gais, avait ponctué les méditations solitaires où il ruminait un platonisme triste. Il admettait deux types de femmes extrêmes : le « beau idéal », timide, chaste, qu'il avait formé d'une Mary Chaworth imaginaire ou de l'ombre enfantine d'une Margaret Parker, et la compagne de plaisir. La femme hardie, amoureuse et qui pourtant exigeait l'amour, aux yeux de Byron manquait aux conventions. Comme l'avait jadis observé Lady Hester Stanhope, il ne percevait pas les sentiments des autres. Il ne voulait pas les percevoir. Les phrases passionnées de Lady Caroline n'étaient pour lui qu'un bruit fatigant et vulgaire qui couvrait sa musique intérieure. Il eût souhaité de la familiarité, de la légèreté, un mélange de frivolité gaie et de mélancolie fugitive ; il trouvait la contrainte de l'adoration et tournait la tête avec lassitude.

Lady Caroline, qui était capable d'écrire de si jolies lettres à un mari qu'elle n'aimait plus, tombait, dès qu'elle écrivait à Byron, dans un pathos difficilement supportable. Elle crut lui plaire en lui révélant le Monde. Elle arrangea pour lui des matinées où furent invitées les femmes les plus jolies et les plus remarquables de Londres. Mais le caquetage des salons fatigua le Pèlerin qui, six mois plus tôt, avait fumé sa pipe sous un ciel bleu, en regardant l'Acropole. Sur le sofa de Newstead, il avait écrit : « Tout plutôt que de conjuguer, du matin au soir, le maudit verbe : s'ennuyer. » Il pensait maintenant avec regret à sa solitude perdue.

Une jeune fille intelligente, qui le vit là, l'observa bien. C'était une nièce provinciale de Lady Melbourne, Anne-Isabella Milbanke (on l'appelait par abréviation Annabella), personne instruite, croyante, qui, pendant les séjours qu'elle faisait à Londres, regardait avec un peu de mépris le monde de la capitale et sa folle cousine Caroline. Le 24 mars, elle avait noté dans son journal : « Je viens de terminer le *Childe Harold* de Lord Byron, qui contient plusieurs passages dans le meilleur style poétique. » Le 25, elle fut invitée à une matinée dansante à Melbourne House. Il y avait là Lady Jersey, ravissante, toute bruissante de paroles et de colliers, la gracieuse Miss Elphinstone aux cheveux roux, vingt autres beautés. Une femme chanta. Annabella Milbanke pensa que ces hommes et ces femmes avaient l'air d'écouter la musique comme un devoir. Caro Lamb lui montra Lord Byron. Elle le trouva hautain ; « sa bouche trahissait continuellement le dédain de son esprit ».

Elle jugea qu'il n'avait pas tort de mépriser ces êtres légers, ces plaisirs vains. Elle ne voulut pas se faire présenter ce jour-là parce que les femmes « lui faisaient une cour absurde », mais quelques jours plus tard elle le revit et, le trouvant timide, essaya de le faire parler. Il lui dit « qu'il était surpris de ne pas la voir dégoûtée d'un monde où l'on ne trouvait pas un seul être qui, en rentrant chez lui, eût le courage de regarder en lui-même ».

Elle admira la phrase qui répondait à ce qu'elle sentait. D'ailleurs il avait parlé sincèrement. Dans cette agitation à laquelle il n'avait pas le courage de se refuser, il regrettait l'autre Byron, le rêveur sérieux de Newstead. Mais pourquoi disait-il à cette jeune inconnue ce qu'il n'avait dit à personne ? Il y avait en elle quelque chose de piquant. Un teint frais, des joues rondes et roses. Pas grande, mais admirablement faite. En entrant dans le salon, Byron avait demandé à Moore si elle était une demoiselle de compagnie. « Non, avait dit Moore à voix basse, c'est une grande héritière ; vous devriez l'épouser et réparer Newstead. »

Byron parla de Miss Milbanke à Caroline Lamb avec de grands éloges, faisant même entre les deux cousines un parallèle peu flatteur. Fascinée, elle acceptait ses rebuffades. Il suffit à Byron de dire qu'il n'approuvait pas ce mode de vie, ces réunions trop nombreuses, et en particulier qu'il avait horreur de la danse (vieille haine et qui datait de loin) pour qu'on vît soudain valses et quadrilles disparaître de Melbourne House. Il lui demanda de ne plus jamais valser. Elle promit. Amoureuse, vaincue, elle était entièrement à sa merci. Elle lui écrivait des lettres hardies et insensées où elle lui offrait, non seulement son amour, mais tous ses bijoux, s'il avait besoin d'argent.

Elle ne fut pas tout de suite sa maîtresse et peut-être l'eût-il épargnée si le souvenir d'un premier amour malheureux ne l'avait encore tourmenté. Mais, dans la philosophie qu'il s'était faite, une femme qui ne se donnait pas ne donnait rien d'elle-même et méprisait un amant trop lâche pour la contraindre. La mère de Caroline, Lady Bessborough, crut être adroite en disant à ce visiteur compromettant qu'en dépit des apparences il n'était pas aimé et que Caroline « le faisait marcher ». Il ne répondit pas et se décida, non à poursuivre Lady Caroline, car une poursuite était bien inutile, mais simplement à ne pas la fuir. Une semaine plus tard, elle était à lui.

Il l'avait prise avec un sang-froid parfait. Il fut pour elle un amant détestable, sévère, qui jugeait sa maîtresse sans illusions, avec ce réalisme impitoyable et clairvoyant qui était, lorsqu'il n'aimait pas, la forme naturelle de son esprit. « Je n'ai jamais connu une femme qui eût de plus grands, de plus agréables talents que vous, mais ils sont malheureusement unis à un total manque de bon sens... Votre cœur, ma pauvre Caro (quel petit volcan !), jette sa *lave* à travers vos veines... J'ai toujours pensé que vous étiez le petit être le plus spirituel, le plus agréable, le plus absurde, le plus aimable, le plus inquiétant, le plus dange-reux, le plus fascinant de notre temps... Je ne veux pas vous parler de beauté, je suis mauvais juge. Mais nos beautés cessent d'être belles quand elles sont près de vous, vous devez donc en avoir, ou mieux. » Compliment assez réservé. Elle disait mélancoliquement : « Il avait honte de m'aimer parce que je n'étais pas assez jolie. » Elle lui déplaisait par les traits mêmes qui, pour d'autres, faisaient le charme de cet esprit ; imagination surchauffée par la lecture, elle aurait voulu que son amour fût un amour de roman. Elle croyait retenir ce poète en lui citant des poètes. Il écoutait avec hauteur le grec, le latin, les anecdotes mondaines de sa maîtresse, et pensait à la langueur silen-cieuse de l'Etoile du Matin d'Annesley, ou à de muettes Orientales.

S'il négligeait tout un jour de venir chez elle, elle lui envoyait l'un ou l'autre des extraordinaires petits pages dont elle était entourée. Parfois elle-même se déguisait en page pour lui porter un billet : « Scène digne de Faublas », remarquait Byron, qui avait horreur de ces extravagances. Elle était devenue familière du valet Fletcher, auquel elle écrivait pour le supplier de lui ouvrir l'appartement. Si elle n'était pas invitée à un bal où allait Lord Byron, elle l'attendait dans la rue, sans pudeur. « Votre petite amie Caro William, écrivait la duchesse de Devonshire, fait toutes sortes de choses imprudentes pour lui et avec lui... Enfin Byron va repartir pour Naxos, et les maris pourront dormir en paix. Je ne serais pas surprise si Caro William allait avec lui, elle est si folle et si imprudente. »

Cette naïve adoration, qui aurait dû toucher Byron, l'agaçait ; il pensait qu'elle le rendait ridicule et même, sentiment plus curieux, il blâmait l'amour dont il était l'objet. A ses yeux de jeune calviniste nourri de la Bible, Lady Caroline était la Femme Adultère. « Comme Napoléon, écrivait-il, j'ai toujours eu un grand mépris pour les femmes, et j'ai formé cette opinion d'elles non pas à la hâte, mais par mes fatales expériences. Il est vrai que mes écrits tendent à exalter ce sexe ; mon imagination s'est toujours complu à donner aux femmes l'apparence d'un beau idéal, mais c'est que, comme le peintre ou le sculpteur, je les dessine non comme elles sont – mais comme elles devraient être... Elles vivent, chez nous, dans une situation qui n'est pas naturelle. Les Turcs et les Orientaux traitent ces questions beaucoup mieux que nous. Ils les enferment et elles sont plus heureuses. Donnez à une femme un miroir, quelques bonbons, et elle sera satisfaite. » Mais William Lamb n'était pas un mari turc. Son journal devenait mélancolique : « Ce qui est terrible dans le mariage, c'est que rien n'est jamais fixé. L'opinion des femmes monte ou baisse suivant ce qu'elles entendent dans le monde sur leur mari, et on est à la merci de la remarque la plus banale... Par le mariage un homme se place, dans la société, sur la défensive, alors qu'avant il avait l'avantage de l'offensive. »

Lady Bessborough, maintenant mieux éclairée, était plus inquiète encore que son gendre. Elle avait connu, dans sa jeunesse, des jours agités et sa liaison avec Lord Granville avait été célèbre en son temps. Mais jamais elle n'était allée, comme sa fille, jusqu'à s'habiller en charretier pour pouvoir entrer chez son amant à l'improviste et le surveiller, ou jusqu'à l'attendre debout à la sortie d'un bal, sous la pluie. Lady Bessborough, désespérée, convoqua chez elle Hobhouse, pour lui parler de cette malheureuse affaire qui déshonorait deux familles. Hobhouse était toujours prêt à « faire de la morale » à son ami, mais en quoi la rupture dépendait-elle de celui-ci ? Byron était aussi fatigué que Lady Bessborough des folies de Caroline Lamb. Il ne le cachait pas à Lady Melbourne qui, femme sans préjugés et psychologue experte, discutait volontiers l'aventure avec l'amant de sa belle-fille. Il préférait cent fois la société de Tom Moore ou de Hobhouse à celle d'une femme sans pudeur.

Il avait même des distractions plus sérieuses, car Annabella Milbanke le vit à une conférence sur la religion « et se tortillant étrangement, chaque fois qu'il entendait ce mot ». Elle achevait son séjour à Londres en assistant à un cours sur la densité de la terre, où elle prenait des notes savantes. Byron jugeait assez comique cet amour de la science chez une femme et, dans ses conversations avec Lady Melbourne, avait baptisé Miss Milbanke : la Princesse des Parallélogrammes. Pourtant, et comme malgré lui, il éprouvait pour elle un respect affectueux. Au moins elle était chaste, cette fille bien faite qui parlait de la densité de la terre.

Caroline avait soumis à Byron, sur la demande de Miss Milbanke, quelques poèmes de sa cousine. Il les avait trouvés assez remarquables : « Elle est certainement une fille extraordinaire ; qui imaginerait que sous cet air placide se cachent tant de force et tant de variété de pensée ? » Il avait ajouté : « Je n'ai aucun désir de connaître plus intimement Miss Milbanke ; elle est trop bonne pour un ange déchu et je l'aimerais certainement mieux si elle était moins parfaite. »... Trop parfaite... Elle lut ce jugement ; car la lettre était destinée à lui être montrée. Elle dut l'enregistrer avec une modestie imperceptiblement complaisante. Sa seule imperfection était de se savoir parfaite. Fille unique, adorée par ses parents, demandée en mariage par cinq ou six jeunes gens dès sa première saison dans le monde, elle se croyait infaillible. Avec une âme généreuse et même passionnée, elle semblait parfois calculatrice et froide parce qu'elle voulait soumettre au raisonnement toutes ses actions. Ses jugements étaient tranchants, sévères. A son esprit de bonne mathématicienne, qui croyait savoir toutes choses avec précision, l'érudition poétique et superficielle d'une Caroline Lamb semblait sans valeur. L'enfantillage de sa cousine l'agaçait. Elle disait d'elle « que sa nouvelle affectation de mélancolie byronienne gâtait le charme de sa stupidité coutumière », et aussi : « Caro Lamb est prête à défier la censure du monde, mais elle n'aurait pas le courage de renoncer à son attention et à son étonnement, en descendant des hauteurs bien en vue de la Folie jusqu'à l'humble sentier de la Raison. » Elle suivait, elle, les sentiers de la raison, mais les suivait-elle humblement ?

« Votre Annabella est un mystère, écrivait la duchesse de Devonshire à son fils qui en était amoureux ; aimante, pas aimante ; généreuse, et pourtant effrayée par la pauvreté ; elle est impossible à comprendre. J'espère que vous ne vous rendez pas malheureux à cause d'elle ; en réalité c'est un glaçon... »

Ce n'était pas un glaçon. Elle avait eu, comme Byron, des amitiés d'enfance romanesques. Dans ses rêves de petite fille, confiés très tôt à un journal (car elle avait le goût d'écrire), elle s'était vue l'héroïne de tous les actes de dévouement de l'histoire. Elle avait défendu les Thermopyles et soigné les pestiférés. Puis, par religion, elle avait essayé de vaincre son impétuosité. Elle croyait y être arrivée.

« Lord Byron, continuait la duchesse, lui fait un peu la cour ; mais elle ne semble pas l'admirer si ce n'est comme poète, ni lui elle, si ce n'est comme épouse. »

Ne l'admirait-elle que comme poète ? On peut en douter. Tout en écoutant avec regret le récit des scandaleuses amours de sa cousine avec Lord Byron, elle croyait « qu'il était sincèrement repentant pour le mal qu'il avait fait, bien qu'il n'eût pas la force (du moins sans aide) d'adopter un nouveau mode de vivre et de sentir ». Ange déchu, disait-il de lui-même ; elle approuvait gravement et pensait que peut-être était-ce d'elle, si sincèrement croyante, que pourrait venir l'aide dont avait besoin ce bel ange pour être sauvé. Il était très simple avec elle, « et très bon enfant ». Pourtant elle remarqua qu'il avait une tendance à la coquetterie et qu'il était tout différent avec les femmes de ce qu'il était avec les hommes. Anne-Isabella Milbanke s'occupait de Lord Byron beaucoup plus qu'il n'était bon pour son salut, au moins en ce monde.

Août 1812. La conduite de Caroline Lamb, toujours extravagante, devenait intolérable. Un matin, Lady Bessborough vint faire une visite à sa fille et la supplia de venir en Irlande avec elle ; William les y rejoindrait et on mettrait fin à cette histoire. Pendant qu'elle était là, survint Lord Melbourne, qui parla sévèrement à Caroline. Elle se mit en colère et répondit si impertinemment que Lady Bessborough, terrifiée, courut au rez-de-chaussée appeler Lady Melbourne. Quand elles revinrent ensemble, Lady Caroline s'était enfuie sans être habillée. Le vieux Lord Melbourne expliqua qu'elle l'avait menacé d'aller vivre chez son amant et qu'il lui avait répondu : « Allez au diable ! »

Les deux mères coururent ensemble chez Byron, qu'elles trouvèrent seul et aussi étonné qu'elles. Cette démarche de deux grandes dames l'amusa. Un an plus tôt, elles ne le connaissaient pas ; elles en étaient maintenant réduites à le supplier d'intervenir pour faire rentrer chez son mari la fille de l'une, belle-fille de l'autre. Curieuse revanche. Par un pourboire au cocher des Lamb, il obtint l'adresse où Lady Caroline s'était fait conduire. Il la trouva dans la maison d'un médecin de Kensington et la ramena, presque de force, à sa mère qui, l'émotion aidant, venait d'avoir une nouvelle attaque.

Cette histoire fut connue de tout Londres. Le prince régent lui-même fit venir Lady Bessborough et lui dit qu'il les considérait toutes comme des folles, les deux mères et la fille, que Lord Byron avait ensorcelé toute cette famille.

En particulier, il avait jugé inadmissible cette consultation des mères avec l'amant : « Je n'ai jamais entendu une pareille chose... Prendre les mères pour confidentes ! Qu'est-ce que vous auriez pensé si moi, autrefois, j'avais été prendre pour confidente Lady Spencer ? » (la mère de Lady Bessborough). Exclamation qui avait paru si drôle à Lady Bessborough qu'en dépit du sujet elle n'avait pu s'empêcher de rire.

Mère, belle-mère, amant, mari, tous suppliaient maintenant Caroline de quitter Londres. Byron lui disait qu'en s'y refusant elle se montrait faible et égoïste. Elle restait, bien qu'il ne voulût plus venir chez elle, pour le rencontrer au moins, par hasard, dans un salon, et lui écrire, le lendemain, combien elle l'avait trouvé beau. « Que vous êtes pâle, c'est la beauté de la mort ou d'une statue de marbre blanc, avec laquelle vos sourcils et vos cheveux font un tel contraste. Je ne vous vois jamais sans avoir envie de pleurer ; si un peintre pouvait fixer pour moi ce visage tel qu'il est, je lui donnerais tout ce que je possède sur la terre. » Lettre touchante, mais quel être humain fut jamais touché par une passion dont il était l'objet ?

Enfin elle consentit à accompagner Lady Bessborough. Byron respira. C'était sa première aventure avec une femme du monde ; il avait trouvé l'expérience odieuse. Cette maîtresse, avide de son temps et de ses pensées, en était arrivée à l'exaspérer. Elle, qui s'était jetée dans cet amour avec une violence imprudente mais généreuse, en sortait malade, mourante. Une cousine qui assista, en Irlande, à l'arrivée de la mère et de la fille, la décrivit : « Ma tante a l'air bien, mais la pauvre Caroline terriblement mal. Elle est usée jusqu'aux os et les yeux lui sortent de la tête... Elle me paraît dans un état très proche de la folie, et ma tante dit qu'il y a eu des moments où elle a été tout à fait folle. »

Cependant Byron écrivait à Lady Melbourne : « Chère Lady Melbourne – je pense que vous avez entendu et que vous ne regretterez pas d'entendre encore qu'elles sont toutes deux en sécurité en Irlande, et que la mer roule ses

eaux entre vous et l'un de vos soucis ; l'autre, comme vous
le voyez, n'est pas encore très loin. Vous ne regretterez pas
non plus d'entendre que je désire que tout ceci finisse et
que certainement ce n'est pas moi qui recommencerai. Ce
n'est pas que j'en aime une autre, mais c'est l'amour lui-
même dont j'ai assez ; je suis fatigué de jouer un rôle
stupide et, quand je constate la perte de temps, la destruction de tous mes plans de l'hiver dernier par ce roman, je
suis – ce que j'aurais dû être depuis longtemps. Il est vrai
que par habitude on fait l'amour, mécaniquement, comme
on nage. J'ai autrefois beaucoup aimé les deux, mais maintenant je ne nage plus, à moins que je ne tombe à l'eau, et je
ne fais plus l'amour si je n'y suis presque obligé. »

Etait-il débarrassé de sa maîtresse ? D'Irlande, elle écrivait de dangereuses lettres ; elle rappelait qu'il ne fallait
que « huit guinées, une chaise de poste et un bateau » pour
réapparaître à Londres. Si elle faisait un éclat et quittait
son mari, Byron se jugeait, par son « code de l'honneur »,
condamné à fuir avec elle *sans amour*. Terrifié, il
s'efforçait de composer des épîtres dignes du Grand
Cyrus ; il était prêt à lui avouer tout l'amour qu'il faudrait
pour ne pas la revoir. Lady Melbourne, qui traitait cette
aventure avec un détachement parfait et comme s'il s'était
agi, entre deux médecins, de choisir le meilleur remède,
jugeait la douceur de Byron dangereuse : « Comprenez-
moi bien, je ne voudrais pour rien au monde que vous lui
disiez une chose dure, ou quoi que ce soit qui pût paraître
insultant. Je n'ai pas la moindre intention de vous donner
ce conseil ; il n'est aucune forme de bonté que je ne souhaite vous voir lui montrer, mais vous sacrifier à elle ne
serait pas de la bienveillance, ce serait du romantisme, et
qui conduirait au malheur et au désastre. Si une petite
expression de froideur employée dès maintenant pouvait
empêcher ce dénouement, ce serait à mon avis une grande
preuve de bonté que de savoir lui causer une petite douleur
présente, pour lui épargner une ruine totale... Je dois
ajouter que vous avez, me semble-t-il, trop de tendance à

vous croire seul coupable – elle n'était pas une novice...
Elle en savait assez pour être sur ses gardes, et on ne peut
la regarder comme la victime d'un séducteur. » Et, trop
experte en crédulité masculine, Lady Melbourne concluait : « Si elle pensait que ses amis s'occupent moins
d'elle, il y aurait plus de chances pour qu'elle s'attachât à
quelque nouvelle fantaisie – et le résultat de tout cela me
semble être que la meilleure chose que vous puissiez faire
est de vous marier, et qu'en fait il n'y a pas pour vous
d'autre moyen de vous tirer de ce pétrin. »

Se marier... Voilà qui répondait tout à fait au désir de
Byron lui-même. Il croyait au mariage. C'était sa dernière
illusion. Un jeune pair (et surtout un Byron) devait boire,
jouer, courtiser la femme de son voisin, puis, après avoir eu
sa part convenable d'aventures, se marier avec une femme
qu'il n'aimerait pas, bien née, assez riche, et lui faire des
enfants en quantité suffisante pour assurer l'avenir du nom.
Telle était la Convention. Telle était la loi de Newstead.

Pour achever de rassurer Lady Melbourne, il lui fit un
étonnant aveu : son désir le plus vif était d'épouser la
propre cousine de Lady Caroline, cette Miss Milbanke
qu'il avait plusieurs fois vue chez William Lamb et dont il
avait lu des poèmes. Cette fois Lady Melbourne, que rien
ne surprenait, fut très étonnée. Pouvait-on imaginer deux
êtres plus différents l'un de l'autre que la pieuse mathématicienne et Childe Harold ? Mais justement, le contraste
plaisait à Byron, et aussi la réserve de cette jeune fille, la
seule femme qui l'eût tenu à distance. « Je sais peu de
chose d'elle, et je n'ai pas la moindre raison de supposer
que je sois l'un de ses favoris. Mais je n'ai jamais vu une
femme que *j'estime* autant... Ma seule objection serait ma
nouvelle maman, pour laquelle j'ai déjà par instinct con-
tracté une mortelle aversion. » En revanche, l'idée de
devenir le neveu de Lady Melbourne l'enchantait. Décidément il était voué à cette famille.

Lady Melbourne demanda quelques garanties : « Mon
cher neveu, vous êtes bien changeant, comme l'homme
dans la farce que nous avons vue ensemble (*La Girouette*),

vous souvenez-vous ?... Est-ce que vous croyez que vous
pourrez garder en même temps elle et Caroline ? Impossible. Comme votre amie je vous dis : flirtez tant que vous
voudrez, mais ne vous jetez dans aucune sérieuse aventure
avant d'être débarrassé de la précédente. »... « Vous me
demandez, répondit Byron, si je suis sûr de moi-même et je
vous réponds "Non", mais *vous* l'êtes, ce qui vaut beaucoup mieux. J'admire Miss Milbanke parce que c'est une
femme intelligente, aimable et de bonne naissance, car j'ai
encore quelques préjugés sur ce point si je me marie.
Quant à l'amour, cela se fait en une semaine (pourvu que
la dame en ait une part raisonnable), d'ailleurs le mariage va
mieux par estime et confiance que par romanesque, et elle
est tout à fait assez jolie pour être aimée par son mari, sans
être assez brillamment belle pour attirer trop de rivaux... »
    D'amour il était si peu question en ce projet de mariage,
que, dans la lettre où Byron souhaitait que Lady Melbourne fît sa demande aux parents d'Annabella, il lui
racontait tout au long sa passion nouvelle pour une cantatrice italienne « pas très belle, mais tout à fait dans le style
que j'aime... Elle aime beaucoup son mari, ce qui n'en
vaut que mieux, car si une femme peut aimer son mari,
combien plus elle aimera naturellement quelqu'un qui ne
sera *pas* son mari ». Fletcher, lui, voulait faire épouser par
son maître une veuve hollandaise « de grande richesse et
vastes rotondités ». Fletcher, homme marié, mais émancipé
par les moustiques et le sirocco du Levant, était amoureux
de la suivante de la veuve et pensait que cette union avan-
cerait ses affaires. La veuve hollandaise ? Miss Milbanke ?
Caroline ? la cantatrice italienne ? Byron, amusé, attendait
que le Destin ou Lady Melbourne eussent choisi pour lui.
« Est-ce qu'Annabella valse ? C'est une étrange question,
mais très essentielle pour moi. Je voudrais que quelqu'un
pût lui dire tout de suite que je désire demander sa main ;
mais j'ai de grands doutes sur ce qu'elle pensera. Cela
dépend d'elle entièrement. »
    Grave responsabilité que de proposer un prétendant
aussi léger à l'une des rares personnes de ce temps pour

laquelle le mariage demeurât un acte irrévocable et sacré. « Elle mérite un cœur meilleur que le mien », disait Byron lui-même dans ses moments de sagesse. Mais Lady Melbourne aimait ce jeune homme. Elle était touchée de s'entendre dire, à soixante ans, qu'on pouvait encore la préférer à toutes les autres femmes. Peut-être aussi pensait-elle qu'il serait divertissant de voir ce Don Juan incertain pris en main par sa grave nièce. « Pauvre Annabella ! Ses yeux innocents vont devenir plus beaux si elle se met à vous aimer. Les yeux ont besoin de ce genre d'inspiration. » Annabella souffrirait un peu ? Cela lui ferait du bien, pensait Lady Melbourne, toujours un peu agacée par cette apparente placidité, et elle tenta la démarche.

La jeune fille était loin d'avoir oublié Byron. Elle avait eu, pendant son séjour à Londres, la certitude de l'intéresser, presque l'espoir de le sauver ; puis le scandale de la liaison avec Caroline l'avait fait désespérer de cette âme. Rentrée chez ses parents, elle s'était retrouvée en présence de la mer et du ciel. Elle aimait à se promener entre ces deux immensités. Dans un monde que Byron voyait si dur, si indifférent aux souffrances des hommes, elle croyait apercevoir partout les traces de la bonté de Dieu : « Je me sens bénie, écrivait-elle, quand je reconnais la bienveillance de mon Créateur et je contemple ces scènes avec le plus profond bonheur en pensant que mon Père a fait toutes ces choses. » Dans son journal, elle s'essayait à tracer un portrait de Lord Byron : « Les passions ont été ses guides depuis l'enfance... Pourtant, parmi ses tendances, il y en a qui mériteraient d'être associées avec des principes chrétiens. ("J'aime les vertus que je ne puis avoir"). En secret, il est l'ami de tous les sentiments humains mais, par la plus étrange perversité jamais créée par l'orgueil, il s'efforce de déguiser les meilleurs traits de son caractère. Quand l'indignation s'empare de lui, et elle est facilement excitée, il devient méchant, il peut haïr avec le mépris le plus amer. Il est extrêmement humble avec les personnes dont il respecte le caractère et il leur confesse ses erreurs avec pénitence. » Elle pensait qu'elle était une de ces personnes dont il respectait le caractère. Elle l'admirait, elle était tentée, mais elle reconnaissait le danger.

Byron avait été maladroit en choisissant pour messagère Lady Melbourne, dont Annabella n'estimait pas le jugement. La réponse fut un refus poli : « Je serais tout à fait indigne de l'estime de Lord Byron si je ne disais la vérité sans équivoque. Je crois qu'il ne serait jamais l'objet de cette forte affection qui me rendrait heureuse dans le mariage, je lui ferais donc tort si j'adoptais quelque mesure qui pourrait, même indirectement, le confirmer dans ses impressions actuelles. Des quelques observations que j'ai pu faire sur sa conduite, j'étais disposée à croire votre témoignage en sa faveur et, si je ne suis pas encline à lui rendre son attachement, j'en accuse mes sentiments plutôt que son caractère. Après cet aveu que je fais avec un réel chagrin à l'idée que je peux infliger quelque peine, je dois laisser à son jugement le soin de décider ce que seront nos futures relations. » En somme elle refusait de l'épouser, s'il fallait la croire, parce qu'elle ne l'aimait pas. Aventure assez nouvelle pour l'auteur de *Childe Harold*.

XVII. *Comme les dieux dans Lucrèce*

> *In her first passion Woman loves her lover,*
> *In all the others all she loves is Love,*
> *Which grows a habit she can ne'er get over,*
> *And fits her loosely, like an easy glove.*
>
> BYRON.

Il avait cessé depuis longtemps de penser : « Newstead et moi tiendrons ou tomberons ensemble. » Ses dettes atteignaient vingt-cinq mille livres. En septembre 1812, l'abbaye fut mise en vente. Le fidèle Hobhouse fut envoyé aux enchères et, sur les indications de Hanson, poussa le premier lot jusqu'à cent treize mille livres, le second jusqu'à treize mille, ce qui lui parut assez divertissant, car il possédait alors exactement une livre, un shilling et six pence. La vente réelle se fit à l'amiable, après l'adjudication, et le domaine fut acheté par un Mr Claughton, pour la somme de cent quarante mille livres. « Je m'étais construit une piscine et un *caveau* – et voilà que je ne serai pas enterré dans ce dernier. Il est curieux que nous ne puissions même pas être certains d'une tombe. » Byron eût été riche à partir de ce moment si Claughton avait payé ; mais le nouveau propriétaire avoua vite s'être engagé au-dessus de ses moyens. Hanson, avoué retors et prudent, avait prévu un dédit de vingt-cinq mille livres au cas où le prix total ne pourrait être payé. Ainsi, de toute façon, Claughton était ruiné, mais tandis que les gens de loi discutaient, Byron manquait une fois de plus d'argent liquide.

Il avait été invité à passer le mois d'octobre chez de nouveaux amis de sa gloire, les Jersey et les Oxford. Lady Jersey était une de ces femmes dont le succès mondain est tel qu'il assure leur vertu par manque de loisirs. Elle donnait de la vie à toute société où elle se trouvait. Charmante avec ses cheveux noir de corbeau, son teint de crème et ses perles de corail, elle n'avait d'autre défaut qu'une volubilité devenue célèbre. Son ami Granville l'avait surnommée *Silence*, et se demandait comme elle pouvait faire pour être, à tout moment, à la fois dans sa maison et dans celle de tous les autres. Byron lui disait qu'elle gâtait sa beauté par une excessive animation ; les yeux, la langue, les bras, tout était en mouvement en même temps. Il passa chez elle, à Middleton, ce qu'il appela « une semaine de chasteté ».

Puis il se rendit à Eywood, chez les Oxford. Il avait rencontré Lady Oxford à Londres pendant l'hiver, l'avait retrouvée aux eaux après le départ de Caroline et tout de suite avait établi avec elle l'entente muette qui unit un jeune homme assez timide, mais de tempérament exigeant, à une femme encore belle qui aime l'amour et sait rendre faciles les premières approches. Lady Oxford avait quarante ans. «Elle ressemblait à un paysage de Claude Lorrain, avec soleil couchant, et sa beauté était relevée par l'idée qu'elle jetait ses derniers rayons mourants, dont le doux éclat l'entourait. Une femme n'est reconnaissante que de sa *première* et de sa *dernière* conquête. La première de la pauvre Lady Oxford avait été terminée bien avant mon entrée dans ce monde de tourments; la dernière, je m'en flatte, me fut réservée, et c'était une *bonne bouche.*»

Elle avait épousé, dix-huit ans plus tôt, Edward Harley, comte d'Oxford, homme aussi disgracié de corps que d'esprit, bien qu'il descendît d'une famille où l'esprit avait été honoré. Un de ses ancêtres avait formé une des meilleures bibliothèques anglaises et les pamphlets rares qu'elle contenait avaient été publiés sous le titre de *Mélanges harleiens.* Tel était aussi le surnom qu'on donnait aux enfants de Lady Oxford qui, tous ravissants, ressemblaient aux plus beaux des amis de leur père.

Lady Oxford s'était fait une philosophie tendre et légère. Sacrifiée par ses parents en un mariage honteux avec un homme qu'elle ne pouvait aimer, elle avait pris plus d'une revanche. On ne pouvait rêver amie plus agréable. Dans ses grands yeux passait souvent cet air de rêverie heureuse et douce qui est toujours une promesse de plaisir. Elle avait de l'esprit et de l'intelligence. Elle lisait Lucrèce, vénérait l'amour physique et traitait l'amour sentimental en maladie dont les symptômes et la durée sont connus. Elle était aussi changeante qu'aimable et, si l'un de ses amants se plaignait qu'elle eût brisé son cœur, répondait qu'un cœur brisé n'est que le signe d'une mauvaise digestion.

Elle avait invité Byron à lui rendre visite en son château d'Eywood. Il y passa les mois d'octobre et de novembre 1812 et, en la compagnie d'une femme adroite, tendre, franche plus que lui-même, s'y trouva parfaitement heureux. Lady Oxford lisait, faisait de la musique et ne se plaignait jamais si son amant, pour rêver, la laissait seule. Lord Oxford (dit Putiphar) se promenait tout le jour dans les bois et se montrait mari plein de tact. Byron et sa maîtresse vivaient comme les dieux dans Lucrèce, « jouissant dans une paix profonde de leur immortalité, loin des affaires des hommes, exempts de leurs douleurs, libres de tout péril, assez riches de leurs propres ressources pour n'avoir aucun besoin des autres... *Privata dolore omni, privata periclis* ». L'Enchanteresse, parfaite latiniste, lisait souvent ce texte à son jeune amant. Il en admirait l'épicurisme hautain. Deux fois déjà dans sa vie, sur la colline de Harrow, puis en Orient, il avait trouvé le bonheur par le détachement des affaires humaines. Mortel vulnérable, il se plaisait à ces divins interludes. Chez lui, la folie du cœur avait parfois troublé la lucidité de l'esprit ; Lady Oxford se parait à ses yeux d'un prestige assez semblable à celui de Lady Melbourne. Il aimait à se laisser guider par ces femmes sceptiques et fortes.

Quelquefois, étonné de la douce apathie où le jetaient les sortilèges d'Eywood, il se demandait en quel animal cette Circé le transformerait. Animal paresseux en tout cas, car il ne travaillait guère, passant les derniers jours sur l'eau ou dans les bois, avec les enfants aux visages d'anges qui évoquaient là tant de pères charmants. Il était presque amoureux de Charlotte, fille aînée de Lady Oxford, déjà ravissante à onze ans et pour laquelle il avait composé une nouvelle dédicace de *Childe Harold*. Il se sentait plus content de lui et des autres qu'il n'avait jamais été de sa vie et ses ennuis lui semblaient être à cent cinquante milles. Un triomphe pour la philosophie païenne.

Cependant Lady Caroline Lamb n'avait pas accepté sa défaite. Elle savait que Byron était à Eywood ; elle en était jalouse. Elle connaissait bien Lady Oxford. Quelques années plus tôt les deux femmes avaient entretenu une savante correspondance sur le sujet suivant : « La connaissance du grec purifie-t-elle ou enflamme-t-elle les passions ? » Dans le cas de Lady Caroline, la réponse n'était pas douteuse.

Chaque jour une lettre arrivait d'elle, soit pour Byron,

soit pour Lady Oxford. « Ma très chère Aspasie, Byron est fâché contre moi ! Voulez-vous lui dire que je n'ai rien fait pour lui déplaire, et que je suis malheureuse – dites-lui que je sais que je lui ai écrit une méchante lettre. Mais je lui ai demandé mille fois pardon. Il en a assez de moi, je le vois par sa lettre. – Je n'écrirai plus, je ne l'ennuierai plus, mais obtenez de lui mon pardon. » Lady Oxford ne répondit pas. Lady Caroline menaça de venir, d'écrire à Lord Oxford, de se tuer. Les deux amants lisaient ensemble ces lettres pathétiques avec un grand mépris. Pour des philosophes lucréciens, le ton en était insupportable.

Byron tenait son alliée, Lady Melbourne, au courant des mouvements de l'ennemi : « Caroline menace de se venger sur elle-même ; cela la regarde... Je ne puis exister sans quelque objet à aimer. J'en ai trouvé un dont je suis parfaitement satisfait, et qui, autant que j'en peux juger, ne l'est pas moins de moi ; notre souhait mutuel est le repos, et (après toutes les ridicules histoires de la saison dernière) je trouve dans la tranquillité un plaisir encore doublé... j'ai beaucoup à faire et peu de temps à moi ; je n'ai certainement pas un instant à perdre pour cette personne... L'horreur que je ressens pour certains de ses actes, je ne veux même pas vous l'exprimer. Ce sentiment est devenu une partie de ma nature ; il a empoisonné mon existence future. Je ne sais pas qui j'aimerai, mais jusqu'au dernier moment de ma vie je haïrai cette femme. Maintenant vous connaissez mes sentiments ; ils seront les mêmes jusqu'à mon lit de mort. Je ne lui exprime pas cela sous cette forme, parce que je ne tiens pas à la rendre malheureuse ; mais tel est mon état d'esprit envers elle et je désire ne pas la revoir jusqu'à ce que nous soyons enchaînés ensemble dans l'Enfer de Dante... »

Lady Melbourne approuvait cette fermeté et dénonçait avec une implacable exactitude les variations de sa belle-fille : « Si je connais Caroline, vous n'en êtes pas quitte. J'ai vu deux lettres d'elle écrites le même jour, l'une pleine de bonheur, de gaieté, de grands dîners – l'autre hypocrite, parlant de son malheur et affectant d'être tranquille et résignée. Comme de tels sentiments ne sont pas dans sa nature, il est probable que vous apprendrez bientôt tout le contraire. » Les femmes seules détruisent avec cette férocité les tristes mensonges des femmes. Ce qui pouvait rester en Byron de naïveté et de pitié ne devait pas résister bien longtemps à la sagesse désabusée de Lady Melbourne.

Pendant quelque temps il répondit à Lady Caroline avec courtoisie, puis, comme l'imprudente continuait à l'accabler de lettres à la fois plaintives et furieuses, Byron exaspéré (et peut-être sous la dictée de Lady Oxford) écrivit une lettre cinglante : « Lady Caroline, – je ne suis plus votre amant ; et puisque vous m'obligez à le confesser par cette persécution si peu féminine... apprenez que je suis attaché à une autre, dont il serait déshonorant de mentionner le nom. Je me rappellerai toujours avec gratitude les preuves que j'ai reçues de la prédilection que vous montriez en ma faveur. Je continuerai à être votre ami, si Votre Seigneurie me permet de me dire tel ; et, comme preuve de ma sympathie, je vous offre ce conseil : guérissez-vous de votre vanité, qui est ridicule ; exercez sur d'autres vos absurdes caprices ; et laissez-moi en paix. – Votre très obéissant serviteur : BYRON. »

Peut-être l'eût-il traitée moins durement s'il avait pu la voir, car elle faisait pitié. Sa conduite était d'une folle ; elle gravait sur les boutons de sa livrée : *Ne crede Biron*. Elle imitait l'écriture de son amant et composait de fausses lettres pour extorquer à l'éditeur Murray un portrait que Byron ne voulait pas lui donner. Elle organisa à Brocket Hall une curieuse cérémonie, au cours de laquelle Byron fut brûlé en effigie tandis que les jeunes filles du village, vêtues de blanc, dansaient autour du bûcher. Elle-même s'était habillée en page et récita (en plaçant dans le feu un panier qui contenait des boucles, des livres, des bagues et des copies de lettres de Byron) des vers qu'elle avait composés pour cette occasion :

Brûle, feu, brûle, détruis ces jouets brillants,
Pendant que nous acclamerons ta flamme avec des cris de joie
Brûle, feu, brûle,
Tandis que l'or et les joyaux brillent dans ta flamme.

Elle eut la naïveté d'envoyer un récit de cette cérémonie
à Byron, qui le transmit à Lady Melbourne en l'endossant
de la façon suivante : « Long récit d'un feu de joie, plein
de gentilshommes du pays, de pages, de chaînes d'or, de
paniers de fleurs, d'elle-même et autres idioties. »

En février 1813, Lady Bessborough, revenue à Londres,
demanda un entretien à Byron et fut, une fois de plus,
stupéfaite de le trouver si peu romanesque. Les mères, par
hérédité à rebours, partagent toujours un peu la folie de
leurs filles. Celle-là regrettait l'aventure mais, puisque le
mal était fait, eût au moins souhaité que le drame fût beau.
Byron raisonnable la désappointait. « Lady Bessborough a
été horrifiée par mon manque de romanesque et, d'une
façon générale, pétrifiée par ma conduite. »

Elle voulait obtenir, pour sa fille, une entrevue avec Byron ; Lady Oxford (avec beaucoup de bon sens) s'y oppo-
sa. William Lamb, trouvant sa femme en larmes, jugea que
Byron l'offensait, lui, en refusant de la recevoir. « Ceci est
réellement risible : si je parle à sa femme, il est insulté ; si
je ne lui parle pas, elle est insultée. » Lady Melbourne
conseilla d'accepter l'entrevue en présence d'un témoin ;
Byron dit qu'il y consentait, pourvu que le témoin fût Lady
Oxford.

Enfin la rencontre se produisit d'elle-même, à un bal
chez Lady Heathcote. Lady Melbourne y assistait, de
grandes plumes piquées dans ses cheveux blancs ; elle
avait alors soixante et un ans et était encore une des femmes les plus séduisantes de la soirée. Il y avait là Lord
Grey, Sheridan. La lumière des bougies reflétée par les
cristaux des grands candélabres modelait doucement la
beauté des femmes. Tout d'un coup la foule s'ouvrit pour
regarder, avec un intérêt vif, Byron qui arrivait, sautillant,

pâle, « d'une beauté presque sinistre ». Il se trouva face à face avec Caroline qui le regarda, les yeux hagards.

A ce moment l'orchestre joua les premières mesures d'une valse et la maîtresse de maison, un peu inquiète, dit : « Allons, Lady Caroline, vous devez ouvrir le bal. – Oh ! dit celle-ci, je suis d'humeur très gaie » et se penchant vers Byron, elle murmura : « Je suppose que je peux valser maintenant ? – Avec chacun de ces hommes à son tour, répondit Byron, sarcastique, vous avez toujours valsé mieux que personne et j'aurai grand plaisir à vous regarder. » Elle dansa puis, se sentant malade, alla dans une petite chambre où un souper avait été préparé. Lord Byron y entra, une femme à son bras et, la voyant, dit : « J'ai admiré votre grâce. » Elle saisit un couteau. « Faites, ma chère, faites, dit-il, mais si vous voulez jouer une tragédie romaine frappez votre cœur et non le mien. Le mien, vous l'avez déjà frappé. » Elle cria : « Byron ! » s'enfuit avec le couteau et personne ne vit exactement ce qui arriva. Les uns dirent qu'elle s'était coupée ; les autres que, prête à s'évanouir, elle avait voulu prendre un verre d'eau, l'avait cassé et s'était blessée avec les morceaux. En tout cas, elle était couverte de sang. Byron avait déjà passé dans une chambre voisine ; quand on vint lui conter ce qui était arrivé, il dit avec mépris : « C'est encore un de ses tours. »

L'histoire fit grand bruit et un petit journal, le *Satirist*, en publia un récit sous le titre de *Scandalum Magnatum* : « La préférence de Lord B***n pour un autre bel objet fit enrager si fort Lady C. L**b que, dans un paroxysme de jalousie, elle prit un couteau à dessert et se poignarda... On dit que le mari de la dame est bien à plaindre de ce que cette tentative de suicide n'ait pas plus complètement réussi. Lady C. L**b est encore vivante. »

Elle eut le courage, quelques semaines plus tard, de rendre visite à Byron, chez lui. Il était sorti mais elle se fit introduire, trouva sur la table un livre, le *Vathek* de Beckford, et écrivit sur la première page : « Souviens-toi de moi. » Quand Byron rentra, il trouva ce livre ouvert et cette écriture trop connue. D'un seul jet, il écrivit :

Me souvenir de toi ! Ah ! n'en doute pas,
Ton mari lui aussi se souviendra de toi !
Par aucun de nous deux tu ne seras oubliée,
Toi fausse envers lui, toi monstre envers moi !

Rien n'était mieux dans le caractère de Byron que d'associer l'amant au mari dans ce réquisitoire contre une femme dont le crime le plus grand, et d'ailleurs en effet impardonnable, avait été de l'aimer.

En vérité, il en avait assez. Si c'était à de telles aventures que devait conduire l'amour, fuir les femmes était la seule sagesse. L'Enchanteresse elle-même, si sage, l'avait quelquefois fait souffrir. Changeante et libre, il lui arrivait, tout en restant l'amie de Byron, de devenir curieuse d'un autre homme. Alors Lord Oxford s'enfonçait plus profondément encore dans ses forêts et Byron se voyait écarté pour un temps, avec une franchise redoutable. Chaque fois il sut par elle la vérité, plus triste de la perdre parce qu'il estimait cette cruelle sincérité :

Tu n'es pas fausse, mais tu es inconstante...
Tu aimes trop bien – tu quittes trop tôt.

Ils formaient d'agréables projets de voyage à trois en Sicile, quand Lord Oxford, alarmé par une absurde famille, s'avisa, comme il arrive toujours, d'être jaloux de Lord Byron au moment où celui-ci avait lui-même les plus fortes raisons de l'être. Sa femme eut vite fait d'apaiser l'orage sentie par de rassurants mensonges, mais il fut décidé qu'elle irait faire une croisière en Méditerranée seule avec son mari et, comme écrivait Byron, « qu'ils seraient très heureux et qu'ils auraient beaucoup d'enfants ». Elle partit le 28 juin 1813 : « Lady Oxford s'est embarquée hier et maintenant, ma chère Lady Melbourne, voulez-vous être assez gentille pour ne plus me parler d'elle ? S'il faut vous dire la vérité, je me sens plus carolinesque à son sujet que je ne m'y serais attendu. »

XVIII. *Augusta*

Was there ever such a slave to impulse ?

BYRON.

Il avait été convenu qu'il accompagnerait Lord et Lady Oxford jusqu'à leur bateau, mais au dernier moment il y renonça parce que sa sœur Augusta lui avait écrit que, chassée de chez elle par les ennuis d'argent de son mari, elle allait venir faire un séjour à Londres. « Ma très chère Augusta, – Si vous saviez *qui* j'ai remis pour vous, outre mon voyage, vous me jugeriez devenu étrangement fraternel... »

Il ne l'avait pas vue depuis son retour en Angleterre. Elle vivait à Six Mile Bottom, une maison de campagne voisine du champ de courses de Newmarket, avec trois enfants, et accablée de soucis d'argent. Son mari, le colonel Leigh, égoïste jusqu'à l'inconscience, passait sa vie aux courses où il se couvrait de dettes, poursuivait des conquêtes faciles avec son ami Lord Darlington, ne voyait presque jamais sa femme et ne logeait chez lui qu'au temps des courses de Newmarket. Elle passait pour lui être fidèle. Elle avait été élevée par une grand-mère piétiste et un curieux jargon de dévotion lui tenait lieu de morale. Dans la famille on savait qu'un cadeau d'Augusta Leigh, c'était toujours une Bible, un livre de prières. D'ailleurs ses soucis de ménagère et de mère ne lui laissaient pas le temps de penser à ses sentiments. Soigner ses enfants, dont toujours au moins un sur trois était malade, éloigner bookmakers et créanciers, répondre au courrier d'un mari

incapable d'écrire une lettre, ces petites besognes quotidiennes suffisaient à remplir sa vie. Jamais être humain
plus qu'elle n'avait vécu au jour le jour.

Byron la reçut chez lui, dans son logement de Bennet
Street, le dimanche 27 juin 1813, au début de l'après-midi,
et fut charmé d'elle. Tout de suite elle lui plut physiquement. Elle ne paraissait pas très jolie quand on la regardait
sans attention, mais cela tenait plutôt à la négligence de sa
mise qu'à ses traits qui étaient beaux. Elle avait le profil
des Byron, leur curieuse habitude de ne pas prononcer les
r, leur moue boudeuse et presque enfantine, leur fronce-
ment de sourcils. Pour Byron, si curieux de lui-même, ce
fut une étonnante et agréable sensation que de rencontrer
cet autre lui-même et qui était une jolie femme.

Par certains détails la ressemblance était morale aussi.
Elle avait la timidité des Byron, animaux assez sauvages.
Byron et elle, tous deux silencieux dans le monde, se trouvèrent soudain délicieusement libres l'un envers l'autre. Etait-
ce parce qu'elle était sa sœur, parce qu'il avait avec elle
tant de souvenirs communs, depuis ce père inconscient et
volage jusqu'à la Douairière de Southwell ? Dès le premier
jour le ton de leurs conversations fut agréable et animé.
Qu'il était dommage qu'elle fût mariée ! Elle serait venue
vivre avec lui, elle aurait tenu sa maison. Cela eût mieux
valu qu'un mariage avec une inconnue. Il avait horreur des
inconnus, ces êtres qui ne savent rien de votre vie, de vos
points sensibles, de vos malheureuses jambes, de cette
dure enfance. Avec Augusta, tout était facile. On pouvait
s'abandonner complètement. Elle avait pour son « Baby
Byron » une tendresse indulgente. Dès ce premier dimanche, et aussitôt après qu'elle l'eut quitté, il lui écrivit un
billet : « Ma très chère Augusta, – Si vous voulez venir
avec moi chez Lady Davy ce soir, j'ai une invitation pour
vous. Vous verrez la Staël, des gens que vous connaissez,
et *moi* que vous ne connaissez pas – vous parlerez à qui
vous voudrez et je vous surveillerai comme si vous étiez
une vieille fille en danger de le demeurer. Faites comme
vous voudrez ; mais si vous êtes prête vers dix heures et

demie, je passerai vous prendre. Je crois qu'être ensemble devant des tiers sera une *sensation* nouvelle pour *nous deux*. »

Il avait souligné le mot *sensation* ; sans doute lui avait-il déjà exposé sa doctrine favorite : « Seule la sensation forte nous donne conscience de nous-même. » Mais exposer des idées à Augusta était l'exercice le plus vain du monde. Dans son esprit confus et sautillant, les idées glissaient aussitôt vers les limbes de l'indéterminé. Au début elle demanda bien, par politesse, à voir de nouveaux vers de lui ; il répondit qu'elle n'y comprendrait rien et elle rit, au fond satisfaite. Elle aimait à jouer, comme une enfant. Douée, comme tous les Byron, d'un sentiment très vif du comique, elle faisait des imitations qui ravissaient son frère. Elle avait un curieux langage, où les faits étaient enveloppés d'un tel brouillard de parenthèses, d'insinuations et d'incohérences, qu'après l'avoir écoutée cinq minutes on ne savait plus de quoi elle parlait. Il y avait des *oh ! dear, oh ! dear*,... des récits de maladies d'enfants... puis soudain une anecdote sur la reine Charlotte dont elle était dame d'honneur... puis un mémoire impayé qui lui revenait à l'esprit... *oh ! dear ! oh ! dear !*... et elle éclatait de rire. Byron adorait cette incohérence. Il appelait cela les mystères d'Augusta, « son damné crinkum-crankum ». Vite il adopta avec elle un ton d'affectueuse plaisanterie qui semblait plus d'un amant que d'un frère.

Elle passa à Londres tout le début de juillet. Elle n'habitait pas chez Byron mais elle l'accompagnait au bal d'Almacks, au théâtre, et venait le voir dans son appartement de Bennet Street. Une vieille femme, Mrs Mule, faisait le ménage ; elle avait l'air d'une sorcière, effrayait tous les visiteurs, mais adorait Byron, très bon pour elle. La femme de ménage, le petit appartement, les visites quotidiennes d'une femme presque inconnue, c'était tout le décor classique d'une liaison et, dès le premier jour, dut se glisser dans ces rapports « étrangement fraternels » une sensualité d'autant plus douce qu'elle fut d'abord inconsciente.

Tout s'unissait ici pour séduire Byron. Cette jeune femme, qui lui plaisait, pouvait venir chez lui librement. Ils n'étaient pas protégés contre l'amour, comme le sont des frères et sœurs normaux, par l'usure des sentiments. « Ils n'avaient pas été élevés ensemble sous le même toit, dans l'inconsciente innocence de l'enfance. Ils s'étaient rarement rencontrés. » Ils n'avaient eu ni la même mère ni la même famille. Augusta gardait, aux yeux de Byron, tout le prestige de la découverte. Il croyait à la naissance. Il devait admirer une sœur du duc de Leeds, dame d'honneur de la reine, qui connaissait tout Londres, habitait au palais de Saint-James, et avec laquelle il était flatteur d'afficher une intimité toute neuve. Non seulement elle pouvait lui plaire comme eût pu le faire toute amie nouvelle, mais elle devait le tenter davantage. Il avait écrit un jour qu'il aimait à être traité par les femmes « en sœur favorite et un peu méchante ». Il cherchait dans l'amour un mélange d'amitié gaie, de sensualité et de tendresse presque maternelle. Comme une sœur un peu audacieuse... Dès que la pensée l'en toucha, l'inceste dut le hanter. Ne lui suffisait-il pas d'imaginer une passion dangereuse pour s'y croire prédestiné ? Ne descendait-il pas des Byron, des Gordon, dont l'histoire était aussi terrible que celle des Borgia ? Depuis l'enfance il s'était senti désigné, comme Zeluco, pour quelque crime monstrueux qui le mettrait au-dessus et en dehors des lois humaines. En cette aventure il dut se sentir coupable, et trouver plaisir à se sentir coupable plus qu'il ne le fut réellement. On pourrait presque dire que ce fut lui, et lui seul qui, baptisant inceste un amour assez naturel pour une demi-sœur inconnue, transforma la faute en crime. Même cette incapacité à sortir de lui qui l'isolait si dangereusement des autres le servait ici puisque en cette femme, semblable à lui, c'était encore lui qu'il cherchait. A son goût pour elle dut se mêler comme un étrange narcissisme.

Deux ans plus tôt, une timidité de jeune mâle sans expérience l'aurait peut-être retenu. Mais grâce à Caroline Lamb, grâce à Lady Oxford, il connaissait maintenant ce cérémonial de la conquête dont l'automatisme presque fatal confère, sur les femmes inexpérimentées, une si singulière autorité. Quant à Augusta, elle était peut-être de toutes la plus incapable de lui résister. Comme elle n'avait ni volonté, ni orgueil, il l'avait dominée tout de suite. Il l'appelait *Guss*, ou *Goose*, ma petite oie ; il lui disait qu'elle était *a fool*, une petite sotte ; elle riait. La religion de Mrs Leigh, toute en surface, avait peu d'influence sur ses actes. Son sentiment le plus vif était la bonté, mais une bonté si peu endiguée par des règles morales ou sociales qu'elle n'aurait pas vu grand mal à commettre l'action la plus criminelle si elle avait pensé faire plaisir ainsi à un être qu'elle aimait. Avec une âme assez pure, elle était capable des pires folies, que d'ailleurs elle eût oubliées aussitôt après les avoir commises.

Byron, un peu plus tard, parlant de ces choses à sa confidente Lady Melbourne, tint à bien marquer qu'Augusta avait cédé plutôt par tendresse que par passion. « Par le Dieu qui m'a créé pour mon propre malheur, et certes pas pour le bien des autres, *elle* n'était pas à blâmer, pas pour un millième en comparaison de moi. Elle ne s'est rendu compte de son propre péril que lorsqu'il a été trop tard, et je ne puis expliquer son *abandon* que par une observation qui, me semble-t-il, est assez juste, c'est que les femmes sont beaucoup plus *attachées* que les hommes si elles sont traitées avec quoi que ce soit qui ressemble à de la tendresse. »

Il trouva dans cet amour un plaisir d'autant plus âcre et vif qu'il avait, lui, le sentiment du péché. Ses aventures passées lui parurent insipides à côté de ce bonheur mêlé de remords. L'inceste, violant une des lois les plus antiques des hommes, lui semblait donner aux joies de la chair le prestige de la révolte. Augusta, beaucoup plus simple, s'abandonnait. *Oh ! dear ; oh ! dear*, quelle aventure pour une mère de famille et qu'elle était peu faite pour cette tragédie. Le plus étrange était qu'elle aimait encore à sa manière « cet invraisemblable gentleman son cousin et mari », mais pouvait-elle refuser quelque chose à son Baby

Byron quand il la suppliait ? Elle était de ces femmes qui
croient que, si l'on cesse d'y penser, un passé déplaisant
est annulé. Elle sautait comme un oiseau à la surface de sa
propre pensée, picorant çà et là un trait comique, une
platitude. Plus tard Byron, qui goûtait la saveur amère du
remords, voulut quelquefois la forcer à se pencher avec lui
sur leur crime. Elle s'échappait, d'un mouvement adroit et
souple, et essayait de le faire rire.

A la fin de juillet, elle l'emmena avec elle à Newmarket
pour y voir les trois enfants. Le séjour fut très gai. Les
enfants aimèrent ce jeune oncle. Ils poussaient des cris de
joie : « Byron ! Byron ! » toutes les fois qu'il entrait. Puis
Augusta revint à Londres avec lui. La situation financière
du colonel Leigh était telle que tout valait mieux que de
vivre dans cette maison. Le frère et la sœur formèrent des
projets de voyage. Byron était dégoûté de l'Angleterre. Le
prince régent, qu'il avait cru libéral, devenait chaque jour
plus despotique. L'écrivain Leigh Hunt était emprisonné
pour avoir critiqué un éloge du prince. Comme Childe
Harold, Byron « avait horreur de son pays natal ». « Quel
fou j'ai été de revenir », disait-il. Il pensait à des odeurs de
thym et de lavande, à des montagnes aux contours précis
sur une mer bleue, à des pays où l'on ne se souciait de
personne et où personne ne se souciait de vous. Pourquoi
n'emmènerait-il pas Augusta vers la Sicile ou la Grèce ?

Incapable de se taire, il commençait à faire entendre à
ses amis, sous le voile d'un transparent mystère, ce
qu'étaient ses nouvelles amours. « Je ne vous parle pas du
sexe brillant, écrivait-il à Moore ; le fait est que je suis en
ce moment au milieu d'une histoire entièrement nouvelle
et plus grave qu'aucune de celles des douze derniers mois
– et c'est beaucoup dire. Il est malheureux que nous ne
puissions vivre ni avec ni sans ces femmes. » Lady Melbourne, elle aussi, recevait des confidences et, malgré sa
hardiesse, était alarmée. Certes elle n'était pas folle de
morale, mais l'horreur de l'inceste dépasse la morale.
« Vous êtes au bord d'un précipice et, si vous ne faites pas
retraite, vous êtes perdu pour toujours – c'est un crime

pour lequel il n'y a pas de salut en ce monde, quoi qu'il en puisse être dans l'autre. » Byron, bien qu'au fond il pensât comme elle, fut très fier d'avoir pu la choquer : « C'est une femme de bien, après tout, dit-il ironiquement, car il y a des choses devant lesquelles elle s'arrête. » Mais il lui obéit et renonça au projet sicilien. « Chère Lady Melbourne – Il n'y a rien à répondre à votre aimable lettre ; personne, sauf vous, n'aurait pris la peine de me donner un tel conseil ; personne, sauf moi, ne se serait mis dans la situation d'avoir à le demander. Je suis encore à Londres, de sorte que votre avis a eu tout l'effet que vous en attendiez. »

Il était en effet à Londres, seul avec Augusta dans la ville déserte du mois d'août et très heureux. « Que faites-vous ? Nous ne pouvons que dire ce que nous ne faisons pas. La ville est vide, mais n'en vaut que mieux ; c'est un endroit délicieux maintenant qu'il n'y a plus personne ; je ne dis rien ; je ne fais rien ; je ne désire rien. » C'était l'indolent bonheur de l'amour.

Au printemps, avant cette liaison, il avait publié un conte oriental, le *Giaour*, son seul travail depuis *Childe Harold*. Dans la première version, le *Giaour* était un poème assez médiocre, souvenir d'Athènes, histoire d'une femme que les Turcs avaient voulu jeter à la mer pour adultère. A l'automne, en quelques jours, il ajouta cinq cents vers d'un seul jet.

> Leïla ! Chacune de mes pensées n'était qu'à toi !
> Toi, mon bien, mon crime, ma richesse, mon malheur,
> Mon seul espoir en haut – et mon tout ici-bas.
> La terre ne contient aucune femme comme toi
> Ou, du moins, c'est en vain pour moi...
> Il est trop tard – tu étais, tu es
> La chère folie de mon cœur !

Mais il savait que cette folie ne pouvait durer. Lady Melbourne, vraiment inquiète cette fois, certaine que Byron allait à un désastre pour sa sœur comme pour lui, le suppliait de rompre. Il n'en avait pas le courage. Augusta passa avec lui tout le mois d'août. Quand elle le quitta, au début de septembre, elle était enceinte.

XIX. *Le perchoir le plus voisin*

> Mon cœur se pose toujours sur le perchoir le plus voisin.
>
> BYRON.

Dans sa correspondance avec Lady Melbourne, les héroïnes de Byron étaient désignées par des lettres. Caroline était *C*, Annabella *votre A*, Augusta *mon A*, ou quelquefois, quand il fallait être plus mystérieux, n'était désignée que par une croix. Le seul vœu de Lady Melbourne, depuis l'inceste accompli, était de voir une lettre rédemptrice s'ajouter à ce dangereux alphabet. Mais était-ce possible ? *Byron à Lady Melbourne :* « J'ai essayé, et de mon mieux, de vaincre mon démon, mais avec très peu de résultats, car une ressource qui m'a rarement manqué auparavant a été vaine en l'occurrence. Je veux dire le *transfert* de mes sentiments sur une autre... Je viens d'en avoir une occasion assez belle et où on ne me décourageait pas. J'étais plein de bonne volonté, mais le sentiment que c'était un effort a tout gâté ; et me voici de nouveau – ce que vous savez. Mais comme je n'ai pas été accoutumé à faire devant vous parade de mes pensées sur le mode larmoyant, je ne commencerai pas aujourd'hui. »

Tout de suite après le départ d'Augusta, il avait été invité à faire un séjour à la campagne chez James Wedderburn Webster, garçon assez médiocre, aux cheveux filasse, qu'il avait connu à Cambridge et retrouvé plus tard à Athènes.

Webster était hâbleur, gaffeur, indiscret, mais Byron, parce qu'il avait le sentiment du comique, se montrait indulgent aux animaux de cette espèce. Quand celui-là s'était marié, un an plus tôt, avec la jeune Lady Frances Annesley, il avait prié Byron d'être le parrain de son premier enfant. La requête avait ravi Childe Harold. « Si c'est un garçon..., avait écrit Webster. – Et pourquoi pas aussi si c'est une fille ? » avait répondu Byron, vexé. Ce fut un garçon.

Lady Frances était bien jolie, mais elle paraissait fragile. Byron, observant la pâleur de ce teint et l'éclat fiévreux des yeux, se demanda si elle vivrait. Sa sœur, Lady Catherine Annesley, n'était pas moins frêle, toutes deux blondes, avec de longs cils recourbés et des yeux mélancoliques entourés de cernes profonds. Webster, jovial et bien en chair, détonnait au milieu de tant de grâces anémiques. Pendant le dîner, plusieurs fois ses plaisanteries vulgaires arrachèrent d'imperceptibles mouvements d'impatience à sa femme et à sa belle-sœur. Byron, silencieux et amusé, ne perdait pas un seul de leurs soupirs et les savourait en amateur. Les hommes, après le repas, restèrent seuls autour des bouteilles. Byron fit l'éloge de Lady Frances et Webster s'épanouit. Il était très fier de sa femme ; il était aussi très jaloux. Mais Lord Byron commençait à connaître les mœurs et manies de l'espèce mari et s'entendait mieux qu'homme au monde à apprivoiser l'animal. Pendant tout le dîner, évitant soigneusement de prêter attention à la femme de son hôte, il avait poussé l'indifférence jusqu'aux limites de l'impolitesse. Webster l'avait trouvé plein de tact, ce Don Juan dont on disait tant de mal, et en effet Byron se sentait bienveillant, indolent, et sans aucune envie de tourmenter un mari.

Pourtant celui-ci lui faisait la partie belle, car il demandait à Byron de l'inviter encore à Newstead, où il avait fait un court séjour le mois précédent et admiré de trop près les charmes d'une des nymphes indulgentes de l'abbaye. Le soir, Byron écrivait à Lady Melbourne : « Si j'avais de mauvaises intentions, je pourrais fort bien manœuvrer en me servant de tout cela ; mais je suis devenu si vertueux, ou si paresseux, que je ne profiterai même pas d'une occasion si plaisante... Il m'a proposé, avec une grande gravité, de l'emmener là-bas et je lui ai répondu, avec une égale franchise, qu'il peut partir quand il voudra mais que je resterai ici pour m'occuper de sa maison en son absence – une proposition qui me semblait parfaite, mais qui n'a pas paru lui plaire du tout. Pour me calmer, il m'a prêché tout un sermon sur les vertus de sa femme, concluant qu'en toutes qualités morales et matérielles elle ressemblait beaucoup au Christ ! Je crois que la Vierge Marie eût été une comparaison plus appropriée. »

Lorsque, le lendemain, Byron quitta Aston Hall, il fut chaleureusement invité par le mari à revenir. La femme ne dit rien et le regarda longuement. Irait-il ? « Il n'y aura personne pour le rendre jaloux, sauf le vicaire et le maître d'hôtel – et je n'ai nulle intention de m'y consacrer moi-même. Je ne sais pas exactement ce qu'il faut à la dame de ces lieux... Elle s'attend pourtant à être attaquée et semble préparée pour une brillante défense ; ma réputation de *roué* m'a précédé et mon attitude tranquille, indifférente, l'a tellement étonnée pendant mon dernier séjour qu'elle commence à se croire laide, et moi aveugle ou pire... »

Une si méritoire abstention aurait dû tout au moins assurer à Byron un séjour tranquille. Mais les hommes ne voient pas les actions réelles. A la place qu'occupe l'être véritable, ils contemplent le personnage fictif créé par la légende. Si Don Juan s'abstient de regarder une femme, on lui prête les plus sombres desseins. Pour une fois le malheureux Byron désirait respecter la paix d'un ménage ami, la santé d'une femme fragile ; le mari devint nerveux, irritable, et soupçonna que tant de nonchalance cachait des projets affreux.

Byron à Lady Melbourne : Webster devient intolérable. Il est irrité contre mes livres italiens (Dante et Alfieri) et me demande de ne pas les montrer à sa femme, parce que, diable ! c'est une langue qui peut faire un mal infini !!! Je demande des nouvelles des Stanhope, nos amis communs, et il me répond : « Dites-moi, est-ce que vous demandez aux autres des nouvelles de *ma* femme de cette façon ? » Ainsi vous voyez que ma Vertu doit porter en elle-même sa récompense – car jamais, en mots ni en actions, je ne me suis occupé de son épouse... Elle est jolie, mais pas extraordinaire, trop maigre, et pas très vivante ; mais de bon caractère avec quelque chose d'assez intéressant dans ses manières et dans sa tournure ; certainement je n'aurais jamais pensé à elle ni à personne d'autre, si on me laissait à mes pensées, car je n'ai ni la patience ni la présomption d'avancer si je ne suis rencontré à mi-chemin.

Il était exact que Byron, homme sans fatuité, n'avançait jamais s'il ne se savait rencontré. « Je puis affirmer, avait-il dit très justement, que je n'ai jamais séduit aucune femme. » Il avait été spectateur aussi surpris de ses succès amoureux que de ses succès littéraires. La facilité des femmes demeurait pour lui un sujet d'étonnement et, au fond de son cœur, de scandale. Depuis son arrivée à Aston Hall, il était persuadé qu'il n'intéressait guère cette jeune femme blonde, tranquille, qui sous ses longs cils le regardait d'un air froid. Mais, comme la plupart des Elvire, Lady Frances était prête à faire un peu plus de la moitié de la route. Elle s'arrangea pour rester seule avec Byron dans la salle de billard.

Nous étions auparavant en termes amicaux ; je me rappelle qu'elle m'avait posé une question bizarre : « Comment une femme à qui un homme plaît peut-elle l'en informer s'il n'a pas l'air de s'en apercevoir ? » Je remarquai aussi que nous jouions sans compter les coups ; cela me faisait supposer que, si mes pensées n'étaient certainement pas très absorbées par notre occupation apparente, il en était de même de ma partenaire. Assez satisfait de mes progrès, mais souhaitant plus, je fis une démarche imprudente, avec plume et papier, en prose assez tendre et pas trop mal écrite... C'était prendre un risque, certainement. Comment le lui donner ? Comment serait-ce reçu ? Ce fut très bien reçu et placé pas trop loin du cœur auquel le message était destiné ; au même moment je vis entrer dans la chambre le personnage qui aurait dû à cette minute être dans la mer Rouge, si Satan avait quelque civilité. Elle garda sa contenance, et le papier... Mon billet prospéra, fit plus et même (je suis en ce moment interrompu par le *Marito*, et j'écris ceci devant lui, il m'a apporté un pamphlet politique, de lui, en manuscrit, à déchiffrer et à applaudir, je me contenterai d'applaudir ; oh ! il est parti), mon billet a produit une *réponse*, très peu ambiguë, mais avec trop d'histoires sur la vertu et sur des amours éthérées qui intéressent surtout les âmes, ce que je ne comprends pas très bien, étant mauvais métaphysicien ; mais généralement l'on *finit* et *commence* par le platonisme, et, comme ma prosélyte n'a que vingt ans, nous avons le temps d'en venir au solide. J'espère cependant que la période spirituelle ne se prolongera pas trop ; en tout cas, il faut faire l'essai. Je me souviens que, dans ma dernière affaire, la marche des choses fut toute contraire et que, comme le conseille le major O'Flaherty, « nous combattîmes d'abord, et nous expliquâmes ensuite ». Telle est la présente situation : beaucoup de déclarations mutuelles, une abondante mélancolie qui, à mon grand regret, a été remarquée par le *More*, et autant de preuves d'amour qu'on en peut donner en ce temps, en ces lieux, et en ces circonstances... Bonsoir, je retourne au billard.

Il se trouvait donc, lui qui était arrivé là le cœur tout plein d'une autre, engagé par cette surprenante journée dans la plus inattendue des aventures, et (ce qui était plus grave) dans une aventure platonique. Lady Frances lui avait dit que, quelle que fût la faiblesse de son cœur, il n'en aurait jamais d'autre preuve que cette confession. Il avait répondu qu'il était tout à elle, qu'il acceptait les conditions posées, et qu'il ne ferait jamais sans son aveu la plus légère tentative pour l'entraîner au-delà de ses promesses... Tout à elle ? Pouvait-il être sincère ? Avait-il oublié si vite Augusta ? Il en était lui-même bien étonné.

Mais c'était ainsi et, de tous les hommes, il était le moins capable de tromper sa propre lucidité. Cette jeune femme fragile, presque jeune fille, l'avait touché. Vierge de cœur, puisqu'elle n'avait connu d'autre homme que ce *marito* grossier, elle évoquait le thème, encore très puissant sur l'âme de Byron, de Mary Chaworth. «Doux comme le souvenir d'un amour enterré.» Il avait un jour écrit ce vers. Des tombeaux parmi lesquels il aimait à vivre, ceux de ses amours défuntes étaient à son cœur les plus précieux. Sentimental masqué de mépris, mais jamais tout à fait guéri de l'espoir, il haïssait l'hypocrite chasteté qui ne fuit que pour être poursuivie, mais il respectait les émotions tendres dès qu'il les croyait sincères. Un air timide, le silence, la pâleur avaient sur lui beaucoup plus de pouvoir que les phrases passionnées d'une Caroline Lamb.

Byron acceptait toujours un fait. C'en était un que, pour la première fois depuis plusieurs mois, une femme autre qu'Augusta l'intéressait. Il écrivait à la Confidente : «La journée d'hier a changé mes idées, mes désirs, mes espoirs, mon tout, et vous fournira une preuve additionnelle de ma faiblesse. Pour certaine raison, vous ne serez pas fâchée d'entendre que je suis entièrement différent de ce que j'étais... Vous avouerez que n'importe quoi vaut mieux que la dernière histoire ; et je ne puis exister sans quelque objet d'attachement. Vous rirez de mes perpétuels changements, mais souvenez-vous des circonstances qui ont rompu mes derniers attachements, et vous n'attribuerez pas leur conclusion exactement à mon caprice. »

Webster emprunta mille livres sterling à Byron pour séduire une comtesse vénale. Byron se montra deux fois généreux, car il prêta les mille livres et ne se servit pas de cette arme pour la conquête de Lady Frances. Jamais il n'avait mené une telle vie. La pâle jeune femme aux longs cils venait s'asseoir à côté de lui et le regarder avec passion, sans parler. Lui-même était silencieux. Leurs gestes n'étaient guère plus expressifs ; quelques serrements de main, de rares baisers. La nuit, l'un et l'autre veillaient pour s'écrire des lettres sans fin. Le matin tous deux avaient l'air de spectres. Elle tendait à Byron ses longues épîtres dans un livre, dans un cahier de musique, et toujours en regardant son mari dans les yeux avec une expression rêveuse et douce.

Les sentiments de Byron étaient assez confus. De plus en plus il se laissait prendre au charme de cette sentimentalité virginale. Elle lui demanda une boucle de ses cheveux ; il la coupa et la lui donna. Jadis, pour Caroline Lamb, il avait hésité devant ce sacrifice et lui avait donné la boucle d'un valet. Cela l'avait bien diverti. Mais jouer un tour semblable à la frêle Lady Frances lui eût semblé monstrueux.

Où tout cela le conduisait-il ? A un duel ? A un enlèvement ? Il était prêt à l'un et à l'autre. Le jeu l'amusait assez pour qu'il jouât son rôle jusqu'au bout. D'ailleurs était-ce un rôle ? L'amour vient en aimant. « S'il veut me couper la gorge ; il n'aura pas de mal. Je ne riposterai certainement pas à un homme que j'ai offensé. S'il désire que je lui serve de cible, je ne puis lui refuser ce plaisir... » « Dix jours... Il y a dix jours que je suis venu pour la première fois, et combien ma vie est transformée... Pourquoi ? Elle est jolie, très jolie, distinguée... Terriblement romantique, très ardente de sentiments. Son tempérament ? Ceci est douteux... Elle est intelligente. Elle écrit de belles lettres, encore que son style soit un peu trop allemand... Elle a une voix douce. Elle ne dit pas de sottises, du moins en compagnie. En duo évidemment elle s'attendrit parfois jusqu'à l'absurdité. Peut-il en être autrement entre deux jeunes platonistes ? »

Le platonisme a ses charmes. Il donne du prix à de petites choses, à des fleurs échangées, à des vers murmurés. Il fait trouver des plaisirs infinis dans un serrement de main, dans un soupir, dans l'effleurement d'une robe étalée un peu plus qu'il ne faudrait. La facilité déprécie l'amour comme l'assignat la monnaie ; Byron, si désabusé, ne s'ennuyait pas dans cette bergerie. Les dangers d'une petite guerre conjugale, la douceur d'y avoir pour alliée une personne gracieuse et sensible, tout l'occupait et le retenait.

Cependant Don Juan n'était pas homme à platoniser éternellement. Si même son tempérament l'avait supporté, son orgueil ne l'eût pas toléré. Le sceau de la possession manquait à cette aventure. Ne fût-ce que pour Lady Melbourne, il fallait vaincre. Mais le château d'Aston Hall était, de tous ceux d'Angleterre, le plus mal fait pour conclure. Tout au plus pouvait-on ménager de courtes entrevues, propices aux baisers essoufflés. Restait la nuit, mais la disposition des lieux ne permettait pas les visites nocturnes.

Depuis longtemps il était question de transporter, pour deux ou trois jours, le groupe d'Aston Hall à l'abbaye de Newstead. Byron, très soutenu par les femmes, reprit ce projet un peu oublié. Webster ne fit pas d'objection. La fameuse nymphe l'attirait.

A Newstead, Byron était sur son terrain. Son prestige se trouvait accru par celui de ce domaine. Il montra son abbaye gothique, son lac, l'allée des Moines, la charmante fontaine du cloître. Il vida le crâne rempli de vin, devant Lady Frances admirative. Il la promena dans le parc où des cerfs et des biches les suivirent sous les grands chênes. Il la sentit respectueuse et soumise. Dans une maison si bien connue de lui, un rendez-vous nocturne était facile. A minuit les amants innocents se rencontrèrent seuls, loin de tous.

Un jour, où nous fûmes laissés entièrement à nous-mêmes, fut presque fatal – encore une *victoire* comme celle-là, et avec Pyrrhus nous étions perdus – cela en vint à ceci : « Je suis entièrement à votre merci. Je l'avoue. Je m'abandonne à vous. Je ne suis pas *froide*, quoi qu'il en puisse sembler à d'autres ; mais je sais que je ne pourrai supporter les réflexions qui suivront. Ne croyez pas que ce ne soient là que des mots. Je vous dis la vérité – maintenant agissez comme vous voudrez. » Ai-je eu tort ? Je l'ai épargnée. Il y avait quelque chose de si particulier dans son attitude – une sorte de décision douce – pas de scène – pas même une lutte ; mais pourtant un je-ne-sais-quoi, qui m'a convaincu qu'elle était sérieuse. Ce n'était pas le simple *Non*, que l'on a entendu quarante fois, et toujours avec le même accent ; mais le *ton*, et l'aspect... Mais j'ai sacrifié beaucoup – deux heures du matin – loin de tous – le Diable murmurant que ce n'était que *verbiage*... Et pourtant je ne sais si je puis le regretter – elle semble si reconnaissante de ma mansuétude – une preuve, au moins, qu'elle ne jouait pas seulement l'habituelle hésitation de décence, qui est souvent si agaçante en de telles occasions. Vous me demandez si je suis préparé à aller « jusqu'au bout »... Je réponds, *oui*. Je l'aime.

Pendant quelques jours il fut déchiré par un violent conflit intérieur. Elle se rendait à sa discrétion : « Plutôt que de vous voir mécontent, disait-elle... Plutôt que de vous laisser en aimer une autre, je ferai ce que vous voudrez. » Il se sentait désarmé ; il la voyait si frêle, si pâle ; il la devinait si près des larmes. Que faire ?

Il eut pitié et l'épargna. « Elle avait trop peur du Diable et je ne suis pas suffisamment dans ses bonnes grâces pour satisfaire mes propres passions au prix du malheur certain d'une autre. » Etait-ce une erreur ? Avait-il été la dupe des sentiments les meilleurs qu'il eût jamais éprouvés ? C'était possible et sans doute Lady Melbourne dirait-elle encore qu'il ne connaissait pas les femmes. Peu importait ; il ne prétendait pas les connaître. Pour la première fois depuis longtemps il était content de lui-même. Il avait, en un moment de faiblesse, osé céder au besoin de vertu que le souci de sa gloire lui commandait de refouler. Cette vertu était sa propre récompense. « Heureusement d'ailleurs, car il n'y en eut pas d'autre. » Un matin les amants se séparèrent, Byron très ému, Lady Frances mystérieuse. Quant à James Wedderburn Webster, il donna à Byron en souvenir de cette quinzaine une tabatière ornée d'une inscription enflammée.

XX. *Le corsaire*

Il est difficile de ne pas voir ce que cherche le XIXe siècle ; une soif croissante d'émotions fortes est son vrai caractère.

STENDHAL.

Vraiment le diable lançait trop d'hameçons devant une âme qui lui appartenait peut-être avant sa naissance. Byron avait voulu fuir l'inceste, opérer un transfert, il avait cru réussir et, au dernier moment, par bons sentiments, avait échoué. Les regrets le tourmentaient jour et nuit. Regret d'avoir perdu Augusta, regret d'avoir épargné Frances Webster, vaine rêverie sur ce qui aurait pu être, vain remords de ce qui avait été. « La poésie, disait-il, est la lave de l'imagination, dont l'éruption prévient un tremblement de terre. » En de tels moments, où le tremblement de terre était proche, il écrivait sans effort, d'un jet. Il pensait depuis l'été à un nouveau conte oriental, *La Fiancée d'Abydos*... Zuleïka aimait son frère Selim... Histoire d'inceste, thème imprudent, mais il ne pouvait empêcher son génie de rôder autour de tels sujets. Au moment du retour à Londres, pour calmer la fermentation de son esprit, il composa en quatre nuits ce poème de douze cents vers. Il y mêlait les deux images qui l'obsédaient, Augusta et Lady Frances. « Si je n'avais fait quelque chose à ce moment, je serais devenu fou d'avoir trop mangé mon propre cœur – régime amer. »

Publier un poème sur l'amour incestueux était dangereux ; avouer que ce poème était lié à sa propre vie, plus

encore. Or, il écrivait à Galt : « La première partie est tirée
d'observations de ma vie » et à Lady Melbourne : « Ma
nouvelle histoire turque va sortir... Pour certaines *raisons*,
elle vous intéressera plus que personne... Je veux voir si
vous pensez que mes *écrits* sont moi-même ou non. »
Pourquoi ces aveux ? Pourquoi ne pas se taire ?... Pourquoi ? Pouvait-il faire autrement ? Il était loin, comme une
Augusta, d'oublier naturellement ses actions. Il remâchait
sans fin ses erreurs, ses pensées. « Je prends des livres et je
les jette. J'ai commencé une comédie et je l'ai brûlée parce
que le sujet retournait à la *réalité* ; – un roman, pour la
même raison. En vers, je peux me tenir un peu plus loin
des faits mais cette pensée court toujours à travers tout...
oui, à travers tout. »

Depuis son retour, pour se soulager, il tenait un journal
et le contact total, admirable, de l'esprit de Byron avec le
réel, la poésie abrupte des raccourcis, faisaient de ce
journal un chef-d'œuvre. Là il réalisait à chaque ligne ce
qui, dans *Childe Harold*, n'avait été que le miracle de
quelques strophes : se saisir lui-même tout entier. Son
égotisme, « son égotisme maudit », faisait que le choc des
pensées continuait sur la page, aussi violent, aussi vrai que
dans l'esprit. Sa vie n'était plus qu'un long dialogue de
Byron avec Byron. Le soir, quand il fermait son journal,
Byron écrivait à Byron : « Maintenant, je bâille – donc,
bonne nuit, Byron. » Il enregistrait les événements extérieurs, mais comme un veilleur les eût enregistrés du haut
d'un roc, mêlant dans une indifférence hautaine le tigre et
l'éléphant qu'il avait vus dans quelque ménagerie, et la
Cléopâtre de Shakespeare, qui le frappait « comme le
résumé de tout son sexe – affectueuse, vivante, triste, tendre,
taquine, humble, hautaine, belle, la diablesse ! – et coquette
jusqu'à la fin, avec l'aspic comme avec Antoine ».

Jamais document n'avait mieux révélé l'immobilité de
cette âme. Il méditait encore, après quinze ans, sur son
amour pour la petite Mary Duff : « Cela me ferait de la
peine de *la* voir *maintenant* ; la réalité, si belle qu'elle soit,
détruirait, ou, du moins, rendrait plus confus les traits de la

délicieuse Péri qui existait alors en elle, et qui vit encore dans mon imagination. » En apparence il menait une vie gaie, soupant avec Moore, Sheridan, boxant avec Jackson, fuyant Mme de Staël qui l'ennuyait. Mais les signes extérieurs des passions sont difficiles à saisir. Il souffrait... La pensée courait à travers tout... Que faire pour oublier ?... Agir ?... Là peut-être eût été le salut. Toujours il avait pensé qu'il était fait pour l'action, non pour la poésie. « Qui écrirait s'il avait mieux à faire ? » « Action – action – action », dit Démosthène. « Des actions – des actions », dis-je à mon tour, et ne pas écrire – moins que tout, des vers... Bâillant comme un grand fauve derrière les grilles du Monde, il allait d'un dîner à un bal et pensait au silencieux Orient. « Pourquoi rester ? Je ne suis pas, n'ai jamais été, ni ne puis être populaire... Je n'ai jamais gagné le monde ; ce qu'il m'a donné ne m'a jamais été accordé que par caprice. Ici ma vie est gâchée ; là-bas j'étais toujours en action, ou, tout au moins, en mouvement... Je suis tristement écœuré de la vie de mollusque que je mène, et je hais la civilisation. »

Le spectre de Lady Frances fut le premier exorcisé. Elle lui écrivit des lettres où il était un peu trop question d'effusions et d'âmes ; style carolinesque ; cela le fatigua. « Après tout s'il y a des gens qui veulent s'arrêter au premier temps du verbe *aimer*, ils ne doivent pas s'étonner quand on termine la conjugaison avec une autre. » – « Comme vous oubliez vite ! » lui disait Lady Melbourne. « Mais au nom de saint François et de sa femme de neige, au nom de Pygmalion et de sa statue, – qu'avais-je ici à oublier ? Quelques baisers, qui ne lui ont pas fait grand mal, ni à moi grand bien. » Petite aventure, cet épisode Webster, mais qui le confirmait dans sa doctrine sur les femmes. Sans doute Lady Frances finirait-elle par prendre un amant plus hardi que lui-même. « Il est impossible qu'elle puisse aimer un homme qui s'est conduit aussi faiblement que je l'ai fait envers elle. »

N'étant plus défendu par un autre sentiment, il glissait de nouveau vers Augusta quand il reçut une lettre inattendue. Elle était de l'Etoile du Matin d'Annesley, de son M. A. C., *my old love of loves*. C'était un tout petit billet : « Mon cher lord, – Si vous venez dans le Nottinghamshire, venez me voir à Edwalton, où vous trouverez une *très vieille et très sincère* amie qui désire bien vivement *vous voir*. Fidèlement à vous. MARY. » Tous les regrets enchantés du passé furent évoqués par ces quatre lignes. Il la savait malheureuse. Jack Musters était un mari difficile. Ses fermiers disaient qu'il était le meilleur des maîtres, mais qu'ils l'eussent mieux aimé s'il avait été moins friand de leurs filles. Les amazones de la chasse à courre partageaient son cœur avec les paysannes. Sa femme, triste, humiliée, s'était éloignée d'Annesley et habitait maintenant avec une amie, dans une petite maison de campagne, près de Newstead. Byron ne pouvait imaginer sans pitié sa Mary traitée aussi durement par la vie. Elle avait été une héritière gâtée, adorée par sa mère, par les gens du domaine, par lui. Elle devait souffrir.

Fallait-il répondre ? Il savait maintenant qu'elle n'était pas, comme il l'avait cru dans sa jeunesse, un être d'essence divine, mais il était lié à elle par tant de souvenirs ! Revoir un des sourires d'autrefois ?... Un sage instinct l'avertit que la vraie Mary Chaworth était désormais celle de l'imagination. Que voulait l'autre ? Etait-elle prête à l'aimer ? Peu vraisemblable ; elle passait pour une femme très pure. D'ailleurs, dans sa lettre suivante, elle parla « de le considérer comme un frère bien-aimé », ajoutant : « Vous reconnaîtriez à peine en moi l'heureuse créature que vous avez connue jadis. Je suis devenue si maigre, si pâle, si mélancolique. Vous avez vu beaucoup le monde, moi très peu. La petite partie que j'ai pu observer me dégoûte ; j'espérais tellement mieux des hommes en général, les jugeant par mon propre cœur. » Les phrases avaient un son triste et gracieux, fait pour le toucher. « Vous avez beaucoup vu le monde, moi très peu... » Mais que pouvait-il pour elle ? Aller traîner dans la campagne « une amitié maladive » ? A quoi bon ?

Et pourtant il était tenté, comme il l'était dès qu'une

femme lui faisait la plus petite avance. Ce cœur, qui se posait toujours sur le perchoir le plus voisin, essayait déjà ses ailes. Céderait-elle ? C'était peu probable. Il y avait la « chère amie » avec laquelle elle vivait, et qui serait sans doute quelque horrible dragon de vertu. Dans ses lettres, Mary parlait de la terrible réputation de Byron. Oui, mais justement, malgré cette terrible réputation, elle lui avait écrit. N'était-ce pas un aveu ? Ne fuyait-elle, comme Lady Frances, comme toutes les autres, que pour être rejointe ? Ne risquait-il pas, s'il se prêtait à ce jeu, d'avoir une nouvelle attaque de son vieux mal ? Lady Melbourne, consultée, déclara ne plus comprendre : « Vous ne pouvez attendre de moi que je comprenne et explique la confusion qui existe parmi toutes les Dames différentes dont vous me parlez. *Vous* y êtes accoutumé et sans doute pour vous est-ce plus clair. »

Clair ? Mais non, ce n'était pas clair pour lui. Il était faible. Depuis que le souvenir de Lady Frances pâlissait, Augusta l'occupait de nouveau tout entier. Pendant le séjour à Aston Hall, il l'avait presque oubliée. Il lui avait si peu écrit qu'elle l'avait cru fâché. Pourtant, en novembre, il lui envoya son portrait. Elle, qui avait craint d'être aimée, et craint de ne plus être aimée, lui adressa un petit paquet qui contenait une boucle de ses cheveux, avec un billet en français :

> Partager tous vos sentiments,
> ne voir que par vos yeux,
> n'agir que par vos conseils, ne
> vivre que pour vous, voilà mes
> vœux, mes projets, et le seul
> destin qui peut me rendre
> heureuse.

Sous la boucle, elle avait écrit :

AUGUSTA

Byron ajouta :

La chevelure de
celle que j'ai
le plus aimée.

Il ne cherchait plus à lutter. « Le sentiment qui m'a absorbé depuis quelque temps a en lui un mélange de terrible
qui rend tous les autres insipides au plus haut point. Bref,
un de ses effets a été comme l'histoire de Mithridate qui,
en s'habituant graduellement au poison le plus fort, a fini
par rendre tous les autres inefficaces quand il a cherché en
eux un remède à tous ses maux et la délivrance de la vie. »

Il travaillait à un nouveau poème, *Le Corsaire*, « écrit
con amore et beaucoup d'après l'existence ». Il avait mis
en épigraphe un vers du Tasse : *I suoi pensieri in lui
dormir non ponno.* (Ses pensées ne peuvent dormir en lui.)
Bien que le poème fût écrit « d'après l'existence », Conrad, le Corsaire, n'était pas Byron ; mais c'était le héros
byronien type, tel que Byron dès octobre 1811 l'avait
décrit à Hodgson, tel qu'il l'avait déjà peint dans le
Giaour, farouche, solitaire, bizarre, animé par une fatalité
interne, ouragan déchaîné sur le monde « comme le si-
moun ». On ne sait d'où il vient ni où il va. Il est drapé
dans un mystère. Toujours il y a dans son passé un crime
qui ne nous est pas révélé. « Il n'y a pour lui ni repentir, ni
pénitence, ni expiation ; ce qui est fait ne peut se défaire ;
on n'efface pas l'ineffaçable ; il ne trouvera la paix que
dans le tombeau. C'est le plus souvent un renégat ou un
athée ; il ne désire pas le Paradis, mais le repos. Pour se
distraire de lui-même il se jette dans l'action, dans la lutte ;
corsaire ou brigand, il déclare la guerre à la société ; il
poursuit les émotions violentes. Dût-il y périr, il veut à tout
prix échapper à l'ennui de la vie. »
Entre Byron et le héros byronien les ressemblances
étaient évidentes : haute naissance, âme tendre et passionnée dans l'adolescence, désappointement, fureur, déses-

poir. Mais le héros byronien vivait les drames que Byron rêvait. Conrad était homme d'action, chef de pirates ; Byron, qui regrettait son indolence, n'agissait pas. Conrad était fort ; Byron boiteux ; Conrad basané ; Byron pâle. Le rire de Conrad était un ricanement « qui soulevait à la fois la rage et la terreur » ; le rire de Byron était gai et charmant. Il y avait de l'enfant en Byron. Il avait du bon sens et de l'humour. Pendant ses accès de colère il devenait Conrad pour un instant, mais dans l'ordinaire de la vie Byron et le héros byronien, peu faits pour s'entendre, formaient l'un pour l'autre une société dangereuse. Byron, malgré lui, prêtait à des hommes qu'il eût voulus forts, beaucoup de sa faiblesse ; le héros byronien devenait pour Byron un modèle théâtral et faux qu'il se croyait obligé d'imiter. En plaidant pour Conrad il plaidait pour lui-même.

> Et pourtant la Nature n'avait pas en Conrad
> Voulu créer un chef de criminels – l'un d'eux lui-même –
> Son âme avait changé, avant même que ses actions
> L'eussent mis en guerre avec l'homme et le Ciel.
> Elevé à l'école du Désappointement,
> Sage par ses paroles – et naïf par ses actes ;
> Trop ferme pour céder, trop fier pour s'abaisser,
> Destiné par ses vertus mêmes à être dupe,
> Il avait maudit ces vertus comme la cause de ses malheurs...

Il haïssait trop l'Homme pour éprouver le remords.

« Destiné par ses vertus à être dupe », c'était lui-même, adolescent naïf. Les hommes, les femmes surtout l'avaient mis à l'école du Désappointement. Désormais il se voulait Corsaire, hors-la-loi, « homme de crime et d'amour », chevaleresque à sa façon, ennemi du genre humain sauf d'un seul être, car Conrad aimait une femme, que Byron avait d'abord nommée Francesca en souvenir de Lady Frances, puis Médora.

Elles eussent été, elles aussi, curieuses à analyser, les héroïnes des poèmes byroniens, tendres, irréelles, projections de *ce beau idéal* que Byron renonçait à trouver dans l'existence. « Un véritable voluptueux, disait-il, n'abandonne pas son esprit à la grossièreté du réel. L'amour exclut ce qui est terrestre, matériel, le physique de ce plaisir. C'est en voilant ces idées, en les oubliant presque complètement, en nous les nommant à peine à nous-mêmes, que nous pouvons les empêcher de nous dégoûter. » Une philosophie très surprenante chez le disciple de Lady Melbourne. Mais ces grands affamés de divertissement parlent bien des passions de l'amour, ayant découvert que la sensualité toute nue est impuissante à calmer leur ennui. Les femmes ont toujours été, en amour, les seules réalistes, et Conrad, comme son créateur, aimait d'un amour chevaleresque Médora, Péri de son imagination.

Dès qu'il eut remis à Murray le manuscrit du *Corsaire*, Byron, le 17 janvier, partit avec sa sœur pour Newstead. Les pentes et les sentiers étaient couverts de neige, l'abbaye très belle sous ce ciel d'hiver. Il avait d'abord pensé faire une visite à Mary Chaworth, si proche. Mais les routes étaient défoncées par la gelée et Newstead, avec Augusta, un séjour parfaitement agréable. Point n'était besoin, comme avec Lady Caroline, d'avoir de l'esprit à chaque phrase : « Nous ne bâillons jamais, sommes toujours d'accord ; et nous rions beaucoup plus qu'il ne convient à une maison de la solidité de celle-ci ; en outre notre timidité familiale nous rend compagnons beaucoup plus amusants l'un pour l'autre que nous ne pourrions l'être pour d'autres. »

Les grandes salles voûtées résonnaient de leurs rires. Byron donnait des leçons d'italien à Augusta. Le monde était oublié ; seule Lady Melbourne, de loin, envoyait des avertissements : Byron et sa sœur n'allaient-ils pas revenir à une vie raisonnable ?... Byron, comme toujours, défendait Augusta : « X est la personne la moins égoïste du monde ; vous, naturellement, ne croirez jamais qu'aucun de nous deux puisse avoir un bon sentiment. Je ne le nie pas en ce qui me concerne, mais vous ne savez pas quel être elle est ; sa seule erreur a été entièrement ma faute, et pour celle-là je n'ai aucune excuse, sauf la passion, qui n'en est pas une... A l'exception de notre unique, *terrible* faute, je la tiens pour inégalée sous le rapport du caractère et de la bonté. Accordez-moi qu'elle est en vérité une femme très *aimable* et je vais essayer de ne plus l'aimer. Si vous ne me croyez pas, demandez à ceux qui la connaissent *mieux*. Je dis *mieux*, parce qu'un homme amoureux est aussi aveugle que l'amour... Elevé comme je l'ai été, physiquement et moralement, on ne pouvait rien attendre de mieux. Ce qui est curieux, c'est que j'ai toujours eu un pressentiment, je me rappelle comme enfant lisant dans l'*Histoire romaine* un passage sur un certain *mariage*, dont je vous parlerai quand nous nous rencontrerons, avoir demandé à ma mère pourquoi je n'épouserais pas X ? »

C'était la première fois qu'Augusta vivait avec son frère dans l'intimité d'une même maison, et elle découvrait avec surprise l'homme qu'il était. Elle vit les pistolets armés qu'il plaçait près de son lit, le soir ; elle entendit parler de ses cauchemars, si terrifiants qu'il appelait quelquefois Fletcher pour le rassurer et le calmer. En dormant, il claquait des dents si fort qu'il plaçait une serviette entre ses mâchoires pour ne pas se mordre. Quand il ne dormait pas, il buvait de l'eau gazeuse toute la nuit, jusqu'à douze bouteilles, si altéré parfois qu'il cassait les goulots des bouteilles dans sa hâte à les ouvrir. Le matin, il prenait des doses exagérées de magnésie. Ce régime, absurde rendait ses digestions difficiles. La violence qu'il pouvait montrer à propos d'événements sans importance était terrifiante. Augusta reconnaissait en lui le tempérament de Catherine Gordon et pensait que, s'il se mariait, une femme aurait beaucoup de mal à le supporter.

Vers la fin de janvier, Mrs Leigh dont la grossesse était avancée dut rentrer chez elle.

Seul dans la campagne avec un être qu'il aime, un homme est rarement malheureux. Le séjour à Newstead avait été un intermède tendre et gai. Dès que Byron revint à Londres, il retrouva la tempête. Elle l'assaillit de tous côtés. L'histoire de ses amours avec Augusta commençait à courir la ville. « Il avait une incontinence, unique, semble-t-il, dans sa manière de parler de ses propres affaires et de montrer les lettres des autres. » Il se racontait à cinq cents confidents, et quelquefois les plus follement choisis. Caroline Lamb jasait. A Eton, les collégiens, lisant *La Fiancée d'Abydos*, demandaient à un neveu de Mrs Leigh si sa tante était Zuleïka. Dans le salon de Lady Holland, Byron lui-même, incapable de se taire, avançait les théories les plus audacieuses sur les rapports des frères et des sœurs. « Il y a une femme que j'aime si passionnément, disait-il. Elle attend un enfant de moi et, si c'est une fille, nous l'appellerons Médora. » En sortant de là, les gens du monde commentaient, en hochant la tête, des paradoxes trop clairs.

On était d'autant plus heureux de le trouver coupable d'un crime pour lequel, comme disait Lady Melbourne, il n'était point de salut, qu'il était violemment haï. Il avait pris, à la Chambre des Lords, une position de whig radical qui déplaisait. Il n'avait jamais caché son admiration pour Napoléon ; bien que les Alliés eussent envahi la France, il continuait à espérer que son Bonaparte, « son héros de roman », les battrait. Il était désolé de prévoir le retour « au vieux, stupide, ennuyeux système de l'équilibre européen, qui consiste à faire tenir des pailles en équilibre sur le nez des rois ». Il soutenait de telles idées en public, dans un pays en guerre, où son talent et ses amours lui avaient déjà fait un monde d'ennemis. Londres tenait en suspension tant de rancune contre un poète qui se permettait d'être beau, d'avoir du génie, et de parler librement, que le plus petit choc allait cristalliser une solution sursaturée de haine.

Le prétexte fut un poème de huit vers qu'il avait composé, un an plus tôt, contre le prince régent. Au moment où celui-ci avait abandonné ses amis whigs, on avait raconté que sa fille, la princesse Charlotte, en pleurait, et Byron avait adressé à la princesse un petit poème anonyme :

Pleure, fille d'un sang royal,
La déchéance d'un père, la disgrâce d'un royaume...

Personne n'y avait prêté attention, mais, quand *Le Corsaire* fut sous presse, Byron exprima le désir d'y joindre ces huit vers et de les avouer comme siens. Murray, sagement, l'avertit du danger. « Peu m'importent les conséquences, répondit-il. Mes opinions politiques sont pour moi ce qu'est une jeune maîtresse pour un vieillard – plus elles sont folles, plus je les aime. » Les deux quatrains soulevèrent une tempête de presse d'une violence effroyable. On attaqua, non seulement la politique de Byron, mais son caractère, ses poèmes, et jusqu'à son infirmité. Quelques-uns des articles étaient si violents que ses amis voulaient qu'il poursuivît les diffamateurs. Il répondit qu'il pouvait éprouver de la haine pour un égal, mais ne trouvait aucun plaisir à torturer des perce-oreilles, bien qu'il les détestât.

Comme toujours, ces attaques avaient « hissé le livre au plus haut sommet de la popularité ». Le jour de la publication, on en vendit treize mille exemplaires, chiffre sans précédent pour un poème. Ce n'était pas seulement le scandale qui avait fait le succès ; beaucoup trouvaient dans cette poésie, en dépit du sujet étrange (qui n'étonnait alors personne), une inspiration directe et *moderne* qui répondait à leurs désirs. « Le style élevé, le mépris de tout ce qui est médiocre et bas, le courage – racine de toute vertu – qui ose toujours davantage, jusqu'au bout, l'amour de l'illimitable, de la liberté, et cette cadence qui ressemblait à celle des vagues qui se brisent sur une plage, leur plaisaient au-delà de toute mesure. » Dans l'inévitable conflit entre l'individu et la société, depuis plus d'un siècle l'individu trouvait dans les poètes le camp de la société. Un Conrad représentait enfin pour des générations privées de sentiments forts un être viril, qui allait jusqu'au bout de ses instincts. « L'influence de Byron était unique. Il était lu par tout le monde. Des hommes et des femmes qui n'étaient accessibles à aucune autre poésie lisaient la sienne; de vieux marins, des boutiquiers, des employés, des tailleurs, des modistes, aussi bien que les meilleurs juges savaient par cœur des pages entières de ses vers.» Plus encore qu'après *Childe Harold*, Byron devenait avec *Le Corsaire* le poète de tous les révoltés, de tous ceux en Europe qui désespéraient de la liberté politique ou sentimentale.

Londres. Solitude au milieu de la horde. Sentiment de la vanité de cette vie. «Je me demande comment diable quelqu'un a pu créer un tel monde; dans quel but ont été conçus les dandies, par exemple – et les rois – et les *fellows* des collèges – et les femmes « d'un certain âge » – et beaucoup d'hommes de n'importe quel âge – et moi-même, surtout!... Y a-t-il quelque chose au-delà de tout ceci? – Qui le sait? *Celui* qui ne peut le dire. Qui le dit? Celui qui ne le sait pas.» Depuis le 22 janvier, il avait vingt-six ans, «six cents ans par le cœur, disait-il, six ans par le bon sens». A vingt-six ans on devrait être quelque-chose. Qu'était-il? Qui l'aimait? Bien qu'il ne fût plus le lion de la saison, on l'invitait encore beaucoup, mais il n'avait envie de voir personne.

Hobhouse dit que je deviens un loup-garou – un lutin solitaire. Exact... Cette dernière semaine s'est passée à lire – à aller au théâtre – çà et là un visiteur – quelquefois à bâiller, quelquefois à soupirer, jamais à écrire – sinon des lettres. Si je pouvais toujours lire, je ne sentirais jamais le besoin de société. Est-ce que je le regrette? – hum! – « L'homme ne m'enchante pas », et quant aux femmes une seule – à la fois... Il y a pour moi quelque-chose de très apaisant dans la présence d'une femme – une étrange influence, même si on ne les aime pas – je ne puis d'ailleurs pas expliquer cela, n'ayant pas une très haute opinion de ce sexe. Mais c'est un fait – je suis toujours en meilleure humeur à mon égard et à l'égard de tout le reste, s'il y a une femme dans mes parages. Même Mrs Mule, ma femme de ménage – la plus vieille et la plus fanée de son espèce – me fait toujours rire – tâche facile d'ailleurs quand je suis « en veine »... Heigh-ho ! Je voudrais être dans mon île !

Le Roi Lear, Hamlet, Macbeth... Il passait ses soirées à voir du Shakespeare. Il le savait par cœur. Il le vivait. Très souvent il écrivait son journal sur le ton brusque du Prince de Danemark. En cet hiver de 1814, la vie elle-même était shakespearienne. Le drame de l'Empire touchait au dénouement. Hobhouse, soupant au Cocoa Tree, pariait un dîner que les Alliés seraient à Paris avant la fin de février ; Byron, fidèle à son héros, tenait le pari. Le 28, Blücher était devant Meaux et Byron gagnait son dîner. En mars, les combats de Fère-Champenoise lui donnèrent quelques semaines l'espoir de voir les alliés de l'Angleterre, Blücher et Schwartzenberg, vaincus. Puis tout se gâta. Le 2 avril, comme il revenait d'un bref séjour chez Augusta qui attendait son enfant, il apprit que « sa petite pagode », Napoléon, était tombée de son piédestal. « Les voleurs sont à Paris », dit-il. Le 10, on sut l'abdication, le choix de l'île d'Elbe. Hobhouse et Byron sortirent pour voir les illuminations de Londres. A Carlton House, chez le prince régent, il y avait un immense motif lumineux : VIVENT LES BOURBONS, et le Triomphe des Lys.

Journal de Byron : « Je marque ce jour ! Napoléon Buonaparte a abdiqué l'empire du monde. Très bien. Il me semble que Sylla avait fait mieux... Quoi ! attendre qu'on soit dans sa capitale, et parler alors d'abandonner ce qu'on a déjà perdu !... L'île d'Elbe pour se retirer !... Je suis stupéfait et confondu. Je ne sais pas – mais il me semble que *moi*, même *moi* (un insecte comparé à cet homme), j'ai risqué ma vie sur des coups qui n'étaient pas la millionième partie de celui-là. Après tout, une couronne ne vaut peut-être pas qu'on meure pour elle. C'est égal, survivre à Lodi pour ceci ! » Il écrivit une ode méprisante à l'adresse du héros qui l'avait déçu.

Hobhouse, chasseur d'impressions, décida qu'il partirait pour la France afin de voir les dernières traces du monstre. Il aurait voulu emmener Byron, mais l'accouchement d'Augusta retenait celui-ci. Le 15 avril elle mit au monde une fille qui, suprême imprudence, fut appelée Médora. Byron vint aussitôt. Il était fier de sa paternité. A Lady Melbourne, qui lui avait sans doute prédit que cet enfant incestueux serait un monstre, il écrivit : « Oh ! mais cela *en vaut la peine*, je ne peux vous dire pourquoi, et ce n'est *pas un monstre*, et si c'en est un, cela doit être ma faute ; cependant, je veux positivement me réformer. Mais vous devez avouer qu'il est tout à fait impossible que je sois aimé même à moitié autant ailleurs et j'ai toute ma vie essayé de décider quelqu'un à m'aimer, et ne l'ai jamais été auparavant par le type que je préfère. Mais vraiment elle et moi allons être sages et tout ce qui s'ensuit, d'ailleurs nous le sommes *maintenant* et le serons pendant les trois semaines qui vont suivre et plus. » Quelques jours après cette naissance il fit à Augusta, dont le mari continuait à être gêné, cadeau d'une somme de trois mille livres.

Il l'aimait certainement plus que jamais, d'un amour à la fois désespéré et irrésistible, et il écrivait pour elle des vers qui étaient peut-être les plus beaux qu'il eût encore composés :

> Je ne prononce pas – je n'écris pas – je ne soupire pas
> ton nom –
> Il y a crime dans cet amour – il y a douleur dans ce
> nom –
> Mais la larme qui maintenant brûle sur ma joue fait
> entrevoir
> Les profondes pensées qui se cachent dans ce silence
> du cœur.
>
> Trop brèves pour notre passion – trop longues pour
> notre paix –
> Furent ces heures – leur joie – leur amertume cessera-
> t-elle ?
> Nous nous repentons – nous abjurons – nous voulons
> briser notre chaîne –
> Nous nous séparerons – nous fuirons – pour nous unir
> à nouveau !

Oh ! que le bonheur soit pour toi – et que le crime soit
  pour moi –
Pardonne-moi – mon adorée – abandonne-moi si tu
  veux ; –
Mais ce cœur qui t'appartient périra sans s'abaisser ;
L'*homme* ne brisera pas ce que tu peux, toi, détruire.

Que devait-elle penser, la confuse Augusta, de cet appel
passionné ? Sans doute en était-elle assez fière. Elle aussi,
elle l'aimait, à sa manière. Elle se serait bien passée de
l'avoir pour amant. Elle aurait voulu le marier, en finir, mais
elle était sans volonté devant lui. Il était son frère, il était
célèbre, il était riche. Dans une vie difficile et gênée, il était
apparu tout d'un coup comme un sauveur. Elle lui obéissait.

Les quatre mille personnes qui, « étant debout à l'heure
où les autres sont couchés », gouvernent l'Angleterre,
étaient plus agitées que jamais. Le monde dansait en
l'honneur de la paix comme il avait dansé en l'honneur de
la guerre. On donnait des bals pour l'empereur de Russie,
pour le roi de Prusse. Le club de Byron organisa une
mascarade pour le duc de Wellington. Hobhouse mit un
costume d'Albanais, Byron une robe de moine. *Isn't he
beautiful ?* dirent les femmes. Caroline Lamb, qui semblait
consolée, fit mille folies et obligea un officier de la garde à
ôter son uniforme rouge.

Quand Byron regagnait le matin, au petit jour, l'appartement qu'il occupait maintenant dans la charmante retraite
de l'Albany, il travaillait avant de se coucher. Il écrivait un
poème, *Lara*, et cette fois n'avait même plus fait l'effort
d'une transposition orientale. *Lara* n'était d'aucun pays,
d'aucune époque. Il était le héros byronien pur : caractère
généreux, cœur fait pour l'amour et flétri dès l'enfance,
goût profond des illusions de la jeunesse et connaissance
trop claire de leur folie, tel était Lara, qui ressemblait à
Conrad, qui ressemblait à Childe Harold, qui ressemblait à
Byron. Certaines des strophes de *Lara* formaient un portrait de l'auteur si lucide, si ressemblant, qu'Augusta elle-
même en fut surprise.

En lui apparaissaient, inexplicablement mêlés,
Beaucoup à aimer, beaucoup à haïr,
Beaucoup à rechercher, beaucoup à craindre...
Son silence formait un thème pour le bavardage des autres...
Qu'avait-il été ? Qu'était-il, cet inconnu ?...
Haïssait-il les hommes ? Pourtant quelques-uns disaient
Que, parmi des êtres gais, il était gai ;
Mais avouaient que ce sourire, si on l'observait souvent de
   près,
Se flétrissait en sarcasme...

On n'avait jamais pu voir un rire dans ses yeux :
Pourtant il y avait de la douceur dans son regard...
On eût dit qu'un Chagrin vigilant contraignait
Cette âme à haïr, parce qu'elle avait trop aimé,
Il y avait en lui un mépris vital de tout ;
Comme si, le pire étant arrivé,
Il était dans ce monde des vivants un étranger,
Un esprit errant précipité d'un autre.

... « Un étranger dans le monde des vivants... » C'était
une de ses idées tenaces sur lui-même. Il était l'esprit
errant, l'être né pour une vie surhumaine et que le Destin a
conduit au crime. Plus un caractère est grand, plus, s'il est
déçu, il devient dangereux. Quand un coupable a commencé la vie par la bonté, à sa fureur se mêle pour l'exaspérer,
non seulement le remords mais l'envie. Envie de ceux qui,
plus heureux que lui, ont pu faire usage de leur force sans
entrer en lutte avec les hommes ; envie surtout de celui
qu'il aurait pu être et qu'il a été un instant. Comme Lucifer
démon est jaloux de Lucifer archange, Byron était jaloux
de Byron. Peu d'enfants avaient eu d'aussi nobles rêves
que le jeune dieu du mont Ida. Le réprouvé de Bennet
Street ne s'en pouvait consoler. Pardonnerait-il jamais à
l'« ex-futur Byron [1] » d'avoir été enthousiaste et tendre ?

L'été vint. Byron emmena Augusta au bord de la mer, à
Hastings, et ils y passèrent ensemble le mois de juillet et le
mois d'août. Puis il retourna seul à Newstead. A Paris, les

_____

1. Unamuno.

soldats chantaient : « Il reviendra... » et réclamaient la redingote grise. Augusta et son frère s'écrivaient des lettres toutes remplies, comme celles des enfants, de croix, signes de caresses.

XXI. *Fiançailles*

Newstead. Pendant quelques mois les hommes de loi de l'acheteur avaient discuté avec Hanson ; mais Hanson était dur et son contrat bien fait. Le jeune Claughton avait dû s'exécuter et Byron avait retrouvé son abbaye, plus les vingt-cinq mille livres du forfait, qui avaient permis de payer quelques dettes. Pendant quinze jours, il y fut seul. Il avait pourtant invité Tom Moore : « L'endroit mérite d'être vu, comme ruine, et je vous assure qu'on s'y est amusé, même de mon temps ; mais cela est passé. Pourtant les fantômes, le gothique, les eaux et la désolation le rendent encore très vivant. » Mais le gothique et la désolation n'avaient pas tenté Tom Moore et Byron, au début de ce séjour, eut pour tout compagnon le fantôme du moine noir, qui passa à côté de lui dans un couloir et le regarda sans s'arrêter, d'un œil brillant.

Dès qu'il était seul à Newstead, Byron pensait au mariage. Pourquoi pas ? Cette abbaye était triste. Il serait utile d'y avoir « quelqu'un, de temps à autre, pour bâiller de compagnie ». « Il n'aimait pas tant la solitude que le plaisir d'expliquer à une femme qu'il aimait la solitude. » Le mariage était, de toutes les formes de l'amour, la seule dont il n'eût pas essayé. Il aimait l'étonnant, le dangereux. Pour un homme de sa réputation, l'étonnant n'était-il pas le mariage ? Ses conseillers intimes l'y poussaient. Lady Melbourne lui écrivait que, seule, une femme légitime serait son salut. Augusta proposait une jeune fille de ses amies.

Byron à Lady Melbourne : Je crois que me marier serait la décision la plus sage – mais avec qui ?... Je n'ai pas de cœur à donner, je n'en attends pas un en retour ; mais, comme dit Moore : « Une jolie épouse est une *retraite* décente pour la vanité dégoûtée d'un *roué*. » La mienne pourrait faire tout ce qu'elle voudrait, pourvu qu'elle ait bon caractère, une façon tranquille de se conduire, et me laisse la même liberté de conscience. Ce qu'il me faut est une compagne – une amie plutôt qu'une sentimentaliste. J'ai vu assez de mariages d'amour – pour me résigner au sort commun des couples heureux. Le seul ennui serait que je devinsse amoureux de ma femme – ce qui n'est pas invraisemblable, car l'habitude a un étrange pouvoir sur mes affections. Dans ce cas je serais jaloux, et alors vous ne savez pas quel monstre une passion mauvaise peut faire de moi !

Qui choisir ? Il y avait Lady Catherine Annesley, la plus jeune sœur de Lady Frances Webster. Elle était jolie, très jeune « et, je crois, une sotte. Mais je ne l'ai pas vue assez pour juger ; d'ailleurs j'ai horreur d'un esprit en jupons. » Il y avait Lady Adelaïde Forbes, qui ressemblait à l'Apollon du Belvédère. Il y avait l'amie d'Augusta, Lady Charlotte Leveson-Gower, aux yeux d'antilope. Il y avait cette charmante Miss Elphinstone, avec laquelle il entretenait une coquetterie intermittente et qui lui reprochait ses caprices. Surtout il y avait Annabella.

C'était étrange, mais ces deux êtres si différents ne pouvaient, depuis deux ans, se détacher tout à fait l'un de l'autre. Byron avait mis quelque point d'honneur, après le refus de la Princesse des Parallélogrammes, à ne montrer aucun dépit. « Je ne sais pas si je suis au-dessus des préjugés que l'animal homme conçoit en de telles occasions, mais je suis au-dessus de les montrer. » Pourtant il ajoutait : « Je dois avouer que je ne pourrai jamais oublier ce *non* de l'été dernier – non – même s'il devenait *oui* demain. » Il lui en restait un respect un peu étonné pour la seule femme qui eût osé le refuser, une vague rancune, de la curiosité. Pouvait-elle aimer, cette métaphysicienne ? Il eût été plaisant d'humilier une conscience si farouche.

Le malheur pour elle était que, de son côté, elle était curieuse de cette dangereuse conquête. Flattée certes d'avoir attiré l'amant qu'appelait en vain sa folle cousine, mais convaincue aussi qu'elle seule pourrait sauver ce beau pécheur. L'amour, pour se glisser dans les cœurs bien gardés, prend d'étranges déguisements. Annabella était vulnérable par son désir de sacrifice. Depuis la demande en mariage qui avait été, dans sa vie calme, un événement dont Byron, prince de l'agitation, ne pouvait comprendre l'importance, elle s'inquiétait de ses actions. Les bruits absurdes et malveillants qui toujours couraient à Londres sur Lord Byron, la troublaient. On racontait qu'il allait emmener dans une île la fille aînée de Lady Oxford, pour l'y élever et l'épouser. On disait qu'il s'était mal conduit envers ce jeune Claughton, l'acheteur de Newstead ; que Claughton par imprudence avait mis une enchère trop forte et que Byron l'avait cruellement ruiné. Ces histoires attristaient Annabella. Elle chargeait sa tante Melbourne de messages pour Byron : « Comme je n'aurai pas l'occasion de le rencontrer, je serais heureuse que vous lui disiez que j'aurai toujours plaisir à savoir qu'il est heureux, et si mon estime peut lui donner quelque satisfaction, il peut être certain que je ne croirai jamais ceux qui disent du mal de lui. » Elle espérait le revoir : « Je considère sa société comme si désirable que je courrais volontiers le risque d'être appelée *Flirt* pour en jouir, à la seule condition que je puisse le faire sans aucun dommage pour lui. »

Enfin la première, en août 1813, étonnante hardiesse pour une jeune fille, elle lui écrivit. Elle expliquait son attitude passée par un autre amour (c'était faux, mais la pauvre enfant croyait que c'était habile) ; elle offrait son amitié et donnait des conseils : « Ne vous permettez pas d'être l'esclave du moment, n'abandonnez pas aux hasards de la vie vos nobles impulsions... Faites du bien... Mais pour faire du bien aux hommes, vous devez les aimer, et supporter leurs faiblesses. » Heigh-ho ! Le Corsaire dut

sourire, mais il répondit par une lettre irréprochable et de
ton presque solennel : elle était la première femme qu'il
eût jamais voulu mener à l'autel et probablement la dernière. Lady Melbourne avait eu raison de dire qu'il l'avait
préférée à toutes les autres. Cela avait été vrai, cela l'était
encore. « Mais votre refus ne fut pas un désappointement,
parce qu'il est impossible d'ajouter même une goutte à une
coupe qui déborde déjà des eaux de l'amertume. » Quant à
une amitié : « Je doute que je puisse jamais cesser de vous
aimer... mais quels que puissent être mes sentiments, ils ne
vous exposeront de ma part à aucune persécution. »
Comme il était soumis, sérieux, et que Lady Melbourne
aurait eu peine à reconnaître en ce style son ami ! A la
vérité, savait-il lui-même s'il jouait ou s'il était sincère ?
Comme tous les êtres de grande imagination, caméléon par
nature, il créait devant lui cette jeune fille au moment où il
lui écrivait. Il se souvenait d'un visage un peu rond, mais
régulier, d'un très joli corps. Il voulait plaire. Il prenait la
forme qui pouvait servir son dessein.

Amitié fragile, paradoxale, mais elle dura. Byron y
goûtait un curieux plaisir. Il trouvait piquant de montrer à
Lady Melbourne les lettres « empesées » de sa nièce.
Annabella, troublée, se reprochait de l'avoir refusé et, sans
en être encore tout à fait consciente, cherchait à obtenir
qu'il s'offrît de nouveau. Ah ! qu'elle se reprochait maintenant de lui avoir dit qu'elle en aimait un autre !

Naturellement elle entreprit de le réformer : « Elle avait
appris quelques-unes de ses bonnes actions ; elle savait
qu'il valait mieux que sa réputation. Son rire sonnait faux ;
il n'était pas heureux, elle le sentait. Etait-il vraiment
possible qu'il fût tout à fait incroyant ? » Sur ce point,
Byron fut d'une grande franchise : « J'en arrive à un sujet
que, vous l'avez remarqué, j'ai jusqu'à présent évité – un
sujet terrible – la Religion. J'ai été élevé en Ecosse parmi
les calvinistes dans la première partie de ma vie ; cela m'a
donné de l'antipathie pour cette secte. Depuis cette période, j'ai visité les plus bigots et les plus crédules des pays
– l'Espagne, la Grèce, la Turquie... Mes opinions ne sont

pas du tout arrêtées... Je crois certainement en Dieu, et je serais heureux si l'on m'en prouvait davantage. Si je n'ai en ce moment aucune foi implicite dans la tradition et révélation d'une croyance humaine, ce n'est pas, j'espère, par manque de respect pour le Créateur, mais pour la créature. »

Elle lui conseilla de lire les ouvrages de Locke et aussi de ne pas attacher une telle importance aux preuves. « Si le système annoncé comme divin, écrivait-elle, était entièrement compréhensible pour un esprit de capacité finie, ce serait une raison pour qu'il perdît une part de sa crédibilité comme émanation d'une intelligence infinie. » Mais Byron se refusait à Locke et lisait Job, Isaïe, prophètes plus sombres. Il ne niait pas ; il ne croyait pas. « Je n'ai formé aucune opinion certaine ; mais je considérerais la *bigoterie* du *scepticisme* comme aussi pernicieuse que la plus crédule intolérance... Pourquoi je suis ici ? Je n'en sais rien. Où je vais ? Question inutile. Au milieu des myriades de mondes vivants et morts – étoiles – systèmes – infinités – pourquoi serais-je anxieux au sujet d'un atome ? » Par retour du courrier, elle répondait : « C'est vrai, nous sommes des atomes dans l'univers, mais est-ce qu'un atome n'est rien, est-ce qu'il est sans prix aux yeux d'un Etre infini ? C'est détruire cet attribut de la divinité que de nier son pouvoir d'embrasser l'infiniment petit comme l'infiniment grand. » Jouissant de sa force d'âme, de la puissance de son esprit, elle donnait à Byron des conseils moraux : « Eprouvez la bienveillance et vous l'inspirerez. Vous ferez du bien. Si imparfaite que je sois, j'ai, moi, eu le bonheur de donner de la paix et d'éveiller la vertu. »

Elle avait le sentiment de s'approcher avec gravité d'un malade et de le soigner. Pauvre Annabella. Plus elle sentait qu'il était loin d'elle, plus elle s'obstinait à lui écrire. Elle ne pouvait s'écarter de cette étonnante image. Elle lisait ses poèmes : *Le Giaour, Le Corsaire*. Elle trouvait qu'il excellait dans le langage de la passion : « Sa description de l'amour me rend presque amoureuse moi-même. » Elle en parlait à tous ses amis, elle en écrivait à sa tante Melbourne. Au fond, elle était obsédée par lui, mais ne s'en doutait pas. Elle se croyait si sûre d'elle-même, si sérieuse, si savante. Lord Byron était une malheureuse et inoffensive créature, qu'elle ramènerait dans le chemin de la vertu. Elle poussait la hardiesse jusqu'à le faire inviter à Seaham par ses parents. « Je dois vous informer, écrivait-elle à sa tante Melbourne, que mon père et ma mère, ayant appris qu'il était vraisemblable que Lord Byron revînt dans le Nord, ont cru convenable de l'inviter ici... Je serais très heureuse s'il acceptait l'invitation que mon père lui envoie par ce courrier... Je suis indifférente à ce que l'on peut dire et je sais que vous pensez qu'il faut être ainsi. »

Sous des dehors affectueux, nièce et tante étaient peu faites pour s'entendre. Annabella jugeait sa tante frivole, immorale ; Lady Melbourne n'aimait pas qu'une jeune fille passât des mathématiques à la métaphysique. Elle était inquiète quand une femme, après lui avoir dit que ses auteurs favoris étaient les philosophes écossais, ajoutait : « Je diffère de beaucoup de gens en considérant de tels livres comme d'une grande utilité *pratique* – même dans les circonstances les plus simples de la vie. » La vieille dame demanda à sa nièce de lui faire le tableau des qualités qu'elle exigeait d'un mari. Elle reçut une note en forme :

Mari.

Il doit avoir de fermes principes de Devoir, gouvernant des sentiments forts et *généreux*, et soumettant ses sentiments à l'autorité de la Raison.

Le génie à mon avis n'est pas *nécessaire*, quoique désirable, *s'il est uni* à ce que je viens d'expliquer.

J'exige un esprit libre de soupçons et d'*habituelle* mauvaise humeur, – aussi une grande égalité d'affection envers moi, non ce violent attachement que des riens font soudain augmenter ou diminuer.

Je désire être considérée par mon mari comme une *conseillère raisonnable*, non comme un guide sur qui il peut *implicitement* se reposer...

La naissance m'est indifférente. Mais je considère de *bonnes alliances* comme un important avantage.

Je ne m'occupe pas de la *beauté*, mais je suis influencée par les *manières d'un gentleman*, sans lesquelles j'ai d'ailleurs peine à croire que l'on puisse m'attirer.

Je n'entrerais pas dans une famille où il y aurait une trop forte tendance à la folie.

Lady Melbourne, en lisant ce document, dut hausser les épaules. Demander à l'homme qu'on aimera « la sèche raison et la froide rectitude », et n'exiger de lui « ni talent, ni gaieté, ni franchise, ni bonté », lui semblait absurde. Elle accusa sa nièce de parcourir la vie sur des échasses, et non sur ses jambes comme tout le monde. Annabella protesta doucement : « Vous avez tort en croyant que je désire me passer des sentiments aimables. Je les pensais tous inclus dans le mot *généreux*... Loin de supposer que je puisse être conquise par un caractère de raison *sèche*, et de *froide* rectitude, je suis au contraire toujours *repoussée* par des gens de cette sorte... Après une explication si complète, vous m'enlèverez peut-être mes *échasses*, et vous m'accorderez que je suis seulement sur la pointe des pieds. »

Elle aurait été bien surprise si elle avait pu voir l'autre côté de la scène et lire ce que Byron écrivait sur ce portrait à Lady Melbourne, qui le lui avait communiqué : « Elle semble avoir été gâtée – non comme les enfants le sont d'habitude – mais systématiquement Clarisse Harlowée en une sorte de correction maladroite, avec une confiance dans sa propre infaillibilité qui la conduira, ou pourrait la conduire, à quelque remarquable erreur... Elle parle de discuter avec moi sur des sujets métaphysiques... Sérieusement, si elle s'imagine que je trouve un particulier plaisir à étudier le *Credo* de saint Athanase, je crois qu'elle se trompe... Pour le moment je ne l'aime pas ; mais je ne peux pas du tout prévoir ce qui arriverait si (comme dit Falstaff) venait « un mois de juin un peu chaud » et, sérieusement, je l'admire comme une femme très supérieure, un peu encombrée de Vertu. » Elle eût été plus surprise encore si elle avait su qu'au temps où avait commencé cette correspondance, la grande curiosité de Byron était de savoir si Lady Frances Webster se déciderait ou non à tromper son mari.

Quand, au début d'août 1814, Byron, à Newstead, se demanda plus sérieusement qu'il n'avait fait jusqu'alors s'il ne devenait pas indispensable qu'il se mariât, il écrivit à Miss Milbanke : « Je vous ai toujours aimée – je vous aime – je vous aimerai toujours – et comme ce sentiment n'est pas exactement un acte de volonté, je ne connais aucun remède... Quand nos relations commencèrent, il me sembla que vous étiez la femme la mieux faite pour rendre heureux tout homme qui ne serait ni un fou ni un méchant invétéré – mais, à ce moment-là, on m'a dit que vous aviez un autre attachement et que même peut-être vous étiez fiancée... Il serait très dur d'exiger d'une femme qu'elle explique sa répugnance. Vous m'aimeriez probablement si vous le pouviez ; puisque vous ne le pouvez pas, je ne suis pas assez fat pour être surpris de ce très naturel état de choses. »
La lettre la plus modeste, la plus engageante qu'il eût jamais composée. Mais Annabella était incapable de dissocier, comme le font inconsciemment la plupart des êtres humains, ses croyances et ses sentiments. A une ouverture qu'elle attendait depuis plusieurs mois, elle répondit par une de ses épîtres métaphysiques. Elle se demandait s'il était bien « le guide qu'elle devrait choisir pour lui servir d'exemple sur la terre, en pensant à l'immortalité ». Byron, agacé, autorisa sa sœur, qui était venue le rejoindre, à faire une autre demande en mariage (Lady Charlotte Leveson-Gower), mais il regrettait Annabella. Dès que la réponse des parents de Lady Charlotte fut arrivée, négative, il dit vivement qu'il essaierait lui-même sa chance et, le 9 septembre, pour la seconde fois, demanda la main d'Annabella.

Byron à Miss Milbanke : Il y a quelque chose que je désire vous dire – et comme il est possible que je ne vous voie pas pendant un certain temps – peut-être très long – je

vais essayer de le dire tout de suite. – Est-ce que les
« objections » dont vous avez parlé sont insurmontables ?
Ou est-ce qu'une certaine ligne de conduite ou changement
de ma part pourrait les lever ?... Ce n'est pas sans lutte que
je vous adresse, une fois de plus, cette question... Vous
connaissez déjà le reste de mes sentiments – si je ne les
répète pas, c'est pour éviter de faire naître, ou tout au
moins d'augmenter votre mécontentement.

Après avoir écrit cette lettre il attendit la réponse avec
impatience. Augusta était alors à Newstead. Vers l'heure
où la poste avait coutume de passer, elle vit Byron
s'asseoir sur les marches de l'abbaye pour guetter le
messager. Un matin, tandis que Byron et Augusta étaient à
table, le jardinier entra et leur remit la bague de
Mrs Byron, que celle-ci avait perdue bien des années
auparavant, et que cet homme venait de retrouver, en
bêchant, sous la fenêtre de la chambre qui avait été celle de
la Douairière. Byron y vit un présage. Presque au même
moment, on apporta une lettre. « Si elle contient une
acceptation, dit-il, cette bague servira pour mon mariage. »
La lettre était d'Annabella : « Il y a longtemps que je me
suis juré de faire de votre bonheur le premier objet de ma
vie. Si je *puis* vous rendre heureux, je n'ai pas d'autre
pensée. – Je mettrai ma confiance en vous pour tout ce que
je désirerai – pour tout ce que je puis aimer. La crainte de
ne pas réaliser votre attente est la seule que je ressente
maintenant... En réalité mes sentiments n'ont que bien peu
changé à votre égard. » En même temps, et par crainte
qu'il ne fût à Londres et ne reçût pas sa lettre assez vite,
elle en avait écrit une seconde : « A tout hasard et pour
vous épargner un moment d'anxiété, j'écris aussi directement à Newstead – pour dire que j'espère que vous trouverez dans mon autre lettre *tout ce que vous désirez.* »
Byron, triomphant, passa la lettre par-dessus la table à
Augusta qui, parfaitement inconsciente de ce que la situation avait d'étonnant, déclara que « c'était la meilleure et
la plus jolie qu'elle eût jamais lue », et tout de suite se

sentit résolue à être une belle-sœur parfaite, ravie de voir Byron fixé, mais effaçant sans effort de son esprit vaporeux tout souvenir de l'inceste.

Byron, soudain très exalté, écrivit à Seaham trois lettres en trois jours. « Votre lettre m'a donné une nouvelle existence... Il *est* en votre pouvoir de me rendre heureux, vous venez déjà de le faire... » Puis il expliquait qu'il mourait d'envie de la voir et de la voir le plus tôt possible : « Je pense à cette rencontre avec plus d'ardeur tremblante que je n'aime à me l'avouer. – Quand votre lettre est arrivée, ma sœur était assise près de moi et fut effrayée de l'effet produit – qui fut presque pénible un moment. »... « Vous serez mon guide philosophe et amie. – Tout mon cœur est à vous... Voici ma troisième lettre en trois jours... » Et il terminait : « Croyez à tous mes sentiments de respect et puis-je ajouter le mot ? – d'amour. »

Don Juan fiancé. La nouveauté de l'aventure l'enchantait, et vraiment il en espérait le bonheur. N'avait-il pas toujours désiré le mariage depuis le temps de Mary Chaworth ? N'avait-il pas besoin de calme ? Pouvait-il trouver meilleure épouse que cette jeune fille si évidemment vertueuse ? Il ne l'aimait pas ? Mais cela se fait en deux jours ; il aimait si facilement. Il fallait informer Lady Melbourne : « Ma chère tante... » (C'était charmant de devenir le neveu de sa vieille amie.) Il lui faisait remarquer qu'il était bien dommage que sa nièce n'eût pas pris cette décision plus tôt ; que de tourments, que de péchés elle eût ainsi épargnés à d'autres. Enfin tout cela était fini : « Après tout, c'est un mariage que *vous* avez fait... Mon orgueil (qui, disait mon vieux maître, était ma passion dominante) a en somme été épargné. Elle est la seule femme dont j'aie demandé la main de cette manière, et c'est quelque chose que d'avoir enfin eu son agrément. Je voudrais bien qu'une ou deux de mes idoles eussent dit *Non* à sa place ; enfin, tout cela est fini. Je suppose qu'un homme marié ne peut plus avoir d'autres femmes ? Je vous demande cela simplement comme renseignement. »

Il fallait aussi prévenir les amis. « Mon cher Moore, – Je

vais me marier – c'est-à-dire que je suis accepté, et on espère généralement que le reste suivra. Ma mère des Gracques (des Gracques à venir) est quelqu'un que vous trouvez trop stricte pour moi, bien qu'elle soit la perle des filles uniques, et parée de la bonne opinion de toutes sortes d'hommes. » Sentiment bizarre. Il était fier, lui, le Réprouvé, de la réputation immaculée de sa fiancée. Il informa Hobhouse, Davies. Que restait-il à faire ? Prévenir Annabella favorablement envers Augusta : « Je suis très heureux d'apprendre qu'Augusta vous a écrit. C'est la créature la moins égoïste et la plus douce du monde et plus attachée à moi que personne. Elle désirait particulièrement me voir marié et regrette seulement de n'avoir pas eu plus tôt le plaisir de vous connaître. »... « Vous me demandez si Augusta n'est pas excessivement *timide* ? Elle est comme un lièvre effrayé avec les nouvelles connaissances. Mais je suppose qu'elle a fait un grand effort pour dompter sa timidité en cette occasion. Elle nourrit actuellement son enfant, ce qui va, je le crains, l'empêcher d'accepter l'aimable invitation de votre père. J'aurais souhaité de tout mon cœur que cela lui fût possible. » Tout allait le mieux du monde. Entre sa sœur et sa femme, il passerait de charmants hivers à Newstead.

Annabella, de son côté, annonçait le grand événement aux siens. *Dad* et *Mam* parlaient avec une emphase un peu inquiète des grands talents de leur futur gendre et l'attendaient à Seaham avec impatience, pour l'étudier et le juger. Leur fille écrivait à une amie d'enfance : « Ce n'est pas dans le monde qu'il faut chercher à connaître le vrai caractère de Lord Byron ; demandez à ceux qui ont vécu plus près de lui – aux malheureux qu'il a consolés, aux pauvres qu'il a bénis, aux serviteurs pour lesquels il est le meilleur des maîtres. Quant à son humeur sombre, je crains que ce ne soit moi qui en aie été responsable pendant les deux dernières années. » Son ignorance du caractère et de la vie de son fiancé avait quelque chose de pathétique. Le diagnostic de Byron avait été singulièrement juste quand il avait dit d'elle : « Sa confiance en sa propre infaillibilité la conduira quelque jour à une remarquable erreur. » Pendant cette première semaine des fiançailles, elle écrivait encore : « J'ai choisi d'un jugement mûr l'être le mieux calculé pour m'aider dans le voyage vers l'immortalité. » Il est, hélas ! assez naturel aux jeunes filles encore ignorantes des passions de prendre leurs désirs pour des jugements.

Entre Londres et Seaham, la correspondance continuait. Byron avait essayé de rassurer Miss Milbanke sur ses sentiments religieux en lui disant que, s'il n'était pas croyant, il était prêt à écouter avec bonne volonté les arguments qu'elle voudrait développer, mais elle répondit qu'elle n'était pas pressée, que tout cela s'arrangerait facilement s'il l'aimait. « Cela m'a un peu déplu, l'autre jour, d'entendre dire par quelqu'un que je voulais vous convertir avant de vous épouser. » Elle était, comme tous les êtres humains, irritée par sa propre légende. Elle savait bien, elle, que ce n'était pas par prosélytisme qu'elle aimait son fiancé. Elle savait qu'elle était femme, très femme, et amoureuse de ce beau visage. Pourquoi les gens la disaient-ils froide ? Elle relisait les lettres où Byron lui parlait du début de leur amour.

Byron à Miss Milbanke : Vous ne vous rappelez peut-être pas la première fois où nous nous sommes rencontrés... Je ne connaissais pas votre nom et le salon était plein de visiteurs. J'étais moi-même presque un étranger et je me sentais maladroit et timide... Je vous considérais comme la personne la plus remarquable de celles qui étaient là... Il y avait une simplicité dans vos manières qui, bien que vous ayez à peine parlé, me fit comprendre que j'étais dans la compagnie d'un être qui n'avait rien de vulgaire... Vous dites que « vous vous inspirerez de moi » – je ne vous le demanderais que si vous étiez mon inférieure – mais cela n'est pas... Je ne veux pas dire que je vous demanderai la protection qu'il est dans mon rôle d'apporter... – mais je veux dire que vous ne devez pas être seulement mon amour, mais ma conseillère – mon censeur – quand ce sera nécessaire.

Miss Milbanke à Byron : Je me rappelle de façon ineffaçable chacune de nos rencontres – ce premier matin, moi aussi, quand nos impressions correspondaient si bien. Avec vous, et avec vous seulement, je me sentis alors *at home*. Je ne peux pas m'exprimer autrement. Au lieu d'être effrayée ou repoussée, comme d'autres l'étaient, j'aurais pu vous dire toutes mes pensées, et peut-être aussi les vôtres... Il y a eu un souper où vous étiez assis entre Lady Melbourne et moi, mais vous n'avez parlé qu'avec elle ; je vous ai entendu dire : « Dieu merci, je n'ai pas un ami en ce monde. » Vous ne savez pas la peine que vous avez faite à ce moment à une amie qui était assise à côté de vous. Ces mots amers me glacèrent. Quand je rentrai, dans la solitude de ma chambre, je pleurai en m'en souvenant et je priai pour demander que vous puissiez recevoir des consolations d'un ami sur la terre, aussi bien que de l'Ami céleste.

Byron aurait dû être ému par cette lettre, belle et sincère. Peut-être le fut-il un instant mais, avant de quitter Newstead pour Londres, il grava sur un des arbres du parc les initiales entrelacées de son propre nom et de celui d'Augusta.

XXII. *Mariage*

Think you, if Laura had been Petrarch's wife,
He would have written sonnets all his life ?

BYRON.

Donc il était assez fier de sa conquête, mais ne pouvait se décider à partir pour Seaham. Le prétexte était Hanson, l'homme de loi méfiant, qui exigeait un projet de contrat en bonne forme. Bien que chargé de dettes, Byron ne voulait pas faire un mariage d'argent. Certes il était heureux d'ajouter quelques rentes à un revenu insuffisant, mais les arrangements qu'il proposait étaient généreux. Sir Ralph Milbanke, jadis fort riche, avait beaucoup dépensé pour ses élections; il donnait à sa fille, en dot, mille livres de rente, dont trois cents devaient aller à Lady Byron comme argent de poche, et sept cents à Lord Byron, pour toute la durée de sa vie. Annabella serait un jour héritière de Lord Wentworth qui lui laisserait sept ou huit mille livres de revenu, lesquelles, d'après la loi, seraient partagées entre elle et Byron. Mais d'autre part Byron reconnaissait à sa femme, par contrat, un capital de soixante mille livres à prendre sur la valeur de Newstead et estimé à deux mille livres de revenu.

L'ensemble de ces négociations laissa une impression assez pénible à Byron et à ses amis; Hanson et Hobhouse jugèrent que les Milbanke étaient rapaces. Lady Melbourne déclara ce Hanson insupportable. Byron tenait surtout à ce que l'on sût que Miss Milbanke n'était pour rien dans ces discussions. Quant à lui, on ne pouvait dire qu'il l'épousât pour sa fortune, puisque tout ce qu'il gagnait à ce mariage était un accroissement de revenu très inférieur à l'accroissement de dépenses qu'apporteraient un ménage et des enfants. Non, il l'épousait parce que c'était une « sensation », parce qu'il éprouvait le besoin d'une « conseillère », et même parce qu'à certains jours il croyait l'aimer, à sa manière. Mais rien ne l'ennuyait plus que de faire le voyage de Seaham pour voir « mon vieux père et ma vieille mère » et pour aller jouer un rôle de soupirant à la manière classique. « Je voudrais pouvoir me réveiller un matin et me trouver marié. » Timidité peut-être. Crainte vague aussi d'un avenir si différent du passé. Invincible répugnance à quitter ce qu'il avait. Mais surtout timidité. *Byron à Lady Melbourne :* « Dès que je pourrai aller à Seaham, j'irai, mais je me sens très bizarre au sujet, non d'*elle*, mais du voyage; ce n'est rien que timidité, et une haine des étrangers que je n'ai jamais pu dominer. »

En attendant, pendant ce bel automne de Londres, il

jouissait avec un plaisir enfantin de ses dernières semaines de célibat. Il habitait la retraite blanche et noire, ravissante, de l'Albany, mais soupait presque tous les soirs chez le jeune banquier Douglas Kinnaird, grand ami de Hobhouse. Il y avait là Tom Moore, que l'on mettait au piano pour qu'il chantât ses mélodies irlandaises. Kinnaird avait un admirable brandy et, quand Byron en avait bu plusieurs verres, il devenait sentimental. Moore chantait *La Bien-aimée perdue* ; Byron, rêveur, pensait à Augusta et à Mary Chaworth. La musique, comme les parfums, avait le pouvoir de le transporter parmi des scènes du passé et de les évoquer avec une force qui bannissait entièrement le présent.

Pauvre Mary, il avait d'elle de tristes nouvelles. Elle traversait une crise de folie. Cela lui était arrivé à Hastings, dans la maison même où Byron avait vécu avec Augusta. On l'avait ramenée à Londres. On disait que c'était assez grave et qu'il avait fallu l'enfermer... Une Ophélie conjugale ? Autre drame parmi les êtres qu'il avait aimés. Vraiment il ne leur portait pas bonheur... L'acteur Kean faisait des imitations ; il était drôle ; Augusta aussi faisait bien les imitations... Jackson arrivait, gentleman boxeur, faisant rouler ses muscles sous son habit brodé. Avec lui Byron redevenait un enfant, disciple avide de plaire. Il citait des boxeurs célèbres, essayait d'analyser leur style. Un verre de brandy. Byron avait les larmes aux yeux. Kinnaird et Hobhouse riaient comme des fous. Tard dans la nuit, on mettait encore Moore au piano. Il chantait :

> *The time I've lost in wooing,*
> *In watching and pursuing*
>   *The light that lies*
>   *In woman's eyes,*
> *Has been my heart's undoing.*
> *Tho' Widsom oft has sought me,*
> *I scorn'd the lore she brought me,*
>   *My only books*
>   *Were woman's looks,*
> *And folly's all they've taught me.*

And are those follies going ?
And is my proud heart growing
Too cold or wise
For brilliant eyes
A gain to set it glowing ?
No, vain, alas ! th'endeavour
From bonds so sweet to sever ;
Poor Wisdom's chance
Against a glance
Is now as weak as ever.

La chance de la pauvre Sagesse était aussi faible que jamais... C'était profond, sous cette apparence de légèreté, ce que chantait Moore. Et lui aussi, George Gordon Byron, le Mauvais Lord, il allait se lier à la Sagesse. Se sentait-il devenir un autre homme ? Non, et il commençait à avoir grand-peur que tout cela ne tournât fort mal.

Enfin, au début de novembre, il se décida à partir pour Seaham... Un tout petit port de mer : quelques cabanes de pêcheurs, une plage rocheuse. La maison des Milbanke n'était pas loin de la mer. Quand la voiture de Byron s'arrêta devant la porte, Annabella était dans sa chambre, lisant. Elle descendit, le trouva seul dans le salon, près de la cheminée. Elle lui tendit une main qu'il baisa. Tous deux restèrent silencieux. Enfin il dit, très bas : « Nous ne nous sommes pas vus depuis longtemps. » Elle murmura qu'elle devait chercher ses parents et sortit.

La vie familiale de Seaham éveilla dès cette première rencontre le sens du ridicule, si vif chez les Byron. Ces trois êtres étaient, les uns pour les autres, naturels, gais et affectueux, mais le bonheur et le naturel d'un groupe sont souvent incommunicables. L'humour de Byron, bien plus proche de celui du doyen Swift que de celui du vicaire de Wakefield, était de tout autre classe que la gaieté des Milbanke. Byron riait de la religion, du gouvernement, de la folie des hommes et de leurs vices. Les Milbanke cultivaient des plaisanteries de couvent sur les puces, sur les jambes, sur la nourriture. Sir Ralph trouva pourtant grâce devant son gendre. Il était ennuyeux, il racontait des histoires interminables, mais se montrait « un parfait gentleman » et jouait bien le rôle conventionnel de beau-père. Lady Milbanke avait toujours déplu à Byron. Chez elle, il la trouva difficile à vivre, excitée, autoritaire. Sa grande haine était sa belle-sœur Melbourne. Elle aimait à s'occuper d'affaires. Elle voulait gouverner sa fille et son mari qui faisaient alors bloc contre elle.

Mais Annabella elle-même déçut Byron. Dès qu'il la revit, il sut qu'il s'était trompé. Quand il était loin des femmes, il construisait un roman autour d'elles. S'il ne les rencontrait plus, elles occupaient paisiblement leur niche dans ce musée de divinités défuntes qu'était l'esprit de Byron ; devaient-elles jouer en personne le rôle, presque toujours inhumain, qu'il leur avait distribué, elles étaient perdues. D'Annabella il avait attendu, le Diable savait pourquoi, qu'elle fût une femme à la fois séduisante et forte, capable de se faire aimer de lui et de le guider. Plus d'un poète a fait ce rêve d'un être qui aurait à la fois le charme d'une maîtresse et la sagesse gaie d'une camarade. Mais quand une femme est amoureuse, elle l'est avec toutes les faiblesses de l'amour. C'était ce que Byron ne pouvait comprendre, surtout quand il s'agissait d'Anna-bella.

Silencieuse, terriblement silencieuse, une jeune fille fraîche, pas très jolie, le regardait d'un air interrogateur qui le troublait extrêmement. Elle cherchait à le comparer à une image abstraite de l'homme de génie, de l'homme vertueux. Il le sentait et cela le gênait. Surtout elle était trop intelligente ; elle analysait tout ce qu'il disait. Mais il disait n'importe quoi, tout ce qui lui passait par la tête, « ne fût-ce que pour s'empêcher de bâiller ». De ses boutades brutales, dont riait une Lady Oxford et que n'écoutait jamais une Augusta, Annabella tirait de savantes déduc-tions. Le moindre changement de ton était soumis par la mathématicienne à un calcul de probabilités sentimentales.

Elle faisait de l'amour une équation. Tantôt leurs caractè-
res étaient trop semblables et tantôt ils ne l'étaient pas
assez. Elle le submergeait de beaux sentiments. Elle se
décrivait envahie par les scrupules ; elle voulait rompre les
fiançailles ; en outre elle était malade tous les trois jours,
on ne savait de quoi. Byron d'un œil lucide, sans amour, la
mesurait, et la jugeait « une parfaitement bonne personne », mais une anxieuse, destinée à se tourmenter
toujours, et (ce qu'il haïssait le plus chez une femme) une
romanesque. Il avait toujours dit : « Je cherche dans le
mariage une compagne, une amie – plutôt qu'une sentimentaliste. » Du matin au soir, dans cette maison, on ne
parlait que de sentiments. Il se crut revenu au temps de
Caroline Lamb et, pendant quelques jours, pensa que ce
mariage ne se ferait jamais.

Il avait souvent analysé avec sa vieille conseillère tacti-
que ce qu'ils appelaient tous deux en riant « la méthode
calmante », la seule qui, lui avait enseigné Lord Melbourne, puisse jamais réussir avec les femmes et qui
consiste à remplacer les paroles par des gestes, les arguments par des caresses et les réponses par des baisers. « En
fait, et *entre nous*, c'est vraiment amusant ; à ce point de
vue elle est comme une enfant, et en la caressant on peut
très bien la rendre gentille et de bonne humeur... » Les
passions paraissaient même plus fortes que la vieille tante
ne l'avait supposé. De cela Byron n'avait encore que des
signes indirects, « mais pourtant mes observations me
conduisent à le deviner. Elle ne peut s'en rendre compte, et
je ne le pourrais pas moi-même si je n'avais l'habitude de
traiter minutieusement de tels cas d'après les indications
les plus légères, et naturellement je ne l'informe pas de
mes découvertes. »

Il fut bientôt évident que la « méthode calmante » avait
eu sur Annabella un effet certain, qui avait été de la rendre
plus éprise que jamais de Byron. Le monde et sa tante
Melbourne avaient commis une grande erreur en la croyant
froide parce qu'elle était pure. Les femmes froides sont
celles qui font de l'amour un jeu. Une Annabella qui,

pendant toute son adolescence, s'est gardée pour un sentiment qu'elle veut unique, s'y abandonne, quand enfin elle
espère l'avoir rencontré, avec un élan total du corps aussi
bien que de l'âme.

Sa première lettre, après cette visite, fut à la fois humble
et passionnée : « Très cher Byron, si je me repens, vous
n'aurez pas la satisfaction de le savoir. Si notre séparation
actuelle, la dernière j'espère, vous épargne l'anxiété que
mon visage troublé vous a quelquefois donnée, tant
mieux... Etes-vous tout à fait sûr que je vous aime ? Pourquoi en avez-vous douté ? C'est *votre* seule offense. Quant
à *mes* offenses, il ne faut pas que j'y pense trop. Je voudrais que nous soyons mariés ; alors je ferais de mon mieux
et je ne me querellerais plus avec moi-même pour mille
choses qui vous sont indifférentes. J'espère que vous allez
m'écrire une *leçon*. Je l'étudierai *con amore*... Veux-tu me
prendre sur ton cœur, ce cœur qui sera mon abri "jusqu'à
ce que la mort nous sépare" ? Ne m'en chasse pas par
représailles, comme tu m'en as menacée. Toujours à toi. »
Et le lendemain : « Mon Byron, je n'étais certainement pas
moi-même pendant votre séjour... Avant que vous ne me
jugiez définitivement, attendez de me voir moi-même.
Moi-même, ce n'est pas du tout la personne grave, didacti-
que, désastreuse, qui a pu vous apparaître – je ne suis
comme cela que sous l'empire d'une grande anxiété...
Ceux qui me connaissent comme animal domestique ont
eu beaucoup plus de raisons de se plaindre de ma folie que
de mon bon sens... »

Pauvre Sagesse, comme chantait Moore, pauvre Sagesse
qui cherche toujours pour plaire à prendre ce masque de la
Folie qui lui va mal. Annabella, vierge amoureuse, signait :
ta femme. La réponse arriva de la propriété d'Augusta, Six
Mile Bottom ; elle était signée : *votre dévoué, Byron*. Il lui
demandait si, pendant qu'il en était temps encore, elle était
tout à fait sûre qu'elle ne regretterait rien. « Je serai trop
heureuse, répondit-elle, il n'y aura pas de retour en arrière... Je vous souhaite, je vous désire, mon Byron, plus à
chaque heure. Toute ma confiance est revenue pour ne

plus jamais s'évanouir. » Soit. Le sort en était jeté. Elle
voulait sa perte. Il avait promis. *Crede Biron.*

Il lui avait dit en la quittant que cette séparation serait
brève, mais une semaine, puis deux, se passèrent à Seaham
et Byron ne revint pas. Il était à Londres, buvant le brandy
de Kinnaird. Il n'avait plus aucun prétexte à donner. En
vain Annabella écrivait-elle que son père composait un
épithalame, que tous les cousins Milbanke avaient envoyé
leurs cadeaux, même Caroline (*Timeo Danaos et dona
ferentes*, avait répondu Byron), que le gâteau de noces était
cuit, que tout était prêt pour le grand spectacle et que, si le
fiancé ne se décidait pas à venir, il faudrait sans doute
supprimer le rôle du mari, comme celui du Prince de
Danemark dans *Hamlet*... En vain, devenue très hardie, lui
écrivait-elle qu'elle allait faire une visite à l'Albany un de
ces jours s'il restait parti plus longtemps. Menace à la fois
plaisante et sérieuse. Elle désirait passionnément le revoir.
Ses lettres n'étaient plus d'une belle dévote cultivée ; elle
ne savait que répéter sous toutes les formes : *Je vous aime.*
« Si, quand vous étiez là, vous m'avez souvent trouvée la
femme la plus silencieuse du monde, c'était parce que je
ne pouvais penser à rien d'autre. »
Il fit remettre le mariage, donnant comme prétexte que
Hanson ne trouvait pas d'acquéreur pour Newstead. On ne
pouvait pourtant se marier sans avoir un revenu suffisant.
Miss Milbanke protesta ; cela lui était égal ; si l'on vivait
simplement, on n'avait pas besoin d'une grande fortune.
Que Byron revînt. Ses parents commençaient à le trouver
peu empressé. Sir Ralph entrait sans cesse dans la chambre
de sa fille, pour lui demander des rimes pour son épithalame : « Papa dit : "Fuyez, moments trop longs, jusqu'à ce
qu'il revienne !" et ma mère coud avec plus d'ardeur
depuis que vous avez parlé de samedi prochain. – Très
chéri – vous et le bonheur arriverez en même temps. »...
« En ce qui concerne le bonheur, répondait-il avec son
terrible bon sens, il serait assez présomptueux de se sentir
trop certain d'une félicité ininterrompue, d'autant plus que

cela dépend moins des personnes que des choses... »
Quelques jours avant le mariage, il lui demanda encore de
bien réfléchir. Enfin, le 23 décembre : « Très chère Annabella, si nous nous rencontrons, que ce soit pour nous
marier... Si l'on devait se décider à remettre la chose – il
vaudrait mieux s'y décider de loin. » Peut-être, dans ses
hésitations, entrait pour une part assez grande le regret de
renoncer à Augusta qui continuait à lui écrire des lettres
tendres, incohérentes et remplies de croix symboliques.

Byron avait prié Hobhouse d'être son témoin et de faire
avec lui le voyage en chaise de poste. Avant le départ, ils
allèrent ensemble chercher la licence de mariage. Au
fonctionnaire qui la lui remit, Byron dit : « Dites-moi,
monsieur, quelle est la proportion des gens qui viennent
vous voir, d'abord pour se marier, et ensuite pour se
démarier ? »

Il avait été convenu que le voyage se ferait en deux
jours, mais le fiancé saisit toutes les occasions de perdre du
temps. En passant à Six Mile Bottom, il décida de s'arrêter
un jour chez Augusta et, comme il voulait être seul avec
elle, envoya Hobhouse à Newmarket. Il passa donc le jour
de Noël avec sa sœur et, de là, écrivit une dernière lettre à
Seaham : « Me voici arrivé jusqu'à ce point de mon
voyage, et aussi réchauffé qu'un homme peut l'être par
l'amour quand le thermomètre est au-dessous de Dieu sait
quoi... J'ai la licence... – C'est une étrange composition,
mais qui nous permet de nous marier dans la maison ; je
vous en prie, faisons-le. Je suis sûr que nous attraperons
des rhumes si nous nous agenouillons ailleurs... Augusta a
très bonne mine... Je vous souhaite de la gaieté et du
mince-pie – C'est Noël ! »

Byron et Hobhouse partirent le 26, et mirent quatre jours
pour aller à Seaham sous la neige et la pluie. « Le fiancé
de plus en plus moins pressé », disait Hobhouse. Toute la
maison était émue de leur retard. Lady Milbanke, malade
d'angoisse, avait dû monter dans sa chambre et se mettre
au lit. Annabella fondit en larmes au moment où ils entrèrent. Hobhouse, très gêné, cherchait en vain une excuse. Il

n'y en avait aucune, sinon le peu de hâte de son compagnon. Pour détourner l'attention et rompre un silence orageux, il déplia son cadeau : c'étaient les *Œuvres complètes* de Byron, reliées en maroquin jaune. Il regardait avec curiosité la fiancée. Elle n'était pas très belle, pensait-il, « assez mal fagotée, avec une robe beaucoup trop longue, bien qu'elle eût de jolies chevilles ». Surtout elle était terriblement silencieuse, mais avait l'air modeste et raisonnable. Elle paraissait amoureuse de Byron et passait son temps à le regarder avec une admiration qui la rendait muette. Au dîner, Lady Milbanke n'ayant pu descendre, Sir Ralph parla seul. Hobhouse le trouva un peu radoteur, mais bon homme, et doué d'un certain sens de l'humour. Il y avait là aussi deux clergymen, le révérend Mr Wallis, recteur de Seaham, et le révérend Thomas Noel, recteur de Kirkby Mallory.

La conversation s'engagea sur des sujets ecclésiastiques. Sir Ralph raconta des histoires sur l'évêque de Durham qui, snob, écrivait au fils d'un lord : « L'amitié que j'ai pour le lord votre père, et la situation particulière dans laquelle je me trouve vis-à-vis du lord mon Dieu... » Puis il parla longuement de l'archevêque de Cantorbéry. Byron et Hobhouse se regardaient. En sortant de table, Byron dit à son ami : « Je me souviens qu'un jour, à dîner, Lady Caroline Lamb a dit à George Lamb : "George, quel est le septième commandement ?" et George a répondu : "Tu ne te tracasseras point." »

Le lendemain matin, 31 décembre, Hobhouse descendit le premier et alla se promener au bord de la mer. C'était un clair et beau jour d'hiver. Il regarda les vagues avec tristesse. Il n'attendait plus rien de bon de ce mariage. Pourtant Annabella lui devenait sympathique ; l'ayant regardée pendant toute la soirée, il commençait à comprendre qu'on pût l'aimer, ou au moins éprouver pour elle un tendre intérêt. Le soir ils firent, entre hommes, une répétition comique de la cérémonie. Hobhouse jouant le rôle de Miss Milbanke, Hoare celui de Sir Ralph et Noel officiant. Vers minuit, ils allèrent voir la mer, puis se souhaitèrent une bonne année. La soirée avait été très gaie.

Le 1ᵉʳ janvier, Byron et Hobhouse se promenèrent ensemble au bord de la mer. La journée parut longue et mélancolique. Le soir, après le dîner, Byron dit : « Hobhouse, ceci est ma dernière nuit ; demain j'appartiendrai à Annabella. » Le lendemain 2 janvier, jour fixé pour le mariage, Byron en se réveillant aperçut son habit de noces préparé par Fletcher et cette vue le rendit très sombre. Quand il descendit pour le breakfast, il trouva Noel en vêtements sacerdotaux et Lady Milbanke si émue et si tremblante qu'elle ne put arriver à leur verser le thé. Un instant plus tard Hobhouse arriva, en gants blancs. Dans le salon, les domestiques plaçaient des coussins sur le plancher ; on en avait mis deux, un peu en avant, pour les époux. Byron alla faire un tour de jardin et dit qu'on l'appelât le moment venu. Enfin Annabella descendit, en robe de mousseline blanche, très simple et tête nue. Elle semblait maîtresse d'elle-même. Elle était accompagnée de sa gouvernante, Mrs Clermont. On chercha Byron. Il entra et s'agenouilla à côté de sa fiancée. Les coussins étaient durs et il faisait une grimace qui lui donnait l'air dévot et recueilli. Le révérend Thomas Noel lisait le service. Annabella, calme, la tête tournée, regardait fixement Byron.

Il n'entendait pas ; il ne voyait pas. Devant ses yeux était comme un brouillard ; il pensait (Dieu savait pourquoi) à la scène de séparation avec Mary Chaworth. Il évoquait cette chambre d'Annesley, cette longue terrasse, ces prairies, ce beau visage, que maintenant convulsaient les terreurs de la folie. Il fut arraché à sa rêverie par les phrases qu'il devait répéter : « ... Je te fais part de tous mes biens terrestres. » Il regarda Hobhouse avec un demi-sourire. Les cloches de la petite église de Seaham sonnèrent. Quelques coups de fusil furent tirés dans le jardin. Le révérend Thomas Noel se tut. Des voix qui le félicitaient, des mains qui serraient la sienne, apprirent à Byron qu'il était marié.

La nouvelle Lady Byron disparut un instant pour changer de robe, et revint vêtue d'une pèlerine ardoise bordée de fourrure blanche. L'émotion creusa le rouge visage de Sir Ralph ; les yeux de Lady Milbanke se remplirent de larmes ; Hobhouse, fidèle à ses devoirs, mit la mariée en voiture. « Je vous souhaite beaucoup d'années de bonheur, dit-il. – Si je ne suis pas heureuse, répondit-elle, ce sera ma faute. » Puis Byron monta à son tour et serra fortement la main de Hobhouse. Le valet de pied referma la portière. Byron semblait ne pouvoir se décider à abandonner la main de l'ami fidèle. Par la fenêtre de la voiture il la reprit et, quand les chevaux partirent, la tenait encore. Hobhouse se retrouva seul, triste, avec les parents d'Annabella. Lady Milbanke lui demanda « si elle ne s'était pas très bien comportée, tout comme si elle avait été la mère d'Iphigénie ». « Pour moi, dit Hobhouse, il me semblait que je venais d'enterrer un ami. »

XXIII. *La lune de mélasse* [1]

> Je ne puis pas encore maintenant déterminer jusqu'à quel point il était et n'était pas un acteur.
>
> LADY BYRON.

La voiture roulait vers Halnaby, maison prêtée par Sir Ralph pour la lune de miel, emportant une femme amoureuse et inquiète, un homme nerveux, exaspéré. Ah ! pourquoi s'était-il marié ? Pour sauver Augusta ? Pour en finir ? Pour satisfaire son orgueil ? Maintenant il aurait toute sa vie près de lui cette inconnue grave et maladroite

---

1. Le seul document sur ce que furent ces premières semaines de mariage est le témoignage de Lady Byron. Il est inédit, sauf les fragments qu'en a publiés Miss Mayne. C'est un texte émouvant et qui rend un son de vérité. J'en donne ici de nombreux passages, ceux surtout qui se rapportent aux croyances de Lord Byron. Nous avons une confirmation de l'effroi qu'avait conservé Lady Byron de ce séjour, dans Hobhouse (II, 281) qui n'est pas suspect de partialité pour elle, et qui dit qu'elle semblait toujours terrifiée quand elle parlait de sa résidence à Halnaby.

qui déjà l'observait, le jugeait. Une haine un peu folle montait en lui. Il se mit à chanter, sauvagement, comme il faisait quand il était malheureux.

Ils traversèrent la ville de Durham. Les cloches sonnèrent. « Pour notre bonheur, je suppose ? » dit Byron, sarcastique. Les champs et les bois étaient couverts de neige. Il parla. Il dit que ce mariage n'avait été pour lui qu'une revanche. C'était le nouveau mythe auquel, dans son désarroi, il s'attachait. Il avait toujours eu besoin, pour se supporter, de se voir comme le héros d'un roman. Le mariage le liait, pour un temps au moins, à une seule femme ? Soit. Le drame se jouerait entre elle et lui.

Il n'était pas vrai qu'il l'eût épousée par vengeance. Au temps de la première demande, le mythe avait été tout différent. Alors il avait souhaité et espéré le bonheur par la domination d'une femme sur lui. Mais la véritable Annabella n'ayant pu être cette femme, il lui distribuait maintenant le rôle de victime. L'idée d'une revanche, patiemment préparée depuis le premier refus, était un beau sujet d'agitation byronienne. Il avait aimé l'histoire d'Ali Pacha faisant prisonnier, après quarante-deux ans, l'homme qui avait ravi l'une de ses sœurs et le faisant supplicier. *Crede Biron.* Un Byron n'oubliait jamais. Ainsi rêvait-il, s'excitant lui-même.

« Oh ! comme vous avez été dupe de votre imagination ! Comment est-il possible qu'une femme de votre bon sens ait pu former l'absurde espoir de me réformer, moi ?... Il fut un temps où vous auriez pu me sauver ; *maintenant* il est trop tard... Il suffit que vous soyez ma femme pour que je vous haïsse – *maintenant.* Quand je me suis offert, la première fois, vous pouviez tout. *Maintenant* vous verrez que vous avez épousé un démon. » Puis, quand il vit qu'elle avait peur, il rit si naturellement qu'elle se dit qu'il n'était pas sérieux. Son courage, l'autorité que les siens avaient tant admirée, abandonnaient Annabella. Elle se demandait combien de temps Byron allait la traiter ainsi ? « Aussi longtemps, lui aurait répondu Hobhouse, si elle avait pu le consulter, aussi longtemps que vous y ferez attention. » Mais elle y faisait, hélas ! attention. Ses lectures, son bonheur, ses succès de jeune fille gâtée, sa dangereuse confiance en elle-même ne l'avaient guère préparée à comprendre et à calmer un Byron.

Vers le soir, la voiture s'arrêta devant Halnaby. Sous la neige qui tombait, dans la nuit, cette maison vide semblait sinistre. Annabella descendit avec un air et une attitude de désespoir. Pendant le dîner, il lui dit : « Maintenant je vous ai en mon pouvoir et je vais vous le faire sentir. » Il lui parla de William Lamb : « Caroline Lamb doit être, pour le cœur de son mari, comme une goutte d'eau tombant perpétuellement. Cela ruine et pétrifie. » Et il ajouta, avec son terrible regard en dessous : « Vous verrez que vous avez choisi un compagnon du même genre. »

Il appela la période qui suivit leur « lune de mélasse » et jamais la lune inconstante ne fut à la fois plus brillante et plus voilée de nuages. Byron était le plus terrible, mais aussi le plus attachant des maris. Pendant de courts moments son humeur se levait comme un brouillard matinal. Alors la conversation devenait familière et gaie ; il se plaisait à faire parler sa femme de mille absurdités puériles. Il l'appelait *Pippin*, pomme de reinette ; il la plaisantait sur son calme, et ces instants de détente devenaient pour Annabella des souvenirs d'autant plus doux qu'ils étaient rares, « sources trouvées dans le désert », disait-elle. Puis, dès qu'à certains tours de phrases un peu solennels il craignait de la voir tomber dans ce qu'il appelait « sermons et sentiments », il devenait brutal. Excité par le son de ses propres violences, incapable de se contenir, il disait tout, avec une franchise dure. Annabella avait vingt-deux ans et ne savait rien de la vie ; ce qu'elle en découvrait était bien différent de ce qu'elle avait imaginé.

Elle avait à côté d'elle un être à la fois remarquable et naïf. Il était d'une susceptibilité douloureuse, d'un égoïsme physique et moral presque incroyable. Il parlait, sans jamais se lasser, de sa santé, d'un cheveu tombé, d'une dent gâtée. Pour ce qui touchait à son infirmité, son amour-propre était à vif. Pendant les premiers jours il ne lui en dit rien ; ce fut elle qui, voulant délivrer leur vie commune de cette gêne, aborda ce sujet la première, après avoir lu un article d'Erasmus Darwin sur les maladies de la volonté. Darwin disait qu'un patient peut être soulagé en parlant librement de son mal. En effet, à partir de ce moment, il admit qu'elle savait, mais toujours avec un rire contraint et en disant « mon petit pied ». Quand il se promenait sur la route, si on entendait au loin des pas, il s'arrêtait net et se tenait immobile pour qu'un inconnu ne le vît pas boiter, ou bien il courait. Il avait horreur d'être observé ; tout regard qui se posait sur lui provoquait un accès de colère.

Tout de suite il essaya de lutter contre les sentiments moraux d'Annabella. « Ce n'est que le premier pas qui coûte », lui disait-il. Le soir, il essayait de lui prouver qu'il n'y a aucune vérité en religion, ni en morale. Il terminait d'un air de défi : « Maintenant, convertissez-moi ! » Elle n'essayait pas de répondre. Elle se disait que le pardon, la résignation, le courage et la gaieté seraient les meilleurs moyens de lui prouver que tous les hommes ne sont pas mauvais. Ce qu'il appelait religion, c'était cette sombre doctrine de son enfance qui, découvrait-elle, avait eu sur lui une grande influence et qui, combinée avec ses deux ans de vie dans le monde musulman, avait formé son fatalisme. Ce n'était pas ainsi qu'Annabella concevait l'action de la Providence : « Je croyais, moi, à la présence vivante de Dieu avec ceux qui désiraient, non leur propre volonté, mais la sienne. »

Avant de vivre avec Byron, elle l'avait cru sceptique, voltairien. La vérité lui semblait maintenant toute différente. Chez son mari l'intelligence était voltairienne, mais un calvinisme latent imprégnait les profondeurs de l'esprit. Aucune créature ne pouvait avoir un sens plus accablant d'une volonté divine, mais à ses yeux la justice de Dieu n'était tempérée par aucune pitié. Sa religion était toute crainte et, par conséquent, rébellion. Il croyait que les uns étaient destinés au Ciel, les autres à l'Enfer, et qu'il appartenait à cette dernière classe, d'où une naturelle fureur contre le tyran de l'univers, une débauche désespérée. Un jour, après une violente discussion, il tomba dans un fauteuil et dit à sa femme : « Le plus terrible de tout, c'est que je crois ! » Quand il pensait à ce Dieu qui se réjouit des souffrances de ses créatures, qui en rit peut-être, il s'indignait. « Tout le mal, notait tristement Annabella, vient de cette malheureuse foi de son enfance, qui niait le retour de l'Enfant Prodigue. »

Couple vraiment tragique, car les qualités mêmes de chacun d'eux, combinées avec les défauts de l'autre, ne pouvaient créer que de la souffrance. Annabella, par ses discours, par le sujet habituel de ses pensées, ramenait Byron vers le côté sérieux de sa nature. Or, contraindre Byron à penser à l'ordre de l'univers, c'était le pousser à être violent. Ce n'était pas sans raison qu'il aimait les femmes jolies et un peu folles. Le salut eût été dans une légèreté dont Annabella était incapable. L'intelligence psychologique était loin de lui manquer ; elle analysait parfaitement le caractère de Byron : « Son malheur, écrivait-elle, est une passion pour l'excitation que l'on trouve toujours dans les tempéraments ardents, quand les buts à atteindre ne sont pas jusqu'à un certain point organisés. C'est l'ennui d'une existence monotone qui conduit les êtres de ce type, même quand ils ont bon cœur, dans les chemins les plus dangereux... L'amour de tourmenter vient de cette source, comme celui de la boisson et du jeu. » On ne pouvait mieux dire, mais elle ne savait pas en tirer les nécessaires conséquences.

Parfois, quand il lui expliquait que rien n'a d'importance, que la morale est une question de climat, d'époque, elle désirait le croire. « Je puis me souvenir, dit-elle plus tard, d'avoir souhaité comprendre que mon devoir était de tout abandonner pour lui, de devenir son esclave et sa victime... Une femme ne peut aimer un homme pour lui-même si elle ne l'aime pas dans ses crimes... Aucun autre amour n'est digne de ce nom. » Mais son incorruptible raison lui refusait le droit à la faiblesse ; la logique d'Annabella était trop ferme pour que son cœur pût la transformer.

Elle était étonnée de le trouver superstitieux. En lui co-existaient un esprit clair et des craintes puériles. Il lui racontait que, dans son enfance, à Aberdeen, il avait été très effrayé de vivre près d'un cimetière. Toute coïncidence était un miracle. Il croyait aux présages : porter une robe noire était dangereux, une chauve-souris qui entrait portait malheur. Une nuit, dans le jardin blanc de neige, ils regardèrent un petit nuage moutonneux qui approchait de la lune. « S'il passe sur la lune, tout est perdu pour moi, dit Byron. S'il s'en éloigne, je suis sauvé. » Le nuage passa sur la lune.

Comme l'alliance de Lady Byron (l'anneau de la Douairière) était trop grande, elle l'avait entourée d'un fil noir pour la faire tenir. Quand Byron vit ce fil, il poussa un cri : « Un fil noir ! » Il voulut qu'elle l'enlevât. Quelques instants après, debout devant la cheminée, elle mit ses mains derrière son dos et l'alliance tomba dans le feu. Cet accident affecta Byron pendant plusieurs heures. Il avait des croyances si extraordinaires qu'elle se demandait souvent s'il était sérieux. Peut-être ne l'était-il qu'à moitié ; il avait toujours aimé les mystifications. Par exemple il racontait qu'il était un ange déchu, non pas symbolique-ment, mais à la lettre. Il disait à Annabella qu'elle était une de ces femmes dont la Bible parle, aimée par un exilé du Ciel. Il trouvait des oracles jusque dans ses lectures. Il n'avait pas oublié Zeluco ; il en parla longtemps à Anna-bella. Zeluco finissait par étrangler son enfant. Byron dit : « Ce sera ainsi pour moi. J'étranglerai le nôtre. » Il croyait qu'une force invincible le poussait au mal. Souvent il disait : « Mon destin est que je dois retourner en Orient ; oui, je dois retourner en Orient pour y mourir. » Mon destin... Pour lui, la figure de l'avenir était toute dessinée par avance dans les constellations et les présages. Mrs Wil-liams, la devineresse, avait dit qu'il mourrait à trente-sept ans. Il le croyait. Lady Byron, femme de science, écoutait souvent son mari avec un étonnement anxieux. Etait-il fou ? Ou jouait-il la comédie de la folie ? Elle ne savait.

Mais ce n'était pas tout. Sous cette première zone de mystère, déjà si sombre, Annabella devinait maintenant qu'elle en trouverait une seconde, plus noire encore. Dès le premier matin, Byron reçut une lettre d'Augusta. Il la lut à Annabella avec une sorte de transport d'exultation : « *Très cher, premier et meilleur des êtres humains...* Que pensez-vous de cela ? » lui demanda-t-il.

Quelques jours après leur mariage, à Halnaby, il lui fit voir dans une glace qu'elle lui ressemblait un peu. Elle dit en riant : « Comme si nous étions frère et sœur... » Il la prit par le poignet et cria : « Où avez-vous entendu cela ? » Un autre jour, sans aucun dessein, mais peut-être parce qu'une inconsciente inquiétude flottait en son esprit, elle lui parla de la tragédie de Dryden sur l'inceste, *Don Sebastian*, et cette fois encore il eut un accès de colère. Il semblait avoir horreur de ce sujet et il y revenait sans cesse. La jeune femme, naïvement, essayait de comprendre en employant ses méthodes d'étudiante : « Ma raison et mon jugement étaient dans une large mesure inutiles. Il me fallait trouver l'inconnue d'un problème sans avoir les données nécessaires pour la solution. » Elle avait l'impression qu'il l'avait épousée, non par revanche comme il disait, mais pour cacher quelque affreux crime qu'elle n'arrivait pas à imaginer. Elle se demanda s'il n'avait pas eu pour maîtresse une femme en laquelle il aurait reconnu ensuite une fille naturelle de son père.

La nuit, elle le voyait agité par des cauchemars. Il parlait en dormant. Il se levait et se promenait à grands pas, en brandissant des pistolets et des poignards. Il se recouchait et grinçait des dents. Elle venait poser sa tête sur son épaule pour le calmer. « Il vous faudrait un oreiller plus doux que mon cœur », dit-il une nuit. Elle répondit : « Je me demande lequel se brisera le premier, le vôtre ou le mien ? » Une fois, elle lui demanda doucement : « Si vous avez séduit quelqu'un, dites-le-moi. Est-ce qu'Augusta le sait ? » Il lui avoua qu'il y avait en effet dans sa vie un secret terrible : « Je vous le dirai quand vous aurez eu un enfant. » Souvent elle pensa s'enfuir, le quitter, mais elle l'aimait et le plaignait. « Alors, pour la première fois de ma vie, je sus ce que c'était que d'être seule avec Dieu. »

Et lui ? Que pensait-il de cette femme si différente de toutes celles qu'il avait eues ? Quelquefois elle l'émouvait ; il lui disait qu'elle était un très bon argument en faveur de l'immortalité : « Si quelque chose pouvait me faire croire au Ciel, c'est votre expression en ce moment. Pauvre petite chose, vous auriez dû épouser un homme meilleur. » Il avait pitié d'elle, et pourtant il était inexorable. Depuis *Childe Harold*, il avait été le comédien de sa propre vie. Jamais il n'avait trouvé public plus crédule que cette jeune femme studieuse et terrifiée. Si elle avait eu le bon sens de sourire, il eût aussitôt transformé son rôle. Il aurait eu besoin près de lui à ce moment d'une tranquille épicurienne, comme Lady Oxford. Annabella le perdait par sa gravité. Il le lui disait : « Je ne demande à une femme que de rire ; en dehors de cela je me moque de ce qu'elle est. Je peux faire rire Augusta de n'importe quoi. Personne ne me rend heureux, sauf Augusta. »

Comment pouvait-il être si brutal, lui qui se croyait le plus doux des hommes, lui que la présence d'une femme, même vieille et laide, apaisait, lui qui avait traité la frêle Lady Frances avec tant de tendresse délicate ? Il ne le comprenait pas lui-même. Il était un Byron. Une colère folle montait. « Vous ne savez pas quel monstre une mauvaise passion peut faire de moi. » Il se sentait prisonnier de cette femme. Il lui avait demandé de rompre leurs fiançailles. Elle avait voulu l'épouser ; elle avait dit qu'elle ne regretterait rien. Maintenant elle était là, dans sa vie, étrangère. Peut-être aurait-il eu pitié d'elle si elle avait paru faible, mais elle cachait trop bien sa faiblesse. Elle n'avait ni la timidité inquiète d'Augusta ni la fragilité effarouchée de Lady Frances, mais un air imperturbable, de grosses joues rouges. Elle affirmait, elle jugeait, elle tranchait. Elle mangeait lentement, méthodiquement, alors qu'il finissait, lui, un repas en quelques instants. Elle parlait de ses sentiments. « Surtout ne soyez pas sentimentale ! » lui criait-il, mains levées vers le ciel. Elle prenait tout à la lettre. « Si vous ne faisiez pas attention à mes mots, disait-il, nous nous entendrions très bien. » Il avait besoin de calme, de solitude ; c'était terrible d'être toujours deux. Sans cesse il la renvoyait de la chambre en disant : « Je n'ai pas besoin de vous », ou encore : « J'espère que nous n'allons pas toujours être ensemble ? Cela ne ferait pas mon affaire, je vous assure. » Et une autre fois : « Le seul bon côté du mariage, c'est qu'il vous délivre de vos amis. »

Déjà il ne doutait plus de la fin prochaine de sa fidélité conjugale. Il avait un jour demandé à Lady Melbourne : « Un homme marié peut-il avoir des maîtresses ? » Maintenant il lui écrivait : « J'admire la prudence de votre style depuis que je suis en pouvoir de femme, mais je *t'aime*, ma tante, et vous pardonne vos doutes jusqu'à ma prochaine aventure. » La vieille dame, qui jugeait que Byron avait causé dans cette famille assez de scandales, souhaitait qu'il se tînt tranquille. « Je vous donnerai de bons conseils, lui disait-elle. Je suis votre corbeau blanc ; évitez le corbeau noir. »... « Je suppose que votre *corbeau noir* est X ? répondait Byron, mais je continue de l'aimer bien que j'aie chez moi de quoi m'empêcher d'aimer personne essentiellement pour quelque temps à venir. » *Essentiellement*, le mot amusa Lady Melbourne : « Je ris beaucoup de votre *essentiellement*. A-t-on jamais auparavant employé ce mot dans un tel sens ? »

Il avait d'abord décidé qu'il quitterait Halnaby le 20 janvier, pour passer le 22, jour de sa fête, à Seaham, chez les Milbanke. Au dernier moment il découvrit que le 20 était un vendredi, déclara qu'il ne voyagerait pas ce jour-là et que l'on partirait le 21. Lady Byron sourit un peu. Gêné, il expliqua que le vendredi était le dimanche mahométan et qu'il avait l'habitude de l'observer. Il n'était pas de mauvaise humeur et, pendant le trajet, lui dit que leur ménage n'irait pas mal. « Je crois que vous savez maintenant assez bien à quels sujets il ne faut pas toucher », ajouta-t-il en la regardant en face.

Il commençait à reconnaître en elle des qualités. Pendant

ces cruelles semaines de Halnaby, elle avait travaillé pour lui. Elle avait copié les *Mélodies hébraïques* qu'il écrivait pour le musicien Nathan. Ils avaient parlé ensemble de leurs lectures. Elle était intelligente. Si elle n'avait pas été sa femme... Mais comment ne pas la rendre responsable de l'ennui massif du mariage ? Quoi de plus odieux, pour un homme qui a été libre, que de se trouver enchaîné par des beaux-parents, alors qu'il ne l'a jamais été par des parents ? Ce ne fut pas sans effroi que Byron retrouva, à Seaham, *my papa, Sir Ralph*. Le vieux baronnet au teint rose était cordial, mais il avait de bien fâcheuses habitudes et vraiment un goût incorrigible pour ce petit nombre de plaisanteries qu'il répétait sans se lasser. Il y en avait une sur le gigot de mouton à laquelle Sir Ralph tenait tant qu'il faisait servir du gigot à sa table plusieurs fois par semaine pour pouvoir la dire. Quand il restait seul avec Byron après le repas, il lui récitait les discours qu'il venait de faire aux contribuables de Durham. « Je suis en train d'écouter ce monologue qu'il plaît à mon beau-père d'appeler conversation ; il m'a aussi une fois joué du violon, ce qui m'a reposé. » Quelquefois Byron, excédé, se levait brusquement et abandonnait son beau-père, « le laissant terminer son discours devant les bouteilles, qu'au moins il ne peut endormir ». Il allait rêver dans sa chambre, mais l'heure du thé sonnait et il devait retrouver la Famille. « Il faut maintenant que j'aille au thé, écrivait-il à Moore – damné soit le thé. Je voudrais que ce fût le brandy de Kinnaird. » Augusta, maladroite (et peut-être jalouse), se moquait assez drôlement dans ses lettres de ce Byron domestiqué. Le soir, dans le salon qui avait été le sanctuaire de son mariage, il bâillait hideusement, car cette partie de la nuit, la plus douce à Londres, était la plus assoupie à Seaham.

Si les beaux-parents l'ennuyaient, Annabella par contraste devenait une alliée et un refuge. Il l'avait maintenant baptisée *Pip* : « Vous êtes une gentille Pip – une bonne fille de Pip, et la meilleure femme du monde », lui disait-il un soir où elle lui avait apporté sa citronnade au lit. De temps à autre, il y avait encore des incidents bizarres. Comme ils avaient joué aux bouts-rimés, Byron proposa d'envoyer les papiers à Augusta que cela distrairait. Sa femme dit : « Je ferai des croix sur les vôtres, pour les distinguer des miens. » Il pâlit. « Ah ! non, dit-il, ne faites pas cela, vous lui feriez une peur terrible. » Elle passa toute la nuit à se demander ce que ces croix pouvaient signifier.

Sur la plage, il devenait pour elle un compagnon naïf et gai. Il y avait là un grand rocher qu'on appelait « le lit de plumes » ; c'était leur promenade accoutumée ; il la défiait d'arriver aussi vite que lui et grimpait devant elle, très agile dès qu'il courait. C'était ce qu'elle appelait son côté enfant, « un état où, pendant un court moment, il ressemblait à un enfant joueur et innocent ». Il lui arrivait aussi de parler de lui-même, comme les petits enfants, à la troisième personne. Dans ses crises de tristesse, il disait : « Byron est un serin – ah ! oui, il est serin ! » et amèrement : « Pauvre Byron ! pauvre Byron ! » Annabella était touchée par le ton désespéré qu'avait alors sa voix. Vers la fin du séjour, une nuit, il lui dit : « Je crois que je vous aime. » Ce n'était pas tout à fait impossible. Elle devenait ce dont il avait besoin, une habitude. Elle connaissait maintenant la marche sautillante, les pistolets au chevet du lit, les sujets interdits. S'il était resté plusieurs mois à Seaham, peut-être se serait-il accommodé de cette routine, comme jadis des autres.

Byron à Moore : Je suis dans un tel état de monotonie et de stagnation, et tellement occupé à manger des fruits – à flâner – à jouer à des jeux de cartes assommants – à bâiller – à essayer de lire de vieux annuaires et les journaux, à ramasser des coquillages sur la plage – et à regarder pousser des groseilliers rabougris dans le jardin – que je n'ai ni le temps ni l'esprit de vous en dire plus... Mon épouse et moi, nous nous entendons à merveille. Swift dit « qu'aucun homme *raisonnable* ne s'est jamais marié » ; mais, pour un sot, je crois que c'est le plus ambroisial de tous les états. Je continue à penser qu'on devrait faire des mariages à *bail*; mais je suis sûr que je renouvellerais le mien à l'expiration, même si la période suivante était de quatre-vingt-dix-neuf années.

Il avait été convenu que les Byron partiraient au printemps pour Londres et, le 9 mars, la voiture une fois de plus les emporta. Byron aurait voulu s'arrêter seul chez Augusta, à Six Mile Bottom, mais sa femme avait insisté pour l'y accompagner. Augusta hésita longtemps avant d'accepter de les recevoir. Elle n'avait pas de place, la maison était petite, elle ne savait pas si le colonel serait absent. Enfin elle les invita. Dans la voiture, en quittant Seaham, Byron montra de la mauvaise humeur : « Pourquoi est-ce que votre mère, en partant, vous a recommandée à ma protection ? Qu'est-ce qu'elle veut dire ? Est-ce que vous n'êtes pas capable de veiller sur vous-même ? Je ne voulais pas de vous pour ce voyage. » Annabella dit qu'elle tenait à rendre visite à Augusta. « Augusta est une sotte », dit-il, puis, d'un ton sombre : « Ah ! oui, Augusta est une sotte ! » Vers le soir, il devint plus tendre : « Vous m'avez épousé pour me rendre heureux, n'est-ce pas ? Eh bien, vous me rendez heureux. »

Augusta les reçut avec calme. Elle ne dit presque rien et n'embrassa pas sa belle-sœur. Les deux femmes montèrent ensemble jusqu'aux chambres et là, Annabella, la première, prit Augusta dans ses bras. Après le dîner, Byron demanda du brandy, se mit à boire, et conseilla à sa femme d'aller se coucher. « Nous pouvons nous amuser sans vous, ma charmante », lui dit-il et, un peu plus tard, quand il monta dans sa chambre : « Maintenant que je l'ai, elle, vous vous apercevrez que je peux me passer de vous, de toutes manières. Je vous ai dit que vous étiez une sotte de vouloir venir ici et que vous auriez mieux fait d'y renoncer. » Cette scène avait paru extraordinaire à Annabella. Elle pensa que Byron avait eu une passion pour Augusta, mais que celle-ci l'avait repoussé. Le lendemain matin, Augusta les accueillit tous deux avec son extraordinaire tranquillité. « Eh bien, *Guss*, dit Byron, je suis devenu un homme très moral, n'est-ce pas ? » Augusta parut gênée et dit : « J'ai déjà observé quelques progrès. »

Pendant ce séjour, Mrs Leigh fut très bonne pour Annabella. On eût dit que Byron la pressait et qu'elle cherchait à le fuir, mais qu'en même temps elle était effrayée par lui. Il se plaisait à des allusions de plus en plus directes : « *We must fly, we must part...* vous vous rappelez, *Guss*, quand j'ai écrit ces vers pour vous ? » Annabella fut frappée par la particulière beauté de son expression quand il regardait la petite Médora. « Vous savez que celle-ci est ma fille », dit-il en la montrant. Mais comme elle était sa filleule, la phrase pouvait sembler naturelle. Il avait fait faire, à Londres, deux broches contenant les cheveux d'Augusta mêlés aux siens. Toutes deux étaient formées de lettres et de croix : *A-B-+++*. Il en donna une à Augusta et dit, en montrant Annabella : « Ah ! si elle savait ce que cela veut dire. » Mais Lady Byron ne voulait pas comprendre. Il lui semblait que son devoir était de repousser tant qu'elle le pouvait un soupçon si terrible pour son mari. Elle éprouvait un sentiment « d'horreur et de pitié sans mesure ». Elle se promit solennellement de ne jamais agir comme si elle avait une telle pensée [1].

---

1. D'après les documents il semble que, si Lady Byron dès ce moment avait des soupçons sur les rapports de Byron avec sa sœur, Augusta et Byron, malgré les propos imprudents de ce dernier, aient conservé à cet égard un surprenant sentiment de sécurité. En effet, dans les lettres échangées en 1816, entre Lady Byron et Mrs Leigh, Lady Byron ayant écrit à sa belle-sœur que « dès la première semaine de son mariage cette pensée l'avait presque rendue folle », Augusta répond, le 15 juillet 1816 : « *L'illusion* dont je vous parlais était une *entière ignorance* que vous puissiez même suspecter que j'avais causé ou augmenté votre souffrance... Je me rappelle maintenant "certaines choses" auxquelles vous faites allusion. Vous pourriez en ajouter d'autres qui ne pouvaient que me tromper. C'est pour moi comme un *horrible rêve*... Souvent j'ai pensé que j'aurais dû me confier sans réserve à vous. Mais le secret semblait un devoir dans de telles circonstances. » Nous lisons aussi dans le Mémoire de Lady Byron : « Elle (Augusta) m'a dit qu'elle n'avait jamais soupçonné mes soupçons, sauf au moment, au cours de l'été 1815, où je souhaitai de façon évidente qu'elle nous quittât. Mais elle avait souvent dit à Byron qu'il disait devant moi de telles choses que *toute autre* femme eût été

Cependant les deux *A* faisaient de longues et amicales promenades dans le parc, en parlant de Byron. Annabella, désespérée, prenait Augusta pour confidente. Elle était étonnée par l'humilité de l'affection que lui témoignait sa belle-sœur. « Vous êtes bonne pour moi, disait Augusta, parce que vous ne me connaissez pas. » Elle donnait à Annabella des conseils sur le régime qu'il faudrait faire suivre à Byron. Obéissant à la nature de son esprit qui la poussait toujours à ramener à son propre niveau les événements les plus tragiques, elle croyait que les colères de son frère venaient de ses mauvaises digestions. Il jeûnait pour ne pas engraisser puis, affamé, faisait un grand repas. Alors il souffrait et prenait des doses trop fortes de magnésie. Tout le mal était là, expliquait Augusta. Annabella disait que Byron était un mari difficile, qu'elle espérait le conquérir par son affection. L'autre répondait qu'il fallait avoir bon espoir, parce que l'habitude avait un pouvoir immense sur Byron.

Malgré la bonté réelle de Mrs Leigh, le séjour fut un cauchemar pour Annabella. Byron, irrité contre lui-même, contre sa femme, contre sa sœur, gagné par la frénésie redoutable de l'homme auquel un plaisir attendu est refusé, buvait, pour oublier, et la violence de ses propos en était augmentée. Il forçait Augusta à lire à haute voix les lettres qu'elle avait reçues de lui pendant les deux dernières années, lettres où il parlait avec cynisme de son indifférence pour Annabella, de ses maîtresses. Puis, se tournant vers sa femme, il lui disait : « Et pendant ce temps-là vous croyiez que je mourais d'amour pour vous ! » Le soir, il renvoyait Annabella de bonne heure et restait une ou deux heures avec Augusta. Lady Byron se sentait si malheureuse qu'elle ne pouvait manger et mourait de faim. Quelquefois elle s'enfermait pour pleurer jusqu'à ce qu'elle fût apaisée. Elle se disait : « C'est impossible... C'est impossible. » Un jour elle fit voir à Augusta une citation de Mme Necker : « Les peines auxquelles on n'a pas contribué s'effacent,

---

amenée à comprendre. Il la rassurait quand elle avait de tels doutes. »

mais les remords fixent les époques et les sentiments. »
Augusta la regarda sans rien dire et Annabella eut
l'impression qu'une entente muette venait de s'établir
entre elles.

Vers la fin du séjour, le réel devenant insupportable,
Lady Byron chercha refuge dans la contemplation et dans
l'extase. Elle lisait la Bible, et, y trouvant des passages qui
convenaient à ses émotions, atteignait à un enthousiasme
mystique. Elle se constituerait la gardienne de ces deux
créatures perdues, elle les sauverait. Mais comment sauver
un homme que l'on aime et qui vous hait ?

Ce fut chez Augusta que Byron apprit le retour de l'île
d'Elbe, la défection des troupes royales, le vol de l'Aigle.
Cette nouvelle l'enchanta. Donc sa petite pagode n'était
pas brisée. « Et maintenant, s'il ne rosse pas les Alliés,
nous n'en aurons pas pour notre argent. S'il peut prendre
la France à lui tout seul, du diable s'il ne peut pas repousser les envahisseurs avec l'aide de la Garde impériale. Il
est impossible de ne pas être ébloui et écrasé par toute
cette carrière. » Londres était stupéfait et houleux. Au
Cocoa Tree, on donnait les Bourbons à quinze contre cinq.
Hobhouse jouait Napoléon. Le 23, on sut que l'Empereur
était à Paris. En vingt jours, il avait traversé la France. Le
drapeau tricolore flottait dans les ports, en face des falaises
de Douvres. C'était vingt ans d'histoire à recommencer.

Byron, en d'autres temps, eût souhaité parler de ces
nouvelles avec Hobhouse, avec Kinnaird, mais il prenait
un si sombre plaisir « à dresser ces deux femmes » qu'il fût
volontiers resté à Six Mile Bottom. Mais Augusta ne le
désirait pas et, le 28, il emmena Annabella. Elle présentait,
comme disait son mari, « des symptômes gestatoires » et
elle était brisée.

XXIV. *13 Piccadilly*

La tragédie de ce mariage, comme de beaucoup
d'autres, était que ce que chacun voyait dans
l'autre n'était pas toute la vérité.

GRIERSON.

Ils avaient loué une belle maison au numéro 13 de Piccadilly Terrace ; ils avaient des domestiques, deux voitures. Il leur manquait une fortune. Le loyer était de sept cents livres ; c'était tout le revenu apporté par Lady Byron ; celui de Lord Byron était négatif, les fermages de Newstead ne suffisant pas à payer l'intérêt des dettes. Presque tout de suite les huissiers, attirés par ce grand train de vie, les visitèrent. Hobhouse, qui vint voir son ami avant de partir pour la France où il voulait prendre des notes sur le retour de l'Empereur, le trouva sombre. Byron ne se plaignait pas, mais conseilla à Hobhouse de ne pas se marier.

Les premiers jours furent assez heureux (« il était plus gentil pour moi, dit-elle, que je ne l'avais jamais vu »), mais Annabella n'avait plus beaucoup d'espoir. « L'espoir, disait Byron, ce n'est rien que le fard dont l'existence peint son visage ; le plus léger contact de la vérité le fait disparaître et nous voyons alors quelle catin aux joues creuses nous avons serrée dans nos bras. » Elle en venait, elle aussi, à cette amère philosophie.

Byron était plus beau que jamais. Son visage avait pris de l'élévation, un air de grandeur inquiète. Il portait maintenant un habit noir qui complétait son apparence noble et sérieuse. Annabella ne se lassait pas de le regarder. Elle aimait à sortir avec lui quand elle allait chercher des fleurs, chez Henderson; elle le « déposait » chez le poète radical Leigh Hunt, à Paddington, et, tandis qu'elle faisait ses courses, les deux hommes discutaient la politique de Lord Castlereagh, Byron se balançant sur le cheval de bois des petits Hunt. La presse tory et le gouvernement voulaient venir au secours des Bourbons. « Pouvons-nous rester tranquilles quand la maison de notre voisin brûle ? » Byron et ses amis étaient naturellement contre la guerre, pour Bonaparte, et protestaient contre la participation de l'Angleterre à une guerre civile. Au retour, Lady Byron venait chercher son mari. Elle attendait devant la porte, dans sa belle voiture. Byron, sur les marches du perron, jouait avec les enfants de Hunt. N'était-ce pas l'image conventionnelle du bonheur ? Cette jeune femme un peu grasse, souriante, le mari sur le seuil disant adieu à son ami, les chevaux vifs et impatients, que manquait-il à cette estampe sentimentale ? En rentrant à Piccadilly Terrace, Byron travaillait à son nouveau poème : *Parisina.* Parfaite femme d'écrivain, Annabella recopiait les feuillets. L'existence était fardée de façon assez respectable.

Mais Lady Byron demeurait triste. Elle ne retrouvait plus ses fraîches couleurs de campagnarde. Elle se sentait isolée. Les amis de Byron, Kinnaird, Hobhouse, ceux qu'elle appelait « la bande de Piccadilly » lui déplaisaient. Kinnaird avait acheté au nom de Byron une part dans le théâtre de Drury Lane, pour que son ami pût faire partie du comité de direction. Annabella n'aimait pas ce monde des coulisses. Elle savait que Byron retournait à Melbourne House; c'était inquiétant; « la Tante » était une conseillère dangereuse. Mais que faire ? Aux yeux du monde, les Melbourne, les Lamb, étaient parents et amis des Byron. Caroline et William roucoulaient comme deux tourterelles. Byron était reçu chez eux; tout s'arrange. Il disait maintenant que Caroline était très ennuyeuse, mais elle avait pour lui l'attrait de l'ancienne maîtresse avec laquelle le langage est libre et la confidence flatteuse. Lady Byron elle-même était allée une fois à Melbourne House et avait eu la malchance d'y rencontrer Mrs Chaworth-Musters, Mary-Ann guérie de sa crise nerveuse. Annabella raconta cette visite à Augusta : « Je ne vous ai jamais parlé de ma rencontre, chez Caroline, avec Mrs Musters. Elle a demandé des nouvelles de Byron. Je n'ai jamais vu une chatte à l'air aussi méchant. Quelqu'un d'autre avait l'air tout à fait vertueux à côté d'elle. Ah ! si je pouvais sortir de cette horrible ville qui me rend folle !... Si j'étais à la campagne, je crois que je pourrais retrouver ma bonne mine et ma bonne humeur, merveilleusement. » Rien ne pouvait être plus pénible pour Lady Byron, amoureuse, orgueilleuse et chaste, que cette vie de Londres où, se sentant épiée par des femmes hostiles que son mari avait aimées, elle craignait de leur laisser deviner que son ménage était un échec.

Surtout il y avait Augusta. Elle était venue, au bout de dix jours, s'installer à Piccadilly Terrace. Comment Annabella l'avait-elle invitée ? « Il était sans espoir, explique-t-elle, de les maintenir éloignés l'un de l'autre – il n'était pas sans espoir, à mon avis, de les maintenir dans l'innocence. Je me sentais gardienne de ces deux êtres. » Byron reçut d'abord Augusta avec un de ses fameux regards en dessous, chargés de haine. Au bout de quelques minutes, il reprit goût à elle. « Vous avez été une sotte, dit-il à sa femme, de la laisser venir dans cette maison. Vous vous en apercevrez. Cela fera un grand changement pour vous à tous les points de vue. »

En effet la vie de Six Mile Bottom recommença. Annabella, le soir, était envoyée dans sa chambre où, ne pouvant dormir, elle guettait le pas de Byron. Ce pas lui indiquait l'état d'esprit dans lequel il venait à elle. Tantôt il montait avec une énergie terrifiante, signe de colère ; tantôt ses pas, mêlés à ceux d'Augusta, étaient scandés par des éclats de rire. Les rapports de ces trois êtres étaient extraordinaires. Annabella était *Pip*, Augusta *Goose* ; Byron pour sa femme était *Duck* (mon petit canard), pour sa sœur *Baby*. Il y avait encore des moments de bonheur. Byron disait à sa femme : « Si je vous avais connue depuis l'âge de cinq ans, j'aurais pu être heureux. » Et aussi : « Pauvre petite, vous n'êtes

vraiment pas difficile à contenter ! » Mais certains jours
étaient si affreux qu'Annabella en arrivait à haïr Augusta
au point d'avoir envie de la tuer. « J'étais presque folle et,
pour me préserver de la passion de la vengeance, j'étais
obligée d'en substituer une autre, celle du pardon romanesque. » Comme elle avait jadis défendu les Thermopyles
et soigné les pestiférés, elle voulait sauver la femme qui
était la cause de son malheur. Alors la haine se transformait en amitié ardente, désespérée. Comme toute femme
amoureuse, elle avait besoin du passé de l'homme qu'elle
aimait. Augusta était « celle qui savait ». Elle était aussi
celle qui la défendait quand sa présence irritait Byron.
Pourtant, vers la fin de juin, Lady Byron fit clairement
comprendre à sa belle-sœur que ce séjour avait assez duré
et Mrs Leigh retourna vivre à Six Mile Bottom.

Pendant tout ce printemps de 1815, presque chaque matin, Byron passa une ou deux heures dans le bureau de
John Murray. Il y rencontrait un des rares écrivains pour
lesquels il éprouvât à la fois de l'estime et de l'admiration :
Sir Walter Scott. Les deux hommes prenaient grand plaisir
à ces conversations. On avait dit à Scott que Byron était un
jeune homme extravagant ; ce ne fut pas son impression.
Personne n'était plus capable que lui d'apprécier ce qu'il y
avait de noble dans le caractère de Byron. En religion et en
politique, ils étaient dans deux camps opposés, mais Scott
ne croyait pas que Byron eût sur ce sujet des opinions bien
fermes. Il lui dit que, s'il vivait encore quelques années, il
changerait de sentiments. Byron répondit assez vivement :
« Je suppose que vous êtes de ceux qui prophétisent que je
me convertirai au méthodisme ? – Non, non, répliqua
Walter Scott, je ne crois pas que votre conversion sera si
banale. Je m'attendrais plutôt à vous voir adopter la foi
catholique et vous distinguer par l'austérité de vos péni-
tences. La religion à laquelle peut-être vous vous attache-
rez un jour devra exercer un grand pouvoir sur l'imagination. » Byron sourit gravement et ne dit pas non.

Ils échangèrent des présents. Scott donna à Byron une
belle dague, montée en or, qui avait été la propriété du

redoutable Elfi Bey. Byron lui envoya, quelques jours après, un grand vase sépulcral en argent, rempli d'ossements, sur lequel il avait fait graver les vers de Juvénal :

> *Expende – quot libras in duce summo invenies.*
> *— Mors sola fatetur quantula hominum corpuscula.*

Scott avait su, mieux que personne, apaiser Byron et le mettre en confiance. « Il était souvent mélancolique, écrivait-il, et presque sombre. Quand je le trouvais de cette humeur, j'attendais ou qu'elle se dissipât d'elle-même, ou que se présentât un moyen naturel et facile de le faire parler ; alors les ombres presque toujours s'effaçaient de son visage. »

Si Lady Byron avait eu cette connaissance des âmes tourmentées, la maison de Piccadilly Terrace fût peut-être devenue très calme, mais Lady Byron était absolue et elle était amoureuse, deux dangereux obstacles sur le chemin de la sagesse.

Juin 1815. Annabella était enceinte de plus de trois mois, Hobhouse, en France, attendait les nouvelles des armées. Le 20, un maître de poste lui annonça que Napoléon avait été complètement battu à Waterloo. *Poor fellow*, dit-il, et Byron en apprenant la nouvelle : *Well ! I am damned sorry for it !* Toutes les jeunes femmes anglaises étaient en Belgique, soignant un frère, un mari, un amant. Caroline Lamb s'y trouvait comme les autres, agacée par le succès de Lady Frances Webster. Byron avait eu raison de dire qu'un assaillant plus hardi triompherait de cette jeune femme. Elle avait fait des progrès depuis sa blanche aventure ; on disait que c'était à cause d'elle que Wellington était arrivé en retard sur le champ de bataille. Quant au *marito*, il escortait sa femme et écrivait un poème sur la bataille.

Hobhouse revint. Byron et lui suivirent avec tristesse la tragédie du *Bellérophon* et maudirent l'amiral anglais qui appelait l'Empereur « Général ». « Sauvage coquin ! » dit Byron. Tous deux apprirent avec joie que Napoléon avait été acclamé par la foule anglaise au moment du départ. La catastrophe était cette fois sans remède ; l'Europe allait être soumise à Metternich. « Tout espoir d'une république est perdu, il nous faut revenir au vieux système. Je suis dégoûté de la politique et des massacres ; le bonheur que la Providence a prodigué à Lord Castlereagh est la preuve du peu de valeur que les dieux accordent à la prospérité, puisqu'ils permettent à des hommes comme lui et à ce caporal ivre, le vieux Blücher, de maltraiter leurs supérieurs. Il faut cependant en excepter Wellington. Lui est un homme – et le Scipion de notre Annibal. »

Mais tout cela valait-il même qu'on y pensât ? « En fin de compte, est-il aujourd'hui une chose pour laquelle on voulût se donner la peine de sortir de son lit ? On s'endort au bruit des royaumes tombés pendant la nuit et qu'on balaie chaque matin devant nos portes. » Ah ! partir, quitter cet Occident pourri, trouver la paix de l'âme en Grèce ou en Turquie. Qu'il avait aimé ces heures où, avec Hobhouse et l'éminent Fletcher, il avait galopé sous le ciel bleu. Cette vie plate et conjugale lui devenait insupportable. Pour un être accoutumé comme lui à l'indépendance, la contrainte menait à la folie. Il avait bien jugé Annabella. Infaillible, même dans l'échec. Créature de règles et de principes, et qui croyait par là dominer les événements. Or, plus elle le croyait, plus il prenait plaisir à lui prouver qu'elle était impuissante. « Le mariage sort de l'amour comme le vinaigre du vin. C'est un breuvage âpre, peu agréable, à qui le temps a fait perdre son céleste bouquet pour le transformer en boisson de ménage insipide et commune... Nul ne prend intérêt aux tendresses conjugales. Il n'y a rien de répréhensible dans les baisers d'époux. Croyez-vous que si Laure eût été la femme de Pétrarque, il eût passé sa vie à écrire des sonnets ? » Il était irrité quand Murray le félicitait de la tenue morale des deux poèmes qu'il avait écrits depuis son mariage et quand l'éditeur ajoutait, avec un sourire complaisant : « Je n'aurais pas osé les lire à haute voix à ma femme, si mon œil n'avait reconnu la main délicate qui les a copiés. »

Tout, autour d'eux, semblait fait pour exaspérer Byron. Lady Milbanke avait perdu son frère, Lord Wentworth. Elle avait hérité d'un nom, Lady Noel, et d'un grand revenu, près de huit mille livres, mais de cette fortune rien n'allait à Annabella du vivant de sa mère, et, comme le domaine coûtait aussi cher qu'il rapportait et que Sir Ralph était couvert de dettes, Lady Noel ne pouvait venir en aide à sa fille. Or, la situation financière, à Piccadilly Terrace, était dangereuse. Murray, sachant son auteur gêné, lui avait envoyé un chèque de quinze cents livres, mais Byron avait renvoyé le chèque. Un huissier couchait dans la maison. La présence de cet étranger était devenue, dans l'imagination de Byron, un drame. Il lui en fallait toujours un. Annabella, qui le connaissait bien, observait : « Les huissiers sont maintenant son roman. »

De tous ses maux, il rendait responsable la femme qui avait voulu, malgré lui, participer à sa vie. Il lui avait dit que l'on manquerait d'argent. On en manquait. Les usuriers menaçaient de faire vendre les meubles, les livres. On entendait dans l'escalier le pas de l'huissier, maître de la maison d'un Byron. Et cette femme était toujours là, avec son offensante vertu. Il savait qu'il la traitait mal. Il avait des remords, souvent très vifs, mais ces remords mêmes étaient une nouvelle raison de la haïr. « S'il s'était senti digne de moi, dit-elle un jour, il aurait été bon... C'était comme si j'avais été sa conscience. » Elle était souvent pénétrante, Lady Byron. Oui, c'était cela, elle était comme une conscience vivante et il y a des cas où l'on souhaite fuir sa conscience. Il était jaloux d'elle comme il l'avait été de l'autre Byron.

Pour retrouver la paix de l'esprit, il voulait ne plus la voir, partir, s'embarquer pour Naxos ou la renvoyer chez son père « comme une enfant gâtée qu'elle était ». S'il la regardait vivre, un démon s'installait en lui. Comme celui de ses ancêtres qui disait « ma main a de mauvais instincts », il se dédoublait et devenait spectateur d'un Byron inconnu et dangereux. La colère ressemble à l'inspiration. « Elle égare merveilleusement le jugement. » Dès que l'on est en colère, l'adversaire trop pur cesse d'avoir raison. Byron jouissait du spectacle de ses excès et aimait à s'abandonner à une fureur qui lui paraissait presque sacrée. Un jour, dans un accès de colère, il jeta une pendule à terre et la mit en morceaux à coups de tisonnier. Ainsi, l'Honorable Kitty Gordon avait une fois agi devant lui, à Southwell. Un homme peut-il empêcher ses ancêtres de renaître en lui ? Annabella, enceinte de six mois, voyait grandir à côté d'elle une force hostile qu'elle ne savait pas contrôler.

Dans son désarroi, et ne voulant rien dire à ses parents qui pût les inquiéter, elle eut l'idée de recourir à Augusta. Au mois d'août, Byron avait fait un testament où il léguait à celle-ci tout ce qu'il possédait, et c'était Lady Byron qui, avec un désintéressement admirable, l'avait appris à sa belle-sœur : « Très chère Lei, avait-elle écrit, il faut que je vous dise avec quelle tendresse Byron vient de parler de sa *chère Goose*, jusqu'à ce qu'il fût prêt à pleurer – et moi aussi. La conversation a commencé parce qu'il m'expliquait le contenu d'un testament qu'il vient de faire – et qui est, autant que je puis en juger, tout à fait celui qu'il doit faire... Et, très chère Augusta, croyez que je vous connais trop bien pour supporter à ce sujet ce qu'une certaine personne pourrait supposer, ou quoi que ce soit de ce genre. » (La *certaine personne* était sans doute Caroline Lamb, dont les propos sur Byron et sa sœur commençaient à se répandre dans Londres.) Elle savait qu'Augusta, malgré ses fautes, était capable de bonté. Elle lui demanda de venir loger une fois encore à Piccadilly Terrace, jusqu'à l'accouchement. En cette fin de grossesse, elle s'accrochait à tout secours. Seule avec cet homme qui ne semblait plus maître de lui-même, elle avait peur. Elle n'hésitait pas à appeler la femme qu'elle redoutait le plus.

Quand Augusta arriva, elle fut effrayée par l'état de Byron. Il avait eu une crise de foie ; son teint pâle était devenu jaune. Malheureux, malade, ne trouvant même plus de plaisir véritable à écrire, il prenait du laudanum pour essayer de ne plus souffrir. Il en avait toujours une petite

bouteille près de son lit. Cette drogue, après une courte
période d'assoupissement, le laissait plus violent que
jamais. Exaspéré par la contrainte perpétuelle qu'était la
présence dans sa maison d'une femme alourdie et souf-
frante, privé de tout ce qu'il aimait, du calme, de la solitude poétique d'une grande demeure silencieuse, harcelé
par les créanciers, il devenait (comme les Gordon de jadis)
une bête sauvage. Augusta fut, cette fois, maltraitée par lui
comme Annabella. Il lui parlait avec horreur de son mari,
de ses enfants. Si Augusta se permettait de prononcer le
mot *devoir*, il disait : « Laisser le devoir à Dieu. » Il dé-
clamait tous les jours contre l'affreuse institution du
mariage, jurait de s'arracher à ce lien détestable, et menaçait les deux femmes d'amener chez lui des maîtresses.

Elles avaient ensemble de tristes conversations. « Ah !
disait Augusta à sa belle-sœur d'un air étrange, vous ne
savez pas à quel point j'ai été folle avec lui ! » Mais si,
Annabella le savait et quelquefois le laissait entendre avec
une amertume obscure qui inquiétait l'autre, puis la conversation glissait vers des sujets moins dangereux. A quoi
bon ? Augusta seule était maintenant entre Annabella et la
peur. Ces confidences de femmes, ces chuchotements qui
cessaient quand il paraissait, exaspéraient Byron. Outre les
deux belles-sœurs, il y avait dans la maison George Anson
Byron, l'héritier du titre, auquel Augusta avait demandé de
venir vivre là pour protéger les femmes, et Mrs Clermont,
la gouvernante d'Annabella. Byron croyait que sa femme
employait cette personne à l'espionner. Des lettres dispa-
raissaient de ses tiroirs. Le gynécée était en émoi comme
une ruche malade. Il voyait qu'on épiait ses regards, qu'on
l'examinait à la dérobée. Le croyait-on fou ?

C'était en effet l'idée à laquelle maintenant se raccro-
chait Annabella. Il était impossible qu'il pût haïr à ce point
une femme innocente, s'il n'était pas fou. N'avait-il pas
souvent le regard fixe ? « Est-ce que vous n'avez pas
remarqué, disait Annabella à Augusta, qu'il regarde en
dessous, en baissant la tête... C'est un des symptômes
qu'on avait signalés chez le roi au moment où il est devenu

fou. » Un jour, au théâtre, dans une loge, il se mit à parler seul. Effet du laudanum ? Ennui ? Murmure inconscient d'écrivain qui essaie des phrases ? Les deux femmes et George Byron, qui étaient avec lui, se regardèrent. Plus il se sentait surveillé, plus il devenait bizarre. Son cousin George lui-même conseillait à Lady Byron de quitter la maison. « Sinon, lui disait-il, je serai obligé de prévenir votre père. »

L'enfant naquit le 10 décembre. C'était une fille. Il n'avait même pas l'héritier qu'il souhaitait. Hobhouse vint voir le bébé. Le Corsaire père de famille l'amusait. « Visite à Byron pour voir son enfant, Augusta-Ada, ce dernier nom celui d'une femme qui a épousé quelqu'un de sa famille sous le règne du roi Jean. » En quittant Piccadilly Terrace, Hobhouse alla dîner à Holland House et eut comme voisine Caroline Lamb, qui était de très bonne humeur. Elle définit ce soir-là la vérité : « Ce qu'on pense au moment où l'on parle. » Elle avait de l'esprit, Lady Caroline. Hobhouse, la regardant, pensait que l'on oublie vite. Elle était là, en apparence heureuse, avec sa belle-mère, son mari qui la traitait avec tendresse, tandis que le malheureux Byron tournait furieusement dans sa cage de Piccadilly Terrace. Etrange chose la vie. *Journal de Hobhouse* : « Si l'homme entier n'est qu'une goutte de boue, au fond la seule chose qui m'intéresse c'est que je suis, moi, sur cette goutte et que je dois faire de mon mieux pour moi-même aussi longtemps que ces choses existeront. »

Le 28 décembre Annabella reçut une lettre de sa mère, les invitant tous à Kirkby, son nouveau château. Byron n'avait nulle envie d'y aller lui-même, mais pourquoi ne pas se débarrasser ainsi de ses fardeaux ? Le 3 janvier, dans la chambre de Lady Byron, il parla de son intention d'installer une femme de théâtre dans la maison, puis, pendant trois jours, il n'entra plus chez elle, ni chez l'enfant. Le 6 janvier, elle reçut de lui une note : « Quand vous serez disposée à quitter Londres, il serait souhaitable qu'un jour fût fixé – et (si possible) pas trop éloigné. Vous connaissez mon opinion sur ce sujet, les circonstances qui l'ont formée et mes plans ou plutôt mes intentions pour l'avenir. Quand vous serez à la campagne, je vous écrirai plus complètement. – Comme Lady Noel vous a invitée à Kirkby, vous pouvez y aller pour le moment, à moins que vous ne préfériez Seaham. – Comme il est important pour moi de pouvoir renvoyer nos domestiques actuels – le plus tôt votre décision sera prise sera le mieux – bien que naturellement il faille tenir compte de ce qui vous sera commode et agréable. L'enfant naturellement vous accompagnera. » Elle répondit, le lendemain : « J'obéirai à vos souhaits et fixerai le jour le plus proche que les circonstances permettront pour quitter Londres. »

Le croyant fou et que cette folie avait pris la forme d'une profonde aversion pour elle, elle pensa que son devoir était de partir. Elle consulta son propre médecin, le docteur Baillie, et celui de Byron, Mr Le Mann. Ils lui dirent que la nature de la maladie apparaîtrait sans doute plus clairement dans les quelques jours qui suivraient et qu'on pourrait alors transporter Lord Byron à Kirkby sous la surveillance des médecins. Ils lui dirent aussi d'éviter tout ce qui pourrait l'irriter et de lui écrire gaiement, affectueusement.

La veille du départ, elle demanda à lui faire ses adieux. Elle tenait dans ses bras la petite Ada. Il la reçut froidement. La dernière nuit elle dormit bien et se réveilla le matin épuisée. La voiture était à la porte. Annabella descendit. Devant la chambre de Byron, il y avait un grand paillasson sur lequel dormait son terre-neuve. Elle fut tentée de se coucher là, sur le sol, et d'attendre, mais cela ne dura qu'un moment, et elle passa.

Au premier relais, elle écrivit à Byron : « Très cher Byron, l'enfant va bien et voyage admirablement. J'espère que vous êtes sage et que vous vous souvenez de mes prières et de mes conseils médicaux. Ne vous abandonnez pas à l'abominable métier de versificateur – ni au brandy – ni à rien ou à personne qui ne soit *légal* et *raisonnable*. Bien que *je* vous désobéisse en vous écrivant, montrez-moi

votre obéissance à Kirkby. Affection d'Ada et de moi.
PIP. » Et le lendemain, de Kirkby : « Très cher *Duck*, nous
sommes bien arrivées ici hier soir et avons été introduites
dans la cuisine au lieu du salon, erreur assez agréable pour
des gens affamés... Papa se propose de vous écrire un récit
amusant de cet incident, et lui et Maman ont hâte de voir la
réunion de famille au complet... Si Byron ne me manquait
pas toujours, l'air de la campagne m'aurait déjà fait du
bien. *Miss* trouve que sa nourrice a beaucoup plus à lui
donner et elle engraisse. C'est une bonne chose qu'elle ne
puisse pas comprendre les flatteries qu'on lui prodigue –
"Petit Ange" et je ne sais quoi. Affection à la bonne Goose
et aussi à vous de tout le monde ici. Ta toujours très aimante. PIPPIN... PIP... IP »...

XXV. *Il y a un an, femme affectueuse...*

Les médecins avaient pensé qu'après le départ de sa
femme, Byron se montrerait plus calme ; Augusta et
George Byron, qui continuèrent à vivre avec lui, le trouvèrent encore très agité. Chaque jour Augusta envoyait un
bulletin à sa belle-sœur : « Byron est resté à la maison hier
soir – pas de brandy et il a pris ses remèdes. Il était bien au
commencement de la soirée, mais vers la fin il est devenu
difficile, et en réponse à une question de George lui demandant quand il irait à Kirkby – il a dit – après un regard
absent : "Moi, y aller ? Pas du tout ! Je n'y pense même
pas, si je puis l'éviter !" Puis il s'est mis à parler de toutes
sortes de choses étranges – à tomber sur *moi* comme
d'habitude – à dire du mal de mon mari, de mes enfants –
enfin tout ce que vous savez et avez entendu cent fois. »...
Difficile... Augusta parlait de son frère comme une mère
parle d'un enfant, ou comme un montagnard d'un sommet.
Elle le traitait comme un phénomène naturel, non comme

un être humain responsable. C'était peut-être pour cela qu'il l'aimait.

Mais tandis que, tyrannique et douloureux, Byron croyait gouverner les hôtes de Piccadilly, son sort se décidait à Kirkby. Lady Byron était, quand elle arriva chez ses parents, méconnaissable. Les joues rondes, qui lui avaient valu le surnom de Pippin, étaient creuses et pâles. Elle ne dormait plus. Ses pensées, ses doutes, ses craintes, la tenaient éveillée et fiévreuse. Si elle s'était crue infaillible, elle devait reconnaître son erreur. Que faire ? Que dire ? Elle aimait Byron. Elle aurait voulu le sauver. Trop dogmatique pour être tolérante, elle avait horreur de ses actions, de ses doctrines. Mais il était fou ; c'était son excuse ; il fallait le soigner, là elle retrouvait l'idée du devoir et dès qu'un devoir abstrait figurait parmi les données du problème, elle se sentait sur terrain solide.

Ses parents furent si effrayés par son aspect qu'elle dut leur avouer une partie des faits, mais sans dire un mot de ses soupçons à l'égard de sa belle-sœur. L'honnête Sir Ralph fut indigné. « Vous ne pouvez savoir à quel point mon père est sévère, écrivit Annabella à Augusta, beaucoup plus que ma mère. » Pourtant, comme elle avait expliqué que son mari était un malade, ses parents pardonnaient et suggéraient qu'il vînt se faire soigner à Kirkby. « On ne peut imaginer plus tendre anxiété, ni plus vif désir de tout faire pour le malheureux. Ma mère est très calme, quoique profondément affectée... Mon père et ma mère sont d'accord pour penser qu'à tous les points de vue il vaudrait mieux que Byron vînt ici. Ils disent qu'il sera très bien soigné et que, maintenant qu'ils connaissent la triste cause de tout, ils ne pourront plus être offensés, ni déconcertés par lui... Ce serait au moyen de *l'héritier* qu'on pourrait le convaincre. » Byron avait en effet exprimé, à plusieurs reprises, son intention de revoir sa femme jusqu'à ce qu'elle eût un fils (ne fût-ce que pour ennuyer George Anson) et de partir ensuite pour le Continent.

Tels furent les premiers jours. Puis, à mesure que les récits d'Annabella laissaient entrevoir ce qu'avait été sa vie, la colère de ses parents grandit. Lady Noel, toujours avide d'affaires, proposa d'aller à Londres se renseigner auprès d'un homme de loi. Annabella elle-même était profondément troublée par les nouvelles reçues de Piccadilly. Il semblait que la maladie ne fût pas confirmée. Le docteur Le Mann écrivait : « En ce qui concerne l'état de l'esprit de mon malade, je dois dire que je n'y ai rien découvert qui ressemble à une véritable folie. Il y a une irritabilité de caractère (qui vient probablement du mauvais fonctionnement du foie et des organes de la digestion) et qui pourrait, par des soins maladroits, en arriver à un état de démence, mais je crois qu'on peut facilement venir à bout de cela. »

S'il n'était pas fou, il était impardonnable et la foi de Lady Byron aussi bien que son orgueil intellectuel lui dictaient alors un choix pénible, mais nécessaire. A ses yeux, la vie terrestre n'était qu'une préparation à l'immortalité. Elle ne se reconnaissait pas le droit de la passer avec un être condamné qui l'entraînerait avec lui vers des châtiments éternels. Elle en venait à accepter comme inévitable l'idée d'une séparation. Mais elle était désespérée.

Au contraire Lady Noel, à Londres, éprouvait ce sentiment d'agréable importance qu'ont les vieilles femmes, délivrées des tourments de l'amour, quand elles peuvent en délivrer les jeunes. Elle consultait un grand légiste, Sir Samuel Romilly, puis un jeune et brillant avocat, le docteur Lushington : « C'est l'homme le plus *gentleman*, l'esprit le plus clair et le plus brillant que j'aie jamais rencontré. Il est d'accord avec tous les autres pour penser que votre père doit proposer un *arrangement à l'amiable*... Je suis persuadée que Lord Byron ne s'opposera pas à l'arrangement... S'il le faisait, Lushington pense que la Cour Spirituelle accorderait une séparation pour *sévices et violences*. » Elle approuva, quand elle la connut, la décision de sa fille.

Le 2 février, Sir Ralph écrivit à Byron pour proposer une séparation. Cette lettre fut interceptée par Mrs Leigh qui la renvoya, parce qu'elle espérait éviter la décision fatale. Sir Ralph se rendit alors à Londres et une nouvelle lettre fut remise en main propre. Elle annonçait à Byron que les parents de sa femme ne se sentaient pas le droit de permettre à celle-ci de rentrer chez lui, et lui demandait de désigner un avoué. Byron fut stupéfait et atterré. Il avait en mains les deux lettres d'Annabella, écrites au moment du départ et si tendres. Qu'était-il arrivé ! Il ne pouvait croire que la décision eût été prise par Lady Byron. Pourquoi l'eût-elle quitté ? Elle avait souffert de son caractère, mais elle avait pardonné... Augusta ? Mais les deux belles-sœurs semblaient maintenant alliées contre lui. Il avait trouvé peut-être un étrange plaisir à des allusions qu'il croyait naïvement intelligibles, mais quelle preuve aurait pu fournir Lady Byron, et d'ailleurs les faits n'étaient-ils pas tous antérieurs au mariage ?

Il était impossible qu'une femme se détachât ainsi de lui. Il avait pu, quand cette présence l'irritait, jouer avec l'idée de la séparation, mais la chose lui faisait horreur. Caméléon sentimental, il ne pensait déjà plus qu'à leurs moments de bonheur. La veille encore, rendant visite à Lady Melbourne, il lui avait fait l'éloge de sa femme et n'avait parlé pendant une heure que de ses aimables qualités. *Byron à Lady Byron :* « Tout ce que je puis dire semble inutile – et tout ce que je pourrais dire serait sans doute aussi vain ; pourtant je m'accroche à l'épave de mes espoirs, avant qu'ils ne sombrent pour toujours. N'avez-vous donc *jamais* été heureuse avec moi ? N'avez-vous jamais dit que vous l'étiez ? Est-ce que des marques d'affection, de l'attachement le plus chaud et le plus mutuel, n'ont pas été échangées entre nous ? Est-ce qu'en fait, presque chaque jour, il n'y a pas eu quelque chose de tel au moins d'un côté et généralement des deux ?... »

Il avait raison de penser qu'Annabella serait émue par cet appel. La femme de Fletcher, qui était alors avec elle, fut témoin de ses crises de désespoir. Mais elle savait maintenant qu'aucune vie conjugale n'était possible avec Byron, et surtout il négligeait dans ses calculs l'élément

essentiel qui était la certitude religieuse d'Annabella. Il ne
croyait pas qu'elle pût être implacable. Mais comment ne
pas l'être lorsque l'on croit devoir l'infaillibilité de son jugement, non point à la force de son propre esprit, mais à une
inspiration divine ? « Je considère, écrivit-elle à Mrs Leigh,
que mon devoir envers Dieu est d'agir comme je le fais. »
Byron joua de tous ses charmes, de sa coquetterie, de son
éloquence, de ses enfantillages : « Très chère Pip, – Ne
pouvez-vous arranger ça ? Je suis malade de toute cette
histoire. » Puis, quand il vit qu'elle était inflexible, il eut
un de ses gestes sauvages, il lui renvoya une de ses lettres
de fiançailles, celle où elle disait : « Je serai trop heureuse
– il n'y aura pas de retour en arrière. » Il souligna ces mots
d'un trait, ajouta en marge : « Prédiction accomplie, février
1816 », et, au bas de la page, trois vers de Dante :

> *Or non tu sai com' è fatta la donna...*
> *Avviluppa promesse – giuramenti ;*
> *Che tutta spargon poi per l'aria e venti.*

A Londres, la nouvelle se répandit vite. Trop de médecins, d'avocats, de domestiques la connaissaient. Maintenant allait commencer le supplice des questions, des
conseils, par lequel la troupe curieuse des amis torture,
pour son salut sans doute, tout malheureux qui n'a pas la
chance d'être seul.

« Cher Lord Byron, écrivit Lady Melbourne. Il y a une
histoire que l'on raconte sur vous, et que tout le monde à
Londres croit si vraie, que je pense qu'il faut que vous la
sachiez. On dit qu'Annabella et vous êtes séparés... En
général, quand des potins sont aussi faux que je sais celui-
ci, je crois que le mieux est de les mépriser. Mais réellement, on parle tellement de cela et les gens y croient tant,
malgré mes contradictions, qu'à mon avis vous devriez lui
demander de revenir ou aller vous-même la rejoindre. »
Lady Caroline, officieuse et secrètement triomphante,
offrait « l'avis d'une pécheresse ».

Augusta, inquiète, souhaitait que son frère capitulât. « Il

me semble, disait-elle, que, si leurs propositions pécuniai-
res sont favorables, il sera trop heureux d'éviter le scandale public. Il doit être anxieux, cher Mr Hodgson. Il est
impossible qu'il ne le soit pas. » Byron, lui, s'efforçait de
calmer ses amis : « Je ne crois pas – et il faut que je le
dise même au milieu de la lie de cette amère histoire –
qu'il y ait jamais eu un être meilleur, plus intelligent,
plus bienveillant, plus aimable et plus agréable que Lady
Byron. Je n'ai jamais eu et je n'ai aucun reproche à lui faire
sur toute sa conduite pendant qu'elle a vécu avec moi. » Il
expliquait que la cause de tout le mal avait été sa mauvaise
santé, qui l'avait rendu irritable, et surtout la pression
exercée sur Lady Byron par Lady Noel, qui le détestait.

Quand il fut clair que ni Byron ni ses amis ne pourraient
fléchir Annabella, seuls les avoués des deux familles furent
laissés en présence. Hanson défendit la cause de Byron. Il
plaida que son client admettait s'être mal conduit pendant
le séjour à Piccadilly Terrace, mais considérait ces faits
comme pardonnés par la lettre : *Dearest Duck*... Le docteur
Lushington, son adversaire, se borna à répondre qu'il
tenait de Lady Byron des faits trop graves pour qu'une
réconciliation fût possible. Hanson demanda ce qu'étaient
ces arguments. Il lui fut répondu qu'on les réservait pour le
cas où l'affaire serait plaidée. Ce que Lushington avait
entre les mains, c'était un mémoire rédigé par Annabella et
où, méthodique, en les classant par paragraphes numérotés,
et Princesse des Parallélogrammes jusque dans la grande
tragédie de sa vie, celle-ci avait indiqué les raisons secrètes
de sa décision.

Hobhouse, fidèle et maladroit, était plein de colère contre Lady Byron. Pour lui, qui connaissait bien les habitudes
excentriques de son ami et les désordres que peut produire
chez un être aussi naïvement sauvage l'ennui de la vie
conjugale, les causes réelles du désaccord étaient évidentes. Sans doute Byron s'était-il montré, comme il lui
arrivait si souvent, violent, fantasque, irritable. Lady Byron
s'était crue l'objet d'une aversion passionnée et, s'accro-
chant à cette dangereuse idée, avait contribué par son

attitude même à accroître l'intensité des crimes dont elle se plaignait. « Quels sont les crimes de Lord Byron ? écrivit sévèrement Hobhouse. Il se levait tard, dînait seul et était généralement de mauvaise humeur ? » Quand les rumeurs d'inceste l'atteignirent, il rédigea pour les démentir un document qu'il demanda à Lady Byron de signer.

Lady Byron refusa de signer. Les amis de Byron rédigèrent alors un texte beaucoup moins précis. On ne demandait plus à Lady Byron d'affirmer qu'elle ne croyait pas aux bruits qui couraient. Elle dirait seulement que ce n'était pas elle qui les avait propagés.

C'était beaucoup moins satisfaisant que le document Hobhouse, mais il fallait bien s'en contenter. Restait à résoudre la question financière. Elle était malheureusement importante pour Byron, à ce moment sans un penny. Il était tellement à court d'argent que, pour la première fois, malgré ses préjugés sur le métier d'auteur, il consentit à accepter un chèque de Murray. Enfin les avoués se mirent d'accord. Sur les mille livres de revenu qui avaient été consenties comme dot à Lady Byron, elle recevrait cinq cents livres, Byron conservant l'autre moitié. Au moment de la mort de Lady Noel, un arbitre partagerait entre les deux époux les revenus provenant de l'héritage de l'oncle Wentworth. Byron gardait donc son revenu personnel, plus cinq cents livres et de grands espoirs.

La maison de Piccadilly Terrace était triste comme si quelqu'un venait d'y mourir. Dans les salons erraient les huissiers, qui empilaient des livres en vue d'une vente. Celle-ci eut lieu le 6 avril. Murray acheta la plupart des livres et aussi le grand paravent sur lequel Byron avait collé des portraits de Jackson, d'Angelo, et des gravures représentant les matchs de boxe célèbres.

La chambre de Byron était pleine de pilules et de potions pour sa crise de foie. Çà et là des objets abandonnés rappelaient encore Annabella. Dans cette atmosphère mélancolique, Byron se calmait lentement. Comme certains êtres, élevés dans des climats humides et voilés de brume, ne trouvent jamais la santé que parmi les brouillards et la pluie, il ne supportait pas le soleil du bonheur. Annabella était partie. Comme Eddleston, comme Matthews, comme Margaret Parker, comme son M. A. C., comme l'étrange Mrs Byron, elle avait glissé hors de sa vie. Elle participait déjà du mystérieux prestige qu'avaient pour lui les ombres et la mort. Seul dans cette grande maison, il y errait le soir, s'asseyait à sa table de travail et pensait à certaines heures qui avaient été douces, à cette tête trop lourde de pensées qui souvent était venue chercher le calme sur son épaule, à cette petite fille qu'il avait appelée « instrument de torture » quand elle était là et qui, elle aussi, lui devenait chère maintenant qu'il ne l'avait plus. Il prenait une feuille de papier et, la couvrant de larmes tandis qu'il écrivait, il retrouvait sans effort ce rythme naturel et simple que, seule, créait en lui la douleur :

Adieu ! et si c'est pour toujours,
Eh bien, pour toujours adieu :
Quoique tu sois inexorable, jamais
Mon cœur ne se révoltera contre toi.

Que ne peux-tu lire dans cette poitrine
Sur laquelle si souvent reposa ta tête,
Alors que descendait sur toi ce sommeil paisible
Que tu ne connaîtras plus désormais...

J'ai sans doute eu bien des torts,
Mais, pour me blesser si durement,
Ne pouvait-on choisir un autre bras
Que celui qui me serra d'une douce étreinte ?

Cependant, ne t'abuse pas –
L'amour peut mourir lentement
Mais ne crois pas qu'on puisse brusquement
Arracher deux cœurs l'un à l'autre...

Adieu ! – ainsi séparé de toi,
Mes liens les plus chers brisés, –

Brûlé – solitaire – flétri –
Je ne puis mourir davantage.

Quelquefois un mouvement de fureur le soulevait. Il
avait pris en particulière haine Mrs Clermont ; il la soup-
çonnait, non sans raison, d'avoir poussé Lady Byron à le
quitter ; il composa contre elle une invective terrible et
démesurée :

Née dans le grenier, élevée dans la cuisine...
Promue de la toilette à la table,
Elle dîne dans la vaisselle qu'elle a jadis lavée...

Peinture effrayante, où la vieille gouvernante finissait
par être comparée au masque de la Gorgone, après une
horrible description de joues de parchemin, d'œil de pierre
et d'un sang jaune qui, sous la peau, devenait de la boue
stagnante. Exagération ? Sans doute, mais il n'était plus
maître de lui. Il se sentait devant la meute du Monde
comme un animal traqué. La coalition politique qui l'avait
attaqué au moment du *Corsaire* donnait de nouveau de la
voix, férocement. Toujours imprudent, il venait de publier
des vers (soi-disant traduits du français) où Napoléon était
appelé « fils de la liberté », et une ode sur l'étoile de la
Légion d'honneur, « Etoile des braves dont les rayons sont
formés par les âmes des héros morts ». Le drapeau tricolore y était comparé à « un arc-en-ciel dont les teintes
divines avaient été choisies par la Liberté ». Le journal *Le
Champion*, en publiant les *Poèmes domestiques* de Lord
Byron, dit « qu'il tenait à les donner à ses lecteurs pour
montrer de quelles habitudes morales étaient accompa-
gnées les opinions politiques du noble lord... ». Cette
campagne fit de Byron, aux yeux de la populace, un
ennemi de l'Angleterre. Sa « chaste, femme, si discrète-
ment silencieuse », sembla le symbole de toutes les vertus
britanniques. On était presque heureux de le trouver coupable. Ce poète libertin, libéral, infirme, n'avait jamais été

une figure *anglaise*. « Il avait posé au rebelle contre toutes les convenances domestiques ; aussi longtemps que son attitude pouvait passer pour une affectation littéraire, seuls avaient protesté les gens les plus stricts, mais quand le scandale avait passé des régions de la fantaisie à 13 Piccadilly Terrace, la question était devenue très différente » et l'opinion des classes moyennes s'était dressée contre lui.

Entrant à la Chambre des Lords, il fut insulté par des passants ; dans l'assemblée même, personne ne lui parla, sauf Lord Holland. Les journaux tories le comparèrent à Néron, à Héliogabale, à Henry VIII et au Diable. Rogers, confrère sadique, se chargeait de le tenir au courant des articles les plus méchants. « Je suis sûr, disait-il en entrant dans la chambre de Byron un journal à la main, qu'il y a encore là-dedans une attaque contre vous ; n'y attachez aucune importance. » Il dépliait la feuille et commençait la lecture d'un entrefilet, en regardant de temps à autre si Byron avait l'air de souffrir. L'article continuait : « Quant à ce petit poète, à ce désagréable individu, Mr Samuel Rogers... » Rogers se levait et jetait le journal. « Cela doit être de cette canaille de Croker », dit-il, et il conseilla à Byron d'aller provoquer l'auteur.

Les salons libéraux n'osaient pas le défendre. Sa vie avait été celle de sa caste et de son temps, mais il avait eu le tort impardonnable de s'en faire gloire. Lady Melbourne l'avait jadis mis en garde contre le cynisme, elle ne pouvait plus maintenant le sauver. Lady Jersey, courageuse amie, pour essayer de remonter le courant, donna un bal auquel elle invita Byron et Augusta. A l'entrée du frère et de la sœur, les salons se vidèrent devant eux. Pauvre Lady Jersey ! Malgré son teint couleur de crème, ses colliers de corail, malgré la vivacité de ses yeux, de sa langue, de ses bras, elle ne put ce jour-là vaincre la haine. En dehors d'elle, la seule femme qui consentît à parler à Byron et à Augusta fut la jolie Miss Elphinstone aux cheveux roux. Les hommes se montrèrent implacables ; quelques-uns s'échappèrent pour éviter de serrer la main à Byron. Il se mit dans un coin, croisa les bras et regarda avec dédain cette foule hostile, observant l'attitude de chacun. A partir de ce soir-là, il fut plus ferme. « C'est étrange, mais une agitation de quelque sorte qu'elle soit, fait toujours rebondir mon courage et me remet sur pied pour un temps. » L'étendue de son désastre lui rendait ce dont il avait besoin : un grand rôle à jouer, ce rôle fût-il diabolique. Il n'était pas sans beauté d'être rejeté par une société tout entière. Déjà chassé de son paradis intérieur, il se voyait exilé de son pays par un ostracisme plus clair et plus brutal que les suffrages d'une assemblée. Soit. Puisque l'Angleterre lui signifiait son congé, il reprendrait son pèlerinage.

De tous les êtres dont l'exil allait le séparer, il en regrettait un seul : Augusta. Le dimanche de Pâques, 14 avril, elle vint lui dire adieu. Une fois de plus, elle était sur le point d'accoucher et devait rentrer chez elle, à la campagne. Elle passa avec lui une triste soirée au cours de laquelle, pour la première fois, il lui parla de ses remords et pleura beaucoup. Après le départ de Mrs Leigh pour Six Mile Bottom, Byron écrivit à Annabella pour lui recommander sa sœur :

« Encore ces derniers mots... – brefs d'ailleurs, et tels que vous en tiendrez compte ; je n'attends pas de réponse ; cela importe peu ; mais au moins vous m'entendrez. – Je viens de quitter Augusta, presque le dernier être que vous m'ayez laissé à quitter... Où que j'aille – et je vais loin – vous et moi ne nous rencontrerons jamais dans ce monde, ni dans l'autre... Si quelque accident m'arrive, soyez bonne pour Augusta ; si elle aussi a disparu – pour ses enfants... »

La semaine qui précéda le départ fut remplie par une nouvelle aventure, qui ne dut pas diminuer son mépris pour la facilité des femmes. Depuis quelque temps, il avait été assiégé de lettres d'amour écrites par une inconnue. Ces lettres avaient d'abord été signées de noms supposés et, deux fois, les domestiques de Byron avaient refusé de recevoir l'étrangère. Puis elle avait signé de son nom véritable, qui était Claire Clairmont. Elle demandait une recommandation pour le théâtre de Drury Lane ; Byron commença par la renvoyer à Kinnaird. Elle devint plus hardie : « Vous me dites de croire que c'est une illusion qui m'a fait chérir l'idée d'un attachement pour vous. Ce ne peut être une illusion puisque, pendant un an, vous avez été le sujet de mes réflexions de chaque moment solitaire... Je ne m'attends pas à ce que vous m'aimiez ; je ne suis pas digne de votre amour... Avez-vous quelque objection au plan suivant ? Jeudi soir, nous pourrions sortir ensemble, par diligence ou poste, jusqu'à dix ou douze milles de Londres. Là nous serions libres et inconnus ; nous rentrerons le lendemain matin de bonne heure... » Et, quelques jours plus tard : « Où vous rencontrerai-je ? – Quand et comment ? Vous partez lundi pour l'Italie et moi pour Dieu sait où... Je vous en prie, répondez-moi gentiment et sans petits discours sarcastiques ; mais si vous avez besoin d'être amusé et que j'y puisse servir, laissez-vous aller à votre humeur ; j'accepterai n'importe quoi plutôt que de vous contredire. » Il s'ennuyait. La fille était jeune. Elle avait une jolie voix. Il avait besoin d'une « sensation » pour oublier. Il accepta de passer une nuit avec elle.

C'était la fin. Les bagages étaient prêts. Il avait acheté pour ce voyage une superbe voiture, copiée sur celle de l'Empereur. Il emmenait le philosophe Fletcher et un jeune médecin, Polidori, qui avait étudié la médecine à Edimbourg. Polidori se piquait d'écrire. Murray lui avait offert cinq cents livres pour le manuscrit de son journal de voyage et il avait aussitôt acheté un gros cahier. En ces derniers jours, Polidori était sans cesse dans la maison de Piccadilly. On y trouvait aussi Nathan, le musicien juif auquel Byron avait donné les *Mélodies hébraïques*. Leigh Hunt venait souvent, et Hobhouse tous les jours. Kinnaird apporta un gâteau et deux bouteilles de champagne pour le voyage. Puis Hanson vint raconter qu'il avait vu Lady Byron et qu'elle semblait « toute déchirée ici », dit-il en montrant son cœur. Polidori se mêlait à la conversation de tous les visiteurs, bruyant, naïf, parlant du journal qu'il allait tenir et de trois tragédies qu'il avait écrites. Hobhouse, si profondément Anglais, désapprouvait ce choix d'un médecin étranger. Polidori lui déplaisait. Il l'avait baptisé Polly-Dolly et dit à Byron qu'il avait tort de l'emmener. Discussions, visites, présents animaient assez ces dernières journées pour en cacher un peu la tristesse. L'avant-veille du départ, l'acte de séparation avait été signé et Byron, en marge, avait écrit un quatrain :

> Il y a un an, femme affectueuse !
> Vous me juriez amour, respect, et ainsi de suite :
> Tels étaient les vœux où vous vous engagiez
> Et voici exactement ce qu'ils valaient.

Nathan, sachant Byron amateur de biscuits, lui envoya des gâteaux de la Pâque juive qui commençait alors. « Voici, disait la lettre de Nathan, quelques biscuits saints, communément appelés pains sans levain, nommés par les Nazaréens *motsas*, et plus connus en cet âge de lumière sous le nom de gâteaux de la Pâque... Comme un certain ange à une certaine heure assura, par sa présence, la sécurité d'une nation, puisse cet esprit gardien accompagner Votre Seigneurie dans le pays où le destin a décidé de la faire séjourner. » Byron répondit que le pain sans levain l'accompagnerait dans son pèlerinage et que les *motsas* seraient un charme contre l'ange destructeur.

Enfin le 24 avril, au petit jour, le Pèlerin quitta la maison où, un an plus tôt, il avait cru fixer sa vie errante. A la porte, une foule de badauds s'était assemblée autour de la calèche impériale. Byron y monta avec Scrope Davies ; Polidori et Hobhouse suivaient dans une autre chaise. Le gouvernement français avait refusé d'accorder à Byron un passeport, ses opinions politiques étant dangereuses, de sorte qu'il devait, pour gagner la Suisse, passer par Douvres, Ostende et la Belgique. Dès la sortie de Londres, Polidori commença de prendre des notes : « La Tamise, avec ses vagues majestueuses, coulait dans la plaine, portant de nombreux vaisseaux sur ses flots... » Hobhouse soupira et s'enfonça dans un coin.

À Douvres, Fletcher, qui avait quitté Piccadilly après son maître, le rejoignit et raconta qu'aussitôt après le départ, des huissiers étaient entrés dans la maison et avaient tout saisi, même un écureuil apprivoisé. Le bateau ne partant que le lendemain matin, Byron, pour passer le temps, proposa d'aller voir la tombe de Churchill.

Charles Churchill, qu'il savait enterré près de là, avait été cinquante ans plus tôt un satiriste célèbre et, comme Byron, comète d'une saison, avait eu son « année merveilleuse ». Un vieux sacristain les guida vers la tombe, tertre de gazon mal entretenu que surmontait une pierre grise. Leur guide, questionné, avoua qu'il ne savait rien de l'homme enterré là. « Il est mort avant mon temps, dit-il, ce n'est pas moi qui ai creusé sa tombe. » Cette réponse de fossoyeur d'*Hamlet* enchanta Byron et le jeta dans une de ces méditations, qu'il aimait, sur la gloire et le néant. Devant ses amis et le vieillard surpris, il s'étendit sur le gazon funèbre.

La soirée, sa dernière en Angleterre, fut employée à écouter la lecture, par Polidori, d'une des tragédies dont il était l'auteur. Hobhouse et Davies rirent beaucoup mais Polidori paraissant blessé, Byron relut les meilleurs passages avec bienveillance et sérieux.

La curiosité, à Douvres, était grande. Beaucoup de dames s'étaient habillées en femmes de chambre pour pouvoir se tenir dans les vestibules de l'auberge. Le lendemain matin, 25 avril, Hobhouse se leva très tôt, mais Byron ne parut pas. Il était dans sa chambre, où il écrivait un poème d'adieu pour Tom Moore :

> Donc ma barque est sur la plage
> Et mon bateau sur la mer ;
> Mais avant de partir, Tom Moore,
> Je veux boire à deux santés !

> Voici un soupir pour ceux qui m'aiment,
> Un sourire pour ceux qui me haïssent ;
> Et, quel que soit le ciel au-dessus de ma
> tête,
> Voici un cœur prêt pour tout destin...

Il dut en rester là. Le capitaine du bateau, furieux, criait qu'il n'attendrait pas davantage. Même l'imperturbable Scrope Davies était agité. Enfin on vit arriver sur le quai Byron, sautillant, au bras de Hobhouse. Il remit à Davies un paquet destiné à Miss Elphinstone. C'était un beau Virgile que jadis il avait reçu comme prix à l'école de Harrow. Il ajouta : « Dites-lui que, si j'avais eu le bonheur d'épouser une femme comme elle, je ne serais pas maintenant obligé de m'exiler. » Le bruit et le désordre du départ le soutinrent jusqu'au moment où il fut à bord ; là, il parut malheureux. Un peu après neuf heures, la passerelle fut retirée. Hobhouse courut jusqu'au bout de la jetée de bois. La mer était mauvaise, le vent contraire. Quand le bateau passa près de la jetée, roulant déjà, Hobhouse vit « le cher garçon » debout sur le pont. Byron leva sa casquette et l'agita pour dire adieu à son ami. « Que Dieu le bénisse, pensa Hobhouse. C'est un esprit courageux et un bon cœur. »

Troisième partie

Life as it flows is so much time wasted and nothing can ever be recovered or truly possessed save under the form of eternity, which is also the form of art.

SANTAYANA.

XXVI. *Cortège d'un cœur sanglant*

> Une fois de plus sur les eaux ! Une fois de plus !
> Et les vagues bondissent sous moi comme un coursier
> Qui reconnaît son maître...

Déjà la douleur de l'exil était projetée en un nouveau *Childe Harold*. Cet échec, cette honte, cette écume de haine, Augusta condamnée, toute l'Angleterre hostile, il n'avait que trop pensé à ce drame ; il y avait pensé jusqu'à ce que son cerveau ne fût plus qu'un « tourbillon de démence et de flamme ». Il avait besoin de se réfugier dans une retraite solitaire et pourtant peuplée d'esprits ; de créer « et de vivre en créant une vie plus intense ». Qu'était-il, lui, George Gordon Byron, en cet avril de 1816 ? Rien. Tendre et méchant, triste et joyeux, raisonnable comme Voltaire et fou comme le vent...

> Que suis-je, moi ? Rien : mais non pas toi,
> Ame de ma pensée !

Pour redevenir Byron il fallait redevenir Harold ; le Pèlerinage aurait un troisième chant.

> Exilé par lui-même, Harold erre à nouveau,
> Sans un reste d'espoir, mais d'une humeur moins sombre ;
> Le fait même de savoir qu'il a vécu en vain,
> Que tout est terminé pour lui jusqu'à la tombe,
> Donne à son désespoir un masque plus souriant.

Et tandis qu'au fond du creuset des strophes, les sombres pensées tournaient, broyées par l'invisible ouvrier qui cherchait pour elles une forme, à la surface un gentleman anglais, hautain et gai, se divertissait avec le docteur « Polly-Dolly » des incidents du voyage. Ce Byron-là, dès la première étape (qui fut Ostende), devint, comme jadis à Valenciennes, le capitaine son père, l'amant de la femme de chambre de l'auberge. Polidori, l'œil fixé sur les cinq cents livres de Murray, commença son journal de Belgique : « *Anvers :* Sommes allés au café et avons vu tout le monde jouer aux dominos. Lu le *Times*, jusqu'au numéro du 23 avril... Femmes plus jolies ici, madones à toutes les fontaines... Van Dyck, à mon avis, très supérieur à Rubens. – *Bruxelles :* Les Anglaises sont les seules jolies femmes de Bruxelles. Indécence publiquement exhibée sur les monuments publics ; fontaines où des hommes vomissent avec un effort un flot d'eau ; pire encore... » Byron, toujours plus ému par les émotions du souvenir que par les spectacles eux-mêmes, ne désira voir que Waterloo. Là s'était écroulée sa petite pagode. A Bruxelles, la veille de la bataille, avaient dormi quelques-uns de ses amis, êtres jeunes, gais, destinés à mourir le lendemain ; ici la chaste Lady Frances avait, pendant une sanglante veillée, fait les doux yeux à Wellington. « La rumeur d'un festin avait troublé la nuit. » Puis le canon...

Ils louèrent une calèche pour aller jusqu'à Waterloo. Elle s'enlisa et « une damnée roue refusa obstinément de continuer la rotation convenue ». Byron dut boitiller sur le champ de bataille, au bras du docteur, cherchant des ossements. Un fermier lui vendit un cheval de cosaque, sur lequel il continua sa promenade. Des fleurs poussaient, les champs étaient déjà labourés. « Si l'on n'avait rencontré à chaque pas des enfants importuns et insistants, qui offraient des boutons d'uniforme, on n'aurait vu là aucun signe de guerre. » Byron et Polidori gravèrent leurs noms dans la chapelle de Hougoumont. Byron décrivit la bataille à son compagnon, louant le courage des Français. Puis il s'éloigna seul et médita. Dans ce banal décor, en un seul jour, la plus belle des destinées humaines avait sombré. Donc l'action était aussi vaine que la gloire. « Qu'on le gagne ou le perde, ce monde est sans valeur. » Seule sagesse : la retraite, le silence, le mépris. « Mais à des cœurs trop vifs le repos est l'Enfer » et Bonaparte conquiert un continent, et Byron écrit *Childe Harold*, et les hommes s'agitent, semblables au fiévreux qui croit trouver la fraîcheur dans le mouvement et qui ne la rencontrera jamais, parce que sa fièvre est en lui... Ils quittèrent le champ de bataille vers le soir, Polidori silencieux, Byron à cheval, chantant à tue-tête un chant de cavalier turc.

La France leur étant fermée, ils descendirent vers la Suisse par la vallée de la Meuse et celle du Rhin. L'impériale voiture de Byron attirait les mendiants. « Donnez-nous quelque chose, monsieur le chef de bataillon ! – Un sou, monsieur le Roi des Hanovriens ! » Les titres amusèrent Byron et remplirent de joie le cœur de son médecin. « Je suis avec lui sur un pied d'égalité ; partout en voyage nous sommes traités exactement de la même façon. »... « Après tout, dit-il un jour à Byron, qu'est-ce que vous pouvez faire de plus que moi ? – Puisque vous me forcez à vous le dire, répondit Byron, je crois qu'il y a trois choses que je puis faire et pas vous. » Et Polidori le défiant de les citer : « Je puis, dit Lord Byron, traverser cette rivière à la nage ; je puis éteindre une chandelle d'un coup de pistolet à vingt pas ; et j'ai écrit un poème dont on a vendu quatorze mille exemplaires en un jour. » Quant à l'érudit Fletcher, comme l'appelait Hobhouse, il était ravi, jugeant que le Rhin entre Coblentz et Mayence rappelait certaines vallées d'Albanie, mais que la nourriture était meilleure. Il engraissait.

Partout les voyageurs trouvaient des traces de l'Empereur. « Qui a bâti ce monument, tracé cette route, creusé ce canal ? demandaient-ils. – Napoléon », répondaient chaque fois les paysans. Byron, amateur de coïncidences, se réjouissait de trouver sur tous les édifices les initiales : N. B. – Noel Byron.

Roches couvertes de châteaux, pentes chargées de vignes... Ces paysages si gais de la vallée du Rhin évoquaient pour lui Augusta. Dans l'univers mythique de Byron, elle était la Fidélité dans le Malheur. Il lui écrivait avec une tendresse passionnée. Il composa pour elle un poème : « Le roc de Drachenfels, que couronne un château... » Il lui disait qu'il aurait aimé à vivre avec elle en cet endroit qui aurait été un des plus beaux du monde.

> Si tes chers yeux, suivant les miens,
> Pouvaient charmer ces bords du Rhin.

Il lui envoya ce poème avec des fleurs qu'il avait fait sécher pour elle. Mais Augusta était déjà beaucoup plus loin de lui qu'il ne pensait.

Ils traversèrent le champ de bataille de Morat, où les Suisses avaient battu Charles de Bourgogne. Les ossements des morts étaient encore répandus sur le sol ; Byron, fossoyeur pensif de la gloire, en acheta quelques-uns pour Murray. Enfin, le 25 mai 1816, il arriva sur les bords du lac de Genève et descendit à l'hôtel Dejean, à Sécheron. Sur le bulletin que devaient remplir les voyageurs il écrivit son âge : cent ans.

A ce même hôtel était descendue, quelques jours plus tôt, la jeune fille qui avait été, en Angleterre, la dernière maîtresse de Byron, Claire Clairmont. Elle était accompagnée de la fille du second mari de sa mère, Mary Godwin, et d'un jeune homme, amant de cette « sœur », qui était Percy Bysshe Shelley. Byron n'avait jamais vu Shelley, mais avait lu un poème écrit par celui-ci, *La Reine Mab*, et l'avait admiré. Claire présenta les deux hommes l'un à l'autre. « *Journal de Polidori :* Rencontré Percy Shelley, auteur de *la Reine Mab* ; modeste, timide, poitrinaire, vingt et un ans ; séparé de sa femme, entretient les deux filles de Godwin, qui pratiquent ses théories ; l'une d'elles appartient à Lord Byron. »

Shelley et Byron devinrent vite très intimes. Tous deux

aimaient les idées, tous deux avaient des opinions politiques libérales et considéraient Waterloo comme le début d'une ère d'odieuse réaction. Ils partageaient aussi des goûts plus simples et qui peut-être unissent les hommes davantage. Ils aimaient à vivre sur l'eau. Shelley avait déjà loué un bateau. Chaque soir Polidori, les deux poètes et les jeunes femmes allaient ramer sur le lac. Byron, agité, malheureux, goûtait la paix tranquille de ces eaux, où se reflétaient les montagnes grises du crépuscule et les premières étoiles. Un soir, comme le courant était fort et les vagues du lac dangereuses, il s'anima : « Je vais vous chanter un chant albanais, dit-il, soyez sentimentaux et donnez-moi toute votre attention. » Il poussa un cri guttural, barbare et, riant de la déception des femmes qui attendaient une mélopée orientale, déclara que c'était une exacte imitation du style des montagnards albanais. Ce soir-là, Claire et Mary le surnommèrent Albé, et le surnom lui resta dans ce petit clan. Mais plus souvent il se penchait au-dessus du bord et regardait l'eau sans parler. Il aimait ce silence merveilleux où l'on entend seulement

Le bruit léger des gouttes qui tombent de la rame soulevée
Et parfois, sur la côte, le chant monotone d'un grillon.

Si l'on abordait, Shelley, qui marchait vite, se trouvait tout de suite, malgré lui, en avant, avec les deux femmes. Byron suivait de loin, appuyé sur sa canne, boitillant et mâchonnant une strophe.

Au bout de quinze jours les Shelley prirent une petite maison de paysans, de l'autre côté du lac, et Byron loua, au-dessus d'eux, la charmante villa Diodati. C'était une maison ancienne, bien posée à mi-pente d'une colline, au-dessus de gazons et de vignes, d'où l'on avait la plus belle vue sur le lac, sur ses rives fleuries, sur Genève et sur le Jura. Demeure à la fois noble et champêtre, petite maison d'un grand seigneur, elle plut à Byron. Il adopta vite une routine de Diodati. Breakfast tardif, visite chez les Shelley, promenade sur le lac, dîner à cinq heures, si sommaire

qu'il préférait le prendre seul, puis, si le temps le permettait, nouvelle promenade en bateau. S'il pleuvait, les
Shelley venaient passer la soirée à Diodati et restaient
quelquefois jusqu'au matin. Toute sa vie Mary devait se
rappeler ces deux voix, celle de Byron, grave et musicale,
celle de Shelley, ardente, aiguë. Elle aimait à les écouter les yeux fermés. Dès que l'une se taisait, l'autre reprenait.

Byron avait d'abord considéré Shelley avec un peu de
méfiance hautaine. Il aimait assez, chez les autres,
l'apparence des vertus sociales ; il n'avait pour Claire ni
estime ni amour, et il avait été tenté, à cause d'elle, de
mépriser Shelley, connu par elle. Mais, bon juge d'esprits,
il avait vite admiré en Shelley une intelligence plus vive
encore que celle de Matthews ou de Hobhouse. Aux
questions que, depuis l'enfance, Byron posait à l'Univers,
Shelley apportait, de sa voix perçante, des réponses subti-
les et nouvelles. « Qui a créé ce monde mauvais ? demandait Byron. Un Dieu ou un Démon ? » Idéaliste athée,
Shelley répondait que Dieu et le Diable sont des projections de tendances humaines. Le Mal n'était pas pour lui,
comme pour Byron, un élément nécessaire de la nature
humaine. « Aux purs toutes choses sont pures. » Jupiter,
créateur de haine, devait son existence à ce qui reste de
haine dans le cœur de Prométhée. Le Diable des chrétiens
devait la sienne à la méchanceté de certaines âmes. Le Mal
existait, mais non dans la nature ; il était cette laideur
artificielle, « conventionnelle », que créent les hommes
réunis en société et que l'on trouve dans le mariage, dans
les soldats, dans les juges et dans les monarques. La seule
réalité naturelle était, aux yeux de Shelley, la Beauté, qui
se reconnaissait à l'harmonie, et que l'on trouvait éparse
dans les beaux soirs sur le lac, dans les oiseaux, dans les
étoiles, dans les visages des femmes.

Byron, très peu métaphysicien, à demi séduit, à demi
moqueur, écoutait l'exposé suraigu de ce panthéisme de
l'Amour. Puis, son tour de parler venu, il exposait une
doctrine plus sombre, « méthodiste, calviniste, augusti-

nienne ». Non, les choses n'étaient pas si simples que les voulait, que les croyait Shelley. Le Mal existait, c'était le péché. Dans sa propre âme, il trouvait le spectacle d'un conflit dont il n'apercevait pas la solution. Il avait apporté le désastre à plusieurs femmes, bien qu'il aimât les unes et respectât les autres. Il savait bien, lui, que les hommes sont complexes et malheureux. Shelley, trop pur, ne connaissait ni les hommes ni les femmes. Moins lucide que Byron, moins sévère peut-être à l'égard de lui-même, quand il avait succombé à la tentation, il l'avait baptisée vertu. Byron avait l'esprit beaucoup trop précis pour pouvoir envelopper ses fautes des brouillards dorés de la doctrine. Il savait que l'homme n'est pas bon. En politique, il était d'accord avec Shelley pour souhaiter la liberté des peuples, mais il ne croyait pas que, pour délivrer ceux-ci, des paroles vagues et généreuses fussent suffisantes. Il souhaitait l'action héroïque, mais une action définie, pour tel peuple connu, visible. Son horreur de la société était toute différente de celle qu'éprouvait Shelley. Shelley, idéaliste jusque dans ses dégoûts, méprisait un Monde imaginé par lui, et ne connaissait pas le Monde charnel. Byron, réaliste, fuyait une société qu'il avait souhaité conquérir. Il disait : « Je n'ai pas aimé le monde et le monde ne m'a pas aimé », mais il le regrettait. Pour Shelley, la vie était un problème simple : lutte entre les puissances du Bien qui, croyait-il, régnaient en lui, et un monde tout extérieur à lui. Il n'était pas divisé contre lui-même ; il ne connaissait qu'un Shelley. Byron connaissait plusieurs Byron et, pour lui, le conflit était intérieur. Conflit entre le Byron de Mary Chaworth et le Byron de Lady Melbourne, entre le Sentimental et le Cynique, entre l'orgueil et la tendresse, entre le Conformiste et le Révolté, entre l'un des plus généreux et l'un des plus cruels des êtres. L'inflexible Destin qui l'avait contraint à des actions si regrettées n'était pas une création de son esprit. Il ne croyait pas, comme Shelley, à la toute-puissance de l'homme pour recréer l'univers, il reconnaissait l'existence, autour de lui, de forces divines et diaboliques. Shelley, sur les livres d'auberge, faisait suivre son nom du mot : *athée*. Pour Byron, le Créateur existait, mais la Création était mauvaise. Caïn avait raison de se plaindre du Dieu des Juifs, Prométhée de maudire Jupiter, et lui, George Gordon Byron, victime innocente de la fatalité de son sang, il appartenait, lui aussi, à la race des grands révoltés.

Ainsi les deux voix alternaient. Byron, tout en reconnaissant à Shelley les plus hautes vertus, était quelquefois irrité par sa méconnaissance des problèmes réels. Shelley se plaignait à Mary du caractère mondain aristocratique qu'avait conservé la pensée de Byron. Mais ils étaient devenus si inséparables que Polidori, jaloux de la place qu'avait prise Shelley dans la vie de Byron, voulait le provoquer en duel.

Hobhouse avait eu raison quand il conseillait à Byron de ne pas emmener Polly-Dolly. Le petit docteur était devenu insupportable. Il prétendait se mêler aux conversations les plus élevées et les gâtait. Il avait avec les habitants de Genève des querelles que Byron devait apaiser. Byron était avec lui d'une patience extraordinaire, l'appelait « l'enfant et enfantin docteur Polly-Dolly » et disait qu'une grande partie de sa vie se passait à soigner son médecin.

Vers le 2 juin, Shelley et Byron partirent pour faire ensemble le tour du lac et purent heureusement laisser à Diodati le docteur Polidori qui s'était foulé le pied. Pendant ce voyage les deux poètes furent surpris par une tempête, au large de la Meillerie. Byron avait déjà enlevé ses vêtements et, comme Shelley ne savait pas nager, offrait de le sauver. Shelley refusa, s'assit tranquillement au fond du bateau et déclara qu'il coulerait sans essayer de lutter.

Ils parcoururent ensemble le pays de Rousseau, assez contents l'un de l'autre, bien que leurs rythmes de vie fussent différents. Shelley, levé avec le soleil, courait les sentiers des montagnes ; Byron se levait vers midi et n'aimait pas marcher. Mais ils se plaisaient à relire *La Nouvelle Héloïse*, au milieu des paysages qui y étaient décrits. Ils furent très frappés par le château de Chillon.

« Je n'ai jamais vu, écrivit Shelley, un monument plus terrible de cette tyrannie froide et inhumaine que l'homme trouve plaisir à exercer sur l'homme. » Dans le cachot de Bonnivard où Byron grava son nom, ils se firent raconter l'histoire de cette victime des tyrans et Byron, en une seule nuit, écrivit *Le Prisonnier de Chillon*, tandis que Shelley composait l'*Hymne à la Beauté intellectuelle*. Byron ajouta pendant ce voyage de nombreuses strophes à *Childe Harold*. Certaines étaient sur Rousseau, sur Clarens, « doux Clarens, lieu de naissance du véritable amour », d'autres sur le Lausanne de Gibbon et sur le Ferney de Voltaire. Dans le jardin de Gibbon, Byron cueillit un rameau de l'acacia sous lequel Gibbon était venu voir le mont Blanc, après avoir écrit la dernière phrase de son livre. Shelley refusa de l'imiter, craignant d'outrager le nom, plus grand, de Rousseau.

L'influence de Shelley sur Byron grandit pendant ce voyage. Il lui administra « des doses de Wordsworth ». Byron avait toujours refusé de lire Wordsworth. Mais dans ce décor, apaisé et conquis par la douceur du lac, il prit goût à une poésie où il retrouvait l'amour panthéistique qui était la religion de Shelley. Sous cette double influence, des thèmes, pour lui nouveaux, apparaissaient dans les vers qu'il écrivait alors. Au « vanité des vanités » qui formait la basse profonde de toute poésie byronienne se mêlaient des notes plus douces. Peut-être après tout la vie n'était-elle pas entièrement haïssable. Au bord de ces eaux paisibles, regardant ces montagnes si belles, Harold lui-même croyait trouver la paix. Solitude et nature, c'était peut-être le secret d'un bonheur qu'il avait jusqu'alors jugé impossible.

> Je ne vis plus en moi-même, mais je deviens
> Un fragment de tout ce qui m'entoure ;
> Les hautes montagnes pour moi sont comme un sentiment...

La forme restait celle de Byron ; les contours gardaient leur netteté précise. Mais, sous la forme liquide et lente de

Wordsworth, c'était bien l'essence de sa vision du monde.
La voix aiguë et ardente avait tracé son sillon dans la
pensée de Byron et quelquefois, le soir surtout, quand le
ciel et la terre étaient si tranquilles, Byron, regardant sur
l'eau le reflet des étoiles et l'ombre immense des montagnes, croyait sentir palpiter vaguement des forces bien-
veillantes et mystérieuses. Mais de telles pensées, dans son
âme, ne pouvaient être que passagères. « Oublier son
identité, se perdre dans la beauté du Tout », était-ce possible pour le Grand Egoïste ?

Au cours d'un voyage, le déroulement rapide des scènes
et des tableaux pouvait lui faire oublier un instant son
drame intérieur. Dès qu'il retrouva la paix réglée de Diodati il y recréa ses fantômes. Pourtant la vie réelle était si
simple. Qu'était-ce, la vie ? Ces pentes gazonnées, ce lac
tranquille. Elle était bien loin, la chambre de Piccadilly,
souillée de bouteilles vides et d'huissiers. Les absents sont
comme des morts pour nous. Ils sont comme les morts des
ombres pâles ; comme ceux des morts, nous oublions leurs
traits. Mais, comme les morts, les absents nous hantent et
étendent autour de nous leurs linceuls. Mary-Ann... Augusta... Annabella... Comme au temps du *Corsaire* « la pensée
courait à travers tout – oui, à travers tout ». Il avait fait
beaucoup de mal et ne se croyait pas coupable. Son âme
d'adolescent avait été généreuse ; la méchanceté humaine
avait fait de lui un monstre. Que de vertu gâchée !
L'injustice et la cruauté du Destin l'indignaient. Dans un
délire conscient, il évoquait les uns après autres tous les
éléments de ce destin... Annesley...

                              La colline
               Etait couronnée d'un diadème
               D'arbres plantés en cercle...

Il écrivit un long poème sur ses amours d'enfance, *Le
Rêve*. C'était curieux, cette impuissance à se délivrer d'une
aventure si petite... Des *stances à Augusta* :

Bien que le jour de ma destinée soit passé,
Et que l'étoile de mon sort décline,
Ton doux cœur se refuse à voir
Les fautes que tant d'autres ont su trouver ;
Bien que ton âme connaisse ma douleur,
Elle a accepté de la partager,
Et l'amour, que mon esprit a voulu peindre,
Il ne l'a jamais trouvé qu'en toi...
Bien qu'humaine, tu ne m'as pas trompé,
Bien que femme, tu ne m'as pas abandonné,
Bien qu'aimée, tu t'es gardée de me faire du mal,
Bien que calomniée, tu n'as pas été ébranlée...

Que devenait-elle, Augusta, au-delà des mers ? Il ne sa-vait. Le lac aux eaux argentées, sous ses fenêtres, lui rappelait le lac de Newstead. Sur d'autres rives bordées de roseaux il avait été heureux avec elle. Il lui écrivait des lettres touchantes : « Ne soyez pas mal à votre aise et ne vous haïssez pas vous-même. Si vous haïssez l'un de nous, que ce soit *moi* – mais ne le faites pas – cela me tuerait. Nous sommes les dernières personnes du monde qui devions ou puissions cesser de nous aimer... » « ... Quel imbécile j'ai été de me marier – et *vous* pas si sage, ma chère. Nous aurions pu vivre seuls si heureux – vieille fille et célibataire ; je ne trouverai jamais personne comme vous – ni vous (si vaniteux que cela puisse sembler) quelqu'un comme moi. Nous sommes faits pour passer nos vies ensemble, et c'est pourquoi – nous – ou du moins *je* suis – éloigné par les circonstances du seul être qui aurait jamais pu m'aimer, ou auquel j'aurais pu me sentir attaché sans réserves... Si vous étiez au moins une nonne, et moi un religieux – nous aurions pu parler à travers un grillage et non par-dessus une mer. Peu importe – ma voix et mon cœur sont toujours à toi. »

Elle ne répondait guère ; dans ses lettres obscures, hale-tantes, elle disait qu'elle voyait beaucoup Annabella, qu'Annabella était trop bonne pour elle... Très bonne, Lady Byron ? Umph ! Cela le surprenait. Dans sa galerie de

personnages symboliques, Annabella devenait l'Epouse
Impitoyable, sa « Clytemnestre morale ». Mme de Staël,
qui habitait sur l'autre rive, à Coppet, et chez laquelle il
allait assez souvent, aurait voulu le réconcilier avec Annabella ; elle lui avait fait écrire une lettre, mais il savait que
cela était vain. Annabella avait brisé son cœur ; ce cœur
dont il se plaisait jadis à dire qu'il était aussi dur que le
talon d'un Highlander, il avait maintenant l'impression
qu'un éléphant l'avait piétiné.

Certes il avait eu des torts envers Lady Byron, mais elle
était sa femme, elle l'avait épousé « pour le pire et le
meilleur », elle n'était pas « marquée par la Providence »
pour le frapper... Les Destinées le vengeraient un jour.
Parmi les déesses antiques, il n'en était pas qu'il honorât
autant que Némésis, la Vengeance des Dieux. Il prophéti-
sait mystérieusement : « Un jour ou l'autre ses actions
retomberont sur sa propre tête ; *non* par *moi*, car mes
sentiments envers elle ne sont pas ceux de la Vengeance,
mais notez ce que je vous dis et vous verrez si elle ne finit
pas misérablement tôt ou tard. » Et, comme elle était
tombée malade, il écrivit :

> Donc tu étais triste – et je n'étais pas avec toi ;
> Donc tu étais malade, et je n'étais pas à ton chevet...
> Je suis trop bien vengé ! – mais c'était mon droit ;
> Quels qu'aient été mes péchés, tu n'étais pas désignée
> Pour être la Némésis qui me châtierait –
> La pitié est pour ceux qui ont pitié !...
> Tes nuit sont bannies des royaumes du sommeil...
> Tu as semé mon chagrin et tu récolteras
> Une amère récolte de maux aussi réels !

Les visites à Mme de Staël étaient son seul contact avec
la vie extérieure. Il admirait le petit château de Coppet, si
charmant sous sa toiture brune, la cour fermée par deux
tourelles, le parc romantique, la cascade, le ravin. Quelquefois Byron rencontrait là des visiteurs anglais, qui le
regardaient comme s'il eût été le Prince des Ténèbres. Une
Mrs Harvey s'évanouit à son entrée, sur quoi la fille de

Mme de Staël, la douce et belle duchesse de Broglie, s'écria : « A soixante-cinq ans, c'est vraiment exagéré. » Les autres hôtes de Coppet ne l'aimaient guère. Le duc de Broglie trouvait sa conversation « assaisonnée de plaisanteries impies et de lieux communs d'un libéralisme vulgaire ». Mme de Staël le grondait : « Vous n'auriez pas dû faire la guerre au monde, lui disait-elle, c'est impossible. Le monde est trop fort pour un individu, quel qu'il soit. Je l'ai essayé moi-même dans ma jeunesse, mais c'est impossible. » Il semblait bien qu'elle eût raison. Byron avait voulu monter à l'assaut des sommets voilés de brouillard sur lesquels siégeaient les conventions britanniques, mais nul ne peut attaquer impunément des dieux auxquels il croit en secret, et maintenant il était là, cloué par la haine sur son rocher solitaire, Prométhée ridiculement confortable d'un maigre chœur d'Océanides godwiniennes.

Ce fut Mme de Staël qui lui apprit que Caroline Lamb venait de publier, le 10 mai, un roman dont il était le héros. Elle le lui prêta. Cela s'appelait *Glenarvon* et la page de titre portait une épigraphe prise dans le *Corsaire* :

> Il laissait aux temps futurs un nom
> Lié à une seule vertu et à mille crimes.

Byron lut le roman, non sans effort, car c'était un livre très ennuyeux. Lady Caroline y avait conté sa vie, à peine transposée. L'héroïne épousait, toute jeune, Lord Avondale, qui était William Lamb. « Si Lord Avondale avait un défaut, c'était un caractère trop grand et trop bon qui le portait à permettre à sa frivole compagne de commander et d'arranger toutes choses. » « Vous serez pour moi la loi, disait Lord Avondale à sa femme, vous serez ma maîtresse, mon guide, et moi un esclave volontaire. » Naturellement Lady Avondale se détachait de cet homme trop faible, et aimait Glenarvon, mélange de Byron, du Corsaire et de Lara. « Je suis dégoûté de la vie, criait Glenarvon, dégoûté de toute société, de l'amour, du sentiment. *Damn it ! Don't talk about it.* » Lady Oxford, décrite avec sévérité, jouait son rôle : « Elle n'était plus de la première jeunesse et un certain pédantisme enlevait beaucoup de charme à sa conversation. » Lady Caroline avait été jusqu'à publier, comme lettre de Glenarvon à Lady Avondale, la véritable lettre de rupture de Byron. A la fin, elle faisait périr Glenarvon dans les flots.

Caroline désirait passionnément savoir ce que Byron pensait de son livre. Il composa un petit couplet :

> *I tried at* Ilderim*;*
> *Ahem !*
> *I read a sheet of* Marg'ret of Anjou ;
> *Can you ?*
> *I turn'd a page of Webster's* Waterloo ;
> *Pooh ! pooh !*
> *I look'd at Wordsworth's milk-white* Rylstone Doe :
> *Hillo !*
> *I read* Glenarvon, *too, by Caro Lamb* –
> *God damn !...*

Il jugea que, si la romancière avait écrit la vérité toute simple, le roman eût été plus romanesque et beaucoup plus amusant. « Quant à la ressemblance, ajoutait-il, le portrait ne peut être très bon – car je n'ai pas posé assez long-temps. »

Les absents sont comme les morts... Mais nous vivons quelquefois beaucoup plus avec les morts qu'avec les vivants. Qu'était Claire, maîtresse présente, à côté d'ombres exigeantes ? Elle montait chaque soir à Diodati pour y rejoindre son amant, puis partait à l'aube, à travers les vignes, pour retourner à la maison des Shelley. Elle était enceinte et fort triste. Elle travaillait pour Byron, copiait *Le Prisonnier de Chillon* et les nouvelles strophes de *Childe Harold.* Elle l'ennuyait et l'irritait. Femme de petite nais-sance, sans pudeur, qui s'était jetée à sa tête par caprice de bas-bleu... Elle attendait un enfant de lui ? Soit. Il élèverait l'enfant. Un enfant faisait partie du clan Byron, et d'ailleurs serait peut-être précieux puisque Ada lui était refusée. Mais il ne voulait pas revoir la mère.

A Shelley, qui avait pour Claire une tendre et frater-
nelle affection, le ton sur lequel Byron parlait d'elle
semblait insupportable. Il admirait encore le poète, dont
l'éclat et la facilité l'éblouissaient jusqu'au découragement, mais l'homme l'inquiétait et parfois l'exaspérait.
Libéral en théorie, Byron attachait de l'importance à la
naissance ; il ne lui était pas indifférent que Shelley fût le
fils d'un baronnet ; il faisait sentir qu'il était lui-même un
lord. Il y avait, dans sa manière de parler des femmes,
quelque chose de hautain et de détaché qui choquait
Shelley. Byron, lui, trouvait inhumaines les logiques
certitudes de Shelley. Cette voix aiguë le fatiguait. Toujours méfiant, il doutait parfois de la pureté de Shelley. Il
l'appelait le Serpent... « Le Méphistophélès de Goethe
appelle le serpent qui tenta Eve "ma tante, le célèbre
serpent", et j'ai toujours pensé que Shelley n'est rien autre
qu'un de ses neveux. »

Hobhouse et Scrope Davies annonçaient leur arrivée. Il
serait rafraîchissant d'entendre l'irrésistible bégaiement de
Davies, d'oublier Wordsworth, le panthéisme de l'amour,
et de parler des soirées chez Kinnaird. Le 29 août les
Shelley partirent, emmenant Claire. Byron, quelques jours
plus tard, écrivit à Augusta : « Ne me grondez pas ; que
pouvais-je faire ? – Une fille imprudente, en dépit de tout
ce que j'ai pu faire ou dire, a voulu me suivre, ou plutôt me
précéder – car je l'ai trouvée ici – et j'ai eu tout le mal du
monde à la persuader de s'en aller ; mais elle est enfin
partie. Maintenant, très chérie, je te dis en toute vérité que
je ne pouvais empêcher cela, que j'ai fait tout ce que j'ai
pu et que j'ai réussi à y mettre fin. Je ne l'aime pas, et n'ai
pas d'ailleurs d'amour disponible pour qui que ce soit ;
mais je ne pouvais pourtant pas jouer le stoïque avec une
femme qui avait abattu huit cents milles pour me déphilo-
sopher... Et maintenant vous en savez là-dessus autant que
moi, et l'histoire est bien finie. »

XXVII. *Avalanches*

Ambassadeurs de l'amitié, Scrope Davies et Hobhouse arrivèrent à la fin du mois d'août. La maison, la vue sur le Jura les enchantèrent. Ils apportaient quelques-uns des produits anglais que l'exilé réclamait dans chacune de ses lettres : de la magnésie, une canne-épée et de la poudre dentifrice rouge de Waite. L'aspect de leur ami leur fit plaisir ; il n'avait plus le teint jaune avec lequel il avait quitté l'Angleterre. Il semblait apaisé ; ses manières, presque trop tranquilles, révélaient l'effort qu'il devait faire pour cacher la violence encore grondante de ses sentiments, mais c'était déjà beaucoup qu'il pût se contenir. A Londres, on racontait qu'il corrompait les grisettes de la rue Basse et qu'Augusta était avec lui, déguisée en page. Hobhouse constata que la vie, à Diodati, semblait la plus chaste du monde et envoya un bulletin favorable à Mrs Leigh : « Votre frère fait grande attention au décorum et vit sans offenser Dieu, ni un homme, ni une femme... Sa santé est beaucoup meilleure ; pas de brandy, pas de veilles, pas de magnésie, pas de déluge de soda. Ni violences ni perversité ; même les cris ont disparu ; il semble aussi heureux qu'il devrait l'être ; vous comprenez que je veux dire aussi heureux que peut l'être un homme d'honneur et de sentiment après une catastrophe au cours de laquelle une accusation, vraie ou fausse, a été portée contre lui. »

Naturellement Hobhouse voulut voir le pays. Les trois mousquetaires de Trinity, accompagnés de Polidori, partirent pour Chamonix et le mont Blanc. Byron eut quelque peine à sautiller sur les glaciers. A l'auberge du Montanvers, ils trouvèrent dans le livre des voyageurs le nom de Shelley, suivi des mots « athée et philosophe » écrits en grec. « Je crois, dit Byron, que je rendrai service à Shelley en effaçant ceci », ce qu'il fit. Au retour, il emmena jusqu'à Coppet ses amis qui furent heureux de voir Mme de Staël, Bonstetten et Schlegel. Hobhouse venait de lire *Adolphe* ; il dit à Mme de Staël qu'il y avait reconnu des phrases d'elle : « vers luisants sur des feuilles mortes, dont la lumière ne sert qu'à montrer la sécheresse des alentours ». Mme de Staël se tourna vers Bonstetten et lui dit : « Charmant, n'est-ce pas ? » Hobhouse aima beaucoup Coppet.

Byron soumit à ses amis, non sans timidité, le manuscrit du troisième chant de *Childe Harold*. Hobhouse, qui n'avait pas vécu avec Shelley, fut très surpris : « Il y a de beaux passages, mais je ne sais pas si j'aime cela autant que les premiers chants. Celui-ci a un air de mystère et de métaphysique. » Quant aux *Stances à Augusta*, qui lui furent montrées aussi, il les trouva plaintives, insupportables, et les parodia sans pitié :

> Quoique poète, vous devriez nous épargner les injures ;
> Quoique homme d'esprit, nous accorder une trêve ;
> Quoique vous nous gouverniez tous, nous excuser.
> Si nous pensons que cette pose a assez duré.

Il était vraiment très difficile de parler de sentiments à Hobhouse.

Scrope Davies repartit le premier, chargé de pierres taillées, d'agates, de colliers de cristal, que Byron avait achetés à Chamonix pour ses nièces Leigh, pour sa fille Ada, « l'amour ». C'était la plus imaginaire de toutes ses créations, cette petite fille qu'il avait vue deux fois et qu'il aimait, à sa manière. Quelques jours après le départ de Davies, le malheureux Polidori fut renvoyé ; il avait de l'honneur mais sa vanité le rendait insupportable. Hobhouse, qui marquait impitoyablement les points, fit remarquer qu'il l'avait prédit, puis, comme il était resté seul avec Byron à Diodati, proposa d'entreprendre un nouveau tour en montagne et d'aller voir la Jungfrau.

Les pâturages d'un vert sombre, les innombrables cloches des vaches, les bergers debout sur les cimes opposées et qui semblaient appartenir plus au ciel qu'à la terre, les dernières nappes de neiges noircies que l'été n'avait pas fondues, rappelèrent à Byron ses vacances d'enfant dans les Highlands. « C'est comme un rêve, dit-il à Hobhouse, trop brillant et trop sauvage pour être réel. » Il aimait les glaciers dont la surface ondulée évoquait une tempête solidifiée, les cascades dont la crinière de fils de lumière écumeuse le faisait penser à un gigantesque cheval blanc, celui peut-être sur lequel dans l'Apocalypse est montée la Mort, et les nuages sulfureux et lourds qui roulaient au bord des précipices, comme l'écume de l'océan de l'Enfer. Devant ces spectacles admirables, c'était à Augusta qu'il pensait et, pendant tout le voyage, il tint un journal destiné à sa sœur :

Hier, 17 septembre 1816, je suis parti (avec Hobhouse) pour une excursion en montagne. Je tiendrai un bref journal pour ma sœur Augusta.

– La musique des cloches des vaches, dans les pâturages, et les cris des bergers de rocher en rocher, tandis qu'ils jouent de leur chalumeau sur des pentes qui paraissent presque inaccessibles, réalisent tout ce que j'ai jamais entendu ou imaginé d'une existence pastorale... Ceci est pur, sans mélange – solitaire, sauvage et patriarcal... Je repeuple en ce moment mon esprit de Nature.

– Neuf heures – Je vais me coucher. Hobhouse, dans la chambre à côté, vient de cogner sa tête contre la porte, et naturellement de maudire les portes ; pas fatigué aujourd'hui, espère pourtant dormir. En bas, femmes qui bavardent : lu une traduction française de Schiller. Bonne nuit, très chère Augusta.

– Grindenwald. Lumière des étoiles, très beau, mais un diable de sentier ! Peu importe, bien arrivé ; un peu d'orage... Passé des bois entiers de pins tout flétris, troncs nus sans écorce et branches sans vie ; détruits par un seul hiver, – leur aspect m'a fait penser à moi-même et à ma famille.

– De Berne à Fribourg... Acheté un chien – très laid, mais très méchant ; grande recommandation aux yeux de son propriétaire et aux miens... Il n'a pas de queue et s'appelle « Mutz ».

– J'ai eu de la chance pendant ce tour (de treize jours) – aussi bien pour le temps que par le choix de mon compagnon... J'étais disposé à être satisfait. J'aime la Nature et j'admire la Beauté. Je peux supporter la fatigue, les privations sont pour moi bienvenues, et j'ai vu quelques-uns des paysages les plus nobles du monde. Mais en tout ceci – les souvenirs d'amertume, et surtout de ma récente et plus intime désolation, souvenirs qui m'accompagneront à travers la vie, m'ont rongé pendant tout ce voyage ; ni la musique du berger, ni le fracas de l'avalanche, ni le torrent, ni la montagne, ni le glacier, ni la forêt, ni le nuage, n'ont pour un moment allégé le poids qui pèse sur mon cœur, ou permis de perdre ma malheureuse identité, dans la majesté, le pouvoir et la gloire de tout ce qui était autour, au-dessus et au-dessous de moi.

Je suis au-delà des reproches et il y a un temps pour toutes choses. Je suis au-delà du désir de vengeance, et je n'en connais d'ailleurs aucune assez forte pour tout ce que j'ai souffert ; l'heure viendra où ce que je sens sera senti... mais c'est assez. A vous, chère Augusta, j'envoie ce journal que j'ai tenu pour vous, de ce que j'ai vu et éprouvé. Aimez-moi comme vous êtes aimée par moi.

Au cours du mois d'août, il avait reçu à Diodati la visite de Lewis, l'auteur du *Moine*, qui lui avait traduit des passages du *Faust* de Goethe. Thème fait pour le toucher. Les questions posées par Faust à l'Univers, le pacte avec le Diable, la perte de Marguerite, n'était-ce pas sa propre histoire ? Mais s'il avait été, lui, Byron, le créateur de *Faust*, il l'eût fait plus courageux et plus sombre. Pourquoi trembler devant les esprits ? Un homme, un homme véritable les défie et défie la Mort.

Une œuvre naît toujours d'un choc qui fertilise un terrain favorable. Le terrain, chez Byron, était prêt ; c'était cette masse brûlante de sentiments inexprimés, horreur, amour, désir, regrets, lave qui une fois encore menaçait de tout engloutir. Du choc produit par la lecture de *Faust* et par les paysages des Alpes, sortit un grand poème dramatique : *Manfred.* Il en composa les deux premiers actes en douze jours et au cours même du voyage. Les paysages qu'il décrivait en prose dans le Journal pour Augusta devenaient, par une légère transposition, des fragments du nouveau drame, et s'y mêlaient aux aveux de détresse. Toutes les scènes réelles du voyage, la rencontre d'un chasseur, celle d'un berger chantant le ranz des vaches, entraient aussitôt dans ce poème dont le sujet était assez vague pour tout accueillir.

Manfred, seigneur d'un bourg féodal des Alpes, a cultivé les arts magiques ; il est riche, savant, mais son âme semble tourmentée par le souvenir d'un grand crime. Dans une première scène, très faustienne, il évoque les Esprits de la Terre, de l'Océan, des Montagnes, de la Lumière. « Que nous veux-tu, Enfant de la Terre ? demandent les Esprits. – L'oubli. – De quoi ? – De ce qui est en moi... » Qu'y a-t-il en lui ? Il nous le laisse deviner... Le regret d'une femme, Astarté, qu'il a perdue et à laquelle il voudrait être réuni ; le désir d'être vengé d'une autre femme qui n'est point nommée. Contre cette dernière, une terrible incantation est prononcée par une voix mystérieuse et, parce que Byron est incapable de sortir de lui-même et d'oublier son identité, parce que les allusions sont claires et les symboles transparents, nous savons que Manfred est Byron, qu'Astarté est Augusta, et que l'objet de l'incantation est Annabella.

> Si profond que soit ton sommeil,
> Ton esprit ne dormira pas ;

Il y a des ombres qui ne s'évanouiront pas,
Il y a des pensées que tu ne banniras pas ;
Un pouvoir inconnu de toi
Fait que tu ne peux être seule ;
Tu es enveloppée comme d'un linceul,
Tu es prisonnière dans un nuage ;
Et pour toujours tu devras vivre
Dans l'esprit de cette incantation...
Par l'hypocrisie de ton âme fermée,
Par la perfection de ton art
Qui a fait passer pour humain même ton cœur,
Par ton goût pour le malheur des autres,
Et par ta fraternité de Caïn,
Je te visite ! et te condamne
A être toi-même ton propre Enfer !

Puis Manfred supplie une sorcière d'évoquer pour lui Astarté ; il la lui décrit, et c'est Augusta :

Elle me ressemblait par tous ses traits – ses yeux,
Ses cheveux, tout, jusqu'au ton
Même de sa voix, ressemblaient, disait-on, aux miens ;
Mais le tout adouci et d'une beauté plus apaisée ;
Elle avait les mêmes pensées solitaires, les mêmes délires...
Mais unis à un caractère plus doux que le mien,
La pitié, les sourires, et les larmes – que je n'avais pas,
Et la tendresse – mais cela j'en avais pour elle ;
L'humilité – et cela je ne l'ai jamais eue.
Ses fautes étaient les miennes – et ses vertus les siennes –
Je l'ai aimée, et j'ai causé sa ruine !

« Je l'ai aimée et j'ai causé sa ruine », voilà le secret du désespoir de Manfred comme de celui de Byron, et Byron, par la voix de Manfred, criait sa souffrance, trop bien cachée sous le masque tranquille de l'hôte de Diodati et du visiteur poli de Coppet.

Ma solitude n'est plus une solitude,
Elle est peuplée de furies ; – j'ai grincé
Des dents dans l'obscurité jusqu'au matin ;

Puis je me suis maudit jusqu'au coucher du soleil
  – et j'ai prié
Pour que la folie me fût accordée comme une
  bénédiction... elle m'est refusée.

C'est en vain que les puissances infernales évoquent,
pour Manfred, Astarté ; elle paraît, mais reste muette,
comme était alors muette pour Byron l'Augusta de moins
en moins précise que sa mémoire lui présentait.

Tu m'as trop aimé
Comme je t'ai trop aimée ; nous n'étions pas faits
Pour nous torturer ainsi l'un l'autre, bien que ce fût
Le péché le plus mortel que d'aimer comme nous
  avons aimé.
Dis que tu ne me hais point – mais que je porte
Seul ce châtiment pour nous deux...
Je voudrais avant de périr entendre une fois encore
La voix qui a été ma musique – Parle-moi !

Elle s'évanouit sans avoir répondu et les Esprits contemplent avec une sorte de terreur le désespoir de Manfred.
« S'il avait été l'un de nous, disent-ils, il eût fait un Esprit
redoutable. »

La coulée de lave avait été superbe. Il manquait à *Manfred* un troisième acte, mais Byron ne l'écrivit pas tout de
suite. Il était rentré à Diodati avec Hobhouse et les enchantements de la montagne étaient déjà dissipés.

Parmi les causes de l'angoisse de Manfred, l'une des
plus graves était le silence d'Astarté. Pourquoi Augusta,
aux plaintes de Byron, ne répondait-elle plus que par des
lettres banales ? Pourquoi son incohérence irritante, mais
au gré de Byron gracieuse, tournait-elle en platitude morale ? Byron, inquiet, devinait à travers les phrases confu-
ses de sa sœur l'influence d'un esprit tout différent et qu'il
ne reconnaissait que trop. Mais il était loin d'imaginer ce
qui, depuis son départ, s'était passé entre les deux femmes.
Le jour où Byron avait quitté l'Angleterre, Lady Byron

(qui depuis quelques semaines vivait à Londres, pour être à portée de ses conseillers judiciaires, Lushington et Romilly) était allée rejoindre à la campagne sa petite Ada. Elle avait vingt-quatre ans et la vie, pour elle, semblait finie. Ses sentiments envers Byron étaient violents, elle l'avait trop aimé pour ne pas le haïr, sans d'ailleurs cesser de l'aimer. Augusta, qui la vit avant son départ, trouva qu'elle avait le calme effrayant d'une morte.

Les problèmes moraux qui avaient tourmenté cette conscience scrupuleuse de casuiste blessée ne se trouvaient pas résolus par le départ de son mari. Comment devait-elle traiter Augusta ? En amie ? C'était enlever toute valeur au plus sérieux de ses griefs, si jamais elle avait à plaider contre Byron au cours de l'éducation de sa fille. En ennemie, comme le voulaient les hommes de loi ? C'était confirmer les bruits que Caroline Lamb et tant d'autres faisaient courir ; c'était aussi rendre la vie de Mrs Leigh impossible en Angleterre. « Si Augusta était allée rejoindre Byron dans l'exil, si elle s'était ouvertement montrée avec lui *et soror et conjux*, Lady Byron, victorieuse, fût demeurée maîtresse de la situation... Mais, en elle, le besoin romanesque de sacrifice était tout-puissant. » Elle ne souhaitait pas la perte de sa belle-sœur. Elle jugeait que son devoir de chrétienne était de sauver l'âme d'Augusta et, si c'était possible (mais elle ne le croyait plus), celle de Byron. Ce double résultat ne pouvait être atteint qu'en empêchant les coupables de se revoir. Respecter leur liberté était se rendre complice de leur damnation.

Par de tels chemins subtils le devoir ordonnait, comme l'eussent pu faire la jalousie et la rancune, de poursuivre la coupable et, sans doute, sous le masque du devoir, se glissait jusqu'à la conscience de cette femme scrupuleuse un sentiment plus trouble et d'ailleurs naturel qui était le besoin de savoir. Seule la certitude tue la jalousie. Or, Annabella ne possédait pas, sur la terrible aventure qui avait été la vraie cause de sa ruine, de certitude. Elle avait deviné l'inceste rôdant à travers sa maison depuis le jour de son mariage, mais les signes qu'elle avait observés se rapportaient-ils à une passion déjà ancienne, éteinte, apaisée ? Ou au contraire cet amour monstrueux avait-il continué après son mariage ? Elle l'ignorait et souhaitait passionnément le comprendre. Augusta occupait dans ses pensées une place qui eût été surprenante si nous ne nous attachions toujours avec une inquiétude, si tenace qu'elle en devient presque tendre, à l'être qui détient le secret, même affreux, que nous avons besoin de connaître.

Dans ce désarroi, Lady Byron avait pu trouver une confidente. Une amie intime d'Augusta, Mrs George Villiers, lui ayant demandé de soutenir sa belle-sœur contre les calomnies du monde, Annabella lui rendit visite et lui dit la vérité. Mrs Villiers, femme de bien, fut à la fois stupéfaite et profondément intéressée. Augusta lui avait toujours parlé de la séparation et des bruits qui couraient, sur un tel ton d'innocence outragée que d'abord elle eut peine à croire Lady Byron. Quand elle fut convaincue, elle s'indigna. On aurait pu pardonner, disait-elle, à Augusta pénitente, repentante, mais cette orgueilleuse légèreté dans le crime était intolérable. Tel était aussi le sentiment de Lady Byron. Comme certains hommes se plaisent à secourir un ami ruiné, pourvu que celui-ci renonce au moindre signe du bonheur ou du confort, ainsi ces deux femmes étaient prêtes à venir en aide à la pécheresse, mais à la condition qu'elle s'humiliât. Byron, lui aussi, était un pécheur, mais au moins savait-il ce qu'était le péché. Augusta ne semblait jamais y penser. « J'ai toujours observé, écrivait Annabella, cette remarquable différence que les sentiments de Byron – en tant que distincts de ses actions – étaient beaucoup plus affinés et décents, sur les questions morales, que ceux d'Augusta. Elle ne semblait pas considérer ses fautes comme graves. »

Mrs Villiers fut d'accord avec Lady Byron pour penser qu'il fallait ramener Augusta de l'orgueil à la pénitence. Mrs Leigh semblait trouver naturel que des relations amicales continuassent, aux yeux du monde, entre elle et sa belle-sœur. Il importait de lui faire sentir qu'elle était désormais hors la loi. *Lady Byron à Mrs Leigh :* « Je ne voulais pas, avant votre accouchement, risquer de vous agiter, mais sachant que vous êtes rétablie, je ne peux plus vous cacher que j'ai des raisons, fondées sur certaines circonstances de votre conduite, que d'ailleurs (si certaine que je sois de leur existence) je désire enterrer dans le silence, raisons qui m'imposent le devoir indispensable de limiter les relations avec vous... »

Les deux femmes vertueuses se demandaient avec une tendre anxiété ce qu'allaient être, sous cette menace, les réactions de leur sœur coupable : « Je crois que son premier sentiment sera la terreur – son second, l'orgueil... » Mais la réponse d'Augusta fut humble : « Je suis forcée, pour le bien de mes enfants, d'accepter de votre compassion les *relations limitées* qui sont tout ce que vous accordez à celle qui, dites-vous, n'est pas plus longtemps digne de votre estime ni de votre affection ! Le temps viendra où votre opinion changera. »

Il s'agissait maintenant, pour achever cette cure morale, d'obtenir d'elle d'abord qu'elle avouât son crime, ensuite qu'elle renonçât à voir Byron. Une correspondance continua donc entre les deux belles-sœurs et, peu à peu, la plus faible des deux se laissa glisser malgré elle vers des aveux implicites. Elle admit que des relations coupables avaient existé avant le mariage, mais jura, et avec un accent qui semblait sincère, que depuis le mariage elle avait résisté [1]. Puis l'interrogatoire devint plus précis. Quand deux êtres, d'un commun accord, ont laissé longtemps dans l'obscurité un sujet grave et douloureux, au moment où enfin ils se décident à ouvrir cet abcès spirituel, ils trouvent parfois un plaisir pénible, mais aigu, et un bonheur trouble, à

---

1. *Lady Byron à Mrs Leigh :* Comme vous ne cherchez pas, et n'avez jamais cherché à me tromper, en ce qui concerne les faits antérieurs, au sujet desquels ma conviction est inébranlable, je suis prête à vous croire quand vous affirmez n'avoir jamais sciemment voulu *me* nuire...

Lady Byron à Mrs Villiers : J'ai reçu une réponse – qui est tout ce qu'elle doit être, tout ce que je puis espérer. Je suis pleinement convaincue de l'innocence d'Augusta pendant toute la période ou j'étais en cause.

étudier ensemble des détails qui ont été, pour l'un comme pour l'autre, l'objet de tant de réflexions solitaires. Annabella expliquait à Augusta comment (le jour même de la première visite à Six Mile Bottom) tout lui avait paru suspect, et Augusta, complaisamment, analysait ses propres illusions et sa folle croyance à l'aveuglement d'Annabella.

Quelquefois la pécheresse avait des rechutes. Mrs Villiers, qui l'avait vue la veille, écrivait le 18 juillet 1816 à Lady Byron « qu'Augusta n'avait parlé que de gazes et de satins, et qu'elle avait l'air forte et bien portante, parfaitement froide, à son aise et n'ayant apparemment aucun poids sur l'esprit ». Heureusement, un peu plus tard, elle parut accablée et préoccupée. Mais l'œuvre n'était pas encore achevée.

Le danger était que Byron ne reprît une influence sur elle. Il voulait qu'elle le rejoignît en Suisse ou en Italie ; il était à craindre qu'elle ne fût tentée, d'autant plus que le colonel Leigh, plus ruiné que jamais, était capable de consentir à ce qu'elle partît. Elle paraissait prête à toutes les folies dès que son frère se disait malheureux. C'était en vain qu'Annabella lui décrivait les terribles souffrances que le remords avait, elle en était témoin, fait éprouver à Byron. « Je n'ai jamais vu moi-même, dit Augusta, ce que vous décrivez comme ayant été ses tourments... Si je savais comment contribuer à son bien véritable ! mais, hélas ! je ne sais pas... » Lady Byron eût parfois volontiers accroché sur la poitrine de sa belle-sœur l'écriteau : *Hérétique et Relapse.*

Enfin, en août 1816, elle vint s'installer à Londres pour revoir Augusta. Pour se préparer à cet interrogatoire décisif, elle rédigea suivant sa coutume un mémorandum aux paragraphes numérotés : « Etes-vous plus affligée par votre péché ou par ses conséquences ? – par l'offense envers Dieu ? – ou par celle envers vos semblables ?... Sentez-vous suffisamment que toute pensée associée avec un tel péché est coupable, et que le cœur peut être criminel, même quand les actions sont innocentes ? »

Pendant la première quinzaine de septembre, les deux

femmes se virent chaque jour [1]. Au cours de ces longues conversations, Augusta abdiqua enfin entre les mains d'un être plus fort et remit à Annabella le gouvernement de son âme ; elle promit de lui montrer désormais toutes les lettres de Byron et de ne répondre à celui-ci qu'avec froideur. Lady Byron n'exigeait pas qu'elle cessât toute correspondance avec son frère : « Je ne vous conseille pas de restreindre votre correspondance, mais de toujours penser à rectifier, et non à apaiser ses sentiments ou à les satisfaire. – Evitez par conséquent toutes les phrases et toutes les *marques* qui pourraient rappeler à son esprit de mauvaises idées... Laissez-moi aussi vous mettre en garde contre la légèreté et les propos un peu fous, qu'il aime, mais pour une détestable raison, parce qu'ils l'empêchent de réfléchir sérieusement. » Inconsciente adresse de femme : elle dépouillait Augusta de ce qui faisait son charme.

A Genève, le temps devenait froid et pluvieux. Byron avait envie de quitter la Suisse. De l'autre côté du lac, à Sécheron, des touristes anglais braquaient sur son balcon leurs lunettes marines dans l'espoir d'y apercevoir un jupon. Sensible comme tous ceux qui ont été persécutés, il se sentait poursuivi jusque dans cette retraite par la haine qui avait accompagné son départ. Il avait envie de traverser les montagnes et d'aller jusqu'aux vagues de l'Adriatique, « comme un cerf aux abois se réfugie dans l'eau ».

Au début d'octobre, il quitta Diodati avec Hobhouse, pour gagner Milan par le Simplon. L'admirable Fletcher les accompagnait et enchantait Hobhouse par son art de transposer en images anglaises tout ce qu'il voyait. La cascade de Pissevache évoqua pour Fletcher « la perruque blanche du vieux Mr Becher ». Six chevaux attelés à la

---

1. *Mémoire de Lady Byron :* Augusta m'a fait une entière confession des relations antérieures – en niant énergiquement que celles-ci eussent continué après mon mariage... Elle a avoué que les vers *(I speak not, I trace not, I breathe not thy name)* lui avaient été adressés.

Mrs Villiers à Lady Byron : j'ai parlé à Augusta de ces vers, avec fermeté.

voiture de Byron les hissèrent jusqu'au col du Simplon. Ils traversèrent la zone des sapins, celle des déserts pierreux, celle des neiges éternelles. Au sommet, ne pouvant trouver aucun mur pour y graver leurs noms, ils les écrivirent sur un morceau de papier qu'ils cachèrent soigneusement sous une pierre. Puis, passant de la neige aux solitudes pierreuses et des rochers aux sapins, ils arrivèrent enfin dans la vallée de Domodossola où des clochers blancs piquaient les collines couvertes de vignes.

Fletcher reçut l'ordre de préparer carabines, poignards et pistolets. On avait dit aux deux Anglais que le pays était dangereux. La malheureuse Italie, par la chute de Napoléon, était retombée au pouvoir de l'étranger. La Sainte Alliance, « société des dynasties », avait fait de la Lombardie un royaume autrichien que M. de Metternich, lieutenant de Dieu, gouvernait par sa police. Les espions étaient partout ; la délation régnait dans les familles, les libéraux et les patriotes se groupaient en sociétés secrètes. Dès Milan, Byron se trouva en contact avec des milieux libéraux italiens. Il avait un mot de recommandation de Mme de Staël pour Monsignor Ludovic de Brême, aumônier de l'ex-roi d'Italie. Grâce à lui, il rencontra le marquis de Brême (qui avait été le ministre de l'Intérieur d'Eugène de Beauharnais), le plus célèbre des poètes italiens vivants, Monti, et l'écrivain Silvio Pellico. Le pays lui plaisait. Les paysannes avaient de beaux yeux noirs. Un air de courage et d'amour était sur tous les visages.

Il fut ravi par la Bibliothèque Ambrosienne, où on lui montra des souvenirs de Lucrèce Borgia, une boucle de ses cheveux, longs et beaux, et des lettres « si jolies, si aimantes, qu'il se sentit tout malheureux de n'être pas né plus tôt pour l'avoir au moins vue ». « Et devinez, je vous prie, écrivit-il à Augusta, quelle est l'une de ses *signatures* : – c'est ceci +, une croix – qui, dit-elle, doit tenir lieu de son nom... Est-ce que ce n'est pas amusant ? Je suppose que vous savez qu'elle était une fameuse beauté, et fameuse pour l'usage qu'elle en a fait ; aussi qu'elle a aimé ce cardinal Bembo (plus une histoire sur son papa, le pape

Alexandre, et son frère César Borgia – que quelques-uns croient – et d'autres non). Elle a fini par être duchesse de Ferrare, et une excellente mère et femme ; tout à fait un exemple. »

A la Scala, dans la loge des Brême, Hobhouse et Byron rencontrèrent un Français, M. de Beyle, ancien intendant du Mobilier de la Couronne Impériale, qui leur raconta des histoires étonnantes. Il leur dit qu'il avait été le secrétaire particulier de Napoléon, et de service auprès de l'Empeeur pendant la retraite de Russie. « Napoléon avait alors tout à fait perdu la tête, dit Beyle, il signait ses décrets POMPEE. » Quand Beyle lui avait dit : « Votre Majesté fait erreur », il l'avait regardé avec une horrible grimace en disant : « Oh ! oui. » En un jour, Beyle avait vu quatre-vingt-quatre généraux venir au quartier général, pleurant et criant : « Ah ! ma division... Ah ! ma brigade... » Quand l'Empereur était parti, Beyle avait pris le service avec Murat, qui s'était assis sur son lit et avait pleuré amèrement. Puis M. de Beyle parla de Talleyrand, dit qu'un jury l'aurait condamné et que, loin d'être cruel, Napoléon ne l'était pas assez. Il leur raconta aussi que Mme Ney était à Milan et qu'elle avait fait graver sur la tombe de son mari : « Trente-cinq ans de gloire ; un jour d'erreur. » Il était étonnant, ce monsieur de Beyle ; il avait toujours été présent lui-même dans les occasions les plus extraordinaires. « J'ai toute raison, écrivit Hobhouse après avoir pris note soigneusement de toutes ces précieuses anecdotes, de penser que Beyle est une personne digne de confiance, mais il a une façon cruelle de parler, et il a l'air d'un matérialiste, qu'il est. »

A Milan, Byron et Hobhouse retrouvèrent le malheureux Polly-Dolly. Il eut une querelle avec un officier et Byron une fois de plus dut intervenir pour le sauver. Le petit docteur était maintenant candidat au poste de médecin de la princesse de Galles. « Pauvre femme, dit Hobhouse en lui donnant une lettre de recommandation, il faudrait qu'elle fût folle pour prendre un tel médecin. » Mais Louis de Brême, moins injuste que Hobhouse (si passionnément xénophobe), jugea mieux le pauvre docteur. « Ce qu'on n'est pas généralement, écrivit-il à Mme de Staël, c'est plus honnête homme que Polidori, plus ingénu et de meilleure foi. »

Louis de Brême ajoutait, sur Byron lui-même, un jugement d'autant plus intéressant qu'il confirmait celui de Sir Walter Scott : « Lord Byron est de toute amabilité. Une occasion vient de se présenter de témoigner son bon cœur à Polidori, il l'a saisie avec simplicité et empressement. Oserai-je vous le dire ? Je pense qu'il y a des hommes qui ont l'âme peu *sociale* peut-être, mais l'ont éminemment *humaine*. Lord Byron est doué d'un assortiment de qualités dont il est assez naturel que son entourage national et domestique ne lui tienne pas compte, puisqu'il manque d'ailleurs de celles qu'on est dans l'habitude d'exiger... Nous lui avons fait sentir combien nous sommes étrangers à toutes les opinions qu'on a arrêtées sur son compte, et qu'il dépend entièrement de lui de nous en former une. Ses œuvres sont si fortement goûtées par ceux d'entre nos amis qui savent l'anglais que, sans lui en jamais parler, nous lui témoignons à chaque instant notre intime admiration, dont il résulte entre lui et nous un rapport habituel d'intelligence, qui lui donne un parfait aplomb au milieu de ce monde dont je l'ai entouré. » La récompense de ceux qui savent apaiser les âmes tourmentées est qu'ils sont aussi les seuls à les connaître.

Ses amis italiens montrèrent à Byron toutes les curiosités de Milan. Il entendit l'écho de la Simonetta et vit le Dôme au clair de lune. M. de Beyle nota l'effet étonnant produit sur Byron par un tableau où Daniel Crespi a représenté un chanoine enfermé dans une bière, au milieu d'une église et qui, pendant qu'on chante l'office des morts autour de lui, tout à coup soulève le drap mortuaire, sort de son cercueil et s'écrie : « Je suis damné par un juste jugement ! » On ne put arracher de devant ce tableau Byron, ému jusqu'aux larmes. Par respect pour le génie ses compagnons remontèrent silencieusement à cheval et allèrent l'attendre à un mille de là.

Enfin, le 4 novembre, Hobhouse et Byron partirent pour Venise. Ils traversèrent Brescia, Vérone (où Byron fut heureux de retrouver le souvenir de Juliette), Vicence, puis une nuit, tandis qu'ils sommeillaient dans une gondole sous un ciel assez sombre, ils se réveillèrent tout d'un coup au milieu des lumières de Venise. L'écho des rames leur dit qu'ils étaient sous un pont ; le batelier leur cria : « Le Rialto ! » Quelques minutes plus tard, ils abordaient à l'hôtel de la Grande-Bretagne, sur le Grand Canal, et on les conduisait par un magnifique escalier jusqu'à des chambres dorées, tendues de soie peinte.

XXVIII. *La ville fée du cœur*

Où il faut toujours distinguer une part de fantaisie, insaisissable, et le creux du lit qui règle tout.

ALAIN.

Byron à Murray : « Venise me plaît autant que je m'y attendais, et j'attendais beaucoup. C'est une de ces villes que je connais avant de les voir et, après l'Orient, le lieu du monde dont j'ai toujours le plus rêvé. J'aime la gaieté mélancolique de leurs gondoles et le silence de leurs canaux. Je ne déteste même pas la décadence évidente de la ville, bien que je regrette la singularité de ses costumes disparus ; d'ailleurs il en reste beaucoup ; et le Carnaval est proche. » *Et à Tom Moore :* « J'ai l'intention de rester à Venise pendant l'hiver... La ville ne m'a pas désappointé... J'ai trop longtemps vécu parmi les ruines pour ne pas aimer la désolation. »

Le dialecte vénitien lui plaisait, comme les tons ocrés des maisons de Venise, comme les noms sonores et les marbres roses des palais, comme la beauté funèbre des barques noires. Dans la cité du Marchand et du More, de Portia et de Desdémone, il croyait, au coin de chaque rue, rencontrer l'ombre de Shakespeare. Il se sentait moins infirme dans une ville où la marche était remplacée par le lent glissement des gondoles.

La République de Venise n'existait plus. Les lions ailés de Saint-Marc ne gardaient ni Doge ni Conseil des Dix. Le *Bucentaure* avait été brûlé par les Français. Comme à Milan, un gouverneur autrichien représentait M. de Metternich. Mais la ville restait voluptueuse et gaie. Sur la place Saint-Marc, les cafés étaient pleins. Venise avait huit théâtres (plus que Londres, plus que Paris). La société italienne se réunissait en des *conversazioni*, dont la plus brillante était celle de la comtesse Albrizzi que les Vénitiens appelaient « la baronne de Staël de l'Italie » et qui se hâta de se faire présenter « le premier poète de l'Angleterre ». Quelques hommes et quelques femmes buvaient de l'eau, dans une petite chambre. Hobhouse trouva que cette *conversazione* était une pauvre copie du salon de Coppet, mais que la dame paraissait bonne personne.

Le 4 décembre, les deux amis se séparèrent. Hobhouse partant pour Rome tandis que Byron restait à Venise. Il y avait trouvé en même temps « un logement et une maîtresse », chez un Signor Segati, marchand de tissus, qui possédait dans la Frezzeria (longue rue étroite, voisine de Saint-Marc) une boutique à l'enseigne du *Corno*. Bientôt ses apprentis ajoutèrent *inglese*. Le commerce de Segati marchait mal, mais sa femme était jeune et jolie. En outre elle chantait à merveille et les Segati étaient, à la faveur de cette voix, reçus par l'aristocratie vénitienne. Marianna Segati sut donner à Byron (si candide sous son air de roué) l'illusion qu'il était son premier amant. A Venise, elle passait pour avide et facile, mais il fut enchanté d'elle : « J'ai aimé dès la première semaine de mon séjour ici Mme Segati, et j'ai continué depuis, parce qu'elle est très jolie, plaisante, et parle vénitien, ce qui m'amuse, parce qu'elle est naïve, parce que je peux la voir et faire l'amour

avec elle à toute heure, ce qui convient à mon tempérament. »

Au fond il l'aimait à sa manière, demi-sentimentale,
demi-méprisante, comme il aimait un chien fidèle, un
cheval, une chanson de Tom Moore. Elle était gaie s'il le
souhaitait, silencieuse s'il était triste, bel animal soumis.
Près d'elle il s'apaisait lentement. Les Alpes, la composition de *Manfred* et la nouveauté de l'Italie avaient calmé le
bouillonnement intérieur sur lequel, à Diodati, il osait à
peine se pencher. Il avait cessé, sinon de souffrir, au moins
d'aimer sa souffrance. Grand progrès. Le bavardage de
cette étrangère, dans « son doux latin bâtard », l'aidait à
s'engourdir. Pour la fatigue du corps, bon remède contre
les passions, il avait obtenu du commandant autrichien
d'un fort qu'il lui cédât quatre chevaux et, chaque jour, il
galopait, au Lido, sur l'étroite bande de terre où les vagues
de l'Adriatique déferlaient aux pieds de son cheval.

Chaque jour aussi il faisait arrêter sa gondole au couvent
des Arméniens. Il s'était lié avec les pères et se plaisait à
leur rendre visite dans leur petite île plantée de cyprès,
d'arbres de Judée et d'orangers. Traversant le cloître fleuri,
il gagnait une chambre tout ornée d'images saintes, où il
aidait le père Pascal Aucher à composer une grammaire
anglaise et arménienne. Il admirait le teint olive du père et
sa longue barbe noire qui le faisait ressembler à un grand
prêtre du temple de Salomon. La langue arménienne était
difficile, mais cette difficulté même un attrait. « J'ai trouvé
nécessaire d'enrouler mon esprit autour de quelque étude
sévère ; celle-ci, la plus dure que j'aie pu trouver ici, sera
une bonne lime pour le serpent. »

Quand on lui demandait combien de temps il resterait à
Venise : « J'espère, répondait-il, que mes amours et
l'alphabet arménien feront l'hiver. » Il parlait volontiers
avec les pères ; il enviait leur solitude, leur retraite, la paix
de leur âme. Le père Aucher lui décrivait l'Arménie et
affirmait que d'après toutes les autorités bibliques, c'était
là qu'avait été le siège du Paradis terrestre. Dieu savait où
Byron avait cherché celui-ci. L'avait-il enfin trouvé à

Venise ? Quelquefois il le croyait. Les trajets en gondole, les temps de galop, les leçons d'arménien, les caresses de Marianna tenaient à distance le grand ennemi : l'ennui. Pour ses soirées, il avait les salons. Déjà les Vénitiens le considéraient comme un ornement familier de leur ville. Grâce à la *Divine Comédie* et à Nicolo Giraud d'Athènes, il parlait assez bien l'italien.

> Je me suis enseigné d'autres langues – et pour des
>   yeux étrangers
> J'ai cessé d'être un étranger...

Comme jadis en Grèce, il échappait par le dépaysement à son propre conformisme. Loin des témoins anglais, il arrivait parfois à oublier la loi anglaise dans son cœur. « Si je pouvais rester comme je suis, je ne serais pas seulement heureux, mais satisfait, ce qui à mon avis est plus rare et plus difficile... J'ai des livres – un confort convenable – un beau pays – le langage que je préfère – beaucoup d'amusements – autant de compagnie que j'en souhaite – et une jolie femme qui n'est pas ennuyeuse... La vie n'a plus grand-chose qui tente ma curiosité ; il y a peu de choses qu'elle puisse offrir dont je n'aie eu une vision et une part – et il serait bien sot de ma part de me quereller avec ma chance parce qu'elle n'a pas duré – d'ailleurs c'était en partie ma faute. Si le présent dure, je romprai avec le passé et vous pourrez me considérer comme posthume, car je ne reviendrai jamais de mon plein gré vivre dans votre île étroite. »

Vint le Carnaval, grande saison de Venise, temps des mascarades et des sérénades, temps des redoutes et des mystères, temps moins aimé par les maris que par les amants, temps où les femmes, avant les dévotions du Carême, faisaient provision de repentir. Byron commençait à les bien connaître, ces Vénitiennes aux yeux noirs. Chacune avait au moins un *amoroso* ; celles qui n'en avaient qu'un passaient pour vertueuses et le changeaient au temps du Carnaval. Seule Marianna Segati, contente de son bel Anglais, ne pensait qu'à le conserver.

Des costumes aux couleurs vives, turcs, juifs, grecs, romains, animèrent les noirs cercueils des gondoles. Byron s'abandonna au rythme dansant de cette vie. Ses lettres à Tom Moore chantèrent, comme les guitares de Venise :

> Que faites-vous maintenant,
> O Thomas Moore ?
> Que faites-vous maintenant,
> O Thomas Moore ?
> Soupirant, faisant votre cour,
> Rimant, ou courtisant les belles,
> Caquetant ou roucoulant,
> Quoi, Thomas Moore ?

Voilà une aimable chanson pour vous – tout impromptue...

> Car le Carnaval vient,
> O Thomas Moore,
> Le Carnaval vient,
> O Thomas Moore ;
> Masques et mascarades,
> Fifres et tambourins,
> Guitares et fredons,
> O Thomas Moore.

Dans les rues obscures, on entendait jusqu'au matin des bruits de chansons et de baisers. Marianna et Byron se promenaient toute la nuit, tandis que le Marchand de Venise dormait, à l'enseigne du Cor Anglais. Ce fut délicieux pendant quelques jours, puis cette vie nocturne fatigua Byron. Sa santé fléchissait. Etait-ce la fièvre des eaux dormantes ? Un mouvement de malaria, comme celui qui l'avait failli tuer à Patras ? Ou déjà la vieillesse ? Il venait de passer le tournant des vingt-neuf ans ; « l'épée avait usé le fourreau », disait-il, et il adressait à Marianna des vers ravissants et las :

So we'll go no more a roving,
So late into the night,
Though the heart be still as loving,
And the moon be still as bright,
For the sword outwears its sheath,
And the soul wears out the breast,
And the heart must pause to breathe,
And Love itself have rest.

Though the night was made for loving,
And the day returns too soon,
Yet we'll go no more a roving,
By the light of the moon.

Il passa le Carême au lit, assez malade et, dans les rêve-ries de la fièvre, les images du passé reprirent une force dangereuse. Que devenait Augusta ? Il ne comprenait rien à son nouveau jargon de dévotion. « J'ai reçu toutes vos lettres, je crois, pleines comme d'habitude de malheurs et de mystères ; mais je n'arrive pas à vous accorder ma sympathie, car, sur ma vie, je ne puis comprendre si vous souffrez d'un cœur brisé ou d'une douleur d'oreilles – si c'est vous qui avez été malade, ou les enfants – à quoi se rapportent vos mystérieuses et mélancoliques appréhen-sions, si c'est aux romans de Caroline Lamb, – au témoi-gnage de Mrs Clermont – à la magnanimité de Lady Byron – ou autres impostures... Je pensais que tout ce qui pouvait vous affecter, vous, devait être passé depuis longtemps ; et quant à moi – laissez-moi m'occuper de moi-même. » Et, un peu plus tard : « Je vous répète à nouveau – qu'il vaudrait beaucoup mieux expliquer tous vos mystères – que continuer cette absurde manière d'écrire par allusions. Qu'est-ce que vous voulez dire ? Qu'est-ce qu'on sait ? Qu'est-ce qu'on peut savoir, que vous et moi ne sachions beaucoup mieux ? Et qu'est-ce que vous pouvez bien me cacher ? *Moi* je n'ai jamais reculé – c'est pour vous que j'ai cédé – car je croyais qu'ils essaieraient de vous com-promettre – bien qu'ils n'eussent rien à voir avec ce qui s'était passé avant mon mariage avec ce monstre infernal, dont je verrai un jour la destruction. » La lettre fut envoyée à Lady Byron, avec ce commentaire d'Augusta : « J'ai du mal à en imaginer une plus triste – tant de fureur et de haine et d'amertume envers tous – bonne seulement pour le feu – en somme il est clair pour moi qu'il est mécontent de lui-même, le pauvre garçon ! » Cette femme était sans méchanceté, mais elle eût transposé les tourments de l'enfer en verbiage de nursery.

Pendant sa maladie, il avait terminé le troisième acte de *Manfred*, acte un peu étriqué (Byron ne savait pas, comme Goethe, manier le surnaturel par grandes masses) mais intéressant par la doctrine. On y voyait Manfred en face de la mort. L'abbé d'un monastère voisin tentait de le réconcilier avec lui-même, et peut-être cette scène était-elle l'écho des conversations de Byron avec les pères arméniens. Au pécheur, le prêtre catholique offrait pénitence et pardon. « Je ne parle pas de punition, mon fils (la vengeance n'appartient qu'à moi, dit le Seigneur). Mais nos institutions m'ont donné le pouvoir d'adoucir le chemin du pécheur vers de plus hautes espérances. – Il est trop tard, répondait Manfred. Rien ne peut exorciser le démon quand il est l'âme même du pécheur. Aucun prêtre ne peut absoudre un homme dont l'Enfer est tout intérieur. » Ce n'est pas avec Dieu que Manfred ne peut se réconcilier, c'est avec lui-même.

> Ah – mon père ! J'ai eu ces précoces visions,
> Ces nobles aspirations dans ma jeunesse,
> Faire de mon esprit l'esprit des autres hommes,
> Etre celui qui éclaire les nations...
> > Tout cela est passé.
>
> Ma pensée ne s'est pas elle-même comprise,
> Et je n'ai pu dompter ma nature sauvage.
> > ... Je dédaigne de me mêler avec
> Un troupeau, fût-ce pour être le chef – même
>   d'une bande de loups.
> Le lion est seul, je suis comme lui.

Dans la dernière scène, les Esprits envoyés par l'Enfer voulaient saisir Manfred pour l'y entraîner. Il les chassait :

> ... Retourne à ton Enfer !
> Tu n'as pas de pouvoir sur moi, cela je le sens ;
> Tu ne me posséderas jamais, cela je le sais ;
> Ce que j'ai fait est fait : je porte en moi
> Une torture à laquelle n'ajouterait rien la tienne ;
> L'Esprit, qui est immortel, se charge lui-même
> De rétribuer bonnes ou mauvaises pensées...
>
> Ce n'est pas toi qui m'as tenté, tu ne pouvais me tenter ;
> Je n'ai été ni ta dupe ni ta proie –
> Mais mon propre destructeur, et je serai
> Mon propre au-delà...

Ainsi, pour la première fois, Byron, excité par Shelley à la réflexion métaphysique, essayait de concilier son invincible sentiment du péché avec la philosophie sceptique qui ne lui permettait pas d'accepter les idées orthodoxes de l'enfer et du châtiment. Par une solution merveilleusement byronienne, il arrivait à faire de lui-même et de lui seul le centre et le tout du système. Byron seul avait été le tentateur de Byron. Byron seul châtierait Byron en Byron. Byron seul, destructeur de Byron, serait de Byron l'audelà. L'enfer existe, mais non l'enfer puéril de May Gray. L'enfer existe, mais il est en nous et les vivants s'y plongent eux-mêmes.

> Vieillard ! Ce n'est pas si difficile, mourir...

C'était la dernière phrase de Manfred à l'abbé ; c'était aussi, écrivait Byron à Augusta, « toute la morale du poème ». Les hommes n'ont pas tous peur de la mort. Les uns la craignent parce qu'ils aiment la vie ; d'autres parce qu'ils redoutent une vie future. Mais l'existence humaine est un combat très dur et il y a des êtres sensibles, conscients d'un conflit intérieur sans issue, auxquels la mort apparaît comme un repos bienvenu. Byron était de ceux-là. Trop courageux pour fuir la vie, mais trop las pour craindre la mort, il en gardait la pensée toujours présente au milieu même du carnaval étrange. Comme jadis aux murs gris de Newstead, une Danse macabre courait aux frises de ses retraites vénitiennes.

Il eut beaucoup de mal à écrire ce troisième acte. Une première version, envoyée à Murray, parut faible à tous ses amis. Il la remania. Enfin, en juin 1817, le drame fut publié en Angleterre. Publication dangereuse pour Augusta, que l'amour de Manfred pour Astarté condamnait clairement aux yeux du monde. « Aucun aveu ne pourrait être plus complet, écrivit Mrs Villiers. Il est trop transparent pour que ses amis puissent même tenter de nier l'allusion... Avez-vous vu un journal qui s'appelle *The Day and New Times*, du 23 juin ? Il y a une longue critique de *Manfred*, bien faite je crois, mais remplie d'allusions terriblement claires à Augusta. » Quant à celle-ci, tout à fait domestiquée, elle écrivait à Annabella pour demander ce qu'elle devait dire de *Manfred*, si on l'interrogeait. « Vous ne pouvez parler de *Manfred*, lui répondit Lady Byron, qu'avec l'expression la plus nette de votre désapprobation. »

Au printemps, quand Byron alla mieux, les médecins lui conseillèrent un changement d'air. Un climat plus sain apaiserait sa fièvre. Hobhouse qui était à Rome depuis cinq mois, faisant de l'archéologie, appelait son ami. Byron hésitait. C'était peut-être naïf, mais l'idée de quitter Marianna le rendait tout « carolinesque ». Elle l'avait bien soigné pendant sa maladie. Il ne lui avait pas été tout à fait fidèle, mais il s'était attaché à elle. Dès qu'il aimait une femme, un absurde espoir l'envahissait de trouver en elle une belle âme. Marianna Segati elle-même, indulgente épouse d'un drapier vénitien, devenait une incarnation inattendue du « beau idéal ».

Pourtant un voyage à Rome serait une occasion d'écrire un quatrième chant de *Childe Harold*, il décida d'obéir aux médecins. Il traversa Ferrare, où il composa la *Lamenta-*

tion du Tasse et vit la tombe de l'Arioste, Florence où il
remarqua qu'une des femmes d'un tableau représentant le
Massacre des Innocents ressemblait à Lady Ponsonby.
(Comme Fletcher il retrouvait partout des images anglaises.) Puis, sur la route de Rome, il passa près du lac Tra-
simène. Dans son enfance, le petit ministre Paterson lui
avait décrit la terre couverte de morts et le ruisseau qui
roulait le sang des Carthaginois et des Romains. Les
paysans lui montrèrent ce ruisseau, qui gardait le nom de
Sanguinetto. Le lac était comme une feuille d'argent et des
champs bien cultivés, des bouquets d'arbres entouraient un
paysage paisible.

A Rome, comme toujours, il vécut sur deux plans : le
plan Byron et le plan Childe Harold. Sur le plan Byron, il
monta beaucoup à cheval, corrigea ce damné troisième
acte de *Manfred* que le cénacle de Murray s'obstinait à
condamner, et écrivit à Moore : « De Rome, je ne vous dirai
rien ; c'est indescriptible, et le guide vaut ici tout autre livre.
J'ai dîné hier avec Lord Lansdowne... J'ai été à cheval
presque tout le jour... Pour le Colisée, le Panthéon, Saint-
Pierre, le Vatican, le Palatin, etc., etc., – comme plus haut,
voyez le guide... L'Apollon du Belvédère ressemble à Lady
Adélaïde Forbes – je n'ai jamais vu une telle ressemblance.
J'ai vu le pape vivant, et un cardinal mort, – tous deux
avaient très bonne apparence... Voici Hobhouse qui vient
d'entrer, et mes chevaux sont à la porte ; donc à cheval. »

Le sculpteur Thorwaldsen, à qui la comtesse Albrizzi
l'avait envoyé et pour lequel il posa, eut le privilège de
saisir le passage de Byron à Childe Harold. Byron, en
s'asseyant dans l'atelier du sculpteur, prit une expression
très différente de celle qui lui était habituelle. « N'aimeriez-
vous pas mieux vous asseoir plus à votre aise ? dit Thorwaldsen. Vous n'avez pas besoin de prendre cette expression. – C'est la mienne, répondit Byron. – Vraiment ? » dit
Thorwaldsen. Et il représenta Byron comme celui-ci souhaitait l'être. Quand le buste fut terminé, Byron dit : « Cela ne
me ressemble pas. J'ai l'air plus malheureux. »

Pour Childe Harold, Rome était le plus parfait des ter-

rains de méditation. Le monde ne pouvait contenir de plus
belle réserve de thèmes byroniens. Grandeur et décadence,
ruine et beauté, des lieux communs sublimes s'élevaient à
chaque carrefour... Méditation sur la tombe de Cecilia
Metella. Qui était-elle, cette grande dame qui dormait dans
une forteresse ? Avait-elle été chaste et belle ? De celles
qui aiment leur seigneur, ou de celles qui aiment le seigneur des autres ? Etait-elle morte jeune, un dernier rayon
rose sur ses joues enfantines, ou très vieille, avec de longues tresses gris argent ? Il avait pour la mort tant de goût
sensuel qu'il s'attendrissait sur cette morte inconnue...
Rêverie sur le Palatin. Les oiseaux de nuit s'y répondaient
parmi les pierres couvertes de lierre qui avaient formé le
palais des empereurs... Eternelle morale de toute histoire
humaine. La Liberté engendre la Gloire, puis la Gloire la
Richesse, la Tyrannie qui ramène les Barbares, et le cycle
recommence... Rhétorique ? Oui, sans doute. Mais il faut
des rhéteurs... Au Colisée, par un soir de clair de lune où
les étoiles tremblaient sous les arcs frangés de fleurs
sauvages, dans ce cercle magique hanté par les grands
morts, contre ceux qui l'avaient fait souffrir, contre « sa
Clytemnestre morale », contre les insulteurs de son exil, il
évoqua sa déesse favorite, Némésis, et le Temps vengeur :

Et toi qui jamais encore n'as laissé sans contrepoids
La balance des torts humains, grande Némésis !
En ce lieu, où les anciens te rendaient hommage –

Toi, qui appelas les furies du fond de l'abîme
Et les fis autour d'Oreste crier et siffler... Ici
Dans ton ancien royaume, je t'appelle, sors de la poussière !
N'entends-tu pas mon cœur ? Eveille-toi ! Tu le dois, tu le feras.

Si le quatrième chant de *Childe Harold* n'était pas écrit,
Byron en avait les matériaux ; il pouvait partir. Hobhouse,
qui allait faire un séjour à Naples, aurait voulu l'y entraîner, mais il était malheureux d'être loin de Marianna. Il lui
écrivit de venir au-devant de lui et rentra avec elle à Venise.

La saison était chaude. Byron craignait la fièvre. Il loua pour l'été une villa à La Mira, sur la Brenta, à quelque distance de Venise. Marianna, avec le consentement bien payé du drapier, y vint habiter avec lui. La villa était un ancien couvent, dont la chapelle avait disparu. Sous une ogive, une pierre encastrée dans le mur portait cette inscription :

HIC SAEPE LICEBIT
NVNC VETERVM LIBRIS
NVNC SOMNO ET INERTIBVS HORIS
DVCERE SOLLICITAE
IVCVNDA OBLIVIA VITAE

Les voisins étaient peu gênants. En face vivait un vieux marquis mexicain de quatre-vingt-dix ans, à côté un Français qui avait connu Voltaire. La Brenta reflétait les plus beaux couchers de soleil du monde. Hobhouse, à son retour de Naples, était venu rejoindre Byron et ils menaient ensemble une vie de travail. « Une vie étrange, notait Hobhouse, très tranquille et confortable... Trouvé Byron bien, gai et heureux, plus charmant chaque jour... Byron m'a parlé ce soir de ses affaires de famille. Il ne tient plus à sa femme maintenant – cela est certain. » Byron écrivait le quatrième chant de *Childe Harold* ; Hobhouse, érudit et précis, « l'ennuyait de topographie savante » et rédigeait des *Notes historiques pour Childe Harold*. Souvent ils traversaient toute la lagune pour aller monter à cheval au Lido, et Hobhouse à son tour goûtait le charme unique de ces chevauchées marines : « Avec Byron au Lido. Délicieux jour. Me souviens de l'impression d'allégresse produite par le galop sur la plage. Légère brise. Byron m'a dit que Lady Byron croyait qu'il ne m'aimait pas. Une fois elle a dit que je n'avais pas de principes parce que Byron lui avait dit que je rirais si j'entendais quelques-unes de ses belles paroles. Pauvre chère chose contradictoire. » Cinq mois parfaits s'écoulèrent ainsi.

Le 2 janvier, jour anniversaire de son mariage (il attachait une grande importance à cette date), il dédia le
quatrième chant de *Childe Harold* à John Hobhouse,
Esquire : « A un ami, que j'ai longtemps connu et accompagné très loin, que j'ai trouvé secourable en temps de
maladie et amical en temps de chagrin, heureux de ma
prospérité et ferme en mon temps d'adversité... » Pourtant
le dernier chant de *Childe Harold* n'avait pas gagné à être
écrit sous la tutelle immédiate de John Cam Hobhouse,
Esquire. Le troisième, Shelley inspirateur, avait été plus
poétique. Mais il y avait de grandes beautés ; une description enchanteresse de Venise, un rappel ému de l'Angleterre, des strophes profondes et mélancoliques sur la
subjectivité de l'amour :

> O ! Amour ! tu n'es pas un habitant de la terre –
> Séraphin invisible, nous voulons croire en toi...
> Mais jamais encore l'œil nu n'a vu
> Ta forme, ni ne la verra...
> L'esprit t'a fait, comme il a peuplé le ciel,
> Avec sa propre fantaisie et ses désirs ;
> Il a donné cette forme et cette image
> A une pensée qui hante l'âme altérée.
>
> C'est de sa propre beauté qu'est agité l'esprit,
> Il s'enfièvre de fausses créations : – où sont,
> Où sont les formes que l'âme du sculpteur a saisies ?
> En lui seul. La Nature peut-elle en montrer d'aussi belles ?
> Où sont les charmes et les vertus que nous osons
> Concevoir dans l'enfance, poursuivre adolescents,
> Le Paradis jamais atteint de notre désespoir... ?

Et ce qui était vrai de l'amour, l'était aussi de l'ambition. Les désirs humains ne s'accordaient pas avec la
nature des choses... Nous souhaitons la perfection alors
que nous portons la tache ineffaçable du péché. Nous
rêvons de grandes actions et nous sommes victimes de
petites lâchetés. Byron avait, hélas ! lui-même éprouvé ce
que peuvent de mesquines perfidies pour abîmer une vie
qu'on aurait voulu belle :

Mais j'ai vécu, et pas vécu en vain !
Mon esprit peut perdre sa force, mon sang son feu,
Mon corps lui-même périr dans la douleur ;
Mais il y a en moi quelque chose qui fatiguera
La torture et le Temps, et respirera encore quand j'expirerai ;
Quelque chose d'étranger à la terre, à quoi ils ne pensent pas,
Comme le souvenir du son d'une lyre muette,
Pénétrera dans leurs esprits adoucis, et émouvra
Dans des cœurs, maintenant durs comme la pierre, le tardif
        remords de l'amour.

Strophe prométhéenne, prophétique et justement orgueilleuse... Devant cette pauvreté des choses humaines,
que faire ? Rien, sinon dominer par la puissance de la
raison cet état médiocre et chercher dans la nature le
bonheur que la société rend impossible. Il termina le chant
par une description de la mer, seule amie fidèle :

Et je t'ai aimé, Océan ! Et la joie
De mes jeux d'enfant était d'être portée sur ta poitrine,
Comme ton écume, en avant : depuis l'enfance

J'ai joué avec tes vagues – et pour moi
Elles ont été un délice ; et si la mer un peu houleuse
En faisait une terreur – c'était une crainte plaisante,
Car j'étais en quelque sorte ton enfant,
J'avais confiance en tes flots, près ou loin,
Et je posais ma main sur ta crinière – comme en ce moment.
Ma tâche est faite – mon chant a cessé – mon thème
Est mort dans un écho ; il convient
Que se rompe l'enchantement de ce long rêve...

Ainsi *Childe Harold* était achevé. Mais ce n'était pas le
seul travail de ces cinq mois de La Mira. Lord Kinnaird (le
frère de l'Honorable Dug) était venu à Venise et avait
apporté à Byron un nouveau poème anglais de Hookham
Frere, légère satire imitée des poètes italiens, et en particulier de Pulci. Byron en fut charmé et commença, dans la
même manière, un conte vénitien qu'il appela *Beppo*. Le

ton convenait à son nouvel état d'esprit. Ton de bonne humeur, de cynisme, même à l'égard de ses propres vers ; chaque fois qu'une strophe cinglait vers le lyrisme, la main de l'ironique oiseleur la rattrapait...

> Angleterre ! Malgré vos défauts je vous aime,
> Je l'ai dit à Calais, et ne le renie pas ;
> J'aime la liberté, pour tous et pour moi-même ;
> J'aime le Parlement et j'aime ses débats ;
> J'accepte les impôts, quand ils sont raisonnables ;
> J'aime un feu de charbon, quand il n'est pas trop cher ;
> J'aime aussi le climat, – quand il est supportable,
> C'est-à-dire environ deux jours tous les hivers...

Plus tard, un jeune Français, Alfred de Musset, devait apprendre ce ton de Byron, comme Byron l'avait appris des Italiens.

L'amour pour Mme Segati ne dura même pas aussi longtemps que le séjour à La Mira, et ce fut la faute de Marianna. Elle laissa voir qu'elle était avide. Elle vendit les diamants que son amant lui avait donnés. Il le sut, les racheta et les lui donna une seconde fois, niais non sans la plaisanter sur cet attachement romanesque à ses présents. Le mari Segati, dont l'honneur avait des sursauts périodiques, coûta trop cher cet hiver-là. Enfin, pour achever de rendre cette liaison semblable à un mauvais ménage, Marianna se montra jalouse.

Byron lui échappait. Pendant une de leurs promenades à cheval le long de la Brenta, Hobhouse et lui avaient remarqué, dans un groupe de paysans, deux filles magnifiques. Byron proposa un rendez-vous à l'une d'elles, Margarita Cogni. Elle répondit qu'elle était prête à faire l'amour avec lui, puisqu'elle était mariée et que toutes les femmes mariées le faisaient, mais que son mari (un boulanger) était assez féroce. Byron baptisa « la Fornarina » cette boulangère et, à force de sequins, la conquit. Elle avait vingt-deux ans. Elle ne savait ni lire ni écrire. Il n'avait pas encore rencontré de femme aussi primitive ; celle-là lui plut.

Les commères de La Mira racontèrent à Marianna que l'on entendait, tard dans la nuit, le hennissement du cheval de Byron dans la campagne. La sultane régnante, inquiète, chercha sa rivale, la rencontra et l'injuria. Margarita rejeta le mouchoir blanc qu'elle portait sur le visage et répondit : « Vous n'êtes pas sa femme, je ne suis pas sa femme ; vous êtes sa *donna* et je suis sa *donna* ; votre mari est un cocu et le mien en est un autre. Pour le reste, quel droit avez-vous à me faire des reproches ? » Après ce joli discours, elle s'en alla, laissant Mme Segati rêver. Quand celle-ci voulut se plaindre à Byron, elle comprit qu'elle était vaincue.

Au moins de janvier 1818, Hobhouse dut rentrer en Angleterre. La veille de son départ, les deux amis se donnèrent une fête digne de la Venise du XVIIIᵉ siècle et, pour aller au Lido, engagèrent deux chanteurs. Ceux-ci s'assirent, l'un à la proue, l'autre à la poupe du bateau et, en quittant la Piazzetta, chantèrent des vers du Tasse, *La Mort de Clorinde* et *Le Palais d'Armide*, comme les gondoliers d'autrefois. En se couchant, Hobhouse, toujours mélancolique quand il se séparait de cette étrange et séduisante personne, écrivit dans son journal : « Passé la soirée avec Byron, qui a mis la dernière main à son *Childe Harold*, et pris congé de mon cher ami, car il m'est très cher, à minuit. Un peu avant de me quitter, il m'a dit qu'il avait été autrefois un homme qui éprouvait des sentiments très forts, mais que tout cela avait été submergé. Je crois bien volontiers la première partie de sa phrase. Que Dieu le bénisse ! »

Avec Hobhouse disparaissait une fois de plus le Témoin. Liberté dangereuse pour Byron. La période qui suivit fut la plus débauchée qu'il eût vécue, et les causes de ce désarroi moral sont assez claires.

1° *Le faible pouvoir de contrainte d'une société étrangère et dont le jugement lui était indifférent*. En ce pays de mœurs faciles, loin de la seule horde humaine dont il se sentît vraiment membre responsable, il redevenait un animal solitaire, qui ne cherchait plus qu'à satisfaire ses désirs. Son dernier ami anglais était le consul Hoppner, fils du peintre, petit homme spirituel qui avait épousé une charmante Suissesse. Mais les Hoppner, fiers d'être les familiers de Lord Byron, n'osaient pas lui dire la vérité et ne remplaçaient pas Hobhouse.

2° *La fin du règne de Marianna.* Il habitait encore chez les Segati, dans la Frezzeria, mais il avait une admiration grandissante pour Margarita Cogni, qu'il décrivait à Moore : « Une Vénitienne aux grands yeux noirs... avec un corps de Junon – grande, énergique comme une pythonesse, avec des yeux brillants, des cheveux noirs qui flottent au clair de lune – une de ces femmes dont on peut tout faire. Je suis sûr que, si je lui plaçais un poignard dans la main, elle le plongerait où je lui dirais, – et d'ailleurs en moi, si je l'offensais. J'aime ce genre d'animal, et je suis certain que j'aurais préféré Médée à toute autre femme qui ait jamais respiré. » Il croyait aimer ce genre d'animal, mais il ne lui était pas fidèle. La femme douce, craintive, « aux yeux de gazelle » le fixait mieux et le rendait plus heureux.

3° *L'immense pouvoir d'achat de ses revenus anglais sur le marché du vice vénitien.* A mille guinées le chant, ses poèmes lui eussent suffi pour vivre, mais il avait en outre les cinq cents livres annuelles d'Annabella, et Newstead venait d'être vendu pour la somme énorme de 94 500 livres à un ancien camarade de Harrow, le major Wildman (« Long à ma droite, Tom Wildman à ma gauche »). Chez l'Honorable Dug (son banquier et ami Douglas Kinnaird) le compte de Byron était maintenant créditeur.

Un curieux trait, hérité de Catherine Gordon, apparaissait en lui depuis qu'il avait de l'argent. Il devenait avare, sans bassesse et tout en restant généreux, mais avare à la manière de sa mère. Elle avait été capable de donner à son mari, puis à son fils, presque tout ce qu'elle possédait, capable aussi de regretter une dépense de quelques livres. En cela Byron lui ressemblait. Il avait toujours eu un goût, peut-être héréditaire, pour une sorte d'ascétisme alimentaire. Il aimait à savoir que sa nourriture ne lui coûtait que quelques écus, à réduire son train de maison, à vérifier avec minutie les comptes de Fletcher. Des économies ainsi réalisées, il remplissait une tirelire et aimait à y voir monter les sequins d'or.

Sur ses amours, il ne marchandait pas. Il connaissait maintenant les ressources de Venise. Il avait à peu près quitté le salon littéraire de la comtesse Albrizzi. Il allait chez la comtesse Benzoni, qui recevait une société plus libre et surtout il recherchait les femmes du peuple. « L'élevage de femmes est excellent ici. J'aime leur dialecte et leurs manières. Elles ont une naïveté qui est très prenante, et le romanesque de la ville est un puissant attrait ; le beau sang n'est pas toutefois, maintenant, parmi les dames de l'aristocratie, mais sous les *fazzioli*, ou mouchoirs. » Il admirait ces femmes vigoureuses, « bonnes, disait-il, à mettre au monde des gladiateurs ». Il en voyait un grand nombre, qu'il recevait dans un mystérieux « casino », car il fallait cacher ces rencontres à Margarita Cogni qui eût probablement défiguré ses rivales. Les gens de Venise racontaient que, dans ce casino, il entretenait jusqu'à neuf Muses, mais sans doute était-ce une légende. Ainsi, pendant l'exil de Dante à Ravenne, les passants dans la rue se montraient les uns aux autres sa barbe roussie par le feu de l'Enfer.

En avril 1818, il apprit la mort de Lady Melbourne : « Le temps est passé où je pouvais pleurer les morts – sinon je ressentirais celle de Lady Melbourne, la meilleure, la plus agréable, et la plus intelligente des femmes que j'aie connues – vieilles ou jeunes. Mais *je suis rassasié d'horreurs*, et les événements de ce genre ne me laissent qu'une sorte d'engourdissement pire encore que la douleur... C'est encore un lien de moins entre l'Angleterre et moi. »

Une autre mort qui le frappa beaucoup et le confirma dans sa croyance au Destin fut celle de Sir Samuel Romilly, le conseiller judiciaire de Lady Byron, un des auteurs de la séparation. Dans le cercle magique du Colisée, Byron avait voué à Némésis, déesse de la vengeance, tous ceux qui dans cette affaire avaient agi contre lui. Il écrivit à Lady Byron : « Sir Samuel Romilly s'est coupé la gorge après avoir perdu sa femme... Il y a maintenant près de trois ans, il devenait l'avocat des mesures qui m'ont privé de la mienne... Cet homme ne pensait guère, quand il déchirait légalement mon cœur, qu'en moins de trente-six mois un malheur domestique le conduirait en terre... Ce n'est pas en vain qu'à minuit, à Rome, j'invoquais Némésis, assis sur la plus terrifiante des ruines. »

Némésis n'avait pas frappé que Sir Samuel. Lady Byron faisait de mélancoliques pèlerinages, *Journal de Lady Byron :* « J'arrive de Newstead, je suis entrée dans le hall... J'ai vu les vieux drapeaux qu'il avait l'habitude de hisser sur les murs du château le jour de sa fête. Les chambres qu'il avait habitées n'avaient pas du tout changé. Il aurait pu y entrer. Elles ne semblaient pas abandonnées. La femme qui avait été à son service regrettait que la propriété fût vendue : "Il aurait dû vivre ici après son mariage, m'a-t-elle dit, mais sa dame n'est jamais venue et la pauvre créature n'a pas beaucoup de chances de venir maintenant."... Les parapets et les marches sur lesquels il s'est assis... Les sentiers où il s'est promené... Sa chambre – où je me suis enracinée, y étant involontairement retournée... »

D'Angleterre aussi arrivaient de temps à autre des lettres des Shelley. L'enfant dont Claire était enceinte en quittant Byron à Diodati était née le 12 janvier 1817. Mary avait annoncé cette naissance au père, en même temps que son propre mariage, et Shelley un peu plus tard avait écrit qu'en attendant la décision de Byron au sujet d'un nom, Mary et Claire avaient appelé la petite fille Alba. « Elle est très belle, disait Shelley, et quoique sa constitution soit plutôt délicate, jouit d'une excellente santé. Ses yeux sont les plus intelligents que j'aie jamais vus chez une enfant si jeune. Ses cheveux sont noirs, ses yeux d'un bleu profond ; sa bouche a une forme délicieuse. » Shelley était accoutumé à porter le poids des folies de ceux qu'il aimait ; pourtant au bout de quelques mois il souhaita que Lord Byron, comme celui-ci l'avait promis, se chargeât de sa fille.

Byron, toujours curieux de son propre sang, ne demandait qu'à élever l'enfant. Mais les lettres qu'il écrivait sur ce sujet à Kinnaird formaient un contraste assez pénible avec la gentillesse aérienne dont Shelley tissait le berceau d'Alba. « Shelley m'a écrit (de Marlow) une lettre sur ma fille (la dernière bâtarde), qui, paraît-il est une grande beauté ; il désire savoir s'il doit me l'expédier... Voulez-vous arranger un plan pour me l'envoyer ici, ou pour la placer en Angleterre ? Je la reconnaîtrai et je l'élèverai moi-même, en lui donnant le nom de Biron (pour la distinguer de la branche légitime), et je la baptiserai Allegra, qui est un nom vénitien. » Et en mars 1818, comme il demandait à Hobhouse si on n'allait pas bientôt lui envoyer à signer l'acte de vente de Newstead : « Un clerc pourrait m'apporter les papiers et, en même temps, mon enfant de Claire. Demandez, je vous prie, à Shelley de l'emballer avec soin, avec de la poudre à dents rouge, de la magnésie, de la poudre de soda, des brosses à dents et quelques bons romans. »

Quand les Shelley vinrent à Milan, une nourrice suisse. Elise, amena la petite Allegra chez son père. Byron la trouva jolie, intelligente et fut très fier de la voir grande favorite des dames vénitiennes. « Ce qui est remarquable, c'est qu'elle ressemble beaucoup plus à Lady Byron qu'à sa mère – au point de stupéfier notre éminent Mr Fletcher et de m'étonner, moi. N'est-ce pas curieux ? Je suppose qu'elle ressemble aussi à sa sœur Ada ; elle a des yeux très bleus, ce front étrange, des cheveux blonds bouclés, et un caractère infernal – mais cela lui vient de papa. » Il était assez heureux de revoir une Byron, même bâtarde.

XXIX. *Palazzo mocenigo*

The professional Don Juan destroys his spirit as fatally as does the professional ascetic, whose looking glass image he is.

ALDOUS HUXLEY.

Monsieur,

J'ai la grande tristesse de vous informer de la mort de feu mon cher maître, my Lord, qui a succombé ce matin, vers les dix heures, à une fièvre lente causée par les soucis, les bains de mer, les femmes et les promenades à cheval au soleil, le tout contre mes conseils...

Telle fut la lettre mi-comique, mi-tragique, que Byron, vers la fin de juin 1818, écrivit à Hobhouse en la signant : FLETCHER.

Il ne plaisantait qu'à demi. En quittant Marianna Segati, il avait abandonné la maison de la Frezzeria et loué, pour 4 800 francs par an, un des trois palais Mocenigo, sur le Grand Canal. Il avait maintenant sa maison, comme un Vénitien authentique ; sa gondole était amarrée aux pieux ornés de spirales bleues et blanches, couleurs des Mocenigo ; sur le perron, que battait l'eau verte du canal, les visiteurs trouvaient un géant à longues moustaches, le gondolier Tita, qui s'entendait aussi bien à découvrir de bons rameurs que des épouses faciles. Des soupiraux montaient des aboiements de chiens, des cris de singes, des chants d'oiseaux, ou, couvrant tous les bruits, la voix forte de Margarita Cogni et celle, enfantine, d'Allegra, qui partageait avec la Fornarina le gouvernement de cette ménagerie.

Margarita Cogni, d'abord simple passade, s'était lentement imposée. Un soir, Byron l'avait trouvée sur les marches du palais Mocenigo. Elle avait refusé de retourner chez son mari. Fataliste et indolent, Byron subissait, après un accès de rage, les êtres qui exigeaient qu'il se laissât aimer. Margarita le fit rire par quelques bouffonneries en dialecte vénitien, et resta.

Il regretta vite sa faiblesse. La Fornarina battait les autres femmes, interceptait les lettres, apprenait à lire pour les déchiffrer et inspirait une terreur profonde à Tita et à Fletcher. Toute la maison se plaignait d'elle. Byron pardonnait. Elle tenait ses comptes, elle avait réduit de moitié les dépenses de la maison, et elle l'aimait, grandes et rares vertus. La joie féroce qu'elle montrait en voyant revenir son amant faisait penser Byron à une tigresse retrouvant ses petits, mais il ne haïssait pas les tigresses. Au contraire. Ce qui l'empêchait d'être honteux de la vie de débauche assez basse qu'il menait au palais Mocenigo, c'était justement le caractère animal, primitif, de cette existence, et sa relative innocence. Par les sentiments, il avait souffert et fait souffrir ; le plaisir pur lui semblait moins dangereux.

Sa philosophie de la vie avait beaucoup changé depuis l'exil. *Manfred* avait été la dernière explosion de révolte, le dernier cri de douleur de l'individu vaincu par l'univers. Il méprisait maintenant *Le Corsaire* et *Lara* ; il ne comprenait pas comment le public avait pu supporter ces personnages exagérés et faux. Sa lecture favorite, depuis quelques mois, avait été Voltaire. Il y retrouvait son propre pessimisme, mais vu sous l'angle comique. Candide aurait pu être Childe Harold, si Voltaire n'avait dominé Candide, si Voltaire n'avait jugé Voltaire. La destinée de l'homme apparaît comme tragique si l'esprit, s'identifiant avec un seul être, Othello, Hamlet, Conrad, partage ses souffrances et ses fureurs. Elle est comique si l'observateur enregistre en même temps l'exaltation incroyable de chacun et le mécanisme, identique en tous, des passions. Byron, qui

avait toujours été dans sa correspondance un humoriste de
génie, s'était interdit jusqu'alors de laisser paraître en ses
vers cette qualité de son esprit. Dans le *Don Juan* auquel il
travaillait depuis un an, il avait enfin trouvé le moyen de
verser librement ce mélange de Voltaire et de l'Ecclésiaste
qui était la forme naturelle de sa pensée.

Don Juan devait être une épopée moderne.

> Mon poème est épique, et je désire qu'il soit
> Divisé en douze chants, chaque chant contenant
> De l'amour, une guerre, une tempête en mer,
> Une liste de bateaux, de capitaines, de rois,
> De nouveaux caractères ; il y a trois épisodes,
> Et une vue panoramique de l'Enfer est en préparation,
> Dans le style de Virgile et d'Homère ;
> Ainsi le nom d'épique convient parfaitement.

Jamais Byron n'avait eu l'esprit plus clair, une forme
plus aisée, plus vigoureuse. Le ton était celui de *Beppo*,
une poésie qui se raillait elle-même, et qui dissimulait une
philosophie amère et forte sous une gaieté légère et des
rimes un peu folles. Il s'était longtemps abandonné sans
réserve aux mouvements de sa sensibilité. Avec le calme
de la distance, le jugement reprenait ses droits. Les cris, les
plaintes étaient dépassés. Naturellement Byron demeurait
plus complexe et plus sensible que Voltaire. Sa philosophie théorique était, comme celle de Voltaire, un rationa-
lisme déiste, mais Voltaire n'était tourmenté ni par les
souvenirs d'une enfance calviniste, ni par le conflit d'un
tempérament sensuel et d'une âme naturellement religieuse. Son champ de pensées était étroit et clair. En
Byron d'immenses terres inconnues, obscures et peuplées
de monstres, entouraient la zone lumineuse. Voltaire était
parfaitement content de lui quand il avait « écrasé un
mystère sous dix courtes vérités ». Byron, parce qu'il avait
connu le sens du péché, gardait le sens du mystère. Mais le
mystère s'était déplacé ; c'était moins maintenant celui de
la destinée de George Gordon Lord Byron que celui de la
destinée humaine, et par là il devenait universel, classique.

Seul le premier chant demeurait autobiographique, mais sans l'ancienne amertume. Dès les premiers vers, Annabella paraissait. La mère de Don Juan était peinte d'après elle :

Sa science favorite était la mathématique,
Sa plus noble vertu la magnanimité,
Son esprit (elle jouait parfois à l'esprit) était attique,
Ses discours sérieux, sombres jusqu'à la sublimité...
Ses pensées étaient des théorèmes, ses mots un problème...

Oh ! Elle était parfaite, sans parallèle possible...
Et si loin au-dessus des pouvoirs de l'Enfer
Que son ange gardien avait quitté la place.

Mais très vite, le poème devenait plus vaste et plus serein. Pourquoi s'irriter contre le monde ? Il faut que la terre tourne autour de son axe, et l'humanité avec elle. Il faut vivre, mourir, faire l'amour, payer des impôts. Tout cela est divertissant, dangereux, mélancolique, inévitable.

Jamais plus – jamais plus – Oh ! Jamais plus sur moi
Ne tombera comme l'aurore la fraîcheur de mon cœur...
Jamais plus – jamais plus – Oh ! jamais plus, mon cœur,
Tu ne pourras être mon seul monde, mon univers !
Autrefois tout pour moi, maintenant chose isolée,
Tu ne peux plus être mon bonheur ni ma perte...
L'illusion a disparu pour jamais et tu es
Insensible, sans doute, et ce n'est pas plus mal,
A ta place j'ai maintenant un jugement assez ferme,
Comment il s'est logé en moi, Dieu seul le sait.
Mes jours d'amour sont terminés ; de moi jamais plus
Les charmes d'une fille, d'une femme, et moins encore
    d'une veuve
Ne pourront faire, comme ils firent jadis, leur dupe, –
... Mais moi, qui aime assez la vraie philosophie,
Me dis souvent à moi-même : « Hélas !
Toutes choses qui sont nées ne sont nées que pour mourir,

Et la chair est une herbe que la mort fauchera ;
Tu as passé ta jeunesse pas trop désagréablement,

Si elle t'était rendue – elle repasserait –
Donc remercie ton sort que les choses ne soient pas pires,
Lis ta Bible, mon ami, et veille sur ta bourse. »

Par certains traits, cette nouvelle sagesse de Byron rappelait assez la sagesse shakespearienne. Shakespeare, lui aussi, avait découvert en vivant que tous les désirs des hommes, amour, ambition, ne sont qu'illusions. Le Prospero de *La Tempête* sait que la vie est un songe. Pourtant il garde le goût et le respect des amours des jeunes gens. Byron, bien qu'il se crût guéri de toutes les illusions, continuait à penser que celles de la jeunesse sont belles et nécessaires.

> Mais plus doux que ceci, plus doux que tout,
> Est le premier amour passionné –

Par là Don Juan était plus sentimental que Candide. Le nouveau Byron était un romantique converti, mais un romanesque impénitent.

Les Hoppner écrivirent à Shelley que Byron était décidé à quitter Venise si Claire y venait, mais que celle-ci, si elle le souhaitait, pouvait (sans que son ancien amant le sût) voir Allegra, qui n'était plus au palais Mocenigo. Hoppner avait fait sentir à Byron ce qu'avait de scandaleux la vie d'une enfant dans un tel milieu et avait offert de se charger d'elle. Ce fut donc chez le consul qu'au mois d'août Shelley accompagna Claire. Pendant qu'elle était avec sa fille, il fit une visite à Byron et celui-ci l'emmena dans sa gondole jusqu'au Lido où les chevaux attendaient. Shelley, dans *Julian et Maddalo*, évoqua ce qu'avait été sa conversation avec Byron. Ils avaient parlé de Dieu, du libre arbitre, de la destinée. Naturellement Byron avait pris le parti du fatalisme, de l'impuissance de l'homme, et Shelley avait répondu :

> C'est notre volonté
> Qui nous enchaîne...
> Nous pourrions être autrement – nous pourrions être

Tous nos rêves de bonheur, de grandeur et de majesté...
Où sont l'amour, la beauté et la vérité que nous cherchons
Sinon dans notre esprit ? Et si nous n'étions si faibles
Nos actions seraient-elles inférieures à nos désirs ?
– « Oui, si nous n'étions faibles – mais c'est en vain
Que nous espérons être forts ! » dit Maddalo :
« Vous parlez d'Utopie. »

C'était leur éternel débat, Shelley pensant que les choses dépendent de l'homme, que l'on peut faire sa vie ; Byron soutenant que le Mal est une réalité extérieure contre laquelle tout effort humain vient se briser. Calvinisme contre radicalisme.

Les Shelley, pendant un second voyage à Venise, virent la Fornarina chez Byron. Leur jugement fut sévère. Shelley ne pouvait, comme Byron, admirer un bel animal ; il respectait trop l'amour pour supporter de le voir ainsi dégrader en sensualité. Mary Shelley était naturellement plus sévère encore. Elle avait, dès le premier jour, au bord du lac de Genève, eu horreur de l'attitude de Byron envers les femmes. Sur son visage encadré de longues boucles brunes, le sourire de ses lèvres minces fut méprisant. Rien n'est plus secret ni plus trouble que les sentiments de la femme honnête à l'égard de Don Juan. Peut-être dans les hochements de tête du ménage Shelley au sortir du palais Mocenigo, y avait-il une imperceptible complaisance et cette vague envie qu'inspirent les rebelles.

Mais les faits leur donnèrent vite raison. La faiblesse de tout épicurisme est qu'il suppose l'homme capable, sans frein spirituel, de modération dans ses plaisirs. Dès l'automne, Byron avait de nouveau ruiné sa santé et attrapé une maladie dangereuse. Par ordre des médecins il mit sa maîtresse à la porte, non sans peine, car une première fois elle se frappa d'un coup de canif, comme jadis Caroline Lamb, et, une seconde fois, s'étant jetée dans le canal, fut repêchée par les gondoliers. Enfin il put se soigner dans la solitude.

Hanson, qui vint au mois de décembre pour faire signer par son client l'acte de vente de Newstead, trouva Byron encore malade. Avoués insulaires, tout surpris de glisser parmi des palais roses, Hanson et son fils arrivèrent en gondole, chargés de liasses de documents, de brosses à dents et de poudre rouge. Ils montèrent les marches du Palazzo Mocenigo entre des chiens, des oiseaux, un renard, un loup en cage, puis, par un escalier de marbre, furent conduits à l'appartement de Byron. « *Well!* Hanson, dit Byron, je ne croyais pas que vous viendriez si loin. » Ses yeux étaient mouillés de larmes. « Curieuse émotion de poète », nota le jeune Hanson avec étonnement. Byron posa d'innombrables questions sur Londres, sur ses amis, en mordant ses ongles, habitude qu'il avait conservée depuis l'enfance.

Ses affaires allaient bien. L'abbaye était vendue pour 90 000 guinées [1]. Il en fallait 12 000 pour payer les usuriers ; Lady Byron avait la nue-propriété de 66 000, et Hanson lui-même apportait une note d'honoraires de 12 000 livres. Il ne restait donc pas d'argent liquide, mais l'intérêt de la nue-propriété de Lady Byron donnait à Byron un revenu de 3 300 livres par an [2]. En y ajoutant les revenus de ses poèmes (et, depuis 1816, il avait touché de Murray plus de 7 000 livres) il était un des hommes les plus riches de l'Italie. Il dit à Hanson qu'il en était heureux, « car l'argent représente le pouvoir, le plaisir, et je l'aime beaucoup ».

A ses boucles cuivrées se mêlaient des cheveux blancs. Son teint était pâle, gonflé, jaune et ses mains bouffies de graisse.

---

1. Plus de douze millions de francs.
2. Environ quatre cent mille francs.

XXX. *Chevalier servant*

Les hommes sont souvent plus heureux qu'ils ne
voudraient.

ALAIN.

Une fois encore le printemps chassa les fièvres de Venise. Les remous légers du Grand Canal battaient les pieux
où s'enroulaient des spirales bleues et blanches. Fletcher
engraissait. Deux nouveaux bouledogues avaient été
ajoutés à la ménagerie. Dans le coffre au trésor, les sequins
d'or montaient. Déjà le cœur du Sentimental voletait,
cherchant à se poser. Une jeune Vénitienne tenta Byron ; il
tomba dans le canal en essayant d'escalader ses fenêtres.
La famille, fort noble, lui envoya un prêtre et un commis-
saire de police ; à tous deux il offrit du café ; tout s'arrangea. La jeune fille, elle, souhaitait qu'il répudiât sa mathématicienne. « Voulez-vous, dit-il, que je l'empoisonne ? »
Elle ne répondit pas. Il admira les passions des terres du
soleil, puis retourna dans le monde, en quête d'une proie.

A la *conversazione* Benzoni lui fut présentée une comtesse Guiccioli, toute jeune, cheveux blonds Titien, belles
dents, boucles massives, les jambes un peu courtes mais le
buste ravissant. Elle était mariée depuis un an avec un
seigneur sexagénaire. Byron se rappela l'avoir rencontrée
jadis, trois jours seulement après ce mariage. Elle n'avait
pas alors paru le remarquer, l'usage étant qu'une jeune
femme attendît au moins une année avant de prendre un
cicisbeo. A la seconde rencontre, elle fut tout de suite
conquise. « J'étais fatiguée ce soir-là, écrit-elle, car on se

couche tard à Venise, et c'était avec grande répugnance et seulement pour obéir au comte Guiccioli que j'étais allée à cette soirée... Ses manières nobles, le ton de sa voix, les mille enchantements qui l'entouraient, faisaient de Lord Byron un être si supérieur à tous ceux que j'avais vus, qu'il était impossible qu'il ne fît pas la plus profonde impression sur moi. » Byron, en quittant le salon de la comtesse Benzoni, glissa un papier dans la main de Teresa Guiccioli. C'était un rendez-vous ; elle y alla et, depuis ce moment, ils se virent chaque jour.

Elle se jugeait libre. Les lois non écrites du mariage étaient, en cette province, bien définies. Une fille était enfermée dans un couvent jusqu'à seize ans ; puis on lui cherchait un mari riche ; plus il était vieux, mieux cela valait. La jeune personne voyait quelquefois son fiancé dans le parloir du couvent. Elle était trop heureuse d'avoir, au prix de son corps, sa liberté. D'amour, il n'était question ni de part ni d'autre. Le comte Guiccioli avait soixante ans quand il avait épousé Teresa ; elle seize. Depuis le premier jour ils avaient eu des appartements séparés et elle n'avait cessé de l'appeler « monsieur ». C'était un vieillard assez agréable, encore qu'il passât pour avoir empoisonné sa première femme et assassiné Manzoni. Il était cultivé, ami du poète Alfieri, intrigant et le plus riche propriétaire de la Romagne. Mais un vieillard, même cultivé, ne pouvait satisfaire cette jeune femme. « L'amour, observait Byron, n'est pas ici le même sentiment froid, calculateur, que dans le Nord. C'est la sérieuse occupation de leurs vies ; c'est un besoin, c'est une nécessité. Quelqu'un définit très bien une femme italienne : une créature qui aime. Elles *meurent* d'amour, particulièrement les Romaines. » La jeune comtesse avait fait son stage de fidélité ; le mari, mis en confiance, surveillait moins ; le temps était venu de prendre un amant.

Par plus d'un côté, l'aventure rappelait Caroline Lamb. Les Guiccioli étaient plus nobles encore que les Melbourne. Teresa, plus jolie que l'Anglaise, montrait les mêmes sentiments violents et le même dédain de l'opinion publique. Elle était bien élevée, parlait italien et français, avait beaucoup lu, récitait des vers, citait des historiens latins et faisait de la peinture. Tout cela de façon un peu puérile, mais aimable. Au début, elle imposa le platonisme, non sans permettre les plus complets espoirs. Seulement elle voulait des garanties.

Fidèle au code amoureux de son monde, elle ne cherchait pas une aventure passagère, mais un cavalier servant. La question, pour une jeune femme, était grave. On pouvait se marier à la légère ; le choix d'un amant demandait des soins. Bientôt son mari allait l'emmener à Ravenne, à Bologne, où il avait des propriétés. Byron la suivrait-il ? Un cavalier servant devait suivre. Don Juan était assez embarrassé.

Byron à Hobhouse : J'ai des espérances, monsieur, – des espérances, mais elle veut me faire venir à Ravenne, et ensuite à Bologne. Ce serait très bien pour des certitudes ; mais pour de simples espérances, si elle m'échappait après tout et si je faisais un *fiasco*, je ne pourrais plus me montrer sur la place Saint-Marc. Ici l'argent est impuissant, car le comte est terriblement riche... Elle est jolie, mais n'a pas de tact ; elle répond à haute voix quand elle devrait murmurer – parle d'âge aux vieilles dames qui veulent passer pour jeunes, et ce soir même a horrifié une assistance correcte, chez la Benzoni, en m'appelant tout haut *mio Byron*, pendant un silence de mort des autres belles, qui nous ont regardés de tous leurs yeux en glissant leurs observations à leurs *serventi* respectifs... Un de ses préliminaires est que je ne dois jamais quitter l'Italie. Je n'en ai pas envie, mais je n'aimerais pas à être transformé en un *cicisbeo* professionnel.

Quelques jours avant son départ pour Ravenne, elle devint sa maîtresse. Elle en fut si fière qu'elle le proclama à la face de toutes les *conversazioni*, ce qui électrisa pour plusieurs soirs les salons Benzoni et Albrizzi, et embarrassa un peu le comte Guiccioli, homme modeste. Heureusement le couple devait quitter Venise pour tout l'été, et le comte emmena sa femme, laissant Byron une fois de plus amoureux, tendre, mélancolique, cynique, et ravi d'être tout cela.

A peine était-elle arrivée à Ravenne qu'elle y fit une fausse couche. Elle lui avait écrit tous les jours pendant le voyage. Elle l'adorait et, maintenant qu'elle était malade, le suppliait de venir. Il hésitait, un peu méfiant, se demandant de qui était cet enfant...? Pas de lui, certes. Du comte? C'était possible. Elle promettait, si Byron venait, de le recevoir dans sa propre maison. Malgré toute son expérience des femmes et de leurs folies, il était surpris de cette hardiesse. « Aller faire cocu dans sa propre maison un comte du pape qui, comme Candide, a déjà causé la mort de deux hommes dont l'un était prêtre, c'est un peu trop pour ma pudeur, surtout quand il y aurait d'autres endroits qui conviendraient aussi bien... La Charmeuse oublie qu'on peut siffler un homme n'importe où *avant*, mais *après*! – Elle aurait dû être moins généreuse à Venise, ou moins exigeante à Ravenne. »

Mais Byron, qui savait railler les volontés des femmes, savait moins bien leur résister, et déjà il était sur le chemin de Ravenne. Il faisait chaud. Les routes étaient couvertes de poussière. « Si je n'étais le plus constant des hommes, je serais en ce moment en train de nager au Lido, au lieu de fumer dans la poussière à Padoue. » Oui, mais il était le plus constant des hommes et bougonnant, demi-furieux, demi-content, il regardait les femmes de Bologne, admirait les bas rouges du cardinal-légat, et surtout se montrait ravi de deux épitaphes qu'il avait trouvées dans le cimetière de la Certosa, à Ferrare.

Ravenne devait lui plaire, petite ville mystérieuse qui cachait dans ses rues étroites et fraîches les reliques d'un empire barbare. Ville où Francesca avait vécu, où Dante avait été exilé. A quelques mètres de l'auberge, une médiocre coupole abritait les restes du poète. Pour les promenades à cheval, une grande forêt de pins s'étendait jusqu'au bord de la mer, sur des terrains jadis recouverts par les eaux et où les flottes romaines avaient jeté leurs ancres. C'était la Pineta de Boccace, le bois immémorial de Ravenne, où les chiens du Chasseur fantôme poursuivaient éternellement la Dame qui avait méprisé l'amour. Byron aima cette solitude sylvestre et marine, qu'animait le bruit des cigales.

Son arrivée avait mis la ville en émoi. Le comte vint le voir à l'auberge et l'invita poliment à rendre visite à sa femme, que peut-être Sa Seigneurie pourrait distraire d'un mal qui semblait, hélas ! grave. Le palais Guiccioli était une grande maison grise située à quelques centaines de mètres de l'auberge. Byron y alla et fut touché. Rien ne l'attachait plus fort à une femme que la faiblesse. Teresa était au lit ; elle toussait ; elle crachait le sang. Il s'installa, à son chevet et devint le garde-malade le plus attentif. Un peu inquiet, il s'attendait toujours à recevoir d'un des sbires du comte un coup de stylet dans la gorge. Mais qu'importait ? La mort devait venir un jour et il ne lui eût pas déplu de mourir pour Teresa. Il était esclave, et heureux. Quand il avait quitté Venise, Mrs Hoppner lui avait prédit qu'une fois de plus il allait être dominé par une femme. Il avait le goût des prédictions, celle-là était accomplie.

Sa seule crainte était que Teresa ne mourût. « C'est toujours comme cela avec toute personne ou toute chose pour laquelle je ressens un réel attachement... Je n'ai jamais pu garder vivant un chien que j'aimais ou qui m'aimait... » – « Si quelque chose arrive à mon actuelle *Amica*, c'en est fini pour moi de la passion – c'est mon dernier amour. Quant au libertinage, je m'en suis dégoûté, comme il était naturel en vivant comme je l'ai fait ; j'ai au moins tiré du vice un avantage, c'est que j'aime dans le meilleur sens du mot. Ceci sera ma dernière aventure. »

Il fit venir de Venise, pour ausculter Mme Guiccioli, son ami le professeur Aglietti, qui ordonna de continuer le traitement. Le traitement, c'étaient les visites de Byron. « Le bonheur inexprimable que je trouvais dans la société de Lord Byron eut un si bon effet sur ma santé », dit la comtesse Guiccioli... qu'elle était de nouveau capable d'être sa maîtresse, ce qui se passait dans le palais même, où une femme de chambre, un jeune nègre et une amie prêtaient leur complicité à ces amours. Audace dangereuse car le comte, trouvant un verrou fermé, s'étonna.

Mais le comte Guiccioli était un homme mystérieux. Il continua, malgré l'incident, de faire à Byron des visites fort polies et de le promener dans un superbe carrosse attelé de six chevaux. Les gens de Ravenne commentaient cette amitié avec ironie et mépris. Le comte était le plus riche des habitants de la Romagne, mais non le plus populaire.

Qu'importait le comte ? Byron avait fait venir ses chevaux et montait chaque soir dans la forêt. Il voyait sa Dame à toutes les heures, convenables et inconvenantes. Il accueillait des jours en somme plaisants sans vouloir penser à l'avenir. Quand Mme Guiccioli alla mieux, elle fit seller un poney et vint galoper avec lui. Elle portait un chapeau comme celui de Mr Punch et un costume d'amazone bleu ciel. Elle était naïve et pieuse. Elle apprenait à Byron à s'arrêter pour prier quand les cloches des vieilles basiliques annonçaient l'heure de l'Ave Maria.

> Ave Maria ! Bénie soit l'heure,
> Le temps, le climat, le lieu où si souvent
> J'ai senti cet instant dans sa force si pleine...

Il lui plaisait que sa maîtresse fût catholique et croyante. Walter Scott avait vu juste quand il avait deviné des affinités entre les besoins de l'âme de Byron et les cérémonies de l'Eglise romaine. Il faisait élever sa fille Allegra en catholique. Quand Teresa, entendant l'Angélus, restait immobile et silencieuse, il écoutait avec un bonheur religieux chanter autour de lui les cigales de la Pineta et la douce rumeur de la Romagne. Lorsque Mme Guiccioli avait connu la *Lamentation du Tasse*, écrite à Ferrare, elle avait exigé un poème sur l'exilé de Ravenne. Byron, amant soumis, avait écrit la *Prophétie de Dante*. Quand il l'eut terminée, il alla en pèlerinage avec sa maîtresse sur la tombe du Florentin. La comtesse Guiccioli était vêtue de noir, Byron d'un uniforme brodé. Ils entrèrent dans la chapelle; Byron déposa un de ses livres et resta, les bras croisés sur la poitrine, les yeux fixés sur la tombe, pendant que son amie priait.

Il s'attachait à elle. Elle était une conquête honorable, née comtesse Gamba, jolie, très amoureuse, point sotte ou du moins tel était l'avis de Byron, et même instruite, pour une petite fille à peine sortie du couvent. Peut-être l'eût-il jugée plus sévèrement si elle n'avait été étrangère, mais il y a un amusement de l'exotisme qui fait paraître agréables, dans une langue nouvelle, des platitudes. En fait elle savait à peine l'anglais et ne comprenait pas un mot de ses vers. Mais pour elle il était le Poète, l'homme de l'amour. Elle s'était fait de lui une image héroïque; elle aimait cette image. Elle refusait de le croire cynique; elle le voulait chevaleresque, tendre, irréel, enfin tel que les femmes ont toujours voulu leurs amants. Il se laissait faire, avec une légère crainte du ridicule, mais aussi avec un certain plaisir, parce que le Byron de la comtesse Guiccioli ressemblait à cet autre Byron de Harrow et Newstead, qu'il avait lui-même aimé jadis. Il était prêt aux folies les plus durables. « Si vous voyez mon épouse, écrivait-il à Augusta, dites-lui que j'ai envie de me remarier et, comme elle a probablement le même désir, n'y a-t-il aucun moyen d'arranger cela par quelque loi écossaise, sans compromettre sa pureté immaculée? » Mais aux yeux de Teresa, si tromper son mari était un devoir, le quitter était un crime.

Enfin les Guiccioli partirent pour Bologne, car le comte devait continuer le tour de ses domaines. Byron, bien dressé, les suivit le lendemain et à Bologne retrouva la même vie. Il avait pris un appartement dans un palais et fait venir de Venise Allegra, qui lui tenait compagnie. Cette enfant l'amusait. Elle parlait un italien comique; elle disait: *Bon di, Papa!* C'était une vraie Byron, incapable comme Augusta d'articuler la lettre *r*, faisant des moues comme Byron et sa sœur, une fossette au menton, des sourcils presque toujours froncés, une peau très blanche, une voix douce, un curieux amour de la musique et une volonté de fer en toutes choses. Il était amusant de voir grandir près de soi une nouvelle plante de cette curieuse espèce. Byron jouait avec elle. Il montait à cheval, se promenait dans le jardin sous un dais pourpre de grappes mûrissantes, s'asseyait près de la fontaine, parlait avec le jardinier, puis allait au Campo Santo bavarder avec le fossoyeur, qui avait la plus jolie fille de Bologne.

Je m'amuse à jouir du contraste entre cette belle et innocente face de quinze ans et les crânes dont le fossoyeur a peuplé quelques niches, en particulier un crâne qui est daté 1766 et qui (dit la tradition) servit autrefois de support au plus charmant, au plus noble et au plus riche visage de Bologne. – Quand je regarde ce crâne, et cette fille – quand je pense à ce qu'il était et à ce qu'elle sera – eh bien, mon cher Murray, je ne veux pas vous choquer en vous disant ce que je pense. Peu importe ce que nous deviendrons, nous autres hommes barbus, mais je n'aime pas à penser qu'une femme dure moins qu'un bel arbre.

Pensées mélancoliques, mais il *était* mélancolique... Bologne après Ravenne... Il commençait à se lasser de ce métier de cavalier servant. S'il passait son temps, comme il disait, « vicieusement et agréablement », il avait un sentiment grandissant de la vanité de cette vie. Ce n'était pas la faute de Mme Guiccioli. Elle était jeune, aimable, fidèle, mais il sentait amèrement qu'un homme ne devrait pas consumer sa vie aux genoux d'une femme et d'une étrangère... Trente et un ans, et que faisait-il ?... L'amour ? Un troisième chant de *Don Juan* ? « Hélas ! J'ai toujours été un oisif, et j'ai la perspective d'une décadence rapide, sans avoir saisi chacun des instants d'une vie si brève... » Action... action... action... Mais quelle action ? S'occuper, en Angleterre, de la réforme électorale ? Il n'était rien dans ce pays qui l'avait exilé. Il avait envie d'y faire un dernier voyage, au printemps, et d'aller vivre ensuite en Amérique du Sud. Il découpait dans les journaux les offres que faisait le gouvernement du Venezuela aux étrangers qui voudraient y venir comme colons. Bolivar, libérateur d'un peuple, était un de ses héros.

Je vous assure que je suis très sérieux et que j'y ai pensé depuis longtemps, comme vous le verrez par l'état du petit fragment de journal que je vous envoie... Je partirai avec ma fille naturelle Allegra... et je planterai ma tente pour toujours. Je ne suis pas fatigué de l'Italie, mais ici un homme doit être un sigisbée, et un chanteur de duos, et un connaisseur d'opéras – ou rien. J'ai fait quelques progrès dans tous ces arts, mais je ne puis dire que je ne sente pas la dégradation. Plutôt être un planteur maladroit, un colon sans expérience, – plutôt être un chasseur, ou n'importe quoi, que le porteur d'éventail d'une femme... J'aime les femmes – Dieu le sait – mais plus le système qu'elles ont établi ici s'empare de moi, plus il me semble mauvais, surtout après la Turquie ; ici la polygamie est tout à l'avantage des femmes. J'ai été un coureur d'intrigues, un mari, un miroir à putains, et maintenant je suis un cavalier servant – par tous les saints ! c'est une étrange sensation... Non, je veux un pays, et un *home*, et – si possible – un pays libre. Je n'ai pas encore trente-deux ans. Je puis encore être un citoyen convenable, fonder une maison, une famille, aussi bonne – ou meilleure – que la première... Mais il n'y a pas de liberté en Europe – cela est certain ; c'est une partie usée de notre globe.

Hobhouse, auquel Murray communiquait ces projets, ne les prenait guère au sérieux : « Notre poète est trop bon pour un planteur... C'est la plus folle de toutes ses imaginations – dites-le-lui... Pas de brosses à dents, pas de *Quarterly Reviews*. Tout ce qu'il déteste et rien de ce qu'il aime. »

Pour se distraire par un simulacre d'action, Byron s'était affilié à la Societa Romantica, petit groupe d'Italiens amis de la liberté, et sa présence à Bologne inquiétait vivement les espions du gouvernement « paternel » des Etats pontificaux. De nombreux rapports allaient du directeur de la police de Bologne au directeur général de la police à Rome. On y signalait l'étrange amitié, avec le comte Guiccioli, de Lord Byron, « personnage qui n'est pas inconnu comme homme de lettres, et que ses opinions libérales et sa grande fortune rendent exceptionnellement dangereux ». « Il ne quitte jamais la maison et écrit toujours », notaient les agents avec méfiance ; l'un d'eux ajoutait : « Si vous croyez qu'il n'est occupé qu'à faire des cornes à Guiccioli, vous vous trompez. Il est libidineux et immoral au plus haut point, mais en politique n'est pas si inconsistant. » De Londres le prince Esterhazy écrivait à Metternich : « Lord Castlereagh me charge de vous prévenir, mon Prince, qu'il croit nécessaire que nous surveillions les allures et les correspondances de Lord Byron et qu'il (Lord C) a des nouvelles sur l'existence d'un projet de complot de *carbonari* qui doit s'élever dans le Milanais. » La Sainte Alliance était étroite.

Vers la fin d'août les Guiccioli le laissèrent pendant quelques jours seul avec Allegra et, en leur absence, il mesura mieux encore la vanité de sa vie. Il alla errer tristement dans leur jardin, y trouva sur une table la *Corinne* de Mme de Staël et écrivit sur la dernière page : « Ma chère Teresa, – J'ai lu ce livre dans votre jardin ; – vous étiez absente, mon amour ; si vous aviez été là je n'aurais pu le lire. C'est un de vos livres favoris, et l'auteur était une de mes amies. Vous ne comprendrez pas ces phrases anglaises, et d'autres ne les comprendront pas – c'est la raison pour laquelle je ne les griffonne pas en italien. Mais vous reconnaîtrez l'écriture d'un homme qui vous a passionnément aimée, et vous devinerez que, penché sur un livre qui était à vous, il ne pouvait penser qu'à l'amour. En ce mot, qui est si beau dans toutes les langues, mais plus beau encore dans la vôtre – *Amor mio* – est comprise mon existence maintenant et pour toujours. Je sens que j'existe aujourd'hui, et je crains de devoir toujours exister, – pour exécuter ce que vous déciderez ; ma destinée est entre vos mains, et vous êtes une femme, et vous avez dix-sept ans, et il y a deux ans que vous avez quitté le couvent. Je voudrais de tout mon cœur que vous y fussiez restée, – ou, du moins, que je ne vous eusse jamais rencontrée après votre mariage... Mais il est trop tard. Je vous aime et vous m'aimez, – du moins vous le dites, et agissez comme si vous m'aimiez, ce qui est en tout cas une grande consolation. Moi, je fais plus que vous aimer, et ne puis cesser de le faire... Pensez à moi quelquefois, quand les Alpes et l'Océan nous sépareront, – cela n'arrivera jamais, si vous ne le souhaitez. » Elle n'avait été absente que trois jours ; ils avaient suffi pour qu'il devînt, à propos d'elle, carolinesque.

Quand le ménage Guiccioli revint à Bologne, le comte apprit qu'on le rappelait à Ravenne. La comtesse dit à son mari que l'état de sa santé exigeait maintenant le climat de Venise et que, s'il ne pouvait l'y suivre, Lord Byron lui servirait volontiers de compagnon. Le comte Guiccioli consentit et les deux amants quittèrent ensemble Bologne le 15 septembre 1819. Ce fut un voyage heureux. En arrivant à Venise, les médecins ordonnèrent à la comtesse l'air de la campagne. Lord Byron, qui possédait encore sa villa de La Mira, eut la bonne grâce de la mettre à la disposition de Mme Guiccioli et d'y venir demeurer avec elle.

Comme au temps de Marianna Segati, les eaux aux teintes profondes de la Brenta reflétèrent les plus beaux couchers de soleil. Les soirs étaient longs. A Ravenne, la nouveauté, le divertissement d'une langue étrangère, la crainte d'être surpris, avaient rempli les jours. Mais la solitude dépouille les êtres de tout prestige emprunté et une femme de dix-sept ans a vite épuisé ce qu'elle sait. « Cela me rappelle, écrivait Byron, un mot de Curran à Moore. – "Ah ! – j'apprends que vous avez épousé une jolie femme – et une très bonne créature – une excellente créature – je vous prie – um ! – comment passez-vous vos soirées ?"

Une terrible question, celle-là, et la réponse est peut-être aussi facile quand il s'agit d'une femme que d'une maîtresse ; certes elles paraissent plus longues que les nuits. Je suis un homme très moral maintenant et je me borne désormais à l'adultère le plus strict ; rappelez-vous que c'est tout ce que m'a laissé cette vertueuse femme qui est la mienne. » L'adultère, comme jadis le mariage, le faisait quelquefois bâiller.

Heureusement il eut la visite de Tom Moore qui, faisant un voyage avec Lord John Russell, arriva le 8 octobre à La Mira. Byron était dans son bain ; Fletcher, vieil ami de Moore, le reçut. Enfin Byron parut, ravi de revoir un compagnon de sa jeunesse, cordial, gai, mais paraissant si âgé que Moore en fut saisi. Il avait perdu cet air de spiritualité qui l'avait autrefois distingué. Il portait des favoris, parce que Teresa lui avait dit qu'il avait une tête de musicien. Il avait laissé pousser ses cheveux dans le cou, ce qui lui donnait l'air d'un étranger. Il restait beau, mais son visage avait suivi l'évolution de sa poésie et semblait plutôt empreint maintenant de l'humour et de la sagesse de Don Juan que du sombre romantisme de Manfred et de Childe Harold. Il offrit à Tom Moore de le loger au palais Mocenigo et de le conduire tout de suite à Venise, mais auparavant il le présenta à la comtesse Guiccioli, que Moore jugea intelligente et agréable. Le gondolier Tita, avec sa riche livrée et ses énormes moustaches, s'assit devant la voiture et, à Fusina, transporta les deux amis à travers la lagune.

Moore était ému de voir Venise, Byron ému de voir Moore. Tous les événements, gais ou ridicules, de la vie de Londres furent évoqués : les joyeuses soirées chez Kinnaird, le brandy, les chansons irlandaises... Byron était comme un enfant qui en retrouve un autre. Enfin on arriva devant le palais Mocenigo. Byron cria : « Attention au chien ! » un peu plus loin : « Gare au singe ! » puis ouvrit d'un coup de pied une porte qui ne cédait pas et dit à Moore : « Voici ma chambre ; ce sera la vôtre. » Pendant tout le séjour de Moore à Venise, Byron passa ses journées

ANDRÉ MAUROIS

avec lui, ne rentrant à La Mira que le soir, pour tenir compagnie à son *amica*. Les gens de Venise supplièrent Moore de faire de la morale à Byron, qui outrageait le code local en vivant avec sa maîtresse. La comtesse Benzoni dit : « Il faut gronder votre ami. Jusqu'à cette malheureuse affaire, il s'était si bien conduit ! »

Le séjour de Moore fut, pour Byron, une période de vacances. Le dernier soir, en arrivant de La Mira pour dîner, il dit à Moore avec un bonheur d'écolier qui vient d'être dispensé de classe, que la comtesse lui avait accordé sa nuit et que, non seulement il irait à l'Opéra, mais souper comme au bon vieux temps. Après la Fenice, ils allèrent boire du punch sur la place Saint-Marc, jusqu'à ce que les statues de bronze de l'Horloge eussent frappé de leurs marteaux deux heures du matin, puis, au clair de lune, Byron et Moore se promenèrent à travers Venise. La scène était d'une solennelle beauté. Cette silencieuse cité de palais dormant sur les eaux, dans le calme brillant de la nuit, émut profondément Moore et Byron lui-même quitta son ton joyeux pour une tristesse douce et apaisée.

Le lendemain, Moore alla prendre congé de son ami à La Mira. Byron vint à lui, portant un petit sac de cuir blanc. « Regardez, dit-il, voici qui vaudrait beaucoup d'argent pour Murray, quoique vous, je suppose, n'en donneriez pas six pence. – Qu'est-ce ? demanda Moore. – Ma vie et mes aventures, répondit Byron... Ce n'est pas une chose qui puisse être publiée de mon vivant, mais je vous la donne. Vous en ferez ce que vous voudrez. » Moore remercia avec chaleur et dit : « Voilà un merveilleux héritage pour mon petit Tom, qui étonnera bien avec cela les hommes de la fin du XIXe siècle. » Quand le moment de partir fut arrivé, Byron commanda ses chevaux et accompagna la voiture de Moore assez loin dans la campagne.

Ses affaires domestiques allaient assez mal. Le comte Guiccioli avait jusque-là paru, sinon ignorer, du moins tolérer la liaison de sa femme. Mais en novembre 1819, il intercepta une lettre du père de Teresa, le comte Gamba, qui donnait à sa fille des conseils prudents, et vint à Venise, très irrité. Il trouva sa femme en merveilleuse santé, et le haïssant si cordialement qu'ils eurent une violente querelle. Cette fois il lui donna le choix : mari ou amant, mais pas les deux. Elle choisit « amant » et demanda à Byron de fuir avec elle. « Tel eût été mon avis, dit celui-ci, si j'avais eu vingt ans au lieu de trente et un, car je l'aimais ; mais je savais qu'une telle aventure serait pour elle irréparable, que toute sa famille – et surtout ses sœurs et son père – serait plongée dans le désespoir, et qu'un grand tort serait fait à la réputation des autres sœurs ; j'arrivai donc à la persuader, avec difficulté, de retourner à Ravenne avec son mari, qui promit d'oublier si elle m'abandonnait. » Le comte Guiccioli, tout en larmes, vint lui-même parler à Byron. « Si vous abandonnez votre femme, lui dit celui-ci, évidemment je la prendrai ; c'est mon devoir, et c'est aussi mon désir si l'on en arrive là ; mais si, comme vous le dites, vous êtes vraiment disposé à vivre avec elle et à l'aimer comme avant, non seulement je ne serai pas cause de nouveaux désordres dans votre famille, mais je repasserai les Alpes. »

La douleur de Teresa le touchait : « Je te prie, je te supplie de te calmer, lui écrivait-il, et de croire que je ne puis cesser de t'aimer qu'avec la vie... Je pars pour te sauver et j'abandonne un pays qui m'est devenu insupportable sans toi. » Il était résolu à ne plus rester en Italie. Il irait d'abord en Angleterre, puis (qui savait ?) en France, en Amérique, aux Etats-Unis, au Venezuela. Il emmènerait Allegra, le seul être qui lui fût laissé. En traversant l'Angleterre, il verrait Augusta et essaierait de comprendre ce qui était arrivé à cette femme inintelligible.

Byron à Augusta : Mon très cher amour – j'ai été négligent en ne vous écrivant pas, mais que puis-je dire ? Trois ans d'absence – et un changement total de décor et d'habitudes font une telle différence – que nous n'avons plus rien en commun que nos affections et notre parenté... – Mais je n'ai jamais cessé ni ne puis cesser de sentir un seul instant cet attachement parfait, sans limites, qui me lie toujours à vous – qui me rend entièrement incapable d'amour *réel* pour aucun être humain – car que pourrait-il être pour moi, après *vous* ? Ma bien-aimée, nous avons eu de grands torts – mais je ne me repens de rien, sinon de ce maudit mariage – et de votre refus de continuer à m'aimer comme vous m'aviez aimé. – Je ne puis ni oublier ni tout à fait vous pardonner votre belle crise de réforme vertueuse. – Cela brise le cœur que de penser à notre longue sépara- tion – et je suis sûr que c'est une punition suffisante pour tous nos péchés – Dante est plus humain dans son *Enfer* car il y a placé dans le même lieu ses malheureux amants (Francesca de Rimini et Paolo, dont le cas était assez loin d'être aussi grave que le nôtre – quoique assez vilain) – et s'ils souffrent – c'est au moins ensemble... Quand vous m'écrirez, parlez-moi de vous, – et dites que vous m'aimez. – Ne me parlez pas d'histoires et de gens qui ne peuvent à aucun degré m'intéresser – moi qui ne vois dans l'Angleterre que le pays que *vous* habitez – et autour d'elle que la mer qui nous sépare. – On dit que l'absence détruit les passions faibles – et confirme les fortes. – Hélas ! Celle que j'éprouve pour vous est l'union de toutes les passions et de toutes les affections [1]...

Pendant les quinze jours qui suivirent le départ de Tere- sa, il fut résolu à quitter le pays. La visite de Moore lui

---

1. On n'a jamais contesté l'authenticité de cette lettre, d'ailleurs admirable. On en a contesté l'attribution, et soutenu qu'elle n'avait pas été adressée à Augusta. La théorie me paraît indéfendable, car la phrase « precious piece of reformation » est répétée et commentée dans une lettre (du 27 juin 1819) de Lady Byron à Mrs Leigh : « Cette lettre, écrit-elle, est un témoignage important de votre "réforme" antérieure, qui m'avait été prouvée aussi par votre propre assertion et par la confirmation apportée par les faits. » Lire dans *Astarté*, page 85, toute cette lettre qui prouve, 1° que Lady Byron considérait la lettre de Byron comme écrite à Augusta ; 2° qu'Augusta elle-même l'admettait et la lui avait communiquée comme telle. Lire surtout les lettres d'Augusta qui précèdent et suivent celle-ci. Pour une discussion plus complète, voir Sir John Fox : *The Byron Mystery*, pages 137 et suivantes.

avait donné la nostalgie de l'Angleterre, de ses amis ;
même les détails matériels de la vie lui inspiraient le désir
de la terre familière. Il irait faire soigner ses dents chez
Waite ; elles en avaient grand besoin. Il achèterait des
brosses, du soda, de la magnésie, ces choses qu'il demandait en vain dans chaque lettre et qu'on ne lui envoyait
jamais. Puis tout sembla se dresser contre ce voyage. Il eut
une nouvelle attaque de sa fièvre ; Allegra l'attrapa, puis la
nourrice, un gondolier, une femme de chambre. Il erra
dans le palais Mocenigo, sombre, solitaire, transformé en
garde-malade d'une enfant. Tantôt il voulait remettre le
voyage au printemps, tantôt aux calendes grecques.
D'Angleterre, on ne l'encourageait pas beaucoup. Augusta
ne savait que faire. Lady Byron lui ordonnait de ne pas
revoir son frère. Augusta savait que, s'il revenait, elle
n'aurait pas le courage de l'écarter, mais elle souhaitait de
n'être pas tentée. « Je crains, écrivait-elle à Murray, que ce
retour ne soit maintenant que trop sérieusement et trop
décidément dans ses intentions. » Et des points
d'exclamation en rangs serrés soulignaient ses craintes. De
Ravenne, au contraire, Teresa l'appelait.

Dieu savait comment, mais elle avait tout arrangé. Elle
était de nouveau malade ; elle ne pouvait se remettre que si
Byron était près d'elle ; son père avait parlé à son mari ;
son mari avait consenti. Elle attendait son Byron. Mais le
jour fixé pour le départ en Angleterre était arrivé. Devant
le palais Mocenigo les vagues du Grand Canal balançaient
la gondole chargée de bagages. Byron était prêt, il avait
mis ses gants ; Allegra était à bord ; on n'attendait plus que
lui et ses armes. A ce moment il déclara que, si une heure
sonnait avant que les armes fussent dans la gondole, il ne
partirait pas. L'heure sonna et il resta. Il écrivit à la Guiccioli : « L'amour a vaincu. Je n'ai pu trouver la force
d'âme de quitter un pays que tu habites, sans te revoir au
moins une fois... Je suis citoyen du monde – tous les pays
pour moi se valent. Tu as toujours été, depuis que nous
nous sommes connus, l'unique objet de mes pensées. Je
croyais que le meilleur parti, pour ta paix et celle de ta

famille, eût été mon éloignement... Mais tu as décidé que je devais revenir à Ravenne. J'irai – et je ferai – et je serai ce que tu voudras. Je ne puis t'en dire plus. »

XXXI. *Arsenal au palais Guiccioli*

Italy, O Italy! thou who hast
The fatal gift of beauty...

BYRON.

Il fut heureux de revoir sa tranquille Ravenne, les rues étroites, les palais mystérieux, les basiliques aux toits de tuile, la campagne aux lignes infinies et « la divine forêt épaisse et vive ». Il y avait un pied de neige dans les rues. Teresa Guiccioli l'accueillit avec une joie naïve, comme une enfant malade à laquelle des parents sévères permettent, pour hâter sa convalescence, la visite d'un compagnon très cher. Le comte était réservé, mais pas hostile. Les Gamba, qui jusqu'alors avaient paru blâmer cette liaison, traitaient maintenant Byron en parent. En particulier le frère de Teresa, le comte Pietro Gamba, jeune homme ardent et gai, se montrait amical. Le chevalier servant était considéré comme un beau-frère.

Byron était descendu à l'Albergo Impériale, qui n'avait d'impérial que le nom. Resterait-il un jour, une semaine, un an ? Il ne savait. Le Destin se chargerait de régler sa vie. Il était venu parce qu'une femme l'avait appelé. Il partirait si son départ devenait souhaitable. Son attachement n'avait ni la violence des premiers temps d'un amour, ni la méticuleuse sévérité des ruptures. Il se laissait dériver, sans gouverner, au cours paresseux et caressant des fantaisies de Mme Guiccioli.

Allegra était avec lui, accompagnée de sa nourrice et entourée d'une masse de jouets que les Hoppner lui avaient apportés le jour du départ. Il était assez gênant de vivre à l'auberge avec une enfant, et Byron eût préféré un appartement. Comme il en cherchait un, le comte Guiccioli offrit de lui louer un étage vide de son palais. Offre surprenante, mais commode ; Byron fit venir de Venise ses meubles et s'installa, une fois de plus, sous le même toit que sa maîtresse. En vérité ce mari était un homme difficile à comprendre.

Quant à la comtesse, très fière de son bel amant anglais, son plus vif désir semblait être de l'exhiber autant que possible. Dès la première semaine, elle lui fit endosser un uniforme brodé et le traîna, l'épée au côté, au bal du marquis Cavalli, son oncle. Elle y voulut entrer au bras du poète. Celui-ci, qui se souvenait de la soirée de Lady Jersey, craignait un éclat, mais le marquis, le vice-légat du pape et « tous les autres Vices » furent aussi polis qu'il était possible. Byron fut enchanté par la beauté, l'intelligence et les diamants des femmes de Ravenne, un peu effrayé par le scandale. Tout cela était fou, mais agréable. Au diable la morale anglaise. Il commençait, croyait-il, à comprendre les mœurs de ce pays. En somme, le neuvième commandement y devenait : « Tu commettras l'adultère. Tu convoiteras la femme de ton voisin. » Mais on ne devait convoiter que celle-là, qui d'ailleurs se montrait jalouse comme une furie, exigeant la fidélité d'un amant comme une dette d'honneur. « Ici vous entendez juger le caractère d'une personne, homme ou femme, non par sa conduite envers un époux légitime, mais envers sa maîtresse ou son amant. » Le cavalier servant devait traiter le mari avec un grand respect ; la première impression d'un étranger était toujours qu'ils étaient parents. Le danger était qu'une *relazione* ou *amicizia* durait de cinq à quinze ans, après quoi, un veuvage survenant, elle finissait généralement par un *sposalizio*. Un homme était réduit au rôle d'ornement de la vie d'une femme. Le romanesque triomphait, mais à quel prix ? Byron quelquefois se raillait lui-même, avec un humour sévère : « Je m'entraîne très dur pour apprendre à plier un châle, et je réussirais à merveille si je ne le pliais toujours le mauvais côté en dehors. » Fin assez douloureuse pour un homme qui avait rêvé, en son temps, de gloire et d'action héroïque. Il se fût bien méprisé dans les délices du palais Guiccioli si la politique italienne ne lui avait alors procuré, fort à propos, la chance heureuse d'un danger.

Depuis plusieurs mois, il s'était mêlé au mouvement politique italien. Il était prêt à donner sa vie pour la liberté de l'Italie, beaucoup parce qu'il aimait l'Italie et la liberté, un peu parce qu'il n'aimait pas la vie. A Bologne, il s'était affilié à la *Societa Romantica*. Il était maintenant un carbonaro complètement initié et même, parce que son prestige de grand seigneur anglais servait la cause, et parce qu'il était, mieux qu'un Italien, à l'abri de la police, il était reconnu par les *Carbonari* comme chef de leur groupe de Ravenne, les *Americani*.

En cette année 1820, l'Europe, d'abord étourdie par les coups de la Sainte Alliance, commençait à retrouver ses esprits. L'Espagne, par une révolution qui n'avait demandé que « six ans de patience et un jour d'explications », venait d'obtenir une constitution. Cet exemple excitait les sujets du pape, ceux du roi de Naples et ceux de Metternich. A Naples, une centaine de soldats criant : « Vive le roi et la Constitution ! » avaient suffi pour effrayer le roi qui, le 6 juillet 1820, avait signé une proclamation accordant un gouvernement constitutionnel. A Ravenne, les murs de la ville étaient couverts d'inscriptions : « Vive la République et mort au pape ! » Le cardinal de Ravenne pâlissait sous sa pourpre. Les carabiniers se plaignaient de la livrée des domestiques de Byron, qui portaient des épaulettes militaires. Byron répondait que cette livrée avait été celle des gens de sa famille depuis l'an 1066, et ordonnait à ses hommes de tirer si on les attaquait. Les enfants, dans les rues de Ravenne, criaient : « Vive la liberté ! » Dans la Pineta, Byron, quand il se promenait à cheval, rencontrait les *Americani* qui s'entraînaient en chantant : « Nous sommes tous soldats de la Liberté... » « Ils m'ont acclamé lorsque j'ai passé. Je leur ai rendu leur salut et j'ai continué. Cela montre l'esprit de l'Italie d'aujourd'hui. » A tous ses amis, il écrivait de lui envoyer des épées et de la poudre ; il organisait au palais Guiccioli un arsenal de cent cinquante fusils. Le tout avec courage, car des lettres anonymes lui conseillaient de renoncer à ses promenades et de se méfier de la police du *Buon Governo*.

Le comte Guiccioli, homme riche, donc vulnérable et respectueux par prudence des gouvernements quels qu'ils fussent, commençait à trouver cet amant de sa femme fort mal élevé. Avait-on jamais vu un cavalier servant aligner des fusils dans sa chambre à coucher, pour compromettre une maison respectable ? Il avait loué à cet étranger un étage de son palais et il le laissait sortir avec sa femme ; l'ingratitude de Byron lui semblait abominable. On ne voyait plus que conspirateurs dans la maison. Tous les tiroirs étaient pleins de proclamations explosives. Le gouvernement saisissait la traduction de *Childe Harold* ; les gens citaient le poème de Byron sur Dante comme un hymne révolutionnaire. Dans un rapport secret à la police autrichienne, le gouverneur de Rome décrivait le comte Guiccioli comme *conosciuto per uno dei piu feroci perturbatori della pubblica tranquillita e strettamente legato con il detto Lord Byron. Strettamente legato* ne manquait pas d'humour. Une fois de plus, le comte ordonna à sa femme de choisir entre lui et Byron. Elle fut indignée. Choisir ? Qui avait jamais contraint une femme à choisir ? Byron suppliait Teresa d'être prudente ; le comte pouvait demander une séparation et la condition de femme séparée était difficile en Romagne, les autorités ecclésiastiques ne permettant pas à une femme sans mari de vivre avec son amant. Mais les exquises réflexions morales de Don Juan furent vaines. Obstinément, Teresa répondait : « Je veux bien rester avec lui, s'il vous permet de rester avec moi. Il est tout de même incroyable que je sois la seule femme de Romagne qui ne puisse avoir son *amico* ! »

Tout Ravenne était pour les amants, les Gamba parce
qu'ils détestaient Guiccioli, le peuple et les femmes, parce
que, disait Byron, « ils sont toujours pour ceux qui ont
tort », mais aussi parce qu'il était adoré par les pauvres
gens de Ravenne. Il secourait les misères du pays, donnait
de l'argent aux vieilles femmes qu'il rencontrait chargées
de bois sur la route de la Pineta, donnait aux églises,
donnait aux monastères. S'il y avait un orgue abîmé,
c'était Byron qui payait la réparation ; s'il y avait un
campanile à restaurer, c'était lui qui l'offrait à la ville.
D'ailleurs on savait aussi qu'il était pour l'Italie libre. La
voix publique lui donnait procès gagné.

Le comique fut que la séparation finit par être demandée, non par le comte, mais par les Gamba, pour injure
grave, Guiccioli au contraire s'y opposant pour ne pas
avoir à rembourser le douaire. Le procès s'engagea devant
la juridiction pontificale, et fit beaucoup de bruit. C'était le
premier de ce genre qu'on vît à Ravenne depuis deux cents
ans. Les avocats refusaient de plaider pour Guiccioli,
disant qu'il était ou un sot, ou un coquin ; un sot s'il avait
mis dix-huit mois pour découvrir une liaison publique ; un
coquin s'il l'avait tolérée. Enfin, au mois de juillet, le pape
prononça la séparation. La comtesse devait vivre dans la
maison de son père, le comte Gamba, et Byron ne devait la
voir qu'avec de grandes restrictions. Il avait offert de lui
faire une pension, mais le jugement décidait que le comte
Guiccioli devait pourvoir aux besoins de sa femme, et
Teresa était parfaitement désintéressée.

Byron avait jadis maudit et offensé ces brumeuses déesses, les conventions britanniques ; il devenait, par l'arrêt de
la Cour pontificale, la victime des conventions italiennes.
La comtesse Guiccioli était bien née ; elle avait perdu par
la faute de Byron (autant qu'en de telles aventures il n'y a
jamais faute de l'homme) un mari ; il se tenait pour engagé
d'honneur à l'épouser, si les circonstances le permettaient,
tout comme autrefois il s'était cru lié envers Caroline
Lamb.

Byron à Augusta : Ceci est (comme disent les affiches), *irrévocablement, ma dernière représentation...* Vous savez que, quand une femme s'est séparée de son mari pour son amant, celui-ci est tenu par honneur (et, au moins dans mon cas, par inclination) à vivre avec elle le reste de sa vie aussi longtemps qu'elle se conduit bien... Donc vous voyez que je finis comme papa commença, et vous ne me reverrez jamais probablement de votre vie...

Il y a près de trois ans que dure cette liaison... Je puis dire que, sans être aussi *furieusement* amoureux qu'au début, je suis plus attaché à elle que je ne croyais possible de l'être à aucune femme après trois ans – *(sauf une, et* VOUS *savez qui elle était ?)* et je n'ai pas le moindre désir, ni perspective de séparation... Si Lady Byron voulait nous faire le plaisir de mourir, ainsi que le mari de la comtesse Guiccioli (car les catholiques, même divorcés, ne peuvent se remarier), nous devrions probablement nous marier – quoiquc j'aimerais mieux *pas* – pensant que le mariage est le moyen de se haïr l'un l'autre.

... *Vous* devriez être grande admiratrice de la *future* Lady Byron, pour trois raisons : 1° Elle est une grande protectrice de l'actuelle Lady Byron, et dit toujours qu'elle est certaine que celle-ci a été très maltraitée par moi ; 2° Elle vous admire ; j'ai eu du mal à l'empêcher de vous écrire onze pages (car elle est une grande épistolière), et 3° Ayant lu *Don Juan* dans une traduction *française* – elle m'a fait promettre de cesser de l'écrire, déclarant que c'était abominable... Elle a aussi beaucoup de *nous.* Je veux dire cet art de trouver les ridicules, comme tante Sophie, et vous, et tous les Byron.

Peut-être l'étonnante constance de Byron en cette aventure eût-elle pu être expliquée en partie par ce « côté Byron » imprévu mais sans doute réel, qu'il reconnaissait en Teresa.

Le décret de séparation ordonnait à Mme Guiccioli de vivre chez son père. Le 16 juillet 1820, elle partit pour la villa que le comte Gamba possédait aux environs de Ravenne. Les cardinaux pensaient peut-être la séparer ainsi de son amant, mais les Gamba, père et fils, aimaient Byron, partageaient ses opinions politiques et protégeaient ses amours. Il fut reçu dans leur maison de campagne où il se rendit à cheval, plusieurs fois par mois, pendant tout l'été. A l'automne, quand Teresa revint à Ravenne, il put la voir chez les Gamba tous les soirs. Elle lui était merveilleusement fidèle : « Je suis plus sûre de mon amour, écrivait-elle, que de revoir le soleil demain... Ma faute a été unique et sera toujours unique. »

La situation n'était pas désagréable. Le mystère et la difficulté des visites, le mélange de conspiration et d'adultère, ne permettaient pas à la fatigue de se glisser dans cette liaison. Byron passa seul au palais Guiccioli l'hiver long et froid de 1821. Les routes étaient couvertes de neige ; les chevaux piaffaient dans les écuries. Il restait chez lui, regardant le feu et lisant. Mais que trouver dans les livres ? « Que peut dire n'importe qui, que Salomon n'ait déjà dit longtemps avant nous ?... » Il avait recommencé à tenir un journal, et celui-ci était peut-être plus remarquable encore que celui de 1813. Comme la lumière de la Grèce, l'intelligence de Byron éclairait si vivement objets et sentiments que leurs contours se détachaient sous elle avec une implacable exactitude. Il les décrivait comme il les voyait, mentant aussi peu sur lui-même que sur les autres, donnant aux événements comme aux hommes un air de phénomènes naturels égaux devant son ennui. Il notait encore, avec son étrange besoin d'enregistrer tout ce qui était lui, chaque minute de cette existence :

Dîné vers six heures... Nourri les deux chats, le faucon et le corbeau. Lu l'*Histoire de la Grèce* de Mitford – et la *Retraite des Dix Mille* de Xénophon. Puis écrit jusqu'au moment présent, huit heures moins six minutes.

Le journal gardait ce charme de folie shakespearienne qui venait de ce que, comme les clowns élizabéthains, Byron passait sans transition d'un couplet lyrique à une plaisanterie, de la république universelle à la santé de son corbeau.

Resté à la maison toute la matinée. – Regardé le feu. Me suis demandé quand le courrier arriverait... Ecrit cinq lettres en une demi-heure, toutes courtes et sauvages... Entends la voiture – demande mes pistolets et mon pardessus, comme toujours – objets nécessaires. Temps froid – voiture ouverte, et habitants assez barbares – très enflammés par la politique. Belle race, d'ailleurs – bons matériaux pour faire une nation... L'horloge sonne – je sors pour aller faire ma cour. Assez dangereux, pas désagréable. Mémorandum – placé aujourd'hui un nouveau paravent. Il est assez antique, mais fera l'affaire avec quelques réparations. Le dégel continue. Espère qu'on pourra monter à cheval demain...

Onze heures neuf minutes. Reviens d'une visite à la comtesse Guiccioli, *nata* Gamba... Parlé de l'Italie, du patriotisme, d'Alfieri, de Mme d'Albany et d'autres questions savantes. Aussi de la *Conspiration de Catilina* de Salluste, et de la *Guerre de Jugurtha*. A neuf heures est entré son frère, le comte Pietro – à dix heures, son père, le comte Ruggiero. Parlé des différents modes de guerre – de l'escrime au sabre en Hongrie et dans les Highlands... Décidé que la révolte éclaterait le 7 ou le 8 mars, date qui m'inspirerait confiance s'il n'avait été décidé auparavant qu'elle éclaterait en octobre 1820...

Rentré. – Lu de nouveau les *Dix Mille* ; vais me coucher.

6 janvier 1821. – Brouillard – dégel – pluie – boue. Impossible de monter à cheval...

A huit heures, suis allé faire ma visite. Entendu un peu de musique – aime la musique...

Pensé à la situation des femmes au temps des anciens Grecs – assez commode. Leur état actuel, un restant de la barbarie des âges chevaleresques et féodaux – artificiel, antinaturel. Elles devraient s'occuper de la maison – être bien nourries et habillées – mais ne pas se mêler à la vie sociale. Les bien instruire en religion – mais ne leur faire lire ni poésie ni politique – rien que des livres de piété et de cuisine. Musique, – dessin – danse – aussi un peu de jardinage et de labourage, de temps à autre. En Epire, je les ai vues refaire les routes avec grand succès. Pourquoi pas, aussi bien que faucher et traire ?

Rentré à la maison, lu Mitford de nouveau, joué avec mon chien – lui ai donné à souper... Ce soir au théâtre, comme il y avait un prince sur son trône dans la dernière scène de la comédie, – le public a ri et lui a demandé une *Constitution*. Cela, aussi bien que les assassinats, montre l'état de l'esprit public ici. Cela ne peut continuer ainsi. Il devrait y avoir une république universelle, – et je crois que cela sera.

Le corbeau boite d'une patte – me demande comment c'est arrivé – quelque idiot a marché dessus, je suppose. Le faucon assez vif – les chats gras et bruyants – les singes je ne les ai pas vus depuis le temps froid, car ils souffrent quand on me les monte. Les chevaux doivent être gais – monter à cheval aussitôt que le temps le permettra. Sale temps encore – un hiver italien est une triste chose, mais toutes les autres saisons sont charmantes.

C'était presque le ton du journal de Londres, au temps du *Corsaire*. Presque, mais pas tout à fait. La coulée de lave s'était refroidie. La lutte intérieure était moins violente, Byron plus résigné. L'absurdité de la vie était acceptée, et même l'ennui. Il avait encore besoin d'agitation, mais il ne la cherchait plus dans les aventures amoureuses ; le tempérament était moins vif, les cheveux gris.

Pourquoi est-ce que j'ai été, toute ma vie, plus ou moins ennuyé ? Et pourquoi est-ce que je le suis moins maintenant qu'à vingt ans, si mes souvenirs sont exacts ? Je ne sais pas, je suppose que c'est dans ma nature... La tempérance et l'exercice, dont j'essaie de temps à autre, n'y changent rien. Les violentes passions me faisaient du bien ; – quand j'étais sous leur influence immédiate – c'est bizarre, mais – j'avais alors l'esprit agité, *pas* déprimé... Nager aussi améliore mon humeur ; – mais en général elle est sombre, et devient chaque jour plus sombre. C'est *sans espoir*, car je ne crois pas que je sois aussi ennuyé qu'à dix-neuf ans. La preuve en est qu'alors j'avais besoin de jouer, de boire, ou de faire quelque chose, faute de quoi j'étais malheureux. Maintenant je peux languir tranquillement.

Ce que je sens grandir en moi, c'est la paresse et un dégoût plus puissant que l'indifférence.

Rien ne lui inspirait plus de sentiments vifs. Il restait trop Anglais pour prendre au sérieux sa vie italienne, et l'Angleterre n'était plus qu'un songe lointain. Quelquefois, un son, un parfum, une lecture évoquaient le passé. Un vers de Cowley :

Sous la vague vitreuse, et fraîche, et transparente...

faisait surgir pour un instant l'image liquide et tremblante de ce tronc d'arbre aux formes étranges qu'il trouvait à Cambridge, au fond de la rivière, quand il y plongeait avec Long... « Oh ! il y a un orgue qui joue dans la rue – et c'est une valse ! Je veux cesser d'écrire pour l'écouter. Ils jouent une valse que j'ai entendue dix mille fois dans les bals de Londres, entre 1812 et 1815. La musique est une étrange chose... » Des ombres passaient. Caroline Lamb valsant... Il savait que cette année, au bal d'Almacks, elle était venue déguisée en Don Juan et entourée d'une multitude de diables. Le drame, pour elle, finissait en mascarade. Quant à Lady Byron, il avait été indigné d'apprendre qu'elle était dame patronnesse d'un bal de charité... Patronnesse d'un bal tandis que son mari, exilé, risquait sa vie pour un peuple étranger. Cela le rendit très amer, pendant quelques heures. S'il avait pu lire le journal que tenait alors Annabella, il y aurait lu ceci : « Suis sortie de bonne heure pour regarder mon ancienne maison dans Piccadilly. Vu de la rue la chambre où si souvent je me suis tenue avec lui ; c'est comme si j'avais vécu là avec un ami qui serait depuis longtemps mort pour moi. Aucun sentiment de mes souffrances passées. Tout d'une douceur funèbre. » Byron aussi avait quelquefois l'impression que leurs lettres étaient des Dialogues des Morts. Pourtant il continuait à lui recommander Augusta : « Quoi qu'elle soit ou qu'elle ait été, *vous* n'avez jamais eu de raisons de vous plaindre d'elle. Au contraire. Vous ne pouvez savoir ce que vous lui avez dû. Sa vie et la mienne, votre vie et la mienne, ont été deux choses parfaitement distinctes l'une de l'autre. Quand l'une s'est terminée, l'autre a commencé. Et maintenant toutes deux sont achevées. »

Les amis étaient loin. Hobhouse, entré au Parlement par une politique violemment radicale, s'était fait mettre en prison; Fletcher avait découvert cette nouvelle dans une gazette italienne; Byron avait ri. D'abord parce que « Rochefoucauld » (comme il disait) a raison, et que les malheurs de nos amis nous font toujours rire, mais aussi parce que la démagogie lui déplaisait autant que la tyrannie, dont elle est une forme. Il avait écrit des vers comiques sur la prison de Hobhouse, qui s'était fâché. Scrope Davies s'était ruiné au jeu et avait dû fuir sur le Continent. Pouvait-on imaginer Londres sans le bégaiement de Scrope Davies ? « Brummell à Calais, Scrope à Bruges, Buonaparte à Sainte-Hélène, vous dans votre nouvelle demeure (la prison) et moi à Ravenne, pensez ! Tant de grands hommes ! Il n'y a rien eu de tel depuis le temps où Thémistocle était à Magnésie, et Marius à Carthage. »

Le 22 janvier 1821, il eut trente-trois ans.

Demain est mon jour de naissance, c'est-à-dire à minuit, ce soir, *id est* dans douze minutes, j'aurai complété mes trente-trois ans !!! – Je vais me coucher le cœur lourd à l'idée d'avoir vécu si longtemps, et pour si peu de résultat...

Il est maintenant minuit trois. – « L'horloge du château vient de sonner minuit », et j'ai maintenant trente-trois ans !

Eheu, fugaces, Postume, Postume,
Labuntur anni...

mais je ne le regrette pas tant pour ce que j'ai fait, que pour ce que j'*aurais* pu faire.

> Par la route de la vie, sombre et sale,
> Je me suis traîné trente-trois ans.
> Et que m'ont laissé ces années ?
> Rien – sinon trente-trois ans.

Le lendemain, il écrivit l'épitaphe de l'année morte :

1821.
ICI GIT
ENTERRÉE DANS L'ÉTERNITÉ
DU PASSÉ,
DE LAQUELLE IL N'EST PAS DE
RÉSURRECTION
POUR LES JOURS – QUOI QU'IL EN PUISSE ÊTRE
POUR LES CENDRES –
LA TRENTE-TROISIÈME ANNÉE
D'UNE VIE MAL REMPLIE,
QUI, APRÈS
UNE LONGUE MALADIE DE PLUSIEURS MOIS,
EST TOMBÉE EN LÉTHARGIE
ET A EXPIRE
le 22 janvier 1821.

Pendant ces mois de Ravenne, il avait beaucoup travaillé. *Don Juan* avait été arrêté au chant V par Mme Guiccioli : « J'ai consenti, à la requête de Mme Guiccioli, à ne pas continuer ce poème. Elle a lu la traduction française et pense que c'est une détestable production. Cela est naturel, même au point de vue de la moralité italienne, parce que les femmes dans le monde entier sont fidèles à leur franc-maçonnerie, laquelle consiste dans l'illusion du sentiment qui constitue leur seul empire (tout cela par la faute de la chevalerie et des Goths – car les Grecs avaient mieux compris) ; toute œuvre qui décrit la *comédie* des passions, et rit du sentimentalisme, est naturellement proscrite par toute la *secte*. Je n'ai jamais connu une femme qui n'admirât Rousseau, et ne haït pas Gil Blas, et Grammont, pour la même raison... Comme je suis docile, j'ai cédé. »

La comtesse Guiccioli, très ferme dans sa défense du romanesque traditionnel, ne tolérait pas, contre la religion de l'amour maître du monde, la plus légère hérésie. Quand, un jour, Byron lui dit que l'amour n'était pas le thème le plus élevé pour une véritable tragédie, elle fut indignée et l'accabla d'arguments. Il n'avait jamais été très brillant en discussion, surtout avec une femme ; il céda tout de suite et fit de Sardanapale un amant.

Car, faute de *Don Juan*, il travaillait à des tragédies, les unes inspirées par l'histoire de Venise, *Marino Faliero, Les Foscari*, les autres par l'histoire ancienne et par la Bible. Cette idée d'écrire des tragédies lui était venue de sa nouvelle familiarité avec les œuvres d'Alfieri, son idéal d'antiromantique étant naturellement de sauver la tragédie anglaise par le retour aux unités.

Mais pour lui un sujet, même historique, et une tragédie, même classique, devenaient toujours prétexte à se libérer. S'il pensait à écrire un *Tibère*, c'était dans l'espoir d'exprimer des sentiments personnels. « Pensé aux sujets de quatre tragédies à écrire : *Sardanapale*, déjà commencé ; *Caïn*, un sujet métaphysique, quelque chose dans le style de *Manfred*, mais en cinq actes, peut-être avec un chœur ; *Francesca da Rimini*, en cinq actes ; et je ne suis pas sûr que je n'essaierai pas *Tibère*. Je crois que je pourrais extraire quelque chose de *mon* tragique, au moins de la sombre séquestration et de la vieillesse du tyran – et même de son séjour à Capri – en adoucissant les *détails*, et en peignant le désespoir qui a dû le conduire à de si vicieux plaisirs. Car seul un esprit puissant et désolé pouvait avoir recours à de telles horreurs solitaires – alors qu'il était, dans le même moment, un *vieillard*, et le maître du monde. »

S'il composait un *Sardanapale*, c'était un plaidoyer *pro domo*. Sardanapale menait la même vie que Byron au palais Mocenigo et, aux reproches de ses amis, répondait par un éloge du plaisir :

> — Que dira l'histoire de vous ? Sardanapale,
> Le Roi, fils d'Anacyndaraxès,
> Mangea, but, aima...
>
> — Préféreriez-vous : Sardanapale en ce lieu
> Massacra cinquante mille de ses ennemis.
> Voici sa sépulture et voici ses trophées... ?
> Je laisse de telles choses aux conquérants ; c'est assez
> Pour moi, si j'ai moins fait sentir à mes sujets
> Le poids de l'humaine misère...

Mais, de tous ses drames, le plus révélateur fut son *Caïn*. Il avait été obsédé depuis l'enfance par ce thème du Premier Prédestiné, de l'homme condamné par Dieu *avant* le crime. *Caïn* était un effort pour transposer sous forme de drame sa protestation passionnée contre l'existence du mal dans une création divine. Dans une première scène, il peignait Adam et ses enfants après la chute ; tous adorent Jéhovah, sauf Caïn qui reste silencieux. Caïn n'a pas pardonné à Dieu. Quelle a été la faute d'Adam ? demande-t-il.

> L'arbre avait été planté, pourquoi pas pour lui ?
> Sinon pourquoi l'avoir placé près de l'arbre ?...
> On n'a
> Qu'une réponse à toutes ces questions : « C'était *Sa* volonté,
> Et *Il* est bon. » Comment sais-je cela ? Parce qu'Il
> Est tout-puissant, s'ensuit-il qu'il soit toute justice ?
> Je ne puis juger que par les fruits – ils sont amers...

Paraît Lucifer, qui se dit l'égal de Dieu. Il offre à Caïn de lui montrer le monde véritable, lequel est au-delà des apparences. Caïn hésite à quitter sa sœur Adah, qui est en même temps sa femme.

LUCIFER *à Adah.*

Tu l'aimes
Plus que ta mère et que ton père ?

ADAH

Oui. Est-ce un péché aussi ?

LUCIFER

Non, pas encore ;
C'en sera un quelque jour, pour vos enfants.

ADAH

Quoi !
Ma fille ne doit pas aimer son frère Enoch ?...

LUCIFER

Pas comme tu aimes Caïn.

ADAH

Oh ! mon Dieu !
Ne doivent-ils ni aimer ni procréer des êtres aimants
Nés de leur amour ? N'ont-ils pas bu leur lait
Au même sein ?...

LUCIFER

Le péché dont je parle n'est pas mon œuvre,
Et ne peut être un péché en vous – quoi qu'il
En puisse sembler à ceux qui vous remplaceront en
Mortalité.

ADAH

Qu'est-ce que ce péché qui n'est pas un péché
En lui-même ? Les circonstances peuvent-elles faire un péché
D'une vertu ?

Après la mort d'Abel, l'Ange vient marquer Caïn qui
subit le châtiment, mais nie la faute.

Ce que je suis, je le suis ; je n'ai pas demandé
La vie, je ne me suis pas fait moi-même...

C'était le cri de Byron lui-même, marqué, croyait-il, du
signe de Caïn et condamné comme lui à errer sur la Terre.
Lui aussi, il avait tué un frère plus jeune, qui était le
premier Byron. En était-il responsable ? Il était ce qu'il
était, il ne s'était pas fait, il n'avait pu agir autrement, et il
criait vers un Dieu injuste : « Pourquoi m'as-tu traité
ainsi ? »

Walter Scott, auquel il avait dédié *Caïn*, accepta courageusement la dédicace, mais essaya de justifier Dieu : « La
grande clef du mystère est, peut-être, l'imperfection de nos
propres facultés. Nous voyons, nous sentons fortement les
maux partiels qui nous accablent, et nous savons trop peu
de chose du système général de l'univers, pour comprendre
comment l'existence de ces maux peut être compatible
avec la bienveillance du Créateur. »

Caïn fut violemment critiqué, surtout au point de vue de
l'orthodoxie religieuse. Ce n'était certes pas l'œuvre d'un
athée, et Byron mit une infatigable insistance à le rappeler,
mais c'était celle d'un hérétique. Les clergymen prêchèrent
contre ce Prométhée calviniste, de Kentish Town jusqu'à
Pise. Le scandale même ne fit pas le succès. Les tragédies
déçurent les lecteurs anglais de Byron (ils étaient plus
romantiques que lui) et il en fut attristé. « Vous voyez ce
que c'est que de jeter des perles à des pourceaux. Aussi
longtemps que j'ai écrit les absurdités exagérées qui ont
corrompu le goût public, ils ont applaudi comme un écho,
et maintenant que j'ai composé dans les trois ou quatre
dernières années des choses qu'il ne faudrait pas laisser
mourir, tout le troupeau ronfle et grogne et retourne se
vautrer dans sa peau. Enfin, il est juste que je sois puni
pour les avoir gâtés, car aucun homme n'a contribué plus
que moi dans mes premières œuvres à produire ce style
exagéré et faux. »

L'Angleterre se détachait du poète. Restait l'homme d'action. Ah ! s'il pouvait montrer à Hobhouse, si content de lui parce qu'il était entré au Parlement et en prison, et parce qu'il écrivait (sans les signer) des pamphlets contre Canning, que lui, Byron, ne se contentait pas de tels simulacres de courage. Une révolution italienne où il eût joué un rôle était maintenant son plus grand espoir.

Tout l'hiver, avec Pietro Gamba et ses « frères » *Americani*, il conspira, payant à la fois de sa personne et de sa bourse. Avait-on des baïonnettes, des mousquets ou des cartouches à cacher ? Devait-on tenir une réunion secrète ? Il offrait le palais Guiccioli. « C'est une position assez forte – rues étroites, commandées de l'intérieur – murs défendables. » Avait-on besoin d'argent ? Il en donnait. Il savait qu'il s'exposait à la mort. Mais il jugeait que la cause en valait la peine. « Pensez-y : une Italie libre ! Il n'y a rien eu de tel depuis les jours de l'empereur Auguste... Que signifie le « moi » si une seule étincelle digne du passé peut être léguée intacte à l'avenir ? »

Trait caractéristique : l'enthousiasme, chez lui, et le courage physique s'accompagnaient de prudence d'esprit et d'un invincible bon sens. Il doutait du succès des Italiens s'ils ne parvenaient à s'unir. Il ne cessait de les exhorter à la méthode. Ses idées sur la stratégie locale étaient saines : « Je leur ai conseillé d'attaquer en détail, en différents groupes, et à différentes *places* (bien qu'en *même* temps), de façon à diviser l'attention des troupes qui, quoique peu nombreuses, battraient pourtant, étant disciplinées, une masse (non entraînée) en bataille régulière. »

Les événements donnèrent raison à ses pressentiments. Au début du mois de mars, les Napolitains furent battus par les troupes autrichiennes. La Constitution fut répudiée par le roi qui l'avait jurée. Toutes les petites insurrections isolées furent écrasées. Les gens de Ravenne, comme les autres, durent renoncer à leur projet et, comme il arrive toujours, la révolution qui n'avait pas éclaté fut la plus sévèrement réprimée. La police pontificale dressa les listes de suspects. Elle n'osait toucher à Byron mais, pour l'atteindre, en juillet 1821, exila les Gamba.

Mme Guiccioli acceptait d'être exilée, mais non de perdre son amant. Où la suivrait-il? Elle proposa la Suisse. Mais la Suisse contenait trop d'Anglais prêts à braquer leurs longues-vues sur Lord Byron. Comme il hésitait, il reçut une lettre de Shelley qui lui annonçait sa visite. Shelley, inquiet, voulait lui parler d'Allegra. Au moment de la conspiration, Byron avait jugé imprudent de garder sa fille dans cette maison qui devenait un arsenal et devant laquelle on assassinait en plein jour. Il avait depuis longtemps décidé qu'elle serait catholique et épouserait un Italien. Sur le conseil sans doute de Mme Guiccioli, qui avait été élevée au couvent, Byron avait placé Allegra dans celui de Bagnacavallo, proche de Ravenne.

Claire s'était affolée. Elle lui avait écrit des lettres suppliantes, pour le prier de rendre Allegra aux Shelley, s'il ne voulait la garder près de lui. Mais Claire, comme jadis Annabella, appartenait à cette race de femmes qui avait le malheur de rendre Byron cruel. Elle combinait le manque de pudeur, qu'il avait reproché à Caroline Lamb, avec les « sermons et sentiments » de Lady Byron, et, comme il était arrivé pour les deux autres, il ne lui pardonnait pas la cruauté qu'elle éveillait en lui. D'ailleurs il la méprisait beaucoup trop pour lui confier une Byron. « Claire m'écrit les lettres les plus insolentes au sujet d'Allegra; voyez ce qu'un homme gagne à s'occuper de ses enfants naturels! Si ce n'était pour la pauvre petite, je serais presque tenté de la renvoyer à son athéiste de mère, mais ce serait trop mal... Si Claire croit qu'elle pourra intervenir dans l'éducation morale de l'enfant, elle se trompe; elle n'y sera jamais autorisée... La petite sera une chrétienne, et une femme mariée si c'est possible. » Texte qui éclairait merveilleusement le moraliste inconscient qui vivait refoulé dans les profondeurs les plus cachées de cette âme.

Shelley arriva le 6 août. Il n'avait eu aucun contact avec Byron depuis Venise et fut très étonné par l'amélioration morale et physique qu'il trouva en lui : « Il a complètement retrouvé sa santé et vit une vie toute contraire à celle de Venise. Il a une sorte de liaison permanente avec la comtesse Guiccioli, qui est maintenant à Florence... Fletcher est ici et, telle une ombre qui dépérirait et renaîtrait avec la substance de son maître, Fletcher lui aussi a retrouvé sa bonne mine et, parmi ses cheveux précocement gris, une nouvelle moisson de boucles blondes semble se lever... Lord Byron a fait d'immenses progrès à tous points de vue : en génie, en caractère, en moralité, en santé, en bonheur. Sa liaison avec la Guiccioli lui a fait un bien immense. Il a eu des passions mauvaises, mais il semble les avoir dominées et il devient ce qu'il devrait être : un homme vertueux. L'intérêt qu'il a pris à la politique italienne et les actions qu'il a faites en conséquence sont des sujets sur lesquels je ne puis écrire, mais qui vous feront plaisir... Il m'a lu un des chants non publiés de *Don Juan*, qui est d'une étonnante beauté. Cela est non seulement au-dessus, mais très loin au-dessus de tous les poètes d'aujourd'hui. Chaque mot porte le sceau de l'immortalité. »

Cette lettre laissait deviner un souci loyal de ramener Mary à un jugement plus favorable sur Byron. Au temps de Genève et de Venise, les Shelley avaient été sévères. Echappant pour quelques jours à l'influence de « l'absurde race des femmes », Shelley se montrait équitable. Il ne se sentait pas l'ami de Byron. L'amitié suppose plus de liberté d'esprit. Même pour un homme aussi désintéressé que Shelley, la gloire de Byron opposée à sa propre et injuste obscurité était un obstacle. De mauvais sentiments rôdaient entre eux. Shelley les écartait, les surmontait, mais luttait en vain contre son malaise. Byron reconnaissait en Shelley l'homme le plus remarquable qu'il connût, le meilleur juge de poésie, le plus généreux. La présence de Shelley était comme une flamme vive et claire. Ceux qui s'y étaient réchauffés devaient la regretter toute leur vie. Mais en même temps Shelley était un reproche. Ardent, énergique, il savait ce qu'il voulait ; il semblait même savoir ce qui était bien, ce qui était mal. Byron l'admirait, l'enviait et quelquefois le regardait à la dérobée, avec un secret désir de le trouver en défaut. Qu'eût pensé « Rochefoucauld » de cette vertu d'athée ? Et si Shelley lui-même était un hypocrite... Mais jusque sous la lumière crue de l'analyse byronienne, Shelley restait inattaquable.

La vie, pendant ce séjour, fut ce qu'elle était avec Byron. Sommeil du matin, breakfast de l'après-midi, promenades à cheval dans la forêt, lectures du soir, conversations de la nuit. Shelley errait, amusé, dans cet immense palais, rencontrant dans le grand escalier cinq paons, trois pintades et une grue égyptienne, témoins des querelles jamais arbitrées des singes, des chats, du corbeau et du faucon. Au cours de leurs entretiens, Shelley put parler à Byron de leur ami commun Leigh Hunt, qui avait grand-peine à vivre en Angleterre et que Shelley aurait voulu faire venir en Italie. Comment l'y occuper ? Byron eut une idée. Depuis quelque temps il s'entendait mal avec Murray. Il avait pensé à créer une revue avec Moore, pour y publier ses œuvres. Moore n'avait pas accepté. Pourquoi ne pas proposer à Hunt de fonder, avec Shelley et Byron, une revue libérale ? Une association avec Byron eût été la fortune pour Hunt ; Shelley, sans donner à son hôte le temps de changer d'avis, se hâta d'écrire à Hunt pour le presser de venir.

Il fut aussi chargé par Byron d'écrire à Mme Guiccioli (qu'il ne connaissait pas) pour lui demander de renoncer à la Suisse et de choisir comme résidence Pise. La comtesse Guiccioli accepta et termina sa lettre par un paragraphe inquiet et émouvant : « *Signor*, votre bonté me fait brûler de vous demander une faveur. Me l'accorderez-vous ? *Non partite da Ravenna senza Mylord.* »... Ne partez pas de Ravenne sans Mylord... Elle savait combien il était dangereux de laisser Byron seul. Mais l'être au monde qui avait le moins de confiance en Byron était encore Byron lui-même. Il se connaissait, craignait sa faiblesse et prévoyait que, s'il vivait à Ravenne à la fois sans Shelley et sans la Guiccioli, il retomberait dans quelque débauche. Il insista longtemps pour que Shelley restât près de lui. Mais Shelley

était venu pour voir Allegra. Il partit pour lui rendre visite
au couvent, et rentra ensuite à Pise.

La comtesse Guiccioli et les Gamba l'y suivirent bientôt
et approuvèrent le choix fait, par Mary, du palais Lanfranchi qu'elle avait loué pour Byron. Celui-ci se fit attendre
près de trois mois. Il était de nouveau, comme au temps de
ses fiançailles, « de plus en plus moins pressé ». Il n'avait
pas de chance ; chaque fois qu'il aimait un pays, une ville,
une maison, quelque femme l'en arrachait. Il s'était attaché
à Ravenne ; les gens du peuple l'y vénéraient, les prêtres le
protégeaient parce qu'il sortait ses tapisseries les jours de
procession ; il y écrivait avec plaisir ; il s'y trouvait bien.
De semaine en semaine, il remettait son départ. La comtesse Guiccioli avait fait la conquête de Mary Shelley qui
la plaignait. « La comtesse Guiccioli, écrivait Shelley, est
une très jolie, sentimentale et innocente Italienne, qui a
sacrifié une immense fortune pour l'amour de Lord Byron,
et qui, si je connais mon ami, et elle, et la nature humaine,
aura dans l'avenir plus d'une occasion de regretter son
imprudence. »

Cependant Byron, au palais Guiccioli, travaillait à un
mystère : *Le Ciel et la Terre*, fondé sur la légende des
anges déchus qui, dans la Bible, aiment les filles de la
terre. Les anges déchus, comme Caïn, étaient l'une de ses
plus anciennes préoccupations. Déjà les meubles étaient
partis pour Pise ; Byron n'avait plus qu'une table, un matelas. Au milieu de la poussière et du bruit des emballages,
il composait des chœurs d'Esprits, un chant d'Archange.
Enfin, le 29 octobre il dut se résigner à quitter le palais
Guiccioli et à rejoindre celle qui en avait été la maîtresse.

En allant de Ravenne à Pise, il fut stupéfait et très ému
de rencontrer, à Bologne, son ami d'enfance, Lord Clare.
« Cette rencontre annula pour un moment toutes les années
qui s'étaient écoulées entre le jour présent et les jours de
Harrow. C'était un sentiment nouveau pour moi, inexplicable, comme de sortir du tombeau... Clare, aussi, était très
agité – *plus* même en apparence que moi ; car je pouvais

sentir son cœur battre jusqu'au bout de ses doigts, à moins que mon propre pouls ne m'ait donné cette impression... Nous ne fûmes que cinq minutes ensemble, et sur une grand-route ; mais j'ai peine à me souvenir d'une heure de mon existence dont le poids l'emporte sur ces cinq minutes. »

La vie est vraiment faite de l'étoffe des songes. Des figures passent qui remplissent les jours, qui inspirent la jalousie, l'amour, la fureur. Elles pâlissent. On les croit effacées. Elles ressurgissent, soudain vivantes, entre deux chaises de poste, sur une route étrangère, poussiéreuse et brûlante.

Au cours de ce voyage il rencontra aussi le cadavérique Rogers. Ils visitèrent ensemble les musées de Florence, mais Byron n'aimait pas les musées et fut agacé par la curiosité des visiteurs anglais. En traversant Bologne, il amena Rogers au cimetière de la Certosa, où vivait le fossoyeur qui avait une si jolie fille. « Cet homme, écrivit Byron à Hobhouse, avait grande envie de garder Rogers pour sa collection de squelettes. »

Shelley avait encore écrit à Byron, au moment du départ, pour le prier d'amener Allegra qui allait maintenant, à Bagnacavallo, se trouver bien loin de tous ceux qui l'aimaient. Mais Byron arriva seul. Pas tout à fait seul pourtant. Car dans une cage pendue sous la voiture, un troupeau d'oies l'accompagnaient. Avec toutes ses railleries sur l'Angleterre, il était attaché dans les petites choses aux vieux usages de son pays. Il voulait avoir des petits pains à la croix le jour du Vendredi saint et une oie rôtie à la Saint-Michel. Il avait donc fait acheter une oie et, de crainte qu'elle ne fût trop maigre, l'avait nourrie de sa main un mois à l'avance. Mais il s'était ainsi attaché à son oie et quand le jour arriva, refusa de la faire cuire. Puis il ne voulut pas la priver des joies de la famille, et voyagea désormais avec quatre oies. Ainsi, Schopenhauer, qui haïssait les hommes, s'attendrissait à la foire de Francfort sur la tristesse d'un orang-outang.

XXXII. *Naufrages*

> Vous vous êtes tous brutalement trompés sur
> Shelley, qui était, sans exception, l'homme le
> meilleur et le moins égoïste que j'aie jamais connu.
> Je n'ai jamais connu personne qui ne fût une bête
> comparé à lui.
>
>   BYRON.

Pour les êtres marqués du signe de Caïn, la solitude est
le moindre malheur. Jamais Byron ne fut heureux à Pise
comme il l'avait parfois été à Ravenne. En Romagne, les
vieilles femmes de la Pineta, les *Americani*, les Gamba,
l'avaient occupé sans l'inquiéter. A Pise il retrouvait une
petite société anglaise qui, tout de suite, le jugea. La
présence de Shelley ne le gênait pas. Au contraire. Plus il
le voyait, plus il le respectait ; il estimait son courage ; il
aimait à le voir opposer sa barque aux courants trop forts
de l'Arno, comme sa résistance au monde des hommes. Il
avait besoin de Shelley, toujours prêt à vouloir pour les
indécis. Et surtout Shelley l'admirait : « L'espace s'étonnait moins, écrivait Shelley, des belles et rapides créations
de Dieu, que moi des derniers ouvrages de cet esprit d'un
ange enfermé dans le mortel paradis d'un corps vieillis-
sant. » Mais, autour de Shelley, était tout un monde
d'Abels sévères et sans génie. Ils acceptaient en Byron le
poète ; l'homme les surprenait et les décevait. Il était trop
humain ; les détails extérieurs de sa vie les irritaient. Ils
méprisaient son mode de vie, son palais, ses domestiques
en livrée, sa ménagerie, ses dîners. Son cynisme avait
toujours choqué Mary Shelley. Claire avait fait de lui, aux

gens de Pise, un portrait sans indulgence. Il sentait tout cela, il se savait impuissant à leur faire connaître le Byron secret qu'ils eussent aimé peut-être. Sa conversation, simple quand il parlait avec Shelley, devenait avec eux amère et brillante. Et, ne pouvant détruire sa légende, il prenait le parti de la vivre.

Le palais Lanfranchi, au bord de l'Arno, était assez grand pour une garnison et « si plein de fantômes » que Fletcher demanda plusieurs fois à changer de chambre. Dans la cour plantée d'orangers, Byron, le matin, se promenait avec Mme Guiccioli. L'après-midi, celle-ci sortait en voiture avec Mary Shelley, tandis que Byron partait à cheval, entouré de Shelley, du capitaine Williams, de l'Irlandais Taaffe, traducteur de Dante (et aussi mauvais cavalier que mauvais poète), du prince Mavrocordato, professeur de grec de Mary Shelley, et du lieutenant de dragons Medwin, cousin de Shelley. Les cavaliers allaient jusqu'à une ferme dont le propriétaire avait autorisé Byron à venir tirer au pistolet chez lui. On prenait pour cible un écu, qui était ensuite donné au fermier. En rentrant, Byron jouait au billard ou travaillait. Après le dîner, comme à Ravenne, visite chez les Gamba et travail jusqu'à trois heures du matin. Quelquefois aussi, le soir, Teresa Guiccioli et son frère montaient au dernier étage des Tre Palazzi où les Shelley avaient un petit appartement, et y passaient la soirée à écouter Shelley lire des vers. Ces soirs-là Medwin allait seul chez Byron et, après chaque conversation, prenait des notes, ce que Byron n'ignorait pas. Il aimait cet auditeur naïf et ne se lassait jamais de conter sa jeunesse.

Toutes les bandelettes de la momie, chargées de signes, furent déroulées pour Medwin... Mary Chaworth... Thème de la subjectivité de l'amour... « C'était un amour romanesque. Elle était le beau idéal de tout ce que ma jeune fantaisie pouvait peindre de ravissant, et j'ai emprunté mes fables sur la nature céleste des femmes à la perfection que mon imagination seule avait créée en elle. Je dis *créée*, car je l'ai trouvée, comme le reste de son sexe, tout, sauf angélique. » Caroline Lamb... « Elle avait bien peu de charme. Son corps, quoique racé, était trop maigre pour être beau. Il lui manquait cette rondeur que l'élégance et la grâce ne peuvent remplacer. » Lady Oxford... « Je n'ai jamais ressenti une passion plus forte. Elle avait acquis, comme toutes les femmes, une telle influence sur moi, que j'ai eu la plus grande difficulté à rompre avec elle, même quand j'ai su qu'elle m'avait été infidèle. » Annabella... Thème des présages... « Je me rappelle que le premier jour où je rencontrai Miss Milbanke, en montant l'escalier, je fis un faux pas et fis remarquer à Moore qui m'accompagnait que c'était un mauvais présage. J'aurais dû tenir compte de l'avertissement... Mrs Williams avait prédit que, pour moi, mes vingt-sept ans seraient un âge malheureux. Cette diseuse de bonne aventure avait raison. Je n'oublierai jamais ce 2 janvier. Lady Byron (il prononçait *Byrn*) était la seule personne calme ; sa mère pleurait et je tremblais comme une feuille. »

Au cours des promenades, Medwin chevauchait toujours à côté de Byron qui parlait sans arrêt, jetant de temps à autre sur son Boswell un regard qui mesurait sa crédulité. Le 10 décembre, il refusa de tirer au pistolet et parut triste. « C'est l'anniversaire d'Ada, dit-il à Medwin qui l'interrogeait sur sa mélancolie. Ce devrait être le jour le plus heureux de ma vie... J'ai horreur des anniversaires... Beaucoup de choses extraordinaires me sont arrivées au jour anniversaire de ma naissance, et à Napoléon aussi. » Le lendemain, il montra à Medwin une lettre d'Angleterre : « Je savais bien qu'un malheur planait au-dessus de moi hier soir. Le pauvre Polidori est mort. Quand il était mon médecin, il parlait toujours d'acide prussique et composait des poisons. Eh bien, il s'est empoisonné. L'effet, me dit Murray, a été si instantané qu'il est mort sans un spasme. Il paraît que le désappointement, l'ambition déçue sont la cause de sa mort. »

Le 28 janvier, il apprit la mort de Lady Noel. « J'ai du chagrin pour la pauvre Lady Byron, Le monde croira que je suis content de cet événement, mais on se trompera. Je n'ai jamais désiré plus de fortune. J'ai écrit une lettre de condoléances à Lady Byron dans les termes les plus bien-veillants, comme bien vous pensez. » Un arbitrage parta-gea les revenus de l'héritage Wentworth entre lui et sa femme, et son revenu se trouva porté à plus de sept mille livres par an. Le premier acte d'Annabella, devenue maî-tresse du domaine de Kirkby, fut d'envoyer du gibier à Augusta.

Medwin n'était pas seul à prendre des notes sur Byron. Au milieu de janvier, un curieux homme se joignit au groupe anglais de Pise. Il se nommait Trelawny. Il avait mené la vie la plus romanesque, ayant été marin, déserteur, pirate. Il plut aux Shelley. « Il a six pieds de haut, écrivait Mary Shelley, des cheveux noir de corbeau qui bouclent, épais et courts comme ceux d'un More, des yeux gris sombre expressifs. » Trelawny, de son côté, aima les Shelley ; mais avec Byron, ses relations furent difficiles. Byron, rencontrant un Corsaire véritable, avait commencé par s'attacher à lui plaire. Il avait traité ce spécialiste de la mer, comme jadis le boxeur Jackson, avec l'humilité déférente de l'amateur devant le professionnel. Il l'avait chargé de construire des bateaux pour Shelley et pour lui-même. Mais Byron avait horreur des êtres qui ressem-blaient aux héros byroniens de la première manière. Le « côté Conrad » de Trelawny l'exaspéra. Trelawny, de son côté, était profondément désappointé. Ce petit homme boiteux, mélancolique, qui racontait des histoires d'ac-teurs, de boxeurs, et comment il avait traversé l'Helles-pont, lui semblait indigne de Childe Harold. Puis Byron, ayant découvert que Trelawny ne disait pas toujours la vérité, avait murmuré : « Si nous pouvions lui apprendre à se laver les mains et à ne pas mentir, nous en ferions un gentleman. » Cette phrase avait été rapportée à Trelawny et, de ce jour, il avait haï Byron.

Dans un groupe de demi-écrivains, où les hommes s'analysaient les uns les autres et où les propos circulaient vite, Byron sentait sa faiblesse. Il savait que la vie qu'il menait n'était pas celle qu'on eût attendue de lui. Bien qu'il ne fût pas malheureux avec Mme Guiccioli, il se demandait si cette liaison ne devenait pas un peu ridicule. Il parlait d'elle en disant *mon amica* d'un air légèrement ironique et sur le ton qu'autrefois il prenait pour parler de « son petit pied ». Infirmité aussi, cette maîtresse trop fidèle, avec laquelle il s'asseyait conjugalement sous les maigres orangers du palais Lanfranchi.

Action... action... action... Quand, au mois de mars 1822, le prince Mavrocordato, ayant appris que le soulèvement grec paraissait réussir, partit pour se mettre à la tête des insurgés, Byron l'envia. Il était de ces hommes, plus nombreux que l'on ne pense, qui jugent beaucoup plus facile de changer toute leur vie qu'une seule habitude et qui se risqueraient plus aisément à mourir qu'à reconnaître une erreur.

Un des effets de la mauvaise humeur latente, créée en Byron par le groupe de Pise, alla jusqu'au tragique. Il n'avait pas amené avec lui sa fille Allegra. Il n'avait même pas été la voir. *Caro il mio pappa*, avait écrit Allegra, *essendo tempo di fiera desiderai tanto una visita del mio Pappa.* – « ... Elle veut me voir, commenta Byron, parce que c'est la foire et pour avoir un peu de pain d'épice paternel, je suppose. » Il appliquait son cher La Rochefoucauld jusqu'aux enfants de cinq ans.

Claire, à laquelle des amis bien informés affirmaient que le climat de Bagnacavallo était dangereux et que le couvent n'était même pas chauffé, regardait dans sa cheminée de Florence les flambées de l'hiver et pensait que sa fille avait froid. Elle suppliait une fois encore Byron de mettre Allegra dans une famille respectable, n'importe où, mais dans un climat sain. Elle jurait de ne jamais aller la voir. Mais Claire était violente et maladroite. Bien qu'athée, elle demeurait anglaise, protestante, antipapiste. Elle employait des arguments qui blessaient Byron et ne pouvaient que l'endurcir.

J'ai pris des renseignements, écrivait-elle encore, sur le système employé dans les couvents, et découvert que l'état des enfants y est misérable... Tous les voyageurs qui écrivent sur l'Italie les condamnent, ce qui serait un témoignage suffisant, sans parler de l'ignorance et de la légèreté des femmes italiennes, toutes élevées dans des couvents. Elles sont de mauvaises épouses, des mères dénaturées ; licencieuses et illettrées, elles sont le déshonneur et le malheur de la société... C'est là l'éducation que vous avez choisie pour votre fille. L'infortune d'Allegra, condamnée par son père à être ignorante et corrompue, privée de la protection et de l'attachement des amis de ses parents, vouée à une religion différente et à une éducation méprisable, confirmera aux yeux du monde toutes les accusations portées contre vous. Combien Lady Byron (jamais encore justifiée de sa conduite envers vous) va se réjouir de l'honorable sécurité de son enfant et d'elle-même ; le monde entier fera l'éloge de sa prudence, ma malheureuse Allegra fournissant l'argument qui vous condamne !

La question du couvent devenait ainsi pour Byron une question personnelle et une question de doctrine. L'attaque contre les femmes élevées par les nonnes lui semblait dirigée contre Mme Guiccioli, l'attaque contre l'éducation religieuse l'avait toujours irrité. Il ne répondit pas. Cette fois Shelley prit avec force le parti de Claire et fut indigné par l'attitude de Byron. Il n'eut plus qu'un désir : quitter au plus tôt la ville qu'habitait Lord Byron. Les Williams et Claire furent chargés d'aller au bord de la mer chercher une maison pour l'été. A peine avaient-ils quitté Pise que les Shelley apprirent, par Byron, qu'Allegra était morte.

Byron avait voulu résister à une femme insolente, imposer son autorité parce qu'il se savait observé, mais il n'avait certes pas cru condamner sa fille à ce destin. Il avait aimé Allegra, à sa manière ; il avait essayé de l'élever ; il s'était plu à retrouver en elle la beauté et les défauts des Byron ; il avait pensé l'emmener avec lui à l'étranger, et faire d'elle la seule compagne de sa vieillesse. Il fut malheureux à sa manière aussi, furieusement égoïste. La comtesse Guiccioli raconte naïvement que, lorsqu'elle lui apprit la mort d'Allegra, « une mortelle pâleur se répandit sur son visage et il tomba assis... Il ne répandit pas une larme ; et ses traits parurent si désespérés, son chagrin si profond, si sublime, qu'il me parut être à ce moment un être d'une nature supérieure à l'humanité... Le lendemain matin je le trouvai tranquillisé, et avec l'expression d'une religieuse résignation. "Elle est plus heureuse que nous, dit-il, d'ailleurs sa position dans le monde ne lui eût guère permis d'être heureuse. C'est la volonté de Dieu – n'en parlons plus." »

On ne pouvait exiger de Claire qu'elle s'attendrît sur Byron avec la candeur de Mme Guiccioli. *Shelley à Byron :* « J'ai dû dire à Claire ce qui s'était vraiment passé. Je ne veux pas vous décrire son chagrin ; vous avez déjà trop souffert... Elle désire voir le cercueil avant qu'il ne soit envoyé en Angleterre... Elle désire aussi que vous lui donniez un portrait d'Allegra, et, si vous en possédez, une boucle de ses cheveux, si petite qu'elle soit... Cette lettre vous apportera, je le crains, la mélancolie qui règne ici. Mais la nature reste aussi vivante et joyeuse que nous sommes malheureux, et nous avons bâti, comme dit Faust, *notre petit monde dans le grand monde de tous* comme un contraste plutôt que comme une copie de ce divin exemple. »

Le chagrin de Byron prit la forme, inévitable, d'une rêverie sur ses émotions passées.

Je désire qu'elle soit enterrée dans l'église de Harrow : il y a dans le cimetière un endroit, près du sentier, au sommet de la colline qui regarde Windsor, et une tombe sous un grand arbre (portant le nom de Peachie, ou Peachey), où j'avais l'habitude de m'asseoir pendant des heures quand j'étais un enfant. C'était mon endroit favori ; mais, comme je désire faire placer une tablette à sa mémoire, il vaudrait mieux mettre le corps dans l'église. Près de la porte, à gauche en entrant, il y a un monument avec une tablette qui contient ces mots :

When Sorrow weeps o'er Virtue's sacred dust,
Our tears become us, and our Grief is just :
Such were the tears she shed, who grateful pays
This last sad tribute of her love and praise.

Je m'en souviens encore (après dix-sept ans), non qu'ils aient quelque chose de remarquable, mais parce que de mon siège dans la galerie mes yeux étaient généralement tournés vers ce monument ; aussi près de lui que possible je voudrais qu'Allegra fût enterrée, et que sur le mur une tablette de marbre fût placée, avec ces mots :

IN MEMORY OF
ALLEGRA
DAUGHTER OF G. G. LORD BYRON,
WHO DIED AT BAGNACAVALLO,
IN ITALY, APRIL 20TH, 1822,
AGED FIVE YEARS AND THREE MONTHS.

I shall go to her, but she shall not return to me.

2nd SAMUEL, XII, 23.

Mais le vicaire de Harrow jugea inconvenant d'admettre dans l'église le corps d'une enfant naturelle et dans le petit cimetière qui couronne la colline, seul un rosier, planté dans le gazon, indiqua (et indique encore) où repose la fille de Byron.

Faute d'action, le seul remède contre l'ennui et la tristesse était le travail. Byron travailla beaucoup à Pise. Il écrivit un drame faustien, *Le Déformé transformé*, que Shelley déclara détestable mais qui était un document intéressant. D'abord par le sujet, si directement lié à la vie de Byron : Arnold, né bossu, vend son âme au Diable pour être guéri de son infirmité, pour devenir semblable aux autres hommes et pour pouvoir être aimé. Ensuite par une réplique célèbre, la première du drame : *La mère d'Arnold :* « Hors d'ici, bossu ! » *Arnold :* « Je suis né ainsi, mère. » Réponse authentique, disait-on, de Byron à sa propre mère. Enfin, par une très curieuse note de Byron sur un troisième acte non terminé : *Arnold, jaloux de lui-même sous sa forme précédente et de la force d'intelligence qu'il avait alors...* note qui indique peut-être que Byron pensait aux problèmes de la personnalité, et que personne n'était plus que lui conscient de l'existence successive de plusieurs Byron.

Il avait aussi repris *Don Juan* : « Il n'est pas impossible que je puisse avoir trois ou quatre chants de *Don Juan* prêts cet automne, ou un peu plus tard, car j'ai obtenu de ma Dictatrice la permission de le continuer, – *à la condition* toujours qu'il soit plus réservé et plus sentimental qu'au commencement. Jusqu'à quel point ces conditions seront remplies, on le verra peut-être plus tard, mais l'embargo n'a été levé qu'en les acceptant. »

Il travaillait d'autant mieux qu'il était maintenant souvent seul au palais Lanfranchi. Les malheureux Gamba, une fois de plus, avaient été expulsés. Au cours d'une bataille avec un sergent-major insolent, le portier de Byron, jeune coquin galonné, avait eu le tort de frapper ce sous-officier avec une fourche et de lui casser une côte. L'affaire avait fait du bruit. On avait arrêté Tita et un autre innocent. Enfin la justice toscane, n'osant atteindre Byron, avait exilé les Gamba. Byron avait dû louer pour eux une villa à Montenero, près de Livourne. Presque chaque semaine il y allait voir Teresa qui avait retrouvé, par ces persécutions, un certain prestige à ses yeux. Il la sentait moins conjugale depuis qu'il en était séparé.

Le 1ᵉʳ juillet il était chez les Gamba à Montenero, lorsqu'on lui annonça Leigh Hunt. Leigh Hunt, l'année précédente, avait accepté avec enthousiasme la proposition transmise par Shelley. Non qu'il eût beaucoup d'amitié pour Byron. Hunt était un poète sans méchanceté, mais il était dominé par sa femme, Marianne, qui, dès 1815, au temps où Byron rendait visite à son mari, l'avait pris en grippe. Elle avait été blessée parce que Lady Byron restait à la porte, dans sa voiture, et ne se faisait pas présenter.

« Avec ses livres sous le bras, disait-elle, Byron n'était qu'un lord et un amateur qui se donnait des airs d'homme de lettres. » Mais l'offre de Shelley, annoncée en un temps où les Hunt étaient aux abois, leur était apparue comme la seule forme de salut possible.

Le voyage de ce couple suivi de six enfants avait été difficile. Marianne Hunt arrivait malade. A Livourne ils furent reçus par Trelawny qui, sombre, moustachu, très « chevalier errant », les conduisit à Montenero. Quand ils y arrivèrent, une sanglante querelle venait d'éclater entre les domestiques des Gamba et ceux de Byron. Le pauvre Hunt eut l'impression de tomber en plein mélodrame. Il ne reconnaissait pas Byron en cet homme gras, au col ouvert, aux cheveux bouclés et longs. Tout lui semblait nouveau, étrange, violent. Le comte Pietro Gamba avait voulu s'entremettre et avait reçu un coup de poignard. Mme Guiccioli, rouge, échevelée, poussait des cris. Gamba, ensanglanté, menaçait l'assassin. Byron regardait la scène avec un air de voluptueuse indolence. La police, excédée de ce groupe turbulent, menaçait de bannir cette fois les Gamba et leur maison de toute la Toscane. Dès l'arrivée de Trelawny, tous les acteurs de la scène, sans s'occuper de Hunt, lui donnèrent des ordres contradictoires. Il devait conduire le yacht de Byron, le *Bolivar*, sur le lac de Genève, en France, en Amérique. Hunt, désespéré, crut que Byron allait l'abandonner seul en Italie le jour même de son arrivée.

Le soir Shelley, sur l'*Ariel*, arriva de Casa Magni. Shelley, dans l'action, était admirable ; il remontait le courant des volontés humaines comme, dans sa coquille de noix, celui de l'Arno. Il fallait que Byron restât en Italie ; il fallait qu'il fût fidèle au journal ; il fallait qu'il donnât un poème pour le premier numéro. Shelley se chargea de l'attaque. Byron, emporté d'assaut, céda sur toute la ligne. Sans lui laisser le temps de reprendre ses esprits, Shelley emmena en hâte les Hunt au palais Lanfranchi. Cette fois, ce fut avec eux qu'il dut lutter. Ils se plaignaient de tout : Lord Byron les logeait dans un rez-de-chaussée humide, et

gardait tous les étages du palais pour lui ; les meubles que
Shelley avait achetés pour eux, avec l'argent de Byron,
étaient de mauvaise qualité... Shelley les installa, les calma,
les soigna. Hunt, ce soir-là, pensant à Shelley, écrivit dans
son journal : « Il serait possible d'imaginer une religion
vraiment divine, si la charité et non la foi en devenait le
principe. »

Shelley devait s'arrêter à Livourne, où il voulait voir un
notaire pour faire son testament, puis rentrer à Casa Magni
sur l'*Ariel* avec son ami le capitaine Williams.

Trois jours plus tard, vers deux heures du matin, des
coups furent frappés à la porte du palais Lanfranchi. La
femme de chambre de Mme Guiccioli cria : *Chi è ?*
C'étaient Mary Shelley et Jane Williams. Hunt était au lit,
de sorte que les deux femmes furent conduites chez Lord
Byron. Elles montèrent les escaliers, péniblement. La
Guiccioli vint à elles, souriante. Mary Shelley, haletante,
murmura : « Où est-il ? *Sapete alcuna cosa di Shelley ?* »
Ni Teresa ni Byron ne savaient rien. Shelley avait quitté
Pise le dimanche ; le lundi, il s'était embarqué. Il y avait eu
un orage le lundi soir.

Après la mort de Shelley, le petit groupe de Pise, ayant
perdu son âme, se désagrégea. Trelawny et Medwin
s'éloignèrent. Seuls restèrent mêlés à la vie de Byron,
Mary Shelley qui n'avait pas le courage de quitter l'Italie
et, au rez-de-chaussée du palais Lanfranchi, ce singulier
héritage de Shelley qu'était la famille Hunt.

Pour le malheureux Leigh Hunt, la mort de Shelley avait
achevé la transformation de l'exil en cauchemar. Déjà le
passage des fumées de Londres à la lumière éclatante de
Livourne l'avait ébloui et inquiété. Quelques jours à peine
après son arrivée, l'ami presque surhumain qu'il était venu
rejoindre avait disparu. Hunt avait vu ce corps si vivant à
demi dévoré par les poissons. Il avait vu les hautes flammes d'un bûcher funéraire s'élever sur le sable d'une plage
italienne et Byron, nu, « rassasié d'horreur », sauter à la
mer et nager, comme jadis il avait boxé pendant l'enter-

rement de la Douairière. Ce jour-là Hunt et Byron étaient partis ensemble en voiture, et en traversant la forêt ils avaient chanté comme des fous... Oui, c'était un cauchemar, illuminé par l'implacable blancheur des sables sous le soleil, mais c'était un cauchemar sans réveil.

Hunt avait mesuré tout de suite ce qu'il perdait en Shelley. Désormais, entre l'aigle et le moineau, aucune voix aiguë et forte n'arbitrerait plus les querelles. Isolé dans un pays étranger, associé avec un homme qui était presque un inconnu pour lui et avec lequel il n'avait pas un goût commun, encombré d'une femme malade et de six enfants, Hunt eut souvent le vertige en regardant le précipice au bord duquel il s'était engagé.

Pendant quelques semaines la situation fut supportable. Byron était fidèle au souvenir de Shelley. On ne pouvait dire qu'il le pleurât. Aux yeux de Byron les morts violentes des êtres qu'il aimait étaient des épisodes de la lutte engagée entre le Destin et Byron. Tous ceux auxquels il s'attachait devaient disparaître. Shelley noyé après Matthews, après Long, cela était dans l'ordre. Il fallait une fois encore reprendre la mélancolique routine de la vie en pensant, non sans douceur, que c'était sur lui quelque jour que s'abattrait la main invisible. Donc défi plus que tristesse. Mais il défendait la mémoire de Shelley, « l'homme le meilleur et le moins égoïste que j'aie connu » et Hunt au palais Lanfranchi était protégé par cette grande ombre.

D'ailleurs Byron croyait au succès du *Libéral*. Hobhouse et Moore le raillaient sur son association avec Hunt ; il espérait leur prouver que son nom suffisait à faire le succès d'un journal, quel qu'il fût. Ayant perdu Shelley, il n'était pas fâché de loger dans son palais un écrivain, un critique, auquel il pouvait montrer chaque matin les strophes composées pendant la nuit. Mais déjà Hunt était las de ce patron exigeant. Sur le *Libéral*, leurs idées étaient différentes. Hunt était un polémiste, Byron un homme de génie. Hunt voulait que la revue servît « à bousculer Mrs Grundy et John Bull » ; Byron souhaitait simplement publier tout ce qu'il écrirait. Les manies de Byron qui, aux

yeux de Byron, étaient les lois de l'univers, agaçaient
Hunt. Au palais Lanfranchi, celui-ci travaillait dans une
petite chambre qui donnait sur les orangers de la cour.
Chaque matin, il entendait Byron se lever, prendre son
bain, s'habiller, en chantant d'une voix forte, mais fausse,
un air, presque toujours de Rossini. Un peu plus tard, sous
les fenêtres de Hunt, Byron criait : « Leontius ! », une
interprétation latine de Leigh Hunt, qu'avait inventée
Shelley. Hunt se levait en soupirant, disait bonjour, et
descendait dans la cour. Mme Guiccioli, si elle était à Pise,
venait rejoindre les deux hommes, ses cheveux tordus en
tresses matinales, et Hunt devait écouter les plaintes
alternées de Byron sur la jalousie de Mme Guiccioli, et de
Mme Guiccioli sur le langage brutal de Byron.

Les deux amants se connaissaient maintenant trop bien
pour que Teresa pût continuer à faire de « son poète » le
héros à peine charnel d'un roman digne de Pétrarque. Pour
Byron un fait était un fait, et quand une femme avait
accepté de devenir sa maîtresse, il parlait d'elle à tout le
monde d'une manière précise et crue qui ne laissait aucun
doute sur la nature de leurs rapports. Ce réalisme blessait
Mme Guiccioli. Byron, de son côté, la jugeait fidèle,
désintéressée, amoureuse, mais affligée des défauts inévi-
tables chez « l'absurde race des femmes » : jalousie et
sentimentalisme.

Pour ce couple irritable, Hunt était un confident sans
indulgence. Il était excité contre eux par sa femme. Pas
plus que Lady Byron, la comtesse Guiccioli ne s'était fait
présenter Mrs Hunt. Les deux femmes ne se parlaient pas.
Marianne Hunt traitait Byron avec insolence. Elle avait
ordonné à ses enfants de s'éloigner s'il paraissait, parce
qu'elle jugeait ses propos dangereux pour de jeunes esprits. Byron l'avait su ; ce jugement sévère d'une femme
qui vivait sous son toit et de ses bienfaits l'avait choqué.
Naïveté surprenante chez un disciple de « Rochefoucauld », qui aurait dû connaître les effets naturels des
bienfaits. Mais tous les Hunt lui étaient odieux, parents et
enfants. Il écrivait à Mary Shelley : « Je déteste voir entre

les mêmes murs que les enfants Hunt un objet qui a appartenu à Shelley... Ce qui ne peut être détruit par leur saleté, l'est par leurs doigts. » A l'entrée de son étage du palais, le bull-dog était chargé de les tenir à distance. « Ne laissez pas les cockneys venir de ce côté », disait Byron à son chien en lui caressant la tête. Le rez-de-chaussée et le premier étage du palais Lanfranchi étaient presque en état de guerre. Hunt parlait avec mépris « du poète si peu poétique et du lord si peu majestueux ». Dans quelques semaines Byron allait devoir, pour la troisième fois, suivre les Gamba, qui, exilés maintenant de toute la Toscane, devaient se réfugier à Gênes ; il était exaspéré d'avoir à traîner avec lui les Hunt et « leur kraal de Hottentots ». Il n'était pas assez cruel pour les abandonner à Pise mais, tout en griffonnant hâtivement des strophes de *Don Juan* sur le coin de la dernière table laissée par les déménageurs dans le palais Lanfranchi, il les maudissait de tout son cœur.

XXXIII. *Un gentleman nostalgique*

Martin conclut que l'homme est fait pour vivre dans les convulsions de l'inquiétude ou dans la léthargie de l'ennui.

VOLTAIRE.

Une fois de plus sur les eaux ! Une fois de plus...

Mais que ce troisième pèlerinage de Childe Harold lui paraissait ridicule ! Une fois de plus le Solitaire avait laissé s'attacher à lui un groupe hétérogène et indésirable ; une fois de plus il manquait de courage pour secouer cette grappe humaine. Il lui fallait maintenant une flottille pour transporter de Lerici à Gênes sa famille illégitime, ses clients et ses serviteurs. Dans le *Bolivar* traversaient Lord Byron, Teresa et les Gamba ; dans un autre bateau Leigh Hunt, Marianne Hunt, et la horde des petits Hunt ; dans un troisième Trelawny, important, agité, amiral de cette escadre, veillant sur les papiers et les instruments avec une autorité bruyante et vaine ; sur une felouque étaient entassés serviteurs et animaux. « Rien n'était plus joli, dit Hunt, que de voir tous ces bateaux avec leurs voiles blanches, glissant le long des rochers, sur la mer bleue. » C'était peut-être un ravissant tableau pour Hunt qui n'était pas responsable de cette tribu ; pour Byron, qui allait avoir à entretenir celle-ci et à en écouter les plaintes, le spectacle était moins agréable.

Mary Shelley avait été chargée du logement, rôle traditionnel des Shelley. Elle avait loué deux maisons dans le faubourg d'Albaro, sur une colline dominant le golfe ; une grande caserne de quarante chambres pour elle-même et les Hunt ; pour Lord Byron une villa rose et seigneuriale, la casa Saluzzo. Le jardin, assez vaste, contenait un pavillon et une allée de cyprès à l'ombre de laquelle Byron prit l'habitude de lire ; la vue sur la mer était admirable. Dans la chambre à coucher, Fletcher reçut l'ordre d'accrocher un petit portrait d'Ada et un portrait gravé de Byron lui-même. A l'étage supérieur fut installée la comtesse Guiccioli, *nata* Gamba, et toute sa famille.

Pour Byron la casa Saluzzo fut, comme le palais Lanfranchi, une maison de malheur. Il avait voulu, dès les premiers jours, traverser à la nage le golfe de Gênes sous un soleil brûlant ; cette expédition l'avait rendu malade ; sa peau avait pelé ; il ne pouvait s'en remettre. En Angleterre, le premier numéro du *Libéral* avait fait scandale. Hobhouse et Kinnaird avaient écrit des lettres de remontrances. Encore y a-t-il des scandales souhaitables par leur grandeur. Celui-là n'était que ridicule. Moore, Kinnaird, Hobhouse, libéraux mais hommes du monde, avaient haussé les épaules. Byron, vexé, avait expliqué qu'il n'avait agi que par pitié, que Hunt depuis la mort de Shelley était entièrement à sa charge, que le pauvre garçon avait une femme et six enfants. Murray, pour défendre son auteur, avait montré cette lettre. Elle était revenue jusqu'à Hunt. Toute la maison aux quarante chambres avait attaqué le malheureux Byron.

Mary Shelley lui avait écrit, avec un irritant mélange de gentillesse déférente et de vague reproche moral : « Comment faire réussir un journal si l'un des associés le dépréciait à Londres, en le présentant comme une œuvre de charité ? » En vérité, aux yeux de Byron, ce « cant » était insupportable. Naturellement il n'avait pas eu l'intention d'insulter à la pauvreté de Hunt ; il avait connu la pauvreté ; il la respectait. Mais il fallait pourtant dire la vérité ; aurait-il fait un journal avec Hunt si celui-ci avait été riche ? Evidemment non... « Je l'ai toujours traité avec une délicatesse si scrupuleuse que je me suis interdit de lui donner des conseils, par crainte qu'il ne les impute à ce qu'on appelle *prendre avantage de la situation d'un homme.* » Il avait raison, mais Hunt ne lui pardonna pas. Si la rupture ne fut pas complète (parce que Hunt avait besoin de Byron), les rencontres devinrent rares et pénibles.

Hunt se promenait mélancoliquement sur les cailloux des allées, pensant à Shelley. Il n'avait plus guère de conversations avec Byron que sur le docteur Johnson. Byron aimait à imiter Johnson et à dire *Why, sir* avec emphase, en regardant autour de lui, plaisanterie usée, qui exaspérait Hunt presque autant que les airs de Rossini chantés par Byron dans son bain. Les visites à la casa Saluzzo devinrent très rares. Hunt préférait écrire, presque toujours pour demander de l'argent, sur un ton de ressentiment et d'ironie : « Je dois vous importuner pour vous demander cent autres couronnes et devrai bientôt, je crains, vous en demander davantage. » Il avait renoncé à « mon cher Byron », qu'il avait remplacé par « cher Lord Byron ». « Cher Lord Hunt », avait répondu Byron. Puis les communications directes cessèrent et les couronnes furent remises chaque semaine à la tribu des Hunt par l'intendant de Byron, Lega Zambelli. Nouveau grief.

A la casa Saluzzo, la vie manquait par trop d'agitation et
de grandeur. Byron avait aimé Teresa Guiccioli, et surtout
pendant cette période de Ravenne où il allait la voir à
cheval, non sans danger, entre une visite de conspirateur et
un assassinat policier. Un peu plus tard, dans l'exil, à
Montenero, elle avait pris à ses propres yeux figure de
martyre de la Liberté. Quand Leigh Hunt l'avait vue pour
la première fois, « persuadée que, pour le monde entier,
elle était une héroïne marchant aux côtés du poète, elle
était dans un état d'exaltation qui lui donnait un peu le
masque de son emploi ». En quelques mois, de Pise à
Gênes, elle changea et vieillit soudain ; son visage perdit
son air de naïveté passionnée ; elle semblait accablée par
une tristesse secrète. Son amant était encore « prodigieusement gouverné et tenu bien en main » par elle, mais il en
était las. Il lui semblait que l'existence était devenue plus
morne encore qu'au temps où, jeune inconnu, il s'enfermait à Newstead pour bâiller seul. Alors il ne connaissait
au monde que Hanson et Dallas, le parent et l'homme
d'affaires, les deux derniers liens de tout homme avec
l'humanité. Puis il avait été le « lion » de Londres, l'écrivain le plus célèbre du monde ; on avait pu dire sans ridicule : « Napoléon et Byron. » Peu à peu le cercle enchanté
se dissipait, le laissant seul sous cette dure lumière. De la
solitude à la solitude la courbe de sa vie était bouclée.

S'il faisait le point maintenant, à sa manière lucide, sans
complaisance, que pouvait-il noter ?... Mars 1823, onze
heures et dix minutes « de l'horloge », un palais rose dans
une ville inconnue, une maîtresse à l'amour déjà vieux de
quatre ans, le vieux père de cette femme, quelques chiens,
Fletcher... Rien d'autre au monde... Oui, vraiment, la vie
était plus vide encore qu'aux pires moments de l'adolescence. Etait-ce pour cela qu'il avait souffert ?... Et
pourtant « il y avait une force en lui »... Sa pensée se
tournait vers l'Angleterre. Pourquoi ne vivait-il pas comme
un pair du royaume ? Pourquoi la politique ne pouvait-elle
être l'objet légitime de son activité ?

Comme il avait regretté jadis les paysages de l'Orient, il

regrettait maintenant ceux du Nord. Il rêvait d'un ciel gris et de ces grands nuages chassés par le vent, tels qu'on les voit en Ecosse. Il envoyait Don Juan en Angleterre et décrivait avec une sorte d'amour le premier regard de son héros sur les falaises de Douvres :

Enfin elles s'élevèrent, comme un mur blanc le long
De la mer bleue ; et Don Juan sentit –
Ce que même de jeunes étrangers sentent assez fortement
A leur première découverte de la ceinture calcaire d'Albion –
Une sorte d'orgueil à se trouver parmi
Ces boutiquiers hautains, qui distribuent sévèrement
Edits et marchandises d'un pôle jusqu'à l'autre
Et forcent les vagues elles-mêmes à leur payer tribut.

Juan, à travers les prairies qui ressemblent à des jardins, allait vers cette masse puissante de briques, de fumées et de vaisseaux :

                       ... Londres,
Sale et brumeuse, mais s'étendant aussi loin que l'œil
Peut atteindre...

Ah ! qu'il enviait à Juan ce voyage !

Pourrait-il le faire un jour ? Cela ne dépendait que d'Annabella. C'était elle qui avait servi de prétexte à l'arrêt non écrit qui l'avait exilé. Si elle lui permettait de vivre à nouveau, aux yeux des Anglais, en père et en mari, tout serait oublié. Le personnage de sa femme se transformait. Il savait qu'elle était sincère, qu'elle avait de grandes qualités, que sa piété était vraie, sa vertu authentique. Pourquoi ne lui pardonnerait-elle pas ? Dans sa solitude, il s'attendrissait sur elle. Il faisait demander au colonel Montgomery, grand ami de Lady Byron et qui traversait Gênes, s'il ne pourrait obtenir d'elle un portrait. Lui qui aimait tant à visiter presque chaque soir le musée de son passé, il n'avait rien de sa femme, pas même une lettre. Quelquefois il ouvrait le petit carnet de comptes, seule relique qui contînt deux mots de son écriture... *House-*

hold... ... C'était tout. Non, pourtant. Pendant le séjour à
Pise, elle lui avait envoyé une boucle d'Ada, à côté de
laquelle elle avait écrit la date. Etait-ce un encourage-
ment ? Qui savait ? Il esquissait une réponse : « Je dois
vous accuser réception des cheveux d'Ada, qui sont très
doux et très jolis, et déjà presque aussi bruns que les miens
quand j'avais douze ans... Mais ils ne bouclent pas, – peut-
être parce qu'on les laisse pousser. Je vous remercie pour
avoir écrit la date et le nom, et je vais vous dire pourquoi ;
– je crois que ce sont les seuls deux ou trois mots de votre
main en ma possession. Car je vous ai rendu vos lettres, et
excepté le seul mot *Household*, écrit deux fois dans un
vieux livre de comptes, je n'en ai aucun autre. »

Il n'avait pas envoyé cette lettre ; il ne savait comment
elle serait reçue, mais le désir de retrouver, par Annabella
et avec elle, sa place dans le monde, était vif. Il le confia,
avec bien d'autres révélations sur son caractère, à une amie
anglaise qui traversa Gênes en 1823, à la célèbre Lady
Blessington.

Byron avait connu Lord Blessington en 1812, à Londres,
et l'avait rencontré assez souvent à Watier ou au Cocoa
Tree. En ce temps-là Lady Blessington était une obscure
Irlandaise, qui menait une vie difficile. Elle n'avait épousé
Lord Blessington qu'en 1818, après le départ de Byron.
Mais Byron avait beaucoup entendu parler d'elle ; il savait
que Lawrence avait fait d'elle un portrait dont tout Londres
avait été fou, qu'elle avait écrit trois livres, que Tom
Moore l'admirait. Lorsque, le 1ᵉʳ avril 1823, on lui apporta
dans sa villa d'Albaro les deux cartes de Lord Blessington
et du comte Alfred d'Orsay, Byron fut à la fois troublé,
intimidé et ravi. Le comte d'Orsay était, comme disait
Byron, un Français ami de la famille, « très jeune et une
beauté ». Lady Blessington, que son lord ennuyait à périr,
ne pouvait se passer de son paladin parisien. Les deux
hommes dirent à Byron que « Milady » était à la porte,
dans une voiture. Il y courut, de son pas difficile, s'excusa
et la fit entrer.

Elle attendait cette rencontre depuis plusieurs jours avec impatience. Elle craignait d'être désappointée ; elle le fut. Elle souhaitait un homme de haute taille, avec un air d'autorité et de dignité ; elle voyait une tête bien ciselée et des yeux pleins d'expression, mais un être mince, petit, et presque un corps d'enfant. Comme il avait de nouveau maigri depuis son coup de soleil, ses vêtements, qui paraissaient trop grands, avaient l'air d'avoir été achetés tout faits. Il y avait dans ses mouvements une gaucherie qui venait de ce qu'il pensait à son infirmité. Le lendemain, les Blessington le virent arriver à leur hôtel, un peu gêné, très amical, et vite Lady Blessington (qui avait apprivoisé plus d'un homme) découvrit qu'il n'en était pas de plus facile à attacher que celui-ci. Aucune coquetterie ne gâta leur amitié. Milady, comme disait Byron, était extrêmement bien garantie « par son apanage parisien ». Byron croyait à l'amitié entre homme et femme, à la condition que l'amour ne s'en mêlât pas. Trouvant Lady Blessington intelligente, il lui parla avec une grande franchise, tantôt au cours de promenades à cheval, tantôt de déjeuners qu'ils allaient faire ensemble dans les villas des environs. Elle prit des notes sur ces conversations et se trouva, au bout de quelques semaines, avoir écrit un des livres les plus vivants et les plus vrais que l'on eût composés sur Byron.

Elle l'avait admirablement compris, dans toute sa complexité. Le trait essentiel lui parut être une sensibilité généreuse et maladive qui, dans la jeunesse, avait dû former la matière d'un beau caractère. Le froid précoce de la méchanceté avait empêché les graines de germer, mais n'avait pu les tuer. Lorsque Byron disait qu'il était un ange déchu, il avait raison. Il y avait en lui tous les éléments de l'ange, mais il avait trouvé les hommes si durs, si faux, que l'horreur de l'hypocrisie était devenue son sentiment dominant.

Elle l'écouta souvent analyser les sentiments des autres et même les siens ; tel La Rochefoucauld, mais plus cruel encore, partout il trouvait l'intérêt et le mensonge. Il semblait prendre un plaisir particulier à tourner en ridicule les sentiments romanesques et, un instant plus tard, montrait ces mêmes sentiments avec une force telle que ses yeux se remplissaient de larmes. Elle comprit qu'il était arrivé à les railler pour s'en guérir. Elle remarqua que, s'il récitait des vers pathétiques, c'était toujours avec un air de moquerie et d'emphase comique, défense contre l'émotion. Il refusait de reconnaître ce qu'il y avait de grand dans son propre caractère et s'étendait avec complaisance sur ses défauts.

En religion, elle le trouvait non pas incroyant, mais sceptique, en tout cas déiste. « Un beau jour, un clair de lune, tout grand spectacle naturel excite, lui disait-il, de forts sentiments religieux dans tous les esprits élevés. » Mais il était encore plus superstitieux que religieux et semblait offensé quand on ne partageait pas cette faiblesse. Il dit très gravement à Lady Blessington que le spectre de Shelley était apparu à une femme, dans un jardin. Il gardait son horreur du vendredi. Il était terrifié par le sel répandu, par le verre brisé.

Et pourtant, le trait qui la frappait le plus, après la bonté native de Byron, c'était son bon sens ; un bon sens anti-romantique, anti-individualiste, qui surprenait prodigieusement chez le moins social (par sa légende) de tous les êtres. Rarement homme avait parlé du mariage avec autant de sagesse bourgeoise. « Si des gens, dit-il, s'aiment tant qu'ils ne peuvent vivre séparés, le mariage est le seul lien qui puisse assurer leur bonheur... Je ne parle même pas de religion ni de morale, bien que naturellement les difficultés soient encore dix fois augmentées par leur influence ; mais en supposant même des gens qui n'ont ni l'une ni l'autre, pour eux aussi des liaisons non cimentées par le mariage doivent produire le malheur, quand il y a quelque raffinement d'esprit, et cette honorable fierté qui l'accompagne. Les humiliations et les vexations auxquelles une femme est exposée en de telles circonstances ne peuvent manquer d'avoir un certain effet sur son caractère, qui la dépouille du charme par lequel elle avait conquis ; cela la rend susceptible et soupçonneuse... Elle devient doublement jalouse de celui dont elle dépend... et il doit se soumettre à un esclavage beaucoup plus sévère que celui du mariage, sans sa respectabilité. »

Portrait sans doute de Teresa Guiccioli, qui en effet devenait de plus en plus jalouse et l'était même de lady Blessington. Mais c'était surtout sur lui-même que s'exerçait le pouvoir d'observation de Byron. Il se connaissait bien. « Je reviens souvent en pensée aux jours de mon enfance, et suis étonné de l'intensité de mes sentiments à cette époque ; – les premières impressions sont indélébiles. Ma pauvre mère, et ensuite mes camarades d'école, par leurs moqueries, m'avaient amené à considérer mon infirmité comme un grand malheur, et je n'ai jamais pu dominer ce sentiment. Il faut une grande bonté naturelle pour vaincre l'amertume corrosive qu'une difformité engendre dans l'esprit, et qui vous aigrit contre tout le monde. »

Il était de ces hommes qui ne peuvent jamais se consoler de la perte des illusions de la jeunesse. Il disait que c'était une erreur que d'espérer, avec l'âge, la guérison des passions. On en change seulement ; on remplace l'amour par l'avarice et la confiance par le soupçon. « Voilà, disait-il, ce que nous donnent l'âge et l'expérience... Pour moi, je préfère la jeunesse, qui est la fièvre de la raison, à la maturité, qui en est la paralysie. Je me rappelle mon adolescence, quand mon cœur débordait d'affection pour tous ceux qui avaient un peu l'air de m'aimer ; et maintenant, à trente-six ans, ce qui n'est pas très vieux, je peux à peine, en tisonnant la braise mourante de ce même cœur, ranimer une légère flamme pour y chauffer mes sentiments glacés. »

Qu'il devait plaire à cette jeune femme et la toucher, ce collégien de trente-cinq ans, sentimental incorrigible qui s'efforçait en vain au cynisme. « Pauvre Byron », avait-il dit jadis à Annabella, quand il faisait l'enfant. Pauvre Byron, disait à son tour Lady Blessington, pauvre Byron si conscient et si faible, si riche de vertu et si calomnié, pauvre Byron, « car avec son génie, son rang et sa fortune, il est pauvre ».

Pendant ces deux mois, avril et mai 1823, les relations de Byron avec les Blessington devinrent de plus en plus intimes. Le comte d'Orsay fit son portrait et celui de Pietro Gamba. La conversation de Lady Blessington le reposa du bavardage de sa maîtresse. Il fut triste quand ses amis durent partir. A sa dernière visite, il apporta, pour chacun des trois, un souvenir. Les larmes montèrent à ses yeux. Il les sécha et fit une observation sarcastique sur son propre émoi.

Don Juan semblait se nourrir de l'ennui et de la solitude morale de Byron. A Pise, puis à Gênes, il en écrivit dix chants avec une facilité, une variété de registres et une souplesse de forme étonnantes. Le poème s'était élargi. Juan en restait le héros, mais ses aventures n'étaient plus qu'un prétexte. Le sujet véritable était celui de *Gulliver*, celui de *Candide* : une satire des élites européennes. Byron n'avait jamais aimé les « classes dirigeantes ». Elevé dès l'enfance en puritain, c'est-à-dire en opposant, il n'était entré à la Chambre des Lords que pour dire à ses pairs quelques mots sévères. Dans le monde, au temps même où il semblait y vivre en grand seigneur du XVIIIᵉ siècle, il s'était senti un étranger. L'orage qui l'en avait chassé l'avait meurtri, mais non surpris. Regardant maintenant, d'un observatoire plus paisible, l'Europe telle que l'avaient faite ces hommes si durs, il se plaisait à leur montrer l'échec sanglant de leurs doctrines.

On l'accusait de railler la nature humaine ? Bon Dieu ! Que disait-il que n'eussent dit avant lui Dante, Cervantès, Swift, Machiavel « qui, tous, savaient que cette vie ne vaut pas une pomme de terre » ? Ni de l'examen de la nature, ni de celui de notre pensée, nous ne pouvons extraire une certitude. Un système en mange un autre, comme le vieux Saturne ses enfants :

> Pour moi, je ne sais rien ; je ne nie rien.
> Je n'admets, ne rejette et ne méprise rien...
> Et vous, que savez-vous, sinon peut-être que vous êtes
>   nés pour mourir ?

Cela, Byron l'avait dit dès *Childe Harold*, mais au temps de *Childe Harold* la vanité des religions et des systèmes l'avait conduit à douter aussi de l'utilité des efforts humains ; alors il n'avait parlé de la Grèce captive que pour désespérer de son sort. Maintenant, peut-être sous l'influence de ses récentes conspirations italiennes, peut-être par besoin désespéré d'action, il unissait un doute universel à une foi politique précise. Il découvrait que le scepticisme métaphysique n'est pas nécessairement lié au scepticisme politique. Au contraire. Si nous tous, malheureux humains, sommes engagés dans une aventure terrible et dépourvue de sens, aidons-nous les uns les autres et essayons, comme disait Shelley après Goethe, de bâtir notre petit monde au sein du grand univers. Comme Voltaire, sceptique, avait lutté pour Calas, il voulait, lui, combattre pour la liberté.

> Je veux combattre au moins en paroles
> Et, si j'en avais la chance, en actions,
> Tous ceux qui luttent contre la pensée...
> Ce n'est pas que je flatte le peuple :
> Il y a sans moi assez de démagogues,
>
> Assez d'infidèles, pour démolir tous les clochers,
> Et construire à leur place quelque chose de mieux.
> S'ils sèment le scepticisme pour récolter l'enfer,
> Comme le veut un dogme chrétien assez dur,
> Je ne sais pas ; – ce que je veux, c'est que les hommes
>   soient affranchis,
> Aussi bien des plèbes que des rois – de vous que de moi.

Surtout il attaquait la guerre. Il envoyait Juan au siège d'Ismaïl pendant la campagne russo-turque, pour montrer combien pour « ces bouchers en gros » qui nous mènent, la vie humaine compte peu. Il se moquait de la gloire militaire, de ces coureurs de grades et de médailles, qui perdent la vie pour un galon, pour une citation où leur nom est écorché, pour l'avancement d'un Souvarov, d'un Wellington :

« L'homme qui sèche une seule larme, disait-il, mérite plus
de gloire honnête que celui qui répand des mers de sang... »

Il raillait le héros national lui-même, le Duc, « sauveur
d'une nation qui n'était pas sauvée, libérateur d'une Europe encore esclave, réparateur des béquilles de la légitimi-
té ». Le ton était fort, fait pour émouvoir une Europe alors
pleine de demi-soldes. Cette poésie « moderne » devait
aller au cœur de tous ceux qui s'étaient battus, de tous
ceux qui avaient souffert de l'égoïsme de leurs maîtres.

> Car j'enseignerai, si je le puis, jusques aux pierres
> A se soulever contre les tyrans de la terre.

Ce n'était pas sans causes profondes que *Don Juan*
contenait un long éloge de Don Quichotte. Le bon sens de
Sancho ne manquait pas à Byron ; mais l'âge qui, à la
plupart des hommes, enseigne le doute et l'ironie, semblait
en guérir Lord Byron. L'échec de Don Quichotte lui
paraissait maintenant plus douloureux que divertissant.

> De tous les récits c'est le plus triste – plus triste encore,
> Parce qu'il nous fait sourire : son héros a raison,
> Et poursuit le bon droit ; – vaincre les méchants
> Est son seul objet, combattre à forces inégales
> Est sa devise ; c'est sa vertu qui le rend fou !
> Mais ses aventures forment un triste spectacle ; –
> Et plus triste encore est la grande morale enseignée
> Par cette épopée vraie à tous ceux qui savent penser.
> Redresser les torts, venger les innocents,
> Secourir la vierge et vaincre le félon ;
> S'opposer seul à des forces unies,
> Libérer du joug étranger les peuples sans défense ; –
> Hélas ! les sentiments les plus nobles doivent-ils être,
>   comme une vieille chanson,
> Un simple thème pour les jeux de la fantaisie,
> Une plaisanterie ou une énigme ?...

Ainsi, prisonnier du Sentimentalisme dans un jardin
planté de cyprès noirs, éternel adolescent de l'esprit, Byron

rêvait d'aventures glorieuses et de chevalerie libérale. Son
devoir n'était-il pas de montrer à John Bull quelque chose
de la condition de ce bas monde ? Pendant quelques strophes il était Juvénal, l'Ecclésiaste. Puis son goût du passé
l'entraînait. A la suite de Juan, il pénétrait une fois encore
dans les salons où il avait régné et la satire devenait
« ballades des amantes du temps jadis ».

Que désirait-il être ? Hamlet ou Don Quichotte ? L'homme passionné de justice qui ose, échoue et ne regrette pas
l'échec, ou le rêveur gâté pour l'action par la pensée ? Le
savait-il lui-même ? Il était changeant. Il mêlait encore les
illusions de l'enfance à la sagesse la plus désabusée.
Parfois il souhaitait modeler l'univers et parfois il en
contemplait avec résignation le mouvement éternel et fou :

Entre deux mondes la vie oscille, comme une étoile
Entre la nuit et l'aurore, au bord de l'horizon.
Combien nous savons peu ce que nous sommes !
Combien moins encore ce que nous serons ! L'éternel flot
Du temps et de la marée roule et emporte au loin
Nos bulles d'air ; l'une crève, une nouvelle émerge
Détachée de l'écume des âges ; tandis que les tombes
Des empires se gonflent çà et là comme des vagues qui passent.

XXXIV. *Le héros et le soldat*

S'il y avait une chose qui fût plus caractéristique
de Byron qu'aucune autre, c'était son solide bon
sens.

DISRAELI.

Les grands événements de notre vie sont souvent prépa-
rés par des faits si petits que nous y prêtons à peine attention ; nos actions, nos discours nous enveloppent d'un

réseau toujours plus serré ; un seul chemin demeure ouvert ; le moment arrive où nous devons donner notre vie
pour nos formules. Presque tous les héros en sont là et
l'héroïsme consiste à ne pas permettre au corps de renier
les imprudences de l'esprit.

Depuis deux ans, Byron suivait avec un intérêt mélancolique, intermittent, les progrès de l'insurrection grecque.
A Pise quand Mavrocordato était parti pour rejoindre les
insurgés, Byron avait dit à tous ceux qui l'entouraient qu'il
eût aimé à suivre le prince. Il l'avait écrit à Moore ; il
l'avait répété à Gamba, à Medwin (qui avait noté la
phrase : « Je veux retourner en Grèce et il est probable que
j'y mourrai »), à Trelawny qui ne l'avait pas cru. A la
vérité, dans le groupe de Pise personne ne prenait au
sérieux un projet de Byron, quel qu'il fût. Il avait si souvent changé. Venezuela, Etats-Unis, Angleterre, Grèce,
son imagination s'attachait un instant à ces rêves. Puis une
femme se plaignait, un poème le retenait, un présage
l'effrayait et il restait. Aux yeux de ses amis sa réputation
était faite. Il était féminin, faible, sensitif et le contraire en
tout point d'un homme d'action.

Pourtant ce projet grec semblait plus durable que les
autres. Non que Byron eût aucune haine pour les Turcs. Il
avait conservé le meilleur souvenir des pachas à barbe
blanche qui l'avaient accueilli en 1810. Alors il avait plaint
la Grèce esclave, mais l'esclavage lui avait paru sans
remède. Maintenant l'insurrection semblait réussir. Les
Turcs n'avaient pas su accrocher leur administration au
pays. Ils y formaient « un camp provisoirement établi en
Europe », mais un camp peut toujours être enlevé d'assaut
et il était relativement facile de les chasser.

Pourquoi les Grecs ne s'étaient-ils pas alors libérés dès
le XVIIIe siècle ? C'est que, de toutes les forces humaines,
les spirituelles sont les seules efficaces. Pour se révolter, il
faut croire à la révolte. Ce ne fut que par la Révolution
française que les Grecs, comme les Italiens, comme les
Polonais, apprirent les mots : liberté, droit des peuples. *La
Marseillaise* leur fut traduite. Byron, par les strophes de

Childe Harold, intéressa l'Europe à leur sort. Ils cessèrent de considérer leur esclavage comme une loi naturelle. C'était cesser d'être esclaves.

Le mouvement avait commencé par des associations secrètes, qui d'abord avaient espéré l'appui de la Russie. Mais M. de Metternich, qui veillait, fit voir au tsar « le signe révolutionnaire dans les événements de Grèce ». L'Angleterre n'était pas moins hostile que l'Autriche. Le mot de Pitt : « Je refuse de discuter avec quiconque n'admettra pas la nécessité, pour les intérêts anglais, de l'intégrité de l'Empire ottoman », restait l'un de ces axiomes magiques et surannés par lesquels est si souvent réglée la politique étrangère britannique. La France, encore en tutelle de la Sainte Alliance, ne pouvait fournir que des volontaires isolés. Les Grecs ne devaient compter que sur eux-mêmes.

Dès 1821 plusieurs foyers s'étaient allumés. L'archevêque de Patras, Germanos, prêtre soldat, s'était réfugié dans la montagne. Le même jour un chef de bande, Colocotronis, avait soulevé la Morée. Un autre insurgé, Odysseus, s'emparait d'une partie de la Grèce orientale. En Grèce occidentale, le prince Mavrocordato dirigeait les événements. Le contraste était grand, l'entente difficile, entre ce jeune homme cultivé, Européen qui portait une redingote, des lunettes d'or, et des bandits montagnards comme Odysseus et Colocotronis. La désunion des chefs grecs avait sauvé les Turcs d'un désastre. Mais à l'étranger les victoires grecques avaient éveillé beaucoup d'enthousiasme parmi les libéraux de tous pays. D'anciens officiers de Napoléon, des étudiants d'Iéna, des mystiques suisses venaient se battre pour la Grèce.

En Angleterre, le gouvernement était hostile, mais quand, en janvier 1823, un député grec, Luriottis, arriva pour plaider la cause des Grecs, un certain nombre de whigs avancés entrevirent « un coup facile et dramatique dans le jeu de la politique intérieure » et fondèrent un comité qui siégea à la taverne de la Couronne et Ancre, publia, comme tous les comités, des documents inutiles,

donna des dîners excellents et agit peu. Il comprenait
l'étonnant Jérémie Bentham (inventeur des mots « interna-
tional » et « codifier », réformateur des lois, de la logique,
des prisons et des universités), des députés radicaux
comme Burdett, Hobhouse, des banquiers comme Kinnaird, et il avait pour secrétaire Mr John Bowring, poly-
glotte et disciple de Bentham.

A la première réunion du comité, il fut décidé d'envoyer
en Grèce, pour enquête et rapport, Edward Blaquiere,
auteur de plusieurs livres sur la Méditerranée. Trelawny,
qui connaissait ce Blaquiere, lui écrivit en février que
Byron parlait souvent d'aller en Grèce. Hobhouse et
Kinnaird sourirent ; le « cher garçon » n'était pas un chef
d'armée. Pourtant son nom pouvait être utile. Blaquiere
annonça à Byron qu'il s'arrêterait à Gênes pour le voir, au
cours de son voyage vers la Grèce. Ainsi Byron se trouva
introduit dans les engrenages de l'action.

En avril, Blaquiere et Luriottis montèrent jusqu'à la casa
Saluzzo et Byron leur offrit d'aller dans le Levant en
juillet, si le comité le croyait utile. Et pourquoi n'irait-il
pas ? Ce départ répondait à la fois à son besoin de sensations, si mal satisfait par la vie monotone de Gênes, et à
l'ambition de montrer qu'il était autre chose qu'un versificateur. « Etre le premier homme d'un pays (*non* le Dicta-
teur), non le Sylla, mais le Washington, ou l'Aristide, le
chef par le talent et la vérité, c'est approcher de la Divinité. » Il avait écrit cela jadis ; il le pensait encore. Il était
toujours tenté de faire « ce que peu d'hommes ou nul
n'aurait fait ». La chute du *Libéral*, l'échec relatif de ses
dernières publications, tout lui donnait à penser qu'il fallait
reconquérir l'opinion publique. Le poète avait cessé de
plaire. Peut-être l'Angleterre avait-elle raison ? Il croyait,
lui, que ses véritables qualités apparaîtraient plutôt dans la
vie active. Il s'était toujours considéré comme un soldat ou
un homme d'Etat, privé par l'infirmité de son corps de la
vie pour laquelle il était fait. Il voulait désormais « se
consacrer à la politique et au décorum ». « Si je vis dix ans

de plus, vous verrez que ce n'en est pas fini de moi. Je ne veux pas dire en littérature, car cela n'est rien ; et – si étrange que cela puisse paraître – je ne crois pas que c'était ma vocation. Vous verrez que – si le Temps et la Fortune le permettent – je ferai quelque chose qui étonnera les philosophes de tous les temps. »

Mais ce n'était pas seulement la rédemption aux yeux du monde qu'il espérait d'un tel sacrifice, c'était surtout le salut de Byron dans l'âme de Byron. Il avait montré dans *Manfred* que, pour lui, l'Enfer était un drame intérieur. Or, ce conflit, qui faisait rage depuis l'adolescence, entre le Byron qui aurait pu être et le Byron qui avait été, un grand héroïsme pouvait le résoudre au profit de l'écolier passionné. Sur un cahier, il griffonnait quelques vers, début d'un chant inachevé :

Les morts ont été réveillés – dormirai-je ?
Le monde est en guerre avec les tyrans – m'inclinerai-je ?
La moisson est mûre – hésiterai-je à glaner ?
Je ne sommeille pas ; l'épine perce ma couche ;
Chaque jour une trompette résonne à mon oreille,
Et son écho dans mon cœur...

« Poeshie », comme il disait, railleusement, et nul ne mesurait mieux que lui l'écart entre les sentiments réels, tels que les analysait son bon sens moqueur, et les sentiments que l'on exprime en vers. Mais, si impitoyable que fût son analyse et si ironique lorsqu'un de ses compagnons parlait de « la cause », il savait bien que l'amour de la liberté et le désir de faire de grandes choses étaient en lui des éléments réels et forts.

Il avait rencontré au cours de sa vie trop d'obstacles à l'action pour ne pas craindre ceux qui s'élevaient encore devant lui. D'abord il y avait Teresa. Il connaissait la ténacité de « l'absurde race des femmes » et sa propre faiblesse devant cette race. « Mme Guiccioli est naturellement opposée à ce que je la quitte, ne fût-ce que pour quelques mois ; et comme elle a eu assez d'influence pour empêcher mon retour en Angleterre en 1819, elle peut réussir aussi bien à me tenir éloigné de la Grèce en 1823. » Mais, avant même de convaincre Teresa, il fallait résoudre une question plus pressante encore et, pour lui, plus douloureuse. Le comité philhellène de Londres souhaitait-il vraiment sa collaboration ? Depuis la proscription de 1816, il restait, à l'égard de tout ce qui était anglais, dans l'état d'esprit craintif d'un paria. Les ennemis que l'on ne voit jamais sont les plus terribles pour l'imagination. Il croyait encore les Anglais violemment excités contre lui et il était décidé à ne rien leur demander pour ne pas leur donner l'occasion d'un refus. Ce fut avec une modestie parfaite qu'il s'offrit à Hobhouse et il fut ravi quand, après un silence assez long et qui le froissa, il fut nommé membre du comité. Ses lettres de cette période le montrent sous son meilleur jour, généreux (car tout de suite il annonce qu'il est prêt à payer de sa poche et commence par envoyer à ses frais des médicaments et de la poudre), simple, et surtout merveilleusement précis.

La lettre que lui avait écrite Mr Bowring contenait les clichés habituels sur « la terre classique de la liberté, le berceau des arts et du génie, l'habitation des dieux, le paradis des poètes et autres belles choses ». C'était le ton dont Byron avait horreur en prose. « Enthousiasme », disait-il avec dégoût. Il répondit par un rapport sur la situation des Grecs, digne d'un excellent chef d'état-major : « Le matériel nécessaire aux Grecs semble être, d'abord, un parc d'artillerie de campagne – légère, et adaptée au service en montagne ; deuxièmement, de la poudre à canon ; troisièmement, des fournitures d'ambulance... » En quatre pages de faits, il indiquait les besoins, le meilleur mode de transmission, les adresses des correspondants éventuels. Tout le bon sens de Kitty Gordon évaluant les dépenses de Newstead. Cela faisait un contraste piquant avec la vaine éloquence du comité.

Etait-il donc, comme il le croyait et malgré l'opinion de ses amis, un homme d'action ? La vérité était plus complexe. Très doué pour l'action, parce qu'il possédait à la fois le courage, le réalisme et la précision, Byron avait été condamné à la rêverie par l'indécision. Il avait à la fois souhaité être un défenseur des peuples et un grand seigneur libertin, un mari et un Don Juan, un voltairien et un puritain. Il avait combattu la société anglaise et il en avait désiré les faveurs. Ni conservateur ni radical, il avait été en politique anglaise cet animal, de tous le plus malheureux parce que le plus divisé, un whig. Toujours lui avait manqué cette unité de pensée et de conduite qui seule permet les grands desseins.

Mais dans cette aventure grecque, tout était simple. Ses préjugés de naissance n'entraient pas en lutte avec le désir de libérer un peuple étranger. Au contraire il sentait que pour des raisons obscures et profondes, souvenirs classiques, légendes héroïques, il serait, s'il jouait cette partie, soutenu par l'opinion publique anglaise. Dès lors son esprit apaisé travaillait à plein rendement, sa clarté, sa prudence produisaient leurs effets et il devenait un chef souhaitable.

Comme l'été s'avançait, son vieil ennemi le Destin sembla plus favorable que de coutume. Le comte Gamba fut rappelé d'exil et autorisé à revenir à Ravenne s'il y ramenait avec lui sa fille. Le pape et le comte Guiccioli désiraient ce retour. Le mari était prêt à pardonner, à la condition raisonnable, disait Byron, toujours très juste pour les maris de ses maîtresses, « de ne pas le conserver, lui, comme sous-locataire ». Le frère, Pietro Gamba, qu'il aimait de plus en plus pour son courage, désirait vivement accompagner Byron en Grèce. Père, frère, mari, amant, tout le monde (comme jadis dans le cas de Caroline Lamb) était d'accord pour conseiller à Mme Guiccioli une réconciliation avec son mari. La passion féminine, une fois de plus, faisait contre elle l'unanimité. Mais Teresa, appuyée sur le Sentiment, tenait bon, disait Byron, contre la volonté de la moitié de la Romagne, avec le pape à sa tête, et cela, ajoutait-il avec effroi, après une liaison de quatre ans.

S'il voulait aller en Grèce, disait-elle, qu'il y allât, elle le suivrait; elle avait montré qu'elle savait souffrir pour la liberté. « Naturellement c'est une idée ridicule, car alors il faudra tout sacrifier à la garantir du danger... D'autre part, si elle fait une scène, nous aurons une autre histoire de mauvais traitements et d'abandon, et de lady Carolinisation, et de lady Byronisation, et de Glenarvonisation, le tout prêt à être employé contre moi. Il n'a jamais existé un homme qui ait autant cédé aux femmes, et tout ce que j'y ai gagné a été la réputation de les traiter avec dureté. Enfin, je ferai ce que je pourrai et j'ai de l'espoir... Si j'abandonnais une femme pour une autre femme, elle aurait quelque raison de se plaindre, mais vraiment quand un homme ne désire partir que pour une bonne cause et pour remplir un grand devoir, cet égoïsme va un peu trop loin. »

Enfin, au début de juin, tout parut s'arranger. La comtesse Guiccioli, en larmes, fut emmenée par son père. Le sort des Hunt fut assuré, Byron payant leur voyage jusqu'à Florence. Pour l'avenir il leur abandonnait sa part du *Libéral* et ses droits d'auteur sur les poèmes publiés dans celui-ci. Blaquiere, de Grèce, appelait Byron. Il fallait maintenant hâter le départ. Le jeune Gamba fut chargé de fréter un bateau. Il était charmant, le jeune Gamba, mais il avait, disaient les Italiens, le « mauvais œil ». « Il attaquait un problème sérieusement et consciencieusement ; il écrivait tout sous forme de notes exactes, soigneuses, dont chaque page illisible commençait à la manière de l'université de Bologne par le mot : *Considerando*. Et puis tout tournait mal. »

Le bateau choisi par lui, l'*Hercule*, fut une mauvaise carcasse qui tenait mal la mer. Ayant reçu l'ordre d'engager un médecin, il prit un étudiant, Bruno, plein de bonnes intentions mais sans expérience, et terrifié par Lord Byron. Bruno avoua plus tard qu'il avait entendu dire que, s'il commettait la plus légère faute, Lord Byron le ferait déchirer par ses chiens, ou décerveler par son Tartare. Le Tartare était le brave Tita, et les chiens inoffensifs. Mais ces craintes inavouées rendirent le docteur Bruno nerveux. Dans la suite de cette histoire, chaque fois que l'un des membres de l'expédition fut malade, Bruno fondit en larmes, agita les bras et perdit la tête. De Florence arriva Trelawny, à la requête de Byron qui souhaitait l'emmener. Ce n'était pas un choix très heureux ; Trelawny n'aimait pas Byron et il partait sans loyalisme, avouant que son but était de se servir du nom de Byron pour entrer en Grèce et, une fois là, de travailler pour son compte.

Pour Trelawny et pour lui-même Byron avait dessiné « deux casques de dimensions homériques et semblables à celui qui, au sixième livre de l'*Iliade*, avait tant effrayé l'enfant Astyanax. Sous une haute plume recourbée figuraient son propre blason et la devise *Crede Biron*, le tout étant fixé sur la tête par une large jugulaire d'un aspect très menaçant ». Mais Trelawny, quand il arriva, refusa de mettre le sien et les casques restèrent à Gênes.

Le 13 juillet 1823, tout le monde fut à bord. Byron, si superstitieux, avait pourtant accepté de partir un vendredi 13. Il emmenait, outre Trelawny, Bruno et Gamba, huit domestiques dont Fletcher et Tita ; il emportait cinq chevaux, des armes, des munitions, deux petits canons, et cinquante mille dollars espagnols. Le soleil était brûlant, l'air si calme que l'appareillage fut impossible. La ville se développait en amphithéâtre sous une lumière éblouissante. Vers le soir, Byron revint à terre et dîna, sous un arbre, de fromage et de fruits. Enfin, vers minuit, le vent s'éleva. L'*Hercule* tenait mal la mer. Les chevaux, effrayés par la tempête, cassèrent leurs bat-flanc ; il fallut une fois de plus revenir au port. Byron dit qu'il considérait un mauvais commencement comme un heureux présage, mais resta pensif. A son banquier, Barry, il avoua qu'il avait presque envie de renoncer. « Mais Hobhouse et les autres se moqueraient de moi. » Il voulut aller revoir la casa Saluzzo et, en y entrant, dit à Gamba : « Où serons-nous dans un an ? » Il demanda qu'on le laissât seul et il passa quelques heures à méditer dans les chambres vides.

Ses sentiments étaient mélangés. Il avait souhaité quitter cette maison ; il n'y avait pas été heureux ; il la regrettait. Il redoutait la tristesse des choses qui finissent. Quelquefois il imaginait ce que serait la vie après un succès en Grèce, le rachat du passé par une victoire, le pardon d'Annabella, mais plus souvent il pensait à la prédiction de Mrs Williams. Il croyait vraiment aller vers la mort.

Encore s'il avait pu se prendre au sérieux et tenir cette mort pour héroïque, cela l'eût soutenu, mais son terrible humour s'attaquait à lui-même. A Lady Blessington il avait dit : « Mes yeux ne s'ouvrent jamais à la folie des entreprises où la passion m'engage avant que je ne sois trop embarqué pour pouvoir battre en retraite avec honneur. Alors ma sagesse arrive à contretemps et chasse l'enthousiasme qui m'avait conduit à l'entreprise et dont j'aurais eu tant besoin pour la continuer. Après cela la pente devient rude pour moi. Fût-ce pour sauver ma vie, je ne pourrai plus ensuite échauffer mon imagination et ma position excite dans mon propre esprit des images et des pensées comiques. Si je survis à cette campagne (et ceci est un grand peut-être dans la suite de mon histoire) j'écrirai deux poèmes sur ce sujet, l'un épique, l'autre burlesque, dans lesquels personne ne sera épargné et moi moins que personne... »

Vers le soir il redescendit en ville, prit un bain chaud et retourna à bord de l'*Hercule*. Enfin le vent devint favorable. L'expédition s'arrêta à Livourne où Byron eut la surprise agréable de trouver des vers que Goethe lui adressait en témoignage d'admiration. Là aussi il reçut un des premiers exemplaires du *Mémorial de Sainte-Hélène*, qu'Augusta lui avait envoyé et qui devint naturellement sa lecture favorite. A bord, il fut un compagnon facile et gai. « Il boxa avec Trelawny, fit de l'escrime avec Gamba, dîna seul de fromage, de concombres et de cidre, tira sur les mouettes avec ses pistolets, nagea quand on manqua de vent, joua avec ses chiens et blagua le capitaine de l'*Hercule*, qui était un homme d'expérience, mais un ivrogne. »

Ce capitaine Scott avait fait amitié avec Fletcher et, un jour, tandis que ces deux héros prenaient leurs grogs, Byron entendit leur conversation. « Pourquoi, demandait le capitaine Scott, votre maître va-t-il dans ce pays de sauvages ? » Fletcher se le demandait aussi. « C'est tout rochers et voleurs, disait-il, ils vivent dans des trous et en sortent comme des renards. Ils ont de grands fusils, des pistolets et des couteaux. » Fletcher avait conservé le plus mauvais souvenir des Grecs et de la Grèce ; il était pro-Turc. « Les Turcs sont, disait-il, les seuls hommes respectables du pays. S'ils partent, la Grèce sera comme une maison de fous mis en liberté... C'est un pays de puces, de mouches et de voleurs. Pourquoi My Lord y va ? Dieu seul le sait, pas moi. » Et à ce moment, voyant que son maître écoutait, il dit : « Et mon maître ne peut nier que ce que j'ai dit est vrai. – Non, dit Byron, pour ceux qui regardent les choses avec des yeux de pourceaux, et qui ne peuvent voir rien d'autre. »

Il avait été sagement décidé qu'avant d'aller en Grèce où le désordre des partis rendait impossible le choix d'un lieu de débarquement, on s'arrêterait quelque temps dans les îles Ioniennes, pour attendre des renseignements plus précis que Blaquiere devait apporter. Les Sept Iles étaient sous le protectorat anglais. Elles formaient un terrain neutre, mais cette neutralité serait indulgente à Byron. Le but choisi avait d'abord été Zante ; un Anglais rencontré pendant le voyage conseilla Céphalonie, parce que le résident anglais y était le colonel Napier, homme remarquable et très ami des Grecs. Le 1er août, l'*Hercule* mouilla dans le principal port de Céphalonie, Argostoli. Là Byron eut une grande déception : Blaquiere, quinze jours plus tôt, était reparti pour l'Angleterre sans laisser aucun message. En vérité, ces gens du comité anglais étaient d'une négligence insupportable. Ils lui avaient fait quitter sa maison, son travail, sa maîtresse et, maintenant, le laissaient dans une île inconnue, sans instructions, sans renseignements et sans but.

Pendant trois semaines, il resta en rade d'Argostoli à bord de l'*Hercule*. Il était inquiet à l'idée de reprendre contact avec des fonctionnaires anglais. Il y avait là des officiers. Comment le recevraient-ils ? « Avec sa sensibilité morbide, égocentrique, il était convaincu qu'il était devenu un objet de haine et de ridicule pour tout Anglais, et il reculait avec une féminine timidité à l'idée de s'exposer à un entretien avec eux. » Il fut très étonné quand les officiers du 8ᵉ régiment du roi l'invitèrent à leur mess, et plus encore quand, à la fin du dîner, ils se levèrent pour boire à sa santé. Il répondit avec émotion puis, se penchant vers le colonel, demanda s'il avait bien dit ce qu'il fallait. Il était un peu effrayé, mais très heureux.

Si les Anglais l'accueillaient bien, les réfugiés grecs de l'île s'attachaient à lui comme à un sauveur. Ils savaient qu'il était riche, célèbre. En particulier les Souliotes, les guerriers de cette tribu presque barbare dont il avait conservé un souvenir romanesque parce qu'ils l'avaient recueilli au temps de son premier pèlerinage, envahirent le pont de l'*Hercule*. Leur aspect pittoresque plut tant à Byron qu'il en engagea quarante pour lui servir de garde privée. Il s'en repentit vite. Gamba, qui s'occupa d'eux avec sa gentille et active incompétence, découvrit que la plupart d'entre eux n'étaient ni Souliotes ni Grecs. Après quelques jours d'expérience, Byron donna deux mois de solde à ses gardes, paya leur passage à Missolonghi et fut bien heureux de s'en débarrasser.

Pendant tout ce séjour à Céphalonie, la générosité de Byron fut illimitée. Rochdale avait été vendu, en juin 1823, pour 34 000 livres. Il était décidé, s'il le fallait, à dépenser cette fortune pour la cause grecque. « Mes goûts personnels sont très simples et mon revenu est considérable pour n'importe quel pays, hors l'Angleterre, étant égal à celui du président des Etats-Unis, des secrétaires d'Etat anglais et des ambassadeurs français dans les grandes cours. » Mais, s'il était plus décidé que jamais à tout donner pour la Grèce, il voulait le faire raisonnablement. Trelawny, héros d'opéra-comique et aventurier plus que soldat, ne comprenait pas que Byron ne partît pas aussitôt pour la Grèce. Quelle Grèce ? répondait Byron. Fallait-il rejoindre Colocotronis en Morée, Souliote Botzaris à Missolonghi, ou le brigand Odysseus à Athènes ? Personne ne le savait. Tout chef qui avait pu réunir autour de lui vingt hommes envoyait un émissaire à Byron. Blaquiere, qui avait enfin écrit, conseillait d'attendre. Le colonel Napier n'était pas encourageant. Napier disait : « Il est difficile d'entrer en Grèce, mais plus difficile encore d'en sortir. » Il disait aussi que personne ne devait prendre la direction des affaires grecques sans deux régiments européens et une potence portative. D'ailleurs les Turcs étaient en force et leur flotte bloquait les côtes. Le capitaine Scott refusait de risquer son bateau sur une mer patrouillée par la flotte turque. Quoi de plus sot pour Byron que de se faire capturer par celle-ci ? Dans la troisième semaine d'août, il décida de rester quelque temps à Céphalonie et loua une maison dans un petit village de l'île : Metaxata.

A Metaxata, Byron trouva un bonheur paradoxal. Jamais sa vie n'avait été plus simple. Il voulait que son régime fût celui d'un soldat. L'ascétisme lui avait toujours procuré à la fois santé et contentement de soi. Gamba et le docteur Bruno étaient ses seuls compagnons. Il voyait parfois un Céphaloniote, le comte Della Decimi, qu'il avait baptisé : *Ultima analisi*, parce qu'il commençait toutes ses phrases par : « En dernière analyse ». Il avait aussi trouvé un petit page grec, Loukas, nouvel Eddleston.

Byron travaillait le matin, prenait une tasse de thé, sortait à cheval, dînait de quelques légumes et, le soir, lisait le *Mémorial*, ou une Vie du général Marceau, don d'Augusta. Chaque jour des délégations grecques venaient le voir ; un réfugié demandait un secours, toujours accordé. La nuit, dans la sérénité d'un clair de lune transparent, il regardait les îles, les montagnes, la mer, et dans le lointain la ligne confuse de la côte grecque.

Le bonheur ? Mais oui, c'était le bonheur. Aucune passion ne troublait la paix de son esprit. Aucun regard critique ne l'épiait. Qu'aurait-on pu lui reprocher ? Il était là pour se conduire en homme d'honneur. A la fin d'une longue lettre à

Augusta, où il avait essayé de montrer combien il lui fallait de patience et de philosophie pour débrouiller les intrigues locales, il ajoutait : « Si vous croyez que cette épître mérite d'être transmise à Lady Byron, vous pouvez lui en envoyer une copie. » Peut-être enfin l'approuverait-elle, cette rigide Annabella dont il estimait le jugement.

A part une expédition à Ithaque qui se termina assez mal par une crise de délire de Lord Byron, la seule aventure de tout le séjour fut une aventure spirituelle. Il y avait, dans l'île, un docteur Kennedy, Ecossais fort religieux, qui s'efforçait de répandre la Bible parmi les Grecs des îles Ioniennes. Un peu après l'arrivée de Byron dans l'île, ce docteur ayant eu une discussion sur la religion avec quelques officiers voltairiens, se fit fort de leur prouver la vérité des Ecritures de façon aussi irréfutable que les théorèmes d'Euclide. Une réunion fut organisée et Byron demanda à y assister. Naturellement sa présence excita une grande curiosité. Un ami, qui le rencontra comme il s'y rendait à cheval, lui dit : « J'espère que Votre Seigneurie sera convertie. – Je l'espère aussi », répliqua-t-il avec sérieux. Chez Kennedy, il s'assit sur un sofa ; les autres formèrent un cercle autour de la table et le docteur commença son exposé.

Son premier thème fut la différence entre le christianisme de la Bible et le christianisme des hommes. Byron avait promis d'écouter avec patience, mais on le regardait et bientôt il parla. Il dit qu'il avait été élevé très religieusement par sa mère, qu'il avait toujours été passionnément intéressé par les questions de religion et qu'il avait lu un grand nombre d'ouvrages traitant de théologie, mais qu'il ne pouvait comprendre les Ecritures. Il ajouta qu'il respecterait toujours les croyants sincères et qu'il aurait toujours plus de confiance en eux qu'en d'autres hommes. Mais il avait rencontré trop de dévots dont la conduite différait des principes professés par eux. Puis, après avoir un peu parlé de son vieil ami le Diable, d'Eve et du Serpent, il revint à la difficulté qui l'avait toujours obsédé : l'existence dans le monde de maux affreux et sans raison, existence qui ne pouvait s'accorder avec celle d'un Créateur bienveillant. Par exemple il s'était attaché, dit-il, à parler avec presque tous les infirmes qu'il avait rencontrés et il avait généralement constaté que leur histoire était de misère et de tristesse depuis la naissance. « En quoi ont-ils offensé leur Créateur pour être ainsi traités ? Pourquoi vivent-ils et meurent-ils dans cet état affreux, et la plupart sans que jamais l'Evangile leur ait même été révélé ? A quoi servent-ils dans le monde ? Beaucoup d'entre eux souffrent de maux corporels, de la pression constante de la pauvreté, et condamnés à un travail incessant, plongés dans l'ignorance ou la superstition, ils n'ont ni le temps ni la capacité de lire la Bible, même si elle leur est présentée. »

Le docteur dit que la question de l'origine du Mal ouvrirait un champ trop vaste, que le mal était la conséquence du manque de piété, en outre que le malheur dans cette vie conduisait l'esprit à l'espoir d'un monde meilleur. Comme il parlait de la souveraineté de Dieu et de la vieille image du potier et de l'argile, Byron s'exclama : « Si j'étais brisé en morceaux, je dirais certainement au potier : Pourquoi me traitez-vous ainsi ? » Les arguments de Byron semblèrent intéresser les auditeurs plus que ceux du docteur et, après son départ, celui-ci reprocha à ses amis de s'être laissé influencer par le rang et par la gloire de leur hôte.

Mais Kennedy, brave homme, n'était pas rancunier. Il alla voir Byron chez lui, dans la petite maison de Metaxata, pour reprendre la conversation, et fut étonné par l'érudition biblique de son interlocuteur. « Oh ! oui, dit Lord Byron, je lis la Bible beaucoup plus que vous ne le croyez. J'ai une Bible que m'a donnée ma sœur, qui est une excellente femme, et je la lis très souvent. » Allant dans sa chambre à coucher, il en rapporta la Bible de poche bien reliée qui était le cadeau d'Augusta. Au cours de la discussion, quand Kennedy cherchait en vain un texte pour appuyer son argumentation, Byron le trouvait aussitôt. Il posa d'étonnantes questions à Kennedy sur le Diable, sur la pythonisse d'Endor. « J'ai toujours pensé, dit-il, que c'est la meilleure scène de sorcière qui ait jamais été

écrite. Cela bat toutes les apparitions de fantômes que j'aie
jamais lues. Le meilleur traitement d'un sujet semblable est
celui de Méphistophélès par Goethe. Evidemment *vous*
jugerez la Bible supérieure parce qu'inspirée, mais, si vous
lisez l'autre, vous verrez que c'est une des conceptions
humaines les plus sublimes. » Le docteur sourit de cette
singulière association et avoua qu'il n'avait jamais pensé à
considérer la Bible comme une œuvre littéraire. Puis il
insista sur la nécessité, pour Byron, de réformer sa vie. « Je
suis sur le bon chemin, lui dit Byron. Je crois comme vous
à la prédestination, à la dépravation du cœur humain en
général et du mien en particulier. Voilà déjà deux points
sur lesquels nous sommes d'accord. » Puis, comme Kennedy le louait de faire la charité généreusement et de
prodiguer autour de lui des actes de bonté : « Et qu'exigez-
vous de plus, docteur, pour me reconnaître bon chrétien ?
demanda Byron. – De vous agenouiller et de prier Dieu. –
C'est trop demander, cher docteur », dit-il.

Les nouvelles de Grèce étaient à la fois encourageantes
et décevantes. Les Grecs remportaient des victoires sur les
Turcs, mais ne pouvaient s'entendre entre eux. Le comité
de Londres annonçait un navire chargé d'artillerie et de
fusées Congreve, nouvel engin dont on disait merveille.
Mais en attendant cette « nef Argo », Byron ne recevait
d'Angleterre que des cartes et des trompettes, objets
estimables mais peu utiles dans un pays où les soldats
ignoraient la topographie et la musique. Les gentlemen de
la Couronne et Ancre avaient promis d'envoyer un officier
pour diriger les opérations. Byron aurait voulu qu'on
choisît le colonel Napier. Mais le colonel Napier n'avait
pas sur la Grèce les mêmes idées que le comité. « Aussi
longtemps, disait-il, qu'il y a un soldat turc en Europe, le
gouvernement grec ne devrait pas s'occuper de constitution. » Propos peu faits pour plaire à un comité libéral. Le
colonel Stanhope, qu'envoyèrent les gens de Londres, fut
loin d'enchanter Byron ; c'était un disciple de Bentham et
plus un politicien qu'un soldat. On le verrait à l'œuvre.

Napier aida au moins Byron à faire un choix parmi les partis. Il était résolument en faveur de Mavrocordato, le seul chef de la Révolution, disait-il, qui fût un homme d'Etat honnête et sérieux. De l'île d'Hydra où il se trouvait, Mavrocordato se mit en rapport avec Byron et lui fit savoir qu'il était prêt à faire sortir la flotte grecque, à forcer le blocus et à se rendre à Missolonghi pour y diriger les opérations, si Byron pouvait, en attendant un emprunt que l'on négociait à Londres, avancer quatre mille livres sterling pour payer les équipages. C'était une grosse somme. Byron la donna. Il trouvait quelque plaisir à entretenir, lui simple citoyen, une flotte et une armée. Il remarquait avec amusement et satisfaction que les sommes données par lui pour la Grèce dépassaient déjà celles avec lesquelles Bonaparte avait commencé la campagne d'Italie, détail qu'il venait de lire dans le *Mémorial*. Les Souliotes de Missolonghi lui demandaient de les prendre à sa solde et de devenir leur chef. Malgré ses déboires, il était tenté. C'étaient de magnifiques guerriers et il serait beau d'avoir toute une tribu sous ses ordres. Qui savait ? La Grèce libérée, peut-être pourrait-il, avec ces hommes, attaquer d'autres moulins à vent. Déjà il se voyait chef de bande et redresseur de torts dans le monde entier.

Vers la fin de l'année, grâce à l'appui financier de Byron la flotte grecque fut équipée et Mavrocordato, puis Stanhope, purent passer à Missolonghi. De là, ils supplièrent Byron de venir les rejoindre. « Je n'ai pas besoin de vous dire, My Lord, lui écrivait Mavrocordato, combien il me tarde de vous voir arriver. Vos conseils seront écoutés comme des oracles. » Et Stanhope : « Vous êtes attendu avec une anxiété fiévreuse. Je me suis promené ce soir dans les rues de Missolonghi, et le peuple m'a réclamé Lord Byron. »

Il était peut-être encore prématuré de prendre parti, mais Byron savait qu'en Angleterre les gens du comité raillaient son long séjour dans l'île. Il avait été offensé par une lettre de Moore, qui semblait insinuer qu'au lieu de poursuivre des aventures héroïques, il était dans une délicieuse villa,

en train de continuer *Don Juan*. C'était faux. Il n'avait pas
continué *Don Juan*, ni aucun autre poème. « La poésie, dit-
il à Gamba, ne devrait occuper que les oisifs. Dans les
affaires plus sérieuses, elle serait ridicule. » Il voyait bien
que l'aventure était dangereuse, « mais il ne sera jamais dit
que je me suis engagé à aider un gentleman dans une petite
affaire d'honneur et que je ne l'ai pas aidé jusqu'au bout...
Pour ma part, je resterai fidèle à la cause tant qu'il restera
une planche à laquelle on pourra honorablement se cram-
ponner. » A Moore, le 27 décembre, il annonça que, vingt-
quatre heures plus tard, il s'embarquerait pour rejoindre
Mavrocordato à Missolonghi. « L'état des partis me forçait
à rester ici jusqu'à maintenant, mais puisque Mavrocordato, leur Washington ou leur Kosciuszko, est de nouveau
aux affaires, je puis agir, la conscience tranquille. J'emporte de l'argent pour payer l'escadre, et j'ai de l'influence
sur les Souliotes. Il est probable que nous essaierons de
prendre, soit Patras, soit les forts du détroit. Mais il me
semble que les Grecs ou au moins les Souliotes (qui sont
avec moi en parenté de pain et de sel) s'attendent à ce que
je marche avec eux. Soit... J'ai quelque espoir que la cause
triomphera, mais, qu'elle triomphe ou non, il faut suivre
les règles de l'honneur aussi strictement que le régime
lacté. J'espère observer les deux. »

XXXV. *Hamlet et Don Quichotte*

The road of Excess leads to the Palace of Wisdom.
BLAKE.

Mavrocordato et Stanhope lui avaient promis que la
flotte grecque protégerait son passage jusqu'à Missolonghi, mais Stanhope et Mavrocordato n'étaient pas grands
organisateurs et les deux bateaux qui transportaient Byron

et sa fortune ne rencontrèrent que la flotte turque. Celui de Gamba fut capturé et emmené à Patras pour enquête ; celui de Byron put s'échapper vers le nord et trouva, après une poursuite dangereuse, un abri derrière des rochers au large de Dragomestri. Les Turcs auraient pu l'y poursuivre et il n'avait avec lui que quatre hommes en état de combattre. Il envoya un message au colonel Stanhope pour lui demander de le faire chercher : « Je suis un peu inquiet d'être ici, non pas tant pour moi que pour un garçon grec qui est avec moi, car vous savez ce que serait son sort, et j'aimerais mieux le couper en pièces et moi-même avec lui que de le laisser prendre par ces barbares. » L'enfant grec était le jeune Loukas qu'il avait amené de Céphalonie.

A Dragomestri il attendit trois jours. Fletcher souffrait d'un violent rhume de cerveau et Byron lui avait cédé le seul matelas du bateau. C'était pour de telles attentions que Fletcher disait : « My Lord est peut-être très bizarre, mais il a tellement bon cœur. » Byron passa là le 2 janvier, jour anniversaire de son mariage, qui était toujours pour lui un jour de méditation. Le 4, Mavrocordato le fit escorter jusqu'à Missolonghi.

La ville de Missolonghi est située au bord d'une lagune peu profonde sur laquelle peuvent seuls naviguer de petits bateaux à fond plat. Un chapelet d'îles dont la plus importante, Vassilidi, servait de forteresse, sépare la lagune de la mer. Le matin du 5 janvier, Byron revêtit un bel uniforme rouge, qu'il avait emprunté avant de quitter Céphalonie au colonel Duffie, du 8ᵉ, monta dans un petit canot et, à travers la lagune, se dirigea vers la ville. Il fut accueilli par des salves d'artillerie, des coups de fusil, une musique sauvage. Une foule de soldats et de citoyens étaient sur la place quand il débarqua. Le colonel Stanhope et le prince Mavrocordato le reçurent à la porte de sa maison. Gamba, échappé par miracle aux Turcs de Patras, devant une scène si touchante « eut peine à contenir ses larmes ».

Missolonghi était un bourg de pêcheurs, construit au-dessous du niveau de la mer. Des prairies couvertes de roseaux entouraient la ville ; dans la saison des pluies, les rues elles-mêmes devenaient des marécages. Aucun drainage n'était possible ; l'eau stagnante croupissait au ras des maisons. Pourtant Missolonghi avait un charme étrange, inhumain ; à demi submergée par les mers, cette Atlantide semblait hors du monde. Des bergers vêtus de peaux de chèvre habitaient des cabanes, dans les roseaux, au pied des montagnes violettes. Tout sentait le sel, le poisson, la vase. La maison de Lord Byron était un bâtiment assez haut, dans lequel habitait déjà le colonel Stanhope. Des fenêtres la vue était belle ; après le miroir d'argent terni de la lagune, on voyait le trait noir que formait le chapelet des îles, surmonté de petites habitations lacustres dont les fins pilotis se détachaient sur le ciel. Dans le lointain, quand le temps était beau, on apercevait Céphalonie, où Byron avait été heureux. Fletcher, Tita, Lega Zambelli essayèrent de donner meilleure apparence à l'appartement sordide de Lord Byron. Aux murs, celui-ci mit des panoplies et quelques livres. Dans la grande salle du rez-de-chaussée, il installa une garde souliote. Au-dehors, dans les cafés de Missolonghi, des soldats en veste brodée et des fugitifs s'injuriaient. Il fallait beaucoup d'imagination pour évoquer la Grèce de Léonidas.

Byron fit l'inventaire de la situation avec sang-froid. Le prince Mavrocordato, son allié, était un homme honnête, mais sans autorité sur ses troupes. La ville était pleine des éternels Souliotes qui, affamés, mal payés par le gouvernement grec, formaient un danger plus immédiat que les Turcs. La guerre d'indépendance les intéressait peu. Ils avaient toujours été des mercenaires. Ils « soupiraient au nom de Souli » et regardaient vers le nord, où les rochers de leur patrie étaient parfois visibles au-dessus des nuages, Mavrocordato, qui en avait peur, suppliait Byron de les prendre à sa solde.

On attendait toujours le « navire Argo », dans lequel le comité de Londres devait envoyer une artillerie et des artificiers. Il était urgent de recruter un corps de spécialistes qui pût, à l'arrivée des canons, les servir. Pour ce corps, Byron souscrivit une première somme de cent livres et essaya d'y enrôler des Allemands, des Suédois. Il se montrait lui-même bon soldat et chaque jour, dans les prairies marécageuses, assistait à l'entraînement de sa brigade. « Rien ne m'ennuie autant, disait-il à Gamba, mais la patience est indispensable. Je n'ai pas beaucoup d'espoir de succès, mais il faut faire quelque chose, ne fût-ce que pour employer les troupes, pour les empêcher de se rouiller et de créer du désordre. »

L'entreprise qui semblait la plus tentante était d'aller prendre d'assaut la ville de Lépante, située un peu plus loin sur le golfe de Corinthe et qu'occupaient encore les Turcs. Byron envoya deux de ses officiers, un Anglais et un Allemand, examiner les fortifications de Lépante. La garnison était albanaise ; elle n'avait pas été payée depuis seize mois ; elle fit savoir aux émissaires de Byron qu'elle se rendrait volontiers, si on lui promettait une honnête récompense et la vie sauve. C'était donc un siège facile et, en même temps, par la célébrité du nom de Lépante, le succès aiderait à la réussite de l'emprunt que les Grecs essayaient alors de faire en Angleterre.

Le temps était affreux, la pluie tombait sans arrêt et, comme il était impossible de monter à cheval sur ces routes détrempées, Byron et Gamba se promenaient en canot sur la lagune, en parlant de leur guerre contre Lépante. Byron avouait qu'il n'avait aucune confiance dans ses troupes, mais croyait que, pour les rendre meilleures, il fallait feindre de les estimer. Il voulait les conduire lui-même à l'assaut, « Avant tout, disait-il, ces demi-barbares ne doivent pouvoir soupçonner en rien votre courage personnel. » Mavrocordato lui offrit le titre d'*archi strategos*, ou commandant en chef. Il en rit un peu avec Gamba, comme il faisait toujours quand il craignait le rire des autres, mais il était assez fier.

L'action toute politique du colonel Stanhope, son collègue du comité, l'exaspérait. Stanhope, que Byron appelait le colonel typographique, considérait comme plus important de donner aux Grecs une presse d'opinions avancées qu'une armée. Il cherchait à établir des écoles et croyait qu'on assure la liberté d'un pays en lui exposant la théorie de la Liberté. Byron ne voulait entendre parler d'autres écoles que d'une académie d'artillerie. Stanhope avait un plan pour réorganiser la poste, un plan pour bâtir des prisons modèles, un plan pour faire Mr Bentham apôtre des Grecs. « C'est peut-être un saint, disait Byron, mais ce n'est pas un soldat. » Byron consentit à donner cent livres pour le journal, mais dit au prince Mavrocordato que, s'il était à sa place, il créerait une censure. Stanhope prit feu : « Si Votre Seigneurie a dit cela sérieusement, je considère de mon devoir de transmettre cette affaire au comité anglais, pour lui montrer combien est difficile la tâche de donner la liberté à la Grèce, si Votre Seigneurie jette dans le plateau opposé le poids de ses grands talents. »

Byron répondit qu'il était partisan de la liberté de la presse, mais pas dans une société primitive et combustible, que la liberté était une excellente chose en Grande-Bretagne où un journal faisait contrepoids à l'autre, mais qu'une presse composée d'un journal ne pouvait être libre, par définition. Le premier numéro du *Greek Chronicle* prouva qu'il avait raison. Un article apprenait aux Soulio-tes que Bentham était le plus grand homme de ce temps et peut-être de tous les temps. La politique étrangère du colonel était dangereuse. Partant en guerre contre la Sainte Alliance, il encourageait les Hongrois à imiter la révolu-tion grecque. Byron haïssait plus que personne la Sainte Alliance, mais il jugeait absurde de compromettre la révolution grecque dans les mouvements révolutionnaires européens.

Le poète technicien et le soldat chimérique s'affron-tèrent. « Il est bizarre, disait Byron, que le soldat Stanhope soit partisan de combattre les Turcs par la plume, et moi, l'écrivain, par l'épée. » Stanhope reconnaissait la bonne foi de Byron : « Il n'avait ni pédanterie, ni affectation ; il était naturel et simple comme un enfant... Il était un audi-teur patient et en général très attentif ; il était chevaleres-que jusqu'au donquichottisme. » Tous ceux qui vécurent alors avec Byron trouvèrent en lui ce qu'avait entrevu lady

Blessington, ce qu'avait nié Trelawny, « l'étoffe d'un grand caractère ». Il avait compris dès son arrivée dans ce royaume de la Boue et de la Discorde que l'aventure ne serait ni brillante ni pittoresque. « Je suis venu ici non pour chercher des aventures, mais pour aider à la régénération d'un peuple dont l'abaissement même fait qu'il est honorable de devenir son ami. »

Pour donner l'exemple, il s'imposait de vivre de rations aussi simples que celles des soldats grecs. Comme à Ravenne, il était devenu, par sa générosité, populaire parmi les paysans des environs de Missolonghi. Bien que sans cesse en danger au milieu d'êtres violents qui entraient dans sa maison, le prenaient à témoin, le menaçaient, il restait énergique et calme. Des marins grecs des îles pénétrèrent jusqu'à sa chambre, demandant sur un ton insolent qu'un prisonnier leur fût rendu. Byron, qui avait fait mettre l'homme en sûreté, refusa. Les marins lui dirent qu'ils ne quitteraient pas la chambre sans leur Turc. Byron tourna vers eux un pistolet chargé ; ils le virent si déterminé qu'ils sortirent. Plusieurs fois il renvoya des prisonniers à Patras pour les sauver. Dans tous les plans d'opérations, il demandait le poste le plus dangereux. « Quant à ma sûreté personnelle, outre qu'il n'y faut pas penser, je considère qu'un homme est dans l'ensemble aussi en sûreté à un endroit qu'à un autre ; et, après tout, il vaut mieux finir en recevant dans le corps une balle que des remèdes. »

Quelquefois il regrettait d'être venu. Un jour, en recevant une lettre déjà ancienne de Hobhouse, lettre où celui-ci lui conseillait de ne pas quitter Céphalonie sans de grandes précautions, il dit : « Ah ! cela arrive trop tard ; c'est dire à un homme de se méfier de sa femme après qu'il l'a épousée. » Mais il se reprenait vite. Il disait qu'il aimait mieux être à Missolonghi, menant une vie misérable, que de chanter et de boire toute la soirée dans un salon de Londres, après quarante ans, comme faisait Tom Moore. « La pauvreté est une souffrance ; mais il faut peut-être la préférer aux absurdes distractions des classes dites

supérieures, si dépourvues à la fois de cœur et de sens. Je
suis heureux d'y avoir maintenant échappé et suis résolu à
m'en tenir à l'écart pour tout le reste de ma vie. » Le poète
et le soldat avaient triomphé du dandy et de l'homme du
monde. Etait-ce, comme il le pensait, pour le reste de sa
vie ? Résisterait-il à la tentation s'il se retrouvait un jour
dans les flots « de cette mer de soie et de pierreries » ? Qui
le savait ? Mais à Missolonghi le Puritain et le Chevalier,
longtemps brimés, trouvaient enfin leur dur bonheur dans
cette aventure austère.

Le jour de sa fête, le 22 janvier 1824, il entra dans une
chambre où étaient réunis Stanhope, Gamba et quelques
amis, et dit avec un sourire : « Vous vous plaigniez, l'autre
jour, de ce que je n'écris plus jamais de vers – : aujourd'hui est mon anniversaire, et je viens d'achever
quelque chose qui vaut mieux, je crois, que ce que j'écris
habituellement. » Il leur lut alors des vers qui se termi-
naient par ces deux strophes :

> Si tu regrettes ta jeunesse, pourquoi vivre ?
> Le pays de l'honorable mort
> Est ici : – marche au combat, et donne
> Ta vie !...
> Cherche – moins souvent cherché que trouvé,
> Un tombeau de soldat – pour toi le meilleur ;
> Puis regarde bien, choisis ton terrain,
> Et prends ton repos.

Il entrait ce jour-là dans cette trente-septième année qui,
disait la prophétie, devait lui être fatale.

Il eut quelque espoir militaire quand il apprit l'arrivée de
Mr Parry, l'artilleur et artificier envoyé par le comité de
Londres. Mr Parry apportait des canons, amenait des
mécaniciens anglais ; il savait fabriquer, disait-on, les
fameuses fusées Congreve. Avec Mr Parry, on pourrait
sans doute prendre Lépante. En fait Parry n'était qu'un
sous-officier, contremaître d'arsenal, mais il ne déplut pas
à Byron, toujours amateur de spécialistes. Sa vulgarité était

divertissante. Il aimait à boire et, après un certain nombre de *brandy and soda*, pouvait raconter d'amusantes histoires. Pour lui comme pour Byron, le comité de Londres était la plus ridicule assemblée de théoriciens qui se fût jamais réunie. Il avait de l'enthousiasme la même horreur que son nouveau chef. Il dit que Blaquiere et Hobhouse étaient « des fumistes » et fit rire Byron aux larmes en lui racontant sa première entrevue avec Mr Bentham qui, au milieu d'une conversation et sans achever une phrase, prenait le pas de course dans les rues de Londres, au grand ahurissement des passants, parce que cela était bon pour sa santé. Puis Byron entreprit d'expliquer à Parry les difficultés de la situation grecque et les querelles de Missolonghi. L'impression de Parry fut mauvaise ; il crut comprendre que Byron était anxieux, qu'il désespérait presque du succès, mais qu'il irait jusqu'au bout. « Il y avait une pâleur sur son visage, et une contraction des sourcils, qui semblaient indiquer à la fois de la faiblesse et de l'irritation. »

L'arrivée de Parry et de ses hommes augmenta encore le désordre. On leur avait attribué, pour en faire un arsenal, le petit bâtiment du Sérail. Il fallait le nettoyer, y transporter le matériel. Mais presque chaque jour était la fête d'un saint, et les soldats grecs n'aimaient pas les corvées. Byron, exaspéré, finit par se mettre lui-même au travail, en boitant. Les ouvriers anglais envoyés par le comité étaient choqués par la saleté des locaux et par la tristesse de Missolonghi. L'inventaire de la cargaison fut décevant. Les fameuses fusées Congreve manquaient. Les officiers allemands de la brigade d'artillerie furent blessés quand Byron voulut mettre à leur tête Parry, qui n'était même pas un officier, qui, disaient-ils, était incompétent, et qui venait à l'exercice en tablier, un marteau à la main.

Byron voyait bien que Parry n'était pas un grand stratège, mais au moins était-ce un homme de bon sens, et Byron se sentait si seul. Tous ceux qui l'entouraient se haïssaient les uns les autres et se disputaient son argent. Hors Gamba et ses domestiques, il ne pouvait compter sur personne. Stanhope était un honnête homme, mais un fou. Aux yeux de Mavrocordato, il semblait que la victoire dépendit, non du travail préparatoire quelconque, mais d'un courage animal. Les étrangers de la brigade d'artillerie se disputaient sur des questions de préséance. Parry et Byron étaient les deux seuls soldats modernes de l'expédition.

Peu à peu, malgré lui, Byron qui était arrivé en observateur, décidé à obéir aux hommes de métier et à servir dans le rang, se voyait poussé au commandement par l'incapacité des autres. Pourtant il était faible lui aussi, il le savait ; le détestable régime qu'il s'imposait par ascétisme militaire l'affaiblissait ; ses nerfs le trahirent un jour. Tout cela était vrai, mais il était « un homme », et le seul. « *Well*, il semble que je doive être commandant en chef, et le poste n'est certes pas une sinécure... Je ne sais si nous aurons une séance de boxe entre le capitaine et le colonel : mais avec nos chefs souliotes, nos barons allemands, nos volontaires anglais, et les aventuriers de toute nation, nous formerons probablement la plus belle des armées alliées qui se soient jamais querellées sous la même bannière. »

Jusqu'au milieu de février, il continua de faire bon visage. Il ne pouvait monter à cheval dans la ville, parce que les rues étaient des fondrières, mais il se faisait chaque jour conduire avec Gamba, par un canot, jusqu'à la maison d'un pêcheur nommé Ghazis. Là les chevaux l'attendaient et il pouvait galoper dans un bois d'oliviers. Puis la barque le ramenait à travers la lagune. Les couchers de soleil étaient admirables. Il parlait à Gamba du passé, d'Aberdeen, de Newstead, de Cambridge et du bateau dans lequel, à Brighton, il avait promené sa première maîtresse. Il trouvait encore le même plaisir à dérouler les images brillantes de la jeunesse. Gamba et Parry étaient tous deux touchés par la simplicité enfantine de son caractère. En face de sa porte était une maison turque, aux petites tours couvertes d'ornements. Chaque fois qu'il sortait, il démolissait un de ces ornements d'un coup de pistolet. Le bruit de la détonation attirait sur le balcon les femmes qui couvraient Byron d'injures inintelligibles et pittoresques. Il était ravi. Chez lui, il aimait à descendre dans la salle pavée qui servait de corps de garde aux Souliotes, pour y jouer avec son chien. Pendant une heure, il répétait : « Lion, tu es plus fidèle que les hommes... Lion, tu es un honnête garçon... » Lion, assis sur le sol, agitait la queue avec satisfaction, et Byron semblait heureux.

Le moment choisi pour l'attaque contre Lépante approcha. Gamba fut chargé de réorganiser le corps des Souliotes. Il trouva dans les listes de nombreux noms de soldats qui n'avaient jamais existé. Ces fraudes étaient un usage antique des mercenaires et assuraient aux chefs un supplément de solde convenable. Gamba rectifia les contrôles, mais les Souliotes grondèrent. Une précision occidentale leur déplaisait. Colocotronis qui, en Morée, avait appris les projets de campagne des Grecs de Missolonghi craignit, si ceux-ci réussissaient, que le pouvoir de son concurrent Mavrocordato ne fût renforcé. Il envoya des émissaires pour détacher les Souliotes de Byron. Des rumeurs imbéciles coururent : Mavrocordato devait vendre le pays aux Anglais ; Lord Byron n'était pas un Anglais, mais un Turc sous un faux nom. Au moment où l'on réglait les derniers détails de l'attaque, les Souliotes, poussés par des agents de Colocotronis, exigèrent soudain que l'on nommât parmi eux deux généraux, deux colonels, deux capitaines et un grand nombre d'autres officiers. Sur trois à quatre cents Souliotes, cent cinquante eussent été payés comme officiers. Byron se mit en colère et dit qu'il ne voulait plus rien avoir à faire avec les Souliotes. Le 15 février, il réunit les chefs et leur annonça qu'il les renvoyait. Mais il était navré. C'était la fin du plan de campagne dans lequel, pendant tout l'hiver, il avait mis son espoir.

Vers le soir comme, après cette difficile journée, il plaisantait avec le colonel Stanhope, il se plaignit d'avoir soif et se fit apporter du cidre. Il le but, se leva, chancela et tomba dans les bras de Parry. Son visage était défait, sa bouche tordue, son corps secoué par de violentes convulsions. Au bout de deux minutes, il revint à lui et ses premiers mots furent : « Est-ce que ce n'est pas dimanche ? »

On lui dit que oui. « Ah ! dit-il, le contraire m'eût étonné. »
Le dimanche était un de ses jours néfastes.

Le docteur Bruno voulut le saigner, mais l'idée de laisser prendre son sang inspirait à Byron, comme à certains
êtres primitifs, une horreur insurmontable. Bruno, affolé,
se tordit les mains, puis lui mit des sangsues aux tempes, et
fut incapable ensuite d'arrêter l'hémorragie. Tita et Fletcher coururent au dispensaire chercher un docteur Millingen, Allemand qui était au service du gouvernement grec.
Avec une pierre caustique celui-ci parvint, non sans mal, à
refermer la veine. Byron, l'esprit encore confus, murmu-
rait : « En ce monde, tout n'est que souffrance... »

Autour de lui Gamba, Fletcher, Tita, Bruno avaient perdu la tête. Tous se demandaient ce qu'avait été cet accès.
Epilepsie ou apoplexie ? Les médecins croyaient plutôt
reconnaître un accident épileptiforme, suite de sa maladie
de Venise. Mais tandis qu'ils discutaient, alors que Byron
avait à peine repris connaissance, on apprit que les Souliotes, mutinés, marchaient sur le Sérail. Gamba, Parry,
Stanhope durent courir dans la nuit, sous la pluie, par ces
rues boueuses où il fallait sauter de pavé en pavé. La
brigade d'artillerie fut appelée aux armes. Deux soldats
ivres pénétrèrent jusque dans la chambre où Byron, faible
et encore à demi inconscient, reposait. « Il ne comprenait
pas ce qu'ils disaient. Il était impuissant et seul. Autour de
lui, les cris aigus de Bruno tranchaient sur le bruit. Bruno
était déjà en larmes. Dans la chambre humide et mal
éclairée, Byron, revenant à lui, percevait graduellement un
vague abîme de confusion et de terreur. Et par-dessus tout,
basse éternelle, venait le son de la pluie qui tombait sur le
toit sans arrêt. »

La semaine qui suivit fut triste. Byron, depuis qu'on
avait prononcé devant lui le mot d'épilepsie, craignait pour
sa raison. Il continuait à éprouver des vertiges et des
sensations nerveuses désagréables qui, disait-il, ressem-
blaient à de la crainte, bien qu'il sût n'avoir aucune cause
d'alarmes. « Croyez-vous, dit-il à Millingen, que je souhaite la vie ? J'en suis dégoûté de tout cœur, et je bénirai

l'heure où j'en sortirai. Pourquoi la regretterais-je ? Quel plaisir peut-elle me donner ? Peu d'hommes ont vécu autant que moi. Je suis, à la lettre, un jeune vieillard. A peine arrivé à l'âge d'homme, j'avais atteint le sommet de la gloire. Le plaisir, je l'ai connu sous toutes les formes sous lesquelles il peut se présenter. J'ai voyagé, j'ai satisfait ma curiosité, j'ai perdu toutes mes illusions... L'appréhension de deux choses hante maintenant mon esprit. Je me vois mourant lentement sur un lit de torture, ou terminant mes jours comme Swift – un idiot grimaçant ! Plût au Ciel que le jour fût arrivé, où, me jetant l'épée en main sur un détachement turc, je rencontrerai une mort immédiate et sans douleur. »

Une lettre de Lady Byron transmise par Augusta et lui donnant sur sa fille Ada tous les détails qu'il avait demandés arriva tout de suite après la crise. Elle fit plaisir à Byron. Annabella le nommait sans horreur, et elle répondait à toutes ses questions. Il avait écrit : « Est-elle sociable ou solitaire ? Taciturne ou bavarde ? Aime-t-elle à lire ou non ?... Est-elle passionnée ? J'espère que les dieux l'ont faite tout, sauf poétique – c'est assez d'un tel fou dans une famille. » Les réponses étaient rassurantes ; Ada était grande, robuste, elle préférait la prose à la poésie, elle avait du goût pour la mécanique et son occupation préférée était de construire des petits bateaux. Reverrait-il jamais ces trois femmes ? « Très chère Augusta, écrivit-il, j'ai reçu, il y a quelques jours, votre lettre et la note de Lady Byron, sur la santé d'Ada et je vous en suis très reconnaissant, car elles m'ont été d'un grand réconfort et j'en avais besoin, ayant été récemment malade... »

Quatre jours après l'accident de Byron, le lieutenant Sass, bon officier suédois qui était arrivé avec Parry, fut tué par un des Souliotes, qu'il avait voulu empêcher de pénétrer dans l'arsenal. Ce n'était qu'un malentendu entre deux hommes qui ne parlaient pas la même langue, mais cette Tour de Babel devenait sanglante.

Le meurtre de Sass acheva de décourager les artificiers anglais. Déjà la boue et la misère de Missolonghi, un léger tremblement de terre, les soldats barbares, les avaient épouvantés. Pris de panique, ils demandèrent d'être embarqués pour l'Angleterre. Byron essaya de les rassurer, mais le colonel Stanhope leur dit « qu'il ne pouvait affirmer positivement que leurs vies fussent en sûreté ». « J'aimerais bien savoir, grogna Byron, où la vie de l'homme est en sûreté, que ce soit ici ou ailleurs. » Un de ces mécaniciens, propagandiste wesleyen, était arrivé chargé de Bibles en grec moderne. En partant, il laissa sa précieuse cargaison à Byron, en le priant de distribuer ces livres aux Grecs, ce que Byron fit avec conscience. Il trouvait un certain humour tragique à voir toutes les responsabilités, militaires, politiques, religieuses, confiées l'une après l'autre à sa faible carcasse.

Les habitants de Missolonghi effrayés, eux aussi, par le meurtre de Sass, exigèrent le renvoi des Souliotes. Pour obtenir leur départ, il fallut leur payer l'arriéré de leur solde, trois mille dollars. Naturellement Byron dut les avancer. En trois mois, il avait dépensé à Missolonghi 59 000 dollars, et pour quel résultat ? « Il n'y avait plus de Souliotes pour servir de sentinelles au dépôt de munitions, plus d'ouvriers pour faire des munitions, plus de munitions pour armer les soldats, plus de soldats pour se servir des munitions si on avait pu en produire. » « Je commence à craindre, dut avouer Byron à Gamba, de n'avoir rien fait ici que perdre mon temps, mon argent, ma patience et ma santé ; mais j'y étais préparé : je savais que notre chemin ne serait pas semé de roses, et que je devais être prêt à rencontrer déception, calomnie et ingratitude. »

Le colonel Stanhope, qui était absurde mais juste, reconnut que Byron se conduisait avec une admirable fermeté. Il l'écrivit au comité et Hobhouse dit avec indulgence : « Il a toujours été ainsi dans les moments de crise. » Byron restait même fidèle à son goût pour les plaisanteries de collège. Parry ayant été effrayé par le tremblement de terre, Byron, quelques jours plus tard, organisa un cataclysme artificiel, en ordonnant à cinquante hommes cachés dans la cave de secouer la maison, qui, pas très solide, vacilla, tandis qu'on roulait des obus à l'étage supérieur pour compléter l'illusion. Parry s'enfuit et Byron s'amusa beaucoup.

Mais souvent, malgré son humour, il était découragé. Sa vie avait toujours été soumise à un rythme : attaque courageuse contre l'univers ; découragement quand l'univers provoqué lui renvoyait les coups avec une force irrésistible. Comment faire un travail utile avec des hommes qui avaient horreur de tout travail ? La situation de la ville était précaire. Les remparts, en mauvais état, auraient dû être reconstruits. Dans les fossés, on voyait de vieux canons turcs qu'il eût été facile de relever et d'employer. La petite île qui fermait l'entrée de la lagune était à peine défendue. Que fût-il arrivé si un vaisseau turc s'en était emparé et avait envoyé quelques canonnières sur la lagune ? Cela eût suffi pour réduire Missolonghi. Byron et Parry percevaient les dangers et souhaitaient agir. Mais Mavrocordato, hésitant, languissant, n'arrivait pas à faire travailler ses hommes. Tantôt l'on manquait d'argent, tantôt c'était la fête d'un saint, tantôt les chefs ne s'entendaient pas entre eux. Quelquefois, quand les Grecs lui disaient qu'il leur aurait fallu un roi, Byron pensait qu'ils n'avaient pas tort. Mais le colonel Stanhope, qui voulait leur imposer la constitution des cantons suisses, s'indignait.

En fait, le seul événement favorable de ces mauvais jours fut le départ du colonel typographique. Il partit pour Athènes, non sans avoir fondé un nouveau journal hebdomadaire, le *Greek Telegraph*, en trois langues. A Athènes, il retrouva, dans l'état-major d'Odysseus, Trelawny, plus bandit que jamais. Il avait adopté le costume souliote et s'était fait un harem d'une dizaine de femmes ; Odysseus lui-même lui avait donné une de ses sœurs. Depuis ce mariage, Trelawny avait une admiration passionnée pour l'ancien chef de brigands. « Un être prodigieux, disait-il, brave, intelligent et noble. » Odysseus, qui savait prendre chaque homme par son faible, ne fut pas moins adroit avec Stanhope. Il trouva la constitution suisse parfaite, se dit bon démocrate, se moqua du titre de prince de Mavrocor-

dato, et parut s'intéresser vivement aux doctrines de
Bentham. Stanhope écrivit à Byron : « J'ai été constam-
ment avec Odysseus. C'est un esprit très solide, un bon
cœur ; il est aussi brave que son épée... Il met toute sa
confiance dans le peuple. Il est partisan d'un gouvernement fort et d'un droit constitutionnel... Il a établi ici deux
écoles et m'a permis d'y installer une imprimerie. » Trelawny et Stanhope désiraient vivement qu'un congrès réunît,
à Salona, Mavrocordato et Odysseus. Il serait possible de
les réconcilier et sans doute offriraient-ils alors à Byron le
titre de gouverneur général de la Grèce.

Byron fut tenté. Mavrocordato, méfiant, craignait que le
seul but d'Odysseus ne fût de l'amener, lui, dans une
embuscade et de s'assurer de la personne de Byron. Mais
Byron désirait se rendre à cette entrevue. Il avait besoin de
s'arracher, pour quelques jours, au cauchemar de Missolonghi : demandes d'argent incessantes, réclamations sur
les rations, le pain si mauvais « qu'il faudra pourtant bien,
disait-il, se procurer un boulanger pour remplacer le brique-
tier qui l'a cuit jusqu'ici », une menace de peste, une attaque
de la ville par les tribus voisines. Dans cet enfer il avait
jusqu'alors gardé son courage, mais ses nerfs étaient à vif.

Le 9 avril, il reçut des lettres d'Angleterre qui donnaient
de bonnes nouvelles de l'emprunt grec ; près de deux
millions et demi avaient été souscrits ; il allait pouvoir
organiser une nouvelle brigade d'artillerie et un corps
d'infanterie de deux mille hommes. Ce jour-là, ragaillardi
par les nouvelles, il décida de monter à cheval avec Gamba, bien que le temps fût menaçant. A trois milles de la
ville, il fut surpris par la pluie. Au retour, quand ils arrivèrent à la cabane du pêcheur Ghazis où leur bateau les
attendait, Gamba dit qu'il était imprudent de rester immobile dans un canot avec des vêtements mouillés, que
pour une fois il serait plus sage de revenir à cheval. « Je
ferais un joli soldat, dit Byron, si je m'occupais de semblables bêtises ! » Ils quittèrent donc leurs chevaux et
gagnèrent Missolonghi en bateau, par la lagune.

Deux heures après son retour, Byron fut saisi d'un frisson, se plaignit de fièvre et de douleurs rhumatismales. Le soir, Gamba le trouva étendu. « J'ai très mal, dit-il. La mort m'est indifférente, mais je ne puis supporter la douleur. » Le lendemain, il fit chercher Parry et lui raconta le succès de l'emprunt ; ensemble, ils préparèrent un plan de subventions pour la campagne d'été, Byron avait l'intention de payer lui-même le corps d'artillerie, d'équiper deux bateaux et d'acheter à ses frais des canons de montagne. Le soir, bien qu'il eût de la fièvre, il parla gaiement avec le docteur Millingen. Puis, il devint pensif et rappela l'histoire de Mrs Williams. Quand ses visiteurs l'accusèrent de superstition, « en vérité, leur dit-il, je trouve également difficile de savoir que croire et ne pas croire en ce monde ». Dans la nuit, il fit demander Bruno et lui dit qu'il avait des frissons. Bruno, puis Millingen proposèrent de le saigner, mais il refusa en disant : « N'avez-vous d'autre remède que la saignée ? Il y a plus d'hommes qui meurent de la lancette que de la lance. »

Millingen lui fit remarquer que la saignée était dangereuse pour les maladies nerveuses, non pour les maladies inflammatoires. « Qui est nerveux, répondit-il avec irritation, si je ne le suis pas ? Enlever du sang à un malade nerveux, c'est comme si vous relâchiez les cordes d'un instrument de musique qui est déjà faux parce que ses cordes sont insuffisamment tendues. Vous savez vous-même combien j'étais faible avant de tomber malade. En me saignant, vous augmentez cette faiblesse, et vous me tuerez inévitablement. »

Un violent ouragan, accompagné de sirocco, enveloppait Missolonghi. Des torrents de pluie tombaient. Parry, qui voyait Byron très malade et eût souhaité l'envoyer à Zante pour qu'il fût mieux soigné, dut y renoncer, aucun navire ne pouvant prendre la mer. Pendant quelques jours, les médecins s'obstinèrent à dire que la maladie n'était qu'un refroidissement sans gravité. Fletcher était d'un autre avis : « Je suis sûr, My Lord, disait-il, que vous n'avez jamais eu une attaque si sérieuse. – Je ne le crois pas non plus », dit Byron.

Le 15, il eut une longue conversation avec Parry. « J'ai eu d'étranges sensations, lui dit-il, mais ma tête est mieux maintenant ; je n'ai pas de pensées sombres, je crois que je me remettrai. Je suis tout à fait de sang-froid, mais quelquefois une mélancolie passe sur moi. » Puis il lui dit : « Je suis convaincu du bonheur de la vie domestique. Il n'y a pas sur terre un homme qui respecte une femme vertueuse plus que je ne le fais, et la perspective de me retirer en Angleterre avec ma femme et Ada me donne une idée de bonheur telle que je n'en avais jamais connu auparavant. La retraite sera excellente pour moi, de qui la vie a été comme un océan dans l'orage. » Puis il parla de Tita, qui avait été admirable et n'avait pas quitté sa chambre pendant plusieurs jours, de Bruno, qu'il aimait bien mais trouvait trop agité. Il parla aussi de religion : « Vous n'avez aucune idée des extraordinaires pensées qui me viennent à l'esprit quand la fièvre m'agite. Je me représente que je suis un juif, un mahométan, un chrétien de chaque secte différente. L'éternité et l'espace sont devant moi ; mais sur ce sujet, Dieu merci, je suis tranquille. »

Dans la nuit, la fièvre et l'agitation augmentèrent. Il délira. Millingen et Bruno (en le menaçant d'accidents cérébraux, s'il ne se laissait saigner) obtinrent son assentiment. Il leur jeta un de ces regards en dessous qui, au temps de Childe Harold, faisaient trembler les femmes dans les salons de Londres et dit, en tendant son bras : « Allons ; je vois que vous êtes une damnée bande de bouchers. Prenez-moi autant de sang que vous voudrez et finissons-en. »

Le 17 on le saigna deux fois. Il supplia les médecins de ne pas le tourmenter par leurs continuelles demandes de sang. Tita, effrayé par le délire de son maître, avait enlevé le pistolet et les poignards qui étaient toujours près du lit. Gamba, qui n'avait pu venir la veille, fut terrifié en le trouvant aussi changé. Un tel flot de larmes monta à ses yeux qu'il dut sortir. Autour du lit, c'était la confusion des langues. Bruno et Tita ne parlaient qu'italien, Fletcher et Parry qu'anglais, les serviteurs grecs étaient inintelligibles pour tous. Byron buvait de grandes quantités de citronnade et se levait de temps à autre, avec l'aide de Fletcher et de Tita. Il était surtout obsédé par le manque de sommeil. « Je sais, dit-il à Fletcher, que sans sommeil un homme doit mourir ou devenir fou. J'aimerais cent fois mieux mourir... je n'ai pas peur de mourir. Je suis beaucoup plus préparé à la mort que la plupart des gens ne le croient. »

Le 18, il y eut une consultation de quatre médecins, avec Millingen, Bruno, Treiber (assistant de Millingen) et Lucca Vaya, le médecin de Mavrocordato. C'était le dimanche de Pâques. On avait prié les habitants de ne pas faire de bruit. Au lieu de s'aborder par le traditionnel : « Christ est ressuscité ! » les gens de Missolonghi se disaient les uns aux autres : « Comment va Lord Byron ? » Ils avaient l'habitude, ce jour-là, de tirer des coups de fusil ; il fut décidé que Parry emmènerait la brigade d'artillerie à quelque distance de la ville et lui ferait faire quelques manœuvres, pour entraîner les habitants de ce côté. Des patrouilles circulaient dans les rues, pour assurer le silence autour de la maison. Les médecins étaient divisés ; Bruno et Lucca Vaya proposaient les remèdes employés en cas de typhoïde, Treiber et Millingen voulaient continuer les sangsues et les sinapismes ; ils s'opposaient à ce que Byron fût encore saigné, comme Bruno voulait le faire. « Vos efforts pour sauver ma vie, dit Byron à Millingen, seront vains. Je dois mourir ; je le sens. Je ne regrette pas la vie, car je suis venu en Grèce pour terminer une existence pénible. J'ai donné à la Grèce mon argent et mon temps. Maintenant je lui donne ma vie. »

Pendant ce jour de Pâques, il put lire quelques lettres et même en traduire une, écrite en grec par le député Luriottis. Vers la fin de l'après-midi, tous ceux qui l'entouraient comprirent que la fin approchait. Fletcher et Gamba durent sortir ; ils pleuraient. Tita resta, parce que Byron avait pris sa main, mais tourna la tête pour cacher ses larmes. Byron le regarda fixement et dit, à demi souriant, en italien : *Oh questa è une bella scena*. Puis, tout de suite, il eut un accès de délire et commença à crier comme s'il était monté à

l'assaut, tantôt en anglais et tantôt en italien : « En avant !
Courage ! Suivez mon exemple ! N'ayez pas peur. »

Dans ses moments de lucidité, il comprenait qu'il était
mourant. Il dit à Fletcher : « Maintenant c'est presque fini ;
il faut que je vous dise tout sans perdre un moment. –
Dois-je aller, My Lord, chercher une plume, de l'encre et
du papier ? – Oh ! mon Dieu ! non, vous perdrez trop de
temps et je n'en ai pas à perdre, car je ne vais plus vivre
longtemps. Maintenant faites attention... votre avenir sera
assuré. – Je vous prie, My lord, dit Fletcher, d'en venir tout
de suite à des choses plus importantes. » Byron dit alors :
« Ma pauvre chère enfant ! – ma chère Ada ! – Mon Dieu !
si j'avais seulement pu la voir – lui donner ma bénédiction
– et ma chère sœur Augusta, et ses enfants – et vous irez
voir Lady Byron et vous lui direz – dites-lui tout – vous
vous entendiez bien avec elle. »

A ce moment il parut très affecté. La voix lui manqua et
Fletcher ne put plus saisir qu'un mot çà et là ; Byron
continua à murmurer très sérieusement pendant quelque
temps des sons inintelligibles, puis, élevant la voix, il dit :
« Fletcher, si vous n'exécutez pas tous les ordres que je
vous ai donnés, je reviendrai pour vous tourmenter si je
puis. »

Il connaissait l'esprit craintif et superstitieux de Fletcher, et il est certain que cette menace était la dernière et
faible lueur de gaieté. Fletcher, consterné, répondit qu'il
n'avait pas compris un seul mot de ce que Sa Seigneurie
avait dit. « Oh ! mon Dieu ! dit-il, alors tout est perdu car il
est maintenant trop tard ! Est-il possible que vous ne
m'ayez pas compris ! – Non, My Lord ; mais je vous en
prie... répétez-moi vos ordres. – Je ne puis pas, il est
maintenant trop tard, tout est fini. – Que la volonté de Dieu
soit faite et non la nôtre », dit Fletcher, et Byron, faisant un
nouvel effort, dit : « Oui, et non la mienne – je vais essayer. » Il tenta plusieurs fois de parler mais ne put que
répéter : « Ma femme ! mon enfant – ma sœur – vous savez
tout – vous devez dire tout – vous connaissez mes désirs. »

Après cela il devint de nouveau difficile de le compren-

DON JUAN OU LA VIE DE BYRON 449

dre. Il prononçait des noms, des chiffres ; il parlait tantôt
en anglais et tantôt en italien. Parfois il disait : « Pauvre
Grèce – pauvre ville – mes pauvres serviteurs », puis :
« Pourquoi n'ai-je pas su cela plus tôt ? » et une autre fois :
« Mon heure est venue ! Je ne crains pas la mort, mais
pourquoi n'ai-je pas été chez moi avant de venir ici ? »
Plus tard il dit en italien : « *Io lascio qualche cosa di caro
nel mondo...* Je laisse quelque chose de cher au monde. »

Vers six heures du soir il dit : « Maintenant je veux
dormir », et se tournant, tomba dans un sommeil duquel il
ne se réveilla plus. Il semblait incapable de remuer un
membre mais ceux qui le regardaient constataient des
symptômes de suffocation. Des râles sortaient de sa gorge.
De temps à autre Fletcher et Tita soulevaient sa tête. Les
médecins lui mirent des sangsues pour le tirer de cette
léthargie. Le sang coulait le long de son visage. Il resta
dans cet état vingt-quatre heures. Le soir du 19, au crépuscule, Fletcher, qui veillait près de son maître, le vit ouvrir
les yeux et les fermer aussitôt. « *My God !* dit-il. *I fear his
Lordship is gone...* » Les docteurs prirent le pouls. « Vous
avez raison, dirent-ils, il est mort. »

Depuis quelques instants, un terrible orage s'était abattu
sur Missolonghi. La nuit tombait ; éclairs et coups de
tonnerre se succédaient dans l'obscurité. La brève lueur
des éclairs dessinait au loin, sur la lagune, la silhouette
sombre des îles. La pluie, balayée par le vent, battait les
vitres des maisons. Les soldats et les bergers qui s'y étaient
réfugiés ignoraient encore la funèbre nouvelle, mais ils
croyaient, comme leurs ancêtres, que des prodiges accompagnaient la mort d'un héros et, remarquant la violence
inouïe du tonnerre, se disaient entre eux : « Byron est
mort. »

Épilogue

« There is a strange coincidence sometimes in the little things of this world », says Sterne, and so I have often found it.

BYRON.

Quelques heures avant la mort de Byron un paquet de lettres était arrivé d'Angleterre. Les éloges de Stanhope, les témoignages des députés grecs venus à Londres pour l'emprunt, avaient enfin convaincu Hobhouse du sérieux de son ami. « C'est la Providence, avait dit l'un des Grecs, qui a envoyé cet homme à notre secours. » Hobhouse écrivait maintenant au « cher garçon » avec respect : « Votre nom et votre caractère vont se trouver bien au-dessus de tous ceux de vos contemporains... Je puis vous assurer que le monde entier pense comme moi... Votre présente campagne est certainement la plus glorieuse qu'un homme ait jamais entreprise. Campbell me disait hier qu'il enviait ce que vous faites maintenant (et vous pouvez le croire, car c'est un homme très envieux) beaucoup plus que tous vos lauriers, si beaux que soient ceux-ci. » Donc l'Angleterre avait pardonné. Mais déjà Lord Byron râlait dans les bras de Fletcher et les lettres étaient restées, sans être ouvertes, près de son lit.

Le soir, Mavrocordato publia une proclamation. Le lendemain, à l'aube, trente-sept coups de canon devaient être tirés de la grande batterie, « ce nombre étant celui des années de l'illustre défunt ». Les Grecs auraient voulu creuser pour Byron une sépulture dans le Panthéon ou dans le temple de Thésée. Le docteur Millingen affirmait que le mourant lui avait recommandé de laisser pourrir ses os dans quelque coin de terre grecque. Mais Parry et Fletcher, plus intimes, juraient avoir reçu des ordres contraires. Il fut décidé que le corps serait embaumé et envoyé en Angleterre.

Les quatre médecins, timides et médiocres, qui avaient soigné Byron, se réunirent autour de son lit. Avant de commencer l'autopsie, ils admirèrent un instant l'extraordinaire beauté de ce corps. Les cheveux, qui bouclaient naturellement, étaient gris ; le visage conservait une expression sarcastique et hautaine. Quand ils ouvrirent le crâne, ils furent surpris de trouver que le cerveau était celui d'un homme très âgé. La dure-mère adhérait à la paroi osseuse ; elle était enflammée. La pie-mère, injectée de sang, présentait l'aspect de la conjonctive d'un œil malade. Le cœur et le foie étaient en mauvais état. Les médecins dirent que, s'il avait échappé à cette maladie, Lord Byron n'aurait pas vécu longtemps.

Le lendemain, un silence prodigieux s'étendit sur la ville. La pluie était si violente que l'on remit les funérailles solennelles au jour suivant. Le 22 avril, le cercueil (un cercueil de soldat, en bois rude) fut transporté jusqu'à l'église. Sur le cercueil était jeté un manteau noir ; sur le manteau, une épée et une couronne de lauriers. La misère du décor, la tristesse des soldats à l'aspect barbare qui remplissaient l'église, tout contribuait, dit Gamba, à former une scène plus émouvante qu'aucune de celles qu'on eût jamais vues autour de la tombe d'un grand homme.

Le 14 mai, Hobhouse fut réveillé par des coups violents frappés à sa porte. Il se leva. C'était un billet de Kinnaird, annonçant la mort de Byron. Un paquet de lettres était joint ; l'une était de Gamba, les autres de Fletcher, adressées à sa femme, à Mrs Leigh, et au capitaine George Anson, maintenant septième Lord Byron. Hobhouse, atterré, alla voir Augusta, lui remit la lettre de Fletcher et, en écoutant ce récit naïf, s'abandonna à un chagrin dont il n'était plus maître. Pourtant il eut assez de présence d'esprit pour conseiller à Mrs Leigh de ne pas publier la partie de la lettre qui disait que, depuis sa crise d'épilepsie, Byron avait fait placer chaque matin une Bible sur sa table. « Je craignais, dit Hobhouse, que ce petit fait, qui plaisait à son valet, ne fût pris pour de la poltronnerie ou de l'hypocrisie. Je crois volontiers que la Bible était sur sa table. Je me rappelle en avoir vu longtemps une près de lui ; c'était un livre que lui avait donné sa sœur, mais, à moins que son esprit n'ait été troublé par la maladie, je suis sûr qu'il n'en a fait aucun usage superstitieux... Il m'avait souvent dit : « C'est peut-être vrai. C'est, comme disait "d'Alembert, un grand peut-être", mais je crois qu'il inclinait plutôt à des sentiments tout contraires lorsque je l'ai vu pour la dernière fois, à Pise. »

Augusta promit. Elle promettait toujours. Mais elle communiqua la nouvelle de la conversion de Byron à son confident Hodgson. Sa grande consolation, disait-elle, était de penser que « le pauvre cher Byron nous avait maintenant été enlevé pour lui épargner de futures épreuves et tentations... On me dit que Fletcher affirme que, pendant la dernière année, son esprit et ses sentiments semblaient être devenus meilleurs. Il exprimait des regrets d'avoir écrit *Don Juan* et d'autres choses condamnables... Je crois impossible que Fletcher, qui avait vécu avec lui vingt-trois ans et qui doit avoir connu ses habitudes intimement, ait conçu une telle idée s'il n'y avait eu pour cela de bonnes raisons... Voyez-vous, cher Mr Hodgson, Mr Hobhouse et une certaine clique s'imaginent que, si l'on affirmait que dans les derniers moments il pratiquait ses devoirs religieux avec plus d'attention que par le passé, les ennemis de Byron (et ceux qui n'ont pas de religion du tout) diraient qu'il était devenu méthodiste. Mais qu'ils disent ce qu'ils veulent, c'est pour nous la première consolation qu'il l'ait fait. » Ainsi les vivants se servaient du mort pour satisfaire leurs passions.

Le capitaine George Byron fut envoyé chez Lady Byron pour la prévenir. Il revint en racontant qu'elle était dans un état affligeant et qu'elle désirait voir les récits des derniers moments. Hobhouse et Kinnaird passèrent la soirée ensemble à parler de leur ami. Ils rappelèrent cette influence magique, à laquelle étaient sensibles tous ceux qui l'approchaient, cette sensibilité si cachée, ce refus de se laisser entraîner par ses sentiments.

Toute l'Angleterre, ce soir-là, n'était occupée que de Byron. « Parmi la jeunesse, dit Edward Bulwer Lytton, avait commencé un mouvement pour abandonner Byron, au profit de Shelley et de Wordsworth, mais dès le moment où nous apprîmes qu'il n'était plus, nous nous sentîmes unis à lui et il n'eut plus un rival... Tant de nous mourait avec lui que l'idée même de sa mort avait quelque chose de surnaturel et d'impossible. » Jane Welsh écrivit à Thomas Carlyle : « Si l'on m'avait dit que le soleil ou la lune avaient disparu du ciel, cela ne m'eût pas donné l'impression d'un vide plus affreux dans la création que les mots : Byron est mort. » Tennyson, qui avait alors quinze ans, courut se cacher dans un vallon boisé et, sur une pierre, parmi les mousses et les fougères, écrivit : « Byron est mort. »

En France, beaucoup de jeunes gens mirent un crêpe à leurs casquettes. Dans le passage Feydeau, on exposa un tableau représentant Byron sur son lit de mort et la foule défila devant cette peinture. Beaucoup de journaux remarquèrent que les deux plus grands hommes du siècle, Napoléon et Byron, avaient disparu presque en même temps. Dans les collèges, les Grands se réunirent et passèrent une journée triste et douce à relire *Childe Harold* et *Manfred*.

Presque tout de suite Caroline Lamb fit réclamer ses lettres, mais Hobhouse avait d'autres soucis. Dès la visite au cours de laquelle il avait appris à Augusta la mort de son frère, il lui avait dit : « Maintenant la première chose à laquelle nous devons penser est : protéger la réputation de Lord Byron ; il y a ces Mémoires... » L'éditeur Murray les avait achetés de Moore pour deux mille guinées et

Hobhouse craignait que leur publication ne fût dangereuse, à cause de la terrible sincérité de Byron. Kinnaird offrit de les racheter pour la famille. Murray vint voir Hobhouse et lui dit avec désintéressement qu'il accepterait la décision des amis de Byron, même si ceux-ci ne pouvaient le rembourser. Augusta, toujours prudente, souhaitait non seulement que les Mémoires ne fussent pas publiés, mais qu'ils fussent détruits. Hobhouse l'approuva. Moore protesta longtemps, disant que cette destruction serait contraire aux désirs de Byron. Il demandait qu'on les conservât, au besoin en les scellant et en les déposant chez l'avoué de Mrs Leigh ; puis, devant l'opposition de tous les autres, il finit par céder. Murray aurait voulu qu'avant de détruire le manuscrit, on le lût, mais Augusta protesta avec passion et les Mémoires furent brûlés. Les journaux accusèrent Lady Byron (qui n'avait pas été consultée) d'avoir exigé cette destruction.

Le 1er juillet, Hobhouse sut que le brick *Florida*, qui rapportait de Grèce le corps de Byron, était arrivé. Il se rendit à bord et y trouva Stanhope, Bruno et Fletcher. Ce dernier, en racontant la maladie et l'agonie de son maître, fondit en larmes. Le bateau remonta lentement la Tamise. Trois chiens, qui avaient appartenu au mort, jouaient sur le pont. Hobhouse pensait au jour où Byron avait agité sa casquette, tandis que le vaisseau qui l'emmenait en exil sortait, par une mer houleuse, du port de Douvres. Fletcher et Stanhope décrivaient Missolonghi, la lagune, les soldats révoltés, la pluie.

Le bateau fut amarré dans les docks de Londres ; un entrepreneur de pompes funèbres, M. Woodeson, vint à bord et vida le grand baril, plein d'alcool, dans lequel avait voyagé le corps. Il demanda à Hobhouse s'il souhaitait revoir son ami. « Je crois, dit Hobhouse, que je serais tombé mort si je l'avais fait... Je désirais jeter un dernier regard, comme on désire sauter dans un précipice, mais je ne pouvais pas. Je m'éloignai, puis je revins et je restai longtemps près du cercueil. Le grand terre-neuve de Lord Byron, Lion, était couché à mes pieds... » Fletcher conti-

nuait à parler de son maître et disait à Hobhouse que
Byron l'avait mieux aimé qu'aucun homme au monde.

Quand le cercueil fut débarqué, une foule de spectateurs
envahit le quai. La Fayette, qui partait pour l'Amérique,
demanda à voir le cadavre mais cela lui fut refusé. Augusta, qui eut le courage de le regarder, dit qu'il était défiguré.
Elle se souvenait du Byron de 1816, au visage convulsé
par la souffrance ; elle retrouvait un masque glacé qui ne
semblait plus exprimer qu'une railleuse sérénité. Hanson,
lui aussi, avoua qu'il ne l'aurait pas reconnu. Quand
Kinnaird vint à son tour, Hobhouse le suivit, attiré par un
sentiment irrésistible, et s'approcha à petits pas jusqu'à ce
qu'il découvrît le visage.

On fit demander à Lady Byron ses instructions pour
l'enterrement. Elle répondit que Hobhouse pouvait faire ce
qu'il voudrait. Le doyen de Westminster ayant refusé
l'inhumation dans l'abbaye, les amis de Byron décidèrent
que celui-ci reposerait dans la petite église de Hucknall
Torkard, le village voisin de Newstead où étaient enterrés
tous ses ancêtres.

Le cortège funèbre prit donc la route de Nottingham. De
la fenêtre d'une petite maison des faubourgs, deux femmes, Claire Clairmont et Mary Shelley, le regardèrent
passer. Plus loin, une voiture qui sortait d'un parc et dans
laquelle était couchée une femme malade dut s'arrêter. Le
mari de la convalescente, qui précédait à cheval la voiture,
demanda qui l'on enterrait. Les hommes du cortège lui
répondirent : « Lord Byron. » Il se garda de le dire à sa
femme, qui était Caroline Lamb.

A Nottingham, le maire, le Conseil, d'anciens amis
comme Hodgson et Wildman, toute la ville, se joignirent à
la procession qui s'en alla lentement vers Newstead. On
traversa les plaines où Byron et Mary Chaworth avaient
galopé dans leur enfance. Un an auparavant, jour pour
jour, Byron, en montant pour la dernière fois à la casa
Saluzzo, avait dit mélancoliquement à Gamba : « Où
serons-nous dans un an ? » En passant au pied de la colline
que couronnait un diadème d'arbres, Hobhouse pensait au

dîner d'Annesley où il avait été l'un des témoins de la
première rencontre de Byron avec Mary-Ann mariée.

Quelques jours plus tard, Lady Byron reçut la visite de
Fletcher. Elle écouta son récit en marchant à travers la
chambre, sanglotant si fort que tout son corps tremblait.
Pendant plus de vingt minutes elle supplia Fletcher de se
souvenir du message que Byron mourant avait murmuré
pour elle. « Au moins quelques mots... » Mais Fletcher ne
pouvait rien ajouter.

Le testament de Byron avait laissé à Augusta et à ses
enfants toute la fortune (plus de cent mille livres, outre les
soixante mille livres qui revenaient par contrat à Lady
Byron). Le nouveau lord, le capitaine George Anson
Byron, était dans la gêne. Annabella offrit de lui abandonner son douaire, puisque sa fille et elle-même devaient
hériter de la fortune des Noel. Il accepta, ne pouvant
autrement soutenir son rang.

En deux ans, Augusta dilapida cet immense héritage.
Elle avait dû rembourser de nombreux créanciers, payer les
dettes de jeu de son mari, et celles aussi de ses fils qui se
montraient dignes de leur père. En outre elle était l'objet
de tentatives de chantage. On la menaçait de publier le
journal intime de Caroline Lamb, qui contenait des con-
fessions de Lord Byron sur Mrs Leigh. Dans toutes ses
difficultés, elle fut aidée par Lady Byron, qui avait pour
elle une indulgence presque incroyable. Pourtant, en 1829,
Augusta finit par lasser la patience de sa belle-sœur et elles
cessèrent de se voir.

Le reste de la vie de Lady Byron fut consacré à des entreprises charitables. Elle fonda, dans sa propre maison,
une école coopérative d'éducation, où des enfants de
toutes classes devaient être élevés ensemble. « Les *castes*
sont une honte pour l'Angleterre, comme pour l'Hin-
doustan », disait-elle. Elle s'occupa ensuite d'écoles agri-
coles et d'écoles industrielles. Elle resta jusqu'au bout
généreuse, et remarquable par une exaltation méthodique.
Vers la fin de sa vie elle eut une amitié passionnée pour un

pasteur, Robertson, qui devint un confident très intime. Elle lui confia, au sujet de Byron, tout ce que jusqu'alors elle n'avait noté que pour elle dans son journal : « Byron n'était pas un sceptique... Son Dieu était un Dieu de vengeance... Le contraste, qu'il croyait voir entre moi et lui, faisait de moi l'objet de sa plus grande irritation... Conscient comme il l'était de la faiblesse de son propre caractère, il était naturel qu'il fût jaloux d'un caractère tout contraire ou, du moins, qu'il croyait tel...

« Mais ne puis-je être crue lorsque, après tout ce que je vous ai raconté, je vous dis qu'il y a toujours eu dans son cœur un être plus haut et meilleur... un être qu'il défia toujours mais ne put jamais détruire ?... Cela fut peut-être *alors* de ma part une illusion produite par l'Amour – mais *maintenant* encore ma conviction à ce sujet demeure inaltérable.

« Vers la fin de sa vie, ses sentiments envers moi s'adoucissaient... S'il avait vécu, il en serait venu à croire que, du commencement à la fin, j'avais été sa seule amie dévouée. Cela ne fut pas permis ! »

Donc elle aussi, comme Byron, avait imaginé une vieillesse apaisée.

Sur Augusta, elle écrivit à Robertson : « Je croyais Mrs Leigh mon amie. – Je l'ai aimée. – Je l'aime encore ! – Je ne puis m'en empêcher. Je la verrai une fois encore en ce monde, avant que nous ne mourions toutes deux. Les gens ont dit que c'était un manque de force, de principes moraux, une impuissance à détacher mon affection d'un être que j'ai trouvé indigne. C'est possible, mais c'est ma nature. Ai-je tort ? »

Elles se revirent « une fois encore en ce monde ». En 1851 (Lady Byron avait cinquante-neuf ans ; Augusta, soixante-sept), Emily Leigh, filleule de Lady Byron, peignit à celle-ci la misère de Mrs Leigh, malade, criblée de dettes. Annabella offrit une entrevue au White Hart Hotel, à Reigate. Mrs Leigh s'y rendit. Lady Byron arriva munie d'un mémorandum : « Où... Quand... Ma ligne de conduite... » Mais Augusta, comme toujours, fut équivoque et confuse ; elles se séparèrent sans s'être réconciliées. Six mois plus tard, Augusta étant à l'agonie (et si pauvre qu'elle vendait certaines lettres de Byron), Annabella alla prendre des nouvelles et offrit de l'argent : « J'ai écrit à Emily, qui est seule près de ce lit de mort, en lui demandant de murmurer, de ma part, deux mots d'affection qui depuis longtemps n'ont pas été employés : *Dearest Augusta...* J'ai su qu'en réponse des larmes, depuis longtemps taries, avaient jailli de nouveau, et qu'elle avait dit : « Joie... Ma plus grande consolation... » et ajouté un message qui était demeuré inintelligible... *Un second message perdu !* »

Les dernières années de la vie de Lady Byron furent tristes. En 1852, elle perdit sa fille unique, Lady Lovelace ; l'année suivante son confident, le pasteur Robertson. Sur ses cheveux d'un blanc argenté, elle portait un bonnet de veuve transparent. Ses petits-enfants aimaient à brosser ses cheveux, si longs qu'ils touchaient le sol quand elle s'asseyait. Elle mourut en 1860. Elle ne voulut être enterrée ni à Hucknall, où étaient Byron et sa fille, ni parmi ses propres ancêtres, à Kirkby, mais seule, dans un cimetière de Londres.

Quand Ada, fille de Byron, eut quinze ans, sa tante Augusta lui envoya un livre de prières bien relié. L'année suivante, pour la première fois, Lady Byron lui lut des poèmes de son père : le *Giaour*, qu'elle aima, et le *Fare thee well*, qu'elle jugea exagéré et artificiel. D'ailleurs son génie n'était pas poétique, mais métaphysique et mathématique. Elle traduisit et commenta les Notices de Menabrea sur la machine analytique de Mr Babbage. C'était une jolie femme, un peu excentrique. Elle avait la voix musicale de son père. A vingt ans, elle épousa Lord King qui plus tard devint comte de Lovelace.

Babbage fit son malheur. En l'étudiant, elle conçut l'idée d'un système infaillible pour parier aux courses. L'infaillibilité était une illusion héréditaire. Elle échoua, s'obstina, et finit par perdre une somme si énorme qu'elle n'osa en parler à son mari. Sa mère la sauva mais, malade, désespérée, elle mourut en 1852, à trente-six ans et quelques mois, comme son père. Sur sa demande, elle fut enterrée près de lui, dans l'église de Hucknall.

La vie de Médora fut plus triste encore. En 1826, sa sœur aînée, Georgiana Leigh, épousa (comme avait fait sa mère, comme faisaient tous les Byron) un de ses cousins : Henry Trevanion. Trois ans plus tard celui-ci séduisait sa jeune belle-sœur Médora et lui faisait un enfant, qui mourut en nourrice. Augusta, à laquelle Trevanion avait tout avoué, écrivit à Médora qu'elle comprenait « la faiblesse de la nature humaine et la force de ses tentations », mais qu'il fallait mettre fin à cette liaison.

Trevanion et Médora partirent pour la France et vécurent quelque temps, en Normandie, sous le nom de M. et Mme Aubin. Puis Médora, malade, découragée, rompit avec son beau-frère et souhaita se retirer dans un couvent breton, l'abbaye de Relec. Un mois après son entrée dans ce monastère, elle s'aperçut que, de nouveau, elle était enceinte. Elle rejoignit alors Trevanion, au château de Penhoat, dans le Finistère, et y mit au monde une fille, Marie, qu'elle fit baptiser par un prêtre catholique. Comme son père Lord Byron, Médora était attirée par la fermeté de l'Eglise romaine.

La vie avec Trevanion devint impossible. Il avait installé une nouvelle maîtresse dans la maison et obligeait Médora à les servir. Elle implora sa mère, de qui elle obtint un capital de trois mille livres (la somme que Byron avait remise à Augusta au moment de la naissance de Médora), mais ce titre était inaliénable, et comme elle avait besoin d'argent liquide, elle eut l'idée d'écrire à Lady Byron. « Je reçus la réponse la plus bienveillante, de l'argent et des offres de protection pour moi et pour ma fille Marie. » Lady Byron, qui voyageait alors en France, fit venir Médora près d'elle à Tours, et les prit toutes deux à sa charge.

Médora exerçait sur Lady Byron une attraction étrange et puissante. Pour la troisième fois, la malheureuse Annabella retombait sous le charme byronien. Très vite, elle avoua à Médora la cause du profond intérêt qu'elle lui portait. « Son mari avait été mon père. » Lady Byron, qui

avait horreur du nom de Médora, appelait sa nièce Elizabeth, mais elle pria la jeune fille de l'appeler Pip, comme
autrefois l'avait appelée un homme de même visage.
Médora ressemblait à Byron. Quand elle était dans une
chambre, elle regardait les gens qui entraient, en tournant
et en baissant la tête, avec inquiétude, comme avait fait son
père. Même le style de ses lettres rappelait celui de Byron ;
elles commençaient par : *Dearest Pip*. « Dearest Pip,
écrivait-elle, je suppose que je quitterai Londres samedi,
car je ne puis commencer un voyage le vendredi. » Une
étrange hallucination.

Mais le bonheur était un climat insupportable pour une
fille de Byron. « L'adversité est sa meilleure amie, dut
reconnaître Annabella, et elle ne peut supporter la bonté. »
Bientôt ses scènes de fureur rappelèrent les jours de Halnaby. Elle s'enfuit à Paris. Là, incapable de se taire, elle
livra le secret de sa naissance à plusieurs personnes. « Le
désordre et l'imprévoyance de sa mère avaient mis entre
ses mains une liasse de lettres, brouillons et copies de
lettres, d'où il résultait qu'elle était le fruit du péché. »
Berryer, qui devint son avocat, écrivit à Lady Byron que la
pension faite par la famille (cent cinquante livres) était
insuffisante. Byron, si grand amateur de coïncidences, eût
remarqué que c'était exactement la rente sur laquelle sa
propre mère avait dû vivre à Aberdeen.

La pension fut augmentée à la condition que la cassette
renfermant les papiers serait remise à Sir John Hughes,
solicitor, ce qui fut fait. Mais Médora était incapable de se
conduire avec modération. Elle engagea ses revenus pour
plusieurs années et se retrouva dans la misère. Elle vivait
alors à Saint-Germain. Elle confia sa fille Marie aux Sœurs
de la Nativité, et entra au service du commandant de
Grammont, du 8ᵉ hussards. L'ordonnance du commandant,
Jean-Louis Taillefer, s'éprit d'elle. Il ne put l'épouser,
parce qu'en ce temps-là un simple soldat en service actif
n'avait pas le droit de se marier, mais, comme elle attendait un enfant de lui, il l'envoya dans son pays, à Saint-
Affrique, pour y faire ses couches.

Là naquit Jean-Marie-Elie Taillefer, petit-fils de Byron, reconnu par son père et légitimé, en 1848 par le mariage de Médora et de Taillefer, ce dernier étant enfin libéré. Il est curieux et assez émouvant de constater que la vie de Médora décrit la même courbe que celle de Byron ; à une période de passion et de défi succède une période de rédemption. Devenue fermière dans l'Aveyron au village de Lapeyre, Médora Taillefer fut fidèle à son mari, éleva bien ses enfants et se montra généreuse et charitable. Elle s'était convertie au catholicisme. De l'éducation qu'elle avait reçue, elle avait conservé le goût de la musique. Il y avait, dans la ferme de Lapeyre, un piano.

Ce bonheur ne dura qu'un an. En 1849, Médora mourut, au moment où elle allait avoir trente-six ans. « Le village tout entier lui fit des obsèques touchantes. » Elle laissa le testament suivant : « Moi, Elizabeth-Médora Leigh, je donne et lègue tous mes biens terrestres, le titre de rente qui m'a été légué par le testament du défunt Lord Byron, à Jean-Louis Taillefer, et à mes enfants, Marie et Elie... Je déclare ici que je pardonne à ma mère et à tous ceux qui m'ont si cruellement persécutée, comme j'espère être pardonnée moi-même. Je prie Sir John Hughes de remettre au nommé Jean-Louis Taillefer la cassette qui renferme mes papiers et qui est entre ses mains. »

La cassette ne fut jamais remise au mari de Médora. Taillefer était entré comme valet de chambre à Toulouse, chez M. Arthur de Waroquier et le père de celui-ci fit des démarches à l'ambassade de France à Londres, pour obtenir la restitution de la cassette. Mais l'avocat de l'ambassade répondit qu'il était d'usage en Angleterre de brûler tous les papiers présentant un caractère d'immoralité, et que c'était le cas de ceux-ci. Le contenu de la cassette fut donc brûlé, le 19 mai 1863, dans le bureau de Sir John Hughes, devant le chancelier de l'ambassade de France.

Marie, fille de Médora et de son beau-frère Trevanion, petite-fille de Byron et d'Augusta, était une belle jeune fille, d'une douceur ferme et délicate. Elle souhaitait entrer en religion, mais hésita longtemps parce que sa mère, en mourant, l'avait priée de veiller sur son frère Elie. Quand M. de Waroquier se fut chargé de l'enfant, elle prononça ses vœux, à Saint-Germain-en-Laye, au couvent de la Nativité, et devint sœur Saint-Hilaire. Elle connaissait ses origines. « Il lui semblait avoir à expier plus qu'une autre et elle exagérait quelquefois une règle à laquelle elle reprochait de ne lui donner le plus souvent que douceur. » Dans son livre d'offices, elle avait dessiné une sorte de monument funéraire à sa mère ; elle y nommait celle-ci *Elizabeth-Médora Byron*. Sous le dessin, elle avait écrit (en changeant *il* en *elle*) des vers de Lamartine :

> Etends sur elle la main de ta clémence ;
> Elle a péché, mais le ciel est un don ;
> Elle a souffert, c'est une autre innocence ;
> Elle a aimé, c'est le sceau du pardon...

Elle notait ses pensées : « Ma vie, écrivait-elle, est comme la feuille d'automne qui tremble au pâle rayon de la lune. Fragile est son attache, brève est sa durée inquiète. » Elle parlait quelquefois de Lord Byron avec ses compagnes : « Ce pauvre Byron, disait-elle, je l'aime bien. » Elle mourut en 1873, en répondant aux litanies de la Vierge que la communauté récitait près de son lit.

Son frère Elie, dernier descendant de la branche illégitime, beau garçon aux cheveux roux, au menton volontaire, fut tour à tour comptable, voyageur de commerce, puis courtier en vins, et mourut à l'hôpital de Sète, le 22 janvier 1900. C'était le jour anniversaire de la naissance de Byron.

« Tout être auquel je m'attache périt misérablement. » La malédiction s'étendit à presque toutes les femmes qu'il avait aimées. Mary-Ann Chaworth était malheureuse depuis longtemps. Vers 1830, on la voyait dans l'église du village, le dimanche, « courbée par le souci et par l'abandon ». Moore, ayant décidé après la destruction des Mémoires d'écrire lui-même une Vie de Byron, vint la voir, en quête de matériaux. Le mari, Musters, était absent.

Moore chanta pour elle une des chansons irlandaises que Byron avait aimées et Mrs Musters pleura. Sa fin fut hâtée par une émeute des tisserands de Nottingham qui, au moment de la grande réforme d'octobre 1832, attaquèrent sa maison. Elle dut se réfugier, la nuit, dans un hangar, prit froid et mourut bientôt, à quarante-sept ans. Sa statue est dans l'église de Colwick.

Theresa Macri, la Vierge d'Athènes, épousa un Anglais, John Black, qui était venu, après la mort de Byron, combattre pour les Grecs. Ce Black devint consul d'Angleterre et resta en Grèce. Le poème avait rendu Theresa Black célèbre. Tous les Anglais qui passaient venaient la voir et elle leur parlait de Byron en soupirant. Quand les circonstances forcèrent son mari à habiter Missolonghi, elle souffrit. Les conversations sur Byron, les incessantes questions sur la façon dont elle l'avait connu, avaient fini par lui créer un chagrin réel. La nuit, elle voyait en songe Byron, souvent fâché contre elle et menaçant. « Quel supplice ! » disait-elle à Mr. Black. « Et comment ne rêverais-tu pas de lui puisque tu ne fais que penser à lui ? » répondait-il, un peu agacé.

Claire ne pardonna jamais à Byron et, quand Mary Shelley fit, dans *Lodore*, l'éloge du poète, lui écrivit : « Bon Dieu ! Penser qu'une personne de votre génie a pu croire que c'était une tâche qui lui convenait, que d'embellir ce qui n'était qu'un mélange de vanité, de folie et de toutes les misérables faiblesses qui aient jamais été réunies dans un être humain ! »

Caroline Lamb resta toute sa vie un brillant et pitoyable mélange d'éclat, de désespoir et de futilité. En avril 1824, elle avait eu une crise d'hallucination : « Au milieu de la nuit, je croyais voir Lord Byron – je criais, je sautais du lit et voulais fuir. Il avait l'air terrible et grinçait des dents ; il ne parlait pas ; ses cheveux étaient dressés ; il était plus gras qu'au temps où je l'avais connu et loin d'être aussi beau. » Un mois plus tard, par une lettre de son mari, elle apprit la mort de Byron. « Caroline, lui écrivait-il, conduisez-vous avec décence. Je sais que ceci sera pour vous un choc. Lord Byron est mort. » Elle commençait à se remettre lorsque la rencontre du cortège, puis la publication des souvenirs de Medwin réveillèrent sa folie.

Le livre de Medwin était cruel pour elle. Ce fut par lui que, pour la première fois, elle connut le terrible poème : « Me souvenir de toi... » Elle écrivit à Medwin : « Byron n'a jamais pu dire que je n'ai pas de cœur. Il n'a jamais pu dire non plus que je n'ai pas aimé mon mari. Dans ses lettres, il me dit sans cesse que c'est mon mari que j'aime le mieux des deux et croyez-moi, mon seul charme à ses yeux, c'était que j'étais innocente, affectueuse et enthousiaste... » A distance elle comprenait mieux. Oui, ce que Byron pouvait aimer chez un être, c'était une certaine forme d'innocence et de jeunesse. D'où Mary Duff, Margaret Parker, Eddleston, Nicole Giraud, puis Theresa Guiccioli et le page Loukas. Elle-même, pendant quelques jours, en 1812, avait dû lui plaire par un air de pureté. Comme elle l'avait vite fatigué...

Après la lecture de Medwin, elle eut une crise de confusion mentale. Mais sa pauvre tête malade était légère et elle oublia. Le scandale causé par ce livre avait rendu sa vie conjugale difficile. Elle passa l'hiver à Brocket Hall, sans son mari. Un de ses jeunes voisins, Edward Bulwer, avait été séduit par l'extraordinaire originalité de sa conversation. Elle l'invita souvent. La vie à Brocket Hall restait « carolinesque ». A trois heures du matin, elle envoyait un de ses pages réveiller ses hôtes pour qu'ils vinssent l'écouter jouer de l'orgue. Puis elle leur parlait de Byron jusqu'à l'aurore. Elle montrait une bague qu'il lui avait donnée. Elle la confia à Edward Bulwer, en lui disant qu'elle la faisait porter par les hommes qu'elle aimait. Un peu plus tard elle la lui reprit et il la retrouva au doigt d'un autre jeune homme. Il fut indigné.

Lady Caroline retourna un soir à Londres, pour voir *Faust*. Elle trouva le décor superbe :

Il me rappelait Byron, cet ange, ce dangereux et malheureux Byron, que j'adore, bien qu'il m'ait laissé ce terrible héritage : *Remember thee...*

Elle mourut dans les bras de son mari, à quarante-deux ans. « Ses manières, écrivit William Lamb, quoiqu'un peu excentriques et, en apparence sinon en réalité, affectées, exerçaient une fascination qui est difficile à concevoir pour ceux qui n'en ont pas subi les effets. »

Seule la comtesse Guiccioli, qui n'avait pas la vocation du malheur, sut se refaire une vie où le fantôme de Byron ne fut qu'un compagnon honorable et plaisant. En 1829, Lord Malmesbury la rencontra à Rome, à un bal chez l'ambassadeur d'Autriche. « Byron n'était mort que depuis cinq ans et elle avait alors vingt-neuf ans. Nous devînmes très bons amis. Je la trouvai de relations charmantes, avec un esprit cultivé, toute la bonhomie de sa race et aimant beaucoup à s'amuser. Elle était tout à fait consolée du chagrin (d'abord très violent, m'a-t-on dit) qu'elle avait ressenti de la perte de son poète. Elle parlait volontiers de lui et n'était pas peu fière de sa conquête... » Mme Guiccioli raconta à Malmesbury « que Byron écrivait ses fameux poèmes sur les premiers morceaux de papier venus... Puis il venait les lui lire, faisant beaucoup de corrections et riant aux éclats. Elle était fière de lui et l'avait beaucoup aimé... Elle le peignait comme étant d'un caractère très capricieux ; tournant en ridicule dans la conversation la passion qui déborde dans sa poésie, en somme un tempérament très froid... » Elle n'avait jamais aimé le cynisme.

En 1832, elle vint à Londres, fit un pèlerinage à Harrow, dîna chez les Drury, alla prier sur la tombe de Byron à Hucknall Torkard, et rendit visite à Augusta chez laquelle elle passa trois heures « parlant toujours de Byron ». Vers l'âge de cinquante ans, elle épousa le marquis de Boissy, personnage excentrique et fort riche. Elle avait un bel hôtel à Paris. « La gentillesse de l'Italienne avait fait place à des manières artificielles de grande dame, qui n'étaient point à son avantage. » Il y avait, dans son salon, un portrait de Byron, devant lequel elle se tenait volontiers lorsqu'elle avait des visiteurs, en soupirant : « Qu'il était beau ! Mon

Dieu, qu'il était beau ! » Son mari la présentait : « Mme la marquise de Boissy, ma femme... ancienne maîtresse de Lord Byron. » Après la mort du marquis de Boissy, elle publia des souvenirs sur Byron où elle fit de celui-ci le héros romanesque et tendre que, vivant, il avait toujours refusé d'être.

Mme Guiccioli avait été préservée de la malédiction byronienne par une sentimentalité imperméable. Un égocentrisme naïf en sauva John Cam Hobhouse. Au moment de la réforme de 1832, il fut récompensé de ses opinions politiques avancées. Il entra dans le ministère et y resta très longtemps. Plus tard il devint Lord Broughton, et l'un des membres les plus conservateurs de son parti. Il mourut à quatre-vingt-trois ans et resta célèbre pour avoir inventé la formule : « L'opposition de Sa Majesté. »

On sait que Tita fut recueilli par la famille Disraeli. Quant à Fletcher, il fonda une fabrique de macaroni, se ruina, fut aidé comme tout le monde par Lady Byron, et devint vers la fin de sa vie le gardien de Golden Square où on pouvait le voir, en chapeau haut de forme à galons dorés, une canne à la main, et poursuivant les enfants de l'école protestante française.

Au cimetière de Brompton est la tombe du boxeur Jackson, une dalle supportée à chaque coin par un athlète classique. Ce monument lui a été élevé par la noblesse anglaise, comme un témoignage de la haute estime où elle le tenait.

Byron avait pu penser pendant les dernières semaines de sa vie qu'il était mort en vain et que la Grèce ne serait pas libérée. En 1826, Missolonghi fut assiégé pour la seconde fois. Un bombardement détruisit presque toutes les maisons. Enfin la famine força les Grecs à abandonner la ville. Hommes, femmes, enfants firent une sortie et tentèrent de traverser les lignes ennemies. Beaucoup furent tués. La ville fut livrée au pillage. L'évêque Joseph et le primat Kapsalis s'étaient enfermés dans la manufacture de cartouches, dernier vestige du passage de l'artilleur Parry, et se firent sauter avec elle.

Si l'Europe avait alors abandonné la Grèce, celle-ci était perdue. L'Autriche laissait faire, par crainte de la Russie ; la France n'osait agir ; tout dépendait de l'Angleterre. Les axiomes sacrés du Foreign Office et le duc de Wellington condamnaient la Grèce. « Mais le public britannique, ému par le sacrifice et par la mort de Lord Byron, et profondément classique de culture, idéalisa les Klephtes en héros des Thermopyles. » Le ministre Canning s'appuya sur ce mouvement sentimental pour renverser toute la politique anglaise. A la bataille de Navarin, les flottes anglaise, russe et française assurèrent l'indépendance de la Grèce. C'était la fin de la Sainte Alliance.

Il n'est pas exagéré de dire que, si Byron n'avait apporté à la cause grecque l'appui de son nom et de sa mort, l'opinion publique anglaise n'eût sans doute pas soutenu Canning. A Missolonghi, qui est aujourd'hui une petite ville assainie et prospère, les Grecs ont créé le Jardin des Héros. Une colonne y porte le nom de Byron, avec ceux de Marco Botzaris, de Kapsalis, de Tsavellas. Les pêcheurs qui habitent encore, en cet étrange royaume de l'eau et du sel, des cabanes faites de roseaux tressés, connaissent le nom de Byron. Ils ne savent pas qu'il était un poète mais, si on les interroge sur lui, répondent : « C'était un homme courageux, qui est venu mourir pour la Grèce parce qu'il aimait la liberté. »

CHRONOLOGIE

1643. Sir John Byron est créé premier Lord Byron, par Charles Ier.

1747. 28 juillet. Naissance de Sir Ralph Milbanke.

1751. 14 novembre. Naissance de l'Honorable Judith Noel (plus tard Lady Milbanke).

1752. Naissance d'Elizabeth Milbanke (plus tard Lady Melbourne).

1755. Naissance de John Byron (« Mad Jack »).

1765. Naissance de Catherine Gordon of Gight.
26 janvier. Duel Chaworth-Byron.

1769. 13 avril. Elizabeth Milbanke épouse Sir Peniston Lamb.

1770. 8 juillet. Sir Peniston Lamb est créé Lord Melbourne.

1777. 9 janvier. Ralph Milbanke épouse l'Honorable Judith Noel.

1779. Naissance de William Lamb.
Divorce du marquis de Carmarthen et d'Amelia d'Arcy, baronne Conyers.

1779. Lady Conyers épouse Lord Byron.

1784. 26 janvier. Naissance de l'Honorable Augusta-Mary Byron (plus tard Mrs Leigh).

1785. 13 mai. Le capitaine John Byron épouse Miss Catherine Gordon of Gight.

13 novembre. Naissance de l'Hon. Caroline Ponsonby (plus tard Lady Caroline Lamb).

1786. 27 juin. Naissance de John Cam Hobhouse.

1788. 22 janvier. Naissance de George Gordon Byron, plus tard sixième Lord Byron.

1789. 8 mars. Naissance de George Anson Byron, plus tard septième Lord Byron.

1790. 1er septembre. Naissance de Margaret Power, plus tard comtesse de Blessington.

1791. Mort du capitaine John Byron. Il a trente-six ans, l'âge où meurent les Byron.

1792. 17 mai. Naissance d'Anne-Isabelle Milbanke, plus tard Lady Byron.
4 août. Naissance de Percy Bysshe Shelley.

1797. Episode Mary Duff.
1797. 30 août. Naissance de Mary Godwin, plus tard Mrs Shelley.
1798. 27 avril. Naissance de Jane-Claire Clairmont.
    19 mai. Byron devient Lord Byron.
1800. Naissance de Teresa Gamba.
1801. Byron est envoyé à Harrow.
1803. Byron est à Nottingham et à Annesley.
1804. Séjour à Southwell chez Mrs Byron.
1805. 3 juin. Lady Caroline Ponsonby épouse l'Hon. William Lamb.
    Août. Mary Chaworth épouse John Musters.
    Octobre. Byron quitte Harrow pour Trinity College, Cambridge.
1806. Byron prépare un recueil de poèmes.
1807. Mars. Byron publie les *Heures d'Oisiveté*.
    17 août. L'Honorable Augusta-Mary Byron épouse son cousin germain George Leigh, lieutenant-colonel au 10ᵉ dragons.
1808. De janvier à août, Byron est à Cambridge et à Londres.
    Septembre. Byron s'installe à Newstead.
    18 novembre. Mort du chien Boatswain.
1809. Majorité de Byron, célébrée à Newstead, le 22 janvier.
    13 mars. Byron prend séance à la Chambre des Lords.
    16 mars. Il publie *Bardes anglais et Critiques écossais*.
    11 juin. Il quitte Londres avec Hobhouse.
    1ᵉʳ-21 septembre. Séjour à Malte.
25 décembre, jour de Noël. Byron arrive à Athènes.
1810. Janvier et février. Byron passe dix semaines à Athènes.
    3 mai. Il traverse l'Hellespont à la nage.
    14 mai. Arrivée à Constantinople.
1811. Janvier. Byron s'installe au couvent des Capucins, à Athènes.
    17 juillet. Retour en Angleterre.
    1ᵉʳ août. Mort de Mrs Byron.
1812. 27 février. Premier speech de Byron à la Chambre des Lords.
    29 février. Il publie les deux premiers chants de *Childe Harold*.
    10 mars. *I awoke one morning and found myself famous...*
    25 mars. Matinée dansante donnée, à Melbourne House, par Lady Caroline Lamb. Parmi les invités : Lord Byron, Miss Milbanke, Sidney Smith, Lady Jersey, Lord et Lady Kinnaird, Miss Mercer Elphinstone, Mrs Lamb, Lord Palmerston, etc. .
    27 mars. Première lettre d'amour de Lady Caroline Lamb à Byron.

1. Voir *Astarté*, p. 359.

Entre le 1ᵉʳ et le 10 octobre, Byron demande la main de Miss Milbanke. Elle refuse.

Séjour de Byron à Eywood, chez Lady Oxford. Il y reste jusqu'au 15 novembre.

Novembre. Byron écrit *Thou art not false but thou art fickle...*

9 novembre. Byron écrit à Lady Caroline Lamb la lettre de rupture qu'elle reproduira textuellement dans *Glenarvon*.

1813. Janvier. Nouveau séjour à Eywood.

Mai, Byron publie le *Giaour*.

28 juin. Le départ de Lady Oxford pour le Continent met fin à sa liaison avec Byron. Mrs Leigh vient s'installer à Londres, au palais de Saint-James. Pendant les mois de juillet et d'août, Byron et Mrs Leigh ne quittent Londres que pour faire ensemble deux courts séjours à Six Mile Bottom.

6 juillet. Bal chez Lady Heathcote. Scène avec Lady Caroline Lamb.

Le 21 septembre, Byron est à Aston Hall, où il courtise Lady Frances Webster. Il y retourne en octobre. Le couple Webster fait également un séjour à Newstead. De fin octobre 1813 à janvier 1814, Byron est à Londres.

Décembre. Il publie *La Fiancée d'Abydos*.

Décembre. Il écrit *Le Corsaire*.

1814. Le 17 janvier, Byron est à Newstead avec Augusta.

Ils y passent trois semaines.

28 mars. Byron s'installe à l'Albany.

10 avril. Il écrit l'*Ode à Napoléon Bonaparte*.

15 avril. Naissance d'Elizabeth-Médora Leigh.

Byron écrit : *I speak not, I trace not, I breathe not thy name.* Il commence *Lara*.

Août. Byron publie *Lara*.

15 septembre. Byron demande, pour la seconde fois, la main de Miss Milbanke. Fiançailles.

Novembre. Byron, fiancé, fait un séjour à Seaham.

Décembre. Byron écrit *Hebrew Melodies*.

24 décembre. Byron et Hobhouse quittent Londres.

30 décembre. Byron et Hobhouse arrivent ensemble à Seaham.

31 décembre. Signature du contrat de mariage.

1815. 2 janvier. Mariage de Lord Byron avec Miss Milbanke.

21 janvier. Lord et Lady Byron rentrent d'Halnaby à Seaham.

12 mars. Lord Byron arrive à Six Mile Bottom.

28 mars. Lord et Lady Byron s'installent à Londres, 13 Piccadilly Terrace.

Avril. Mrs Leigh vient à son tour habiter 13 Piccadilly Terrace.

17 avril. Mort de Lord Wentworth, oncle de Lady Byron.

20 mai. Sir Ralph Milbanke obtient du prince régent l'autorisation de prendre le nom et les armes de Noel.

Fin juin. Mrs Leigh quitte Piccadilly Terrace pour rentrer à Six Mile Bottom.

29 juillet. Byron fait son testament en faveur de Mrs Leigh.

Août. Byron écrit *Star of the brave* et *Napoleon's farewell*.

15 novembre. Mrs Leigh vient habiter 13 Piccadilly Terrace.

10 décembre. Naissance d'Augusta-Ada Byron.

1816. 6 janvier. Byron écrit à sa femme pour la prier de quitter la maison.

8 janvier. Lady Byron consulte le docteur Baillie pour savoir si Byron n'est pas fou.

15 janvier. Lady Byron quitte Londres avec Ada.

16 janvier. Elles arrivent à Kirkby Mallory.

2 février. Byron est informé, par une lettre de Sir Ralph, que Lady Byron désire se séparer de lui.

Février. Byron publie *Parisina*.

16 mars. Mrs Leigh quitte Piccadilly Terrace, où elle vient de passer quatre mois, et s'installe au palais de Saint-James.

17 mars. Lord Byron accepte le principe d'une séparation à l'amiable. Le même jour, il écrit *Fare thee well...*

29 mars. Il écrit *The Sketch*.

8 avril. Réception chez Lady Jersey. Parmi les invités : Byron, Mrs Leigh, Miss Mercer Elphinstone, le comte de Flahault, Benjamin Constant et sa femme, Mrs George Lamb, Brougham, etc.

14 avril. Dimanche de Pâques. Mrs Leigh se rend chez Byron pour lui faire ses adieux.

21 avril. Byron signe l'acte de séparation.

23 avril. Byron, Hobhouse et Scrope Davies se rendent à Douvres.

25 avril. Byron s'embarque. Départ pour Ostende.

3 mai. Shelley, Mary Godwin et Claire Clairmont quittent Douvres, se rendant à Genève.

Mai. Byron commence le troisième chant de *Childe Harold*.

25 mai. Byron arrive à Genève et il s'installe à l'hôtel d'Angleterre. (Sécheron).

Lady Caroline Lamb publie *Glenarvon*.

Juin. Byron habite la villa Diodati.

23 juin. Byron et Shelley commencent leur Tour du Lac. Le 27 juin. Ils sont à Ouchy, où Byron écrit *Le Prisonnier de Chillon*.

Juillet. Byron termine le troisième chant de *Childe Harold*. Il écrit *Le Rêve, les Stances à Augusta*, et plusieurs autres poèmes.

29 août. Shelley, Mary et Claire quittent Genève pour rentrer en Angleterre.

17-29 septembre. Byron fait, avec Hobhouse, un tour des Alpes. Il commence *Manfred*.

1er novembre. Baptême d'Ada Byron. Mrs Leigh, qui devait être marraine, est exclue de la cérémonie. Parrain : le capitaine George Anson Byron. Marraines : Lady Noel et la vicomtesse Tamworth.

11 novembre. Byron s'installe à Venise.

30 décembre. Shelley épouse Mary Godwin.

1817. 12 janvier. Naissance d'Allegra, fille naturelle de Byron et de Claire Clairmont.

Février. Byron termine *Manfred*.

29 avril-26 mai. Voyage à Rome.

Juin. Byron commence, à Venise, le quatrième chant de *Childe Harold*.

Octobre. Byron écrit *Beppo*.

Novembre. Byron vend Newstead au colonel Wildman.

1818. 16 février. Le comte de Blessington épouse Margaret Power, veuve de Mr Saint-Léger Farmer.

6 avril. Mort de Lady Melbourne.

Septembre. Byron termine le premier chant de *Don Juan*.

1819. 20 janvier. Byron termine le deuxième chant de *Don Juan*.

Avril. Byron rencontre, chez la comtesse Benzoni, Teresa Guiccioli.

Fin mai. Il va rejoindre la comtesse Guiccioli à Ravenne.

10 août. Byron part pour Bologne.

18 septembre. Byron et la comtesse Guiccioli partent ensemble pour La Mira (Venise).

Novembre. Byron termine le troisième et écrit le quatrième chant de *Don Juan*.

24 décembre. Byron s'installe à Ravenne.

1820. Mars. Byron écrit la *Prophétie de Dante*.

Avril. Byron prend part au mouvement insurrectionnel anti-papal et anti-autrichien.

12 juillet. Le pape prononce la séparation du ménage Guiccioli. Teresa va vivre chez son père. Byron continue à habiter le palais Guiccioli pendant quinze mois.

Novembre. Byron termine le cinquième chant de *Don Juan*.

1821. 24 février. Echec du plan des Carbonari.

Mars. Allegra est envoyée au couvent de Bagnacavallo.

Mai. Byron termine *Sardanapale*.

Juillet. Byron écrit *Caïn*. Exil des Gamba.

29 octobre. Byron quitte Ravenne et va rejoindre, à Pise, Mme Guiccioli.

Novembre. Byron, à Pise, commence *The Deformed Transformed*.

1822. 28 janvier. Mort de Lady Noel. Lord et Lady Byron prennent le nom de Noel.

Février. Byron écrit les sixième, septième et huitième chants de *Don Juan*.

20 avril. Mort d'Allegra.

8 juillet. Mort de Shelley.

16 août. Byron, Trelawny et Leigh Hunt brûlent le corps de Shelley.

Août. Byron écrit les neuvième, dixième et onzième chants de *Don Juan*.

Septembre. Il s'installe à Gênes.

1823. 31 mars. Arrivée à Gênes de Lady Blessington, avec son mari et d'Orsay.

Mai. Byron reçoit un message du Comité grec de Londres.

3 juin. Les Blessington quittent Gênes.

Vendredi 13 juillet. Byron s'embarque à bord de l'*Hercule*.

3 août. Arrivée à Céphalonie.

22 novembre. Arrivée de Stanhope à Argostoli.

28 décembre. Byron part pour Missolonghi.

1824. 5 janvier. Arrivée de Byron à Missolonghi.

22 janvier. Byron écrit *Lines on completing my thirty-sixth year*.

15 février. Byron a une crise d'épilepsie.

9 avril. Byron prend froid, après une promenade à cheval.

19 avril. Mort de Lord Byron.

14 mai. La nouvelle de la mort de Byron parvient à Londres.

17 mai. Destruction des Mémoires de Byron.

25 mai. Le cercueil de Byron est embarqué, à Zante, à bord du *Florida*.

29 juin. Arrivée du corps en Angleterre.

12 juillet. Funérailles de Byron.

16 juillet. Inhumation à Hucknall Torkard.

20 novembre. Mort de Lady Oxford.

1825. Mort de Sir Ralph Noel, le 19 mars.

1826. 4 février. Georgiana Leigh, fille aînée d'Augusta, épouse son cousin Henry Trevanion.

1828. 25 janvier. Mort de Lady Caroline Lamb.

1831. 15 août. Hobhouse devient Sir John Cam Hobhouse, baronnet.

1832. Février. Mort de Mary Chaworth-Musters.

1834. 19 mai. Naissance de Marie, fille naturelle de Médora et de son beau-frère Henry Trevanion.

1835. Ada Byron épouse William, huitième Lord King.

1837. Mort de Lady Frances Webster.

1838. 30 juin. Lord King est créé comte de Lovelace.

1846. 27 janvier. Naissance d'Elie, fils naturel de Médora et de Jean-Louis Taillefer.

1848. 23 août. Médora épouse Jean-Louis Taillefer. Celui-ci légitime son fils Elie et la petite Marie, fille de Trevanion.

1849. 4 juin. Mort de Lady Blessington.
28 août. Mort d'Elizabeth-Médora Leigh (Mme Taillefer).

1850. 3 mai. Mort du colonel George Leigh.

1851. 1er février. Mort de Mary Shelley.
26 février. Sir John Cam Hobhouse est créé Lord Broughton de Giffard.
Avril. Dernière entrevue de Lady Byron avec Mrs Leigh, à Reigate.
12 octobre. Mort de Mrs Leigh.

1852. 27 novembre. Mort de la comtesse de Lovelace (Ada Byron).

1854. Mort d'Henry Trevanion.

1856. Marie, fille de Médora et de Trevanion, entre en religion.

1860. 16 mai. Mort de Lady Byron.

1863. 19 mai. Destruction des papiers de Médora.

1868. Mort de l'amiral Lord Byron.

1869. Mort de Lord Broughton (Hobhouse).

1873. Mort de sœur Saint-Hilaire (Marie).
Mort de la marquise de Boissy (Teresa Guiccioli).

1879. Mort de Claire Clairmont.

1893. Mort de William, premier comte de Lovelace.

1900. 22 janvier. Mort d'Elie Taillefer.

1906. Mort de Ralph, deuxième comte de Lovelace, petit-fils de Byron.

BIBLIOGRAPHIE

Je souhaitais donner les références des passages cités au bas de chaque page de ce livre. Deux objections m'ont été faites et m'ont amené à grouper ces références par chapitres : *a*) les chiffres entre crochets, qui coupent une phrase, irritent les lecteurs véritables, ceux qui cherchent dans un livre une émotion ou un sujet de réflexion ; *b*) souvent un ouvrage a apporté à l'auteur des suggestions précieuses mais, parce qu'aucune phrase de ce texte n'est citée, il ne figurera pas dans les notes.

La méthode adoptée ici permet, je crois, à la fois à l'auteur d'indiquer les sources générales de chaque chapitre, et au lecteur qui souhaiterait rechercher le texte original d'une citation importante de le trouver rapidement.

Les ouvrages les plus souvent cités sont indiqués par des lettres, comme suit :

L. J. : Letters and Journals, en 6 volumes, publiés par Rowland E. Prothero (Lord Ernle), chez John Murray, éditeur, 1898-1901. Les numéros des pages sont donnés ici d'après la réimpression faite en 1922.

C. : Lord Byron's Correspondance, 2 volumes, édités par John Murray, 1922.

P. : The Poetical Works of Lord Byron, publiés par Ernest Hartley Coleridge, en 1905. Un volume. John Murray, éditeur.

H. : Recollections of a long life, par Lord Broughton (John Cam Hobhouse), publiés par sa fille, Lady Dorchester. John Murray, éditeur. 6 volumes. Les numéros des pages sont donnés ici d'après la réimpression faite en 1910.

B. M. : Archives du British Museum (département des manuscrits).

M. : Byron's Life, par Thomas Moore. Les numéros des pages sont donnés ici d'après l'édition en un volume, publiée en 1847, chez John Murray.

J. : The Real Lord Byron, par John Cordy Jeafferson. Hurst and Blackett, éditeurs.

E. C. M. : Byron, par Ethel Colburn Mayne. 2 volumes, publiés en 1912. Methuen et C°, éditeurs.

L. B. : The Life of Lady Byron, par Ethel Colburn Mayne. Constable et C°, éditeurs, 1929.

H. N. : Byron, the Last Journey, par Harold Nicolson. Constable et C°, éditeurs. Les numéros des pages sont donnés ici d'après la réimpression faite en 1929.

V. R. : Le Secret de Byron, par Roger de Vivie de Régie. Emile-Paul, éditeur. Paris, 1927.

D'autres ouvrages souvent cités sont :

Astarté, par Ralph Milbanke, comte de Lovelace, petit-fils de Byron. Edition augmentée, publiée en 1921, par la comtesse de Lovelace. Christophers, éditeur.

In Whig Society, par Mabel, Countess of Airlie. Hodder et Stoughton, éditeurs, 1921.

Recollections of the Life of Lord Byron, par R. C. Dallas, publié en 1824, Charles Knight, éditeur.

Journal of the Conversations of Lord Byron, par Thomas Medwin. L. Baudry, éditeur, 1824.

A Journal of the Conversations of Lord Byron, par la comtesse de Blessington. Les numéros des pages sont donnés ici d'après la réimpression faite en 1894. Richard Bentley and Son, éditeurs.

Lord Byron and some of his contemporaries, par Leight Hunt. Henry Colburn, éditeur, 1828.

A Narrative of Lord Byron's Last Journey to Greece, par le comte Pietro Gamba. John Murray, éditeur, 1825.

The Last Days of Lord Byron, par William Parry. Knight et Lacey, éditeurs, 1825.

Première partie

CHAPITRE PREMIER

La charte de fondation de Newstead est au British Museum (département des manuscrits).

Les détails sur la spoliation des monastères viennent du livre du cardinal GASQUET :

Henry VIII and the English Monasteries.

Les détails sur le procès du Mauvais Lord, d'une brochure contemporaine : *The Trial of William, Lord Byron* (B. M. 6485-h-2).

Le naufrage du grand-père de Byron est raconté par lui : John BYRON, *The Wreck of the Wager.*

Sur les déprédations du Mauvais Lord à Newstead, voir Albert BRECNOCK : *Byron.*

CHAPITRE II

Sur les ancêtres écossais de Lord Byron, la grande autorité est J. M. BULLOCH : *The tragic adventures of the Gordons of Gight.*

Voir aussi J. D. SYMON : *Byron in Perspective*, et J. W. DUFF : *Byron and Aberdeen.*

Les lettres du capitaine Byron sont *inédites* et m'ont été communiquées par Lady Lovelace.

Les lettres de Mrs Byron à Mrs Leigh sont au British Museum (Add. Man. 31037).

C'est dans SYMON (page 39) que se trouvent les faits les plus précis sur l'infirmité de Byron.

Lettre de Mrs Byron à Augusta : L. J. I, 19.

CHAPITRE III

Sur les écoles d'Aberdeen : L. J. V, 406-407. – SYMON, 49-67.

Sur May Gray : L. J. I, 10. – J. 36. – E. C. M. I, 25. – Karl ELZE : *Life of Lord Byron*, 16-17.

Sur *Zeluco :* ELZE, 20-21.

A propos de l'épisode Mary Duff, voici une note de Hobhouse : « En ce qui concerne le précoce développement de tels goûts chez Byron, je connais un fait certain, qui est à peu près impossible à raconter, mais beaucoup moins romanesque et beaucoup plus satisfaisant que les amours avec Mary Duff. »

C'est également d'après une note de Hobhouse que j'ai indiqué comment Byron apprit qu'il était devenu Lord Byron. La voici : « Byron lui-même me dit que le maître l'avait fait chercher, lui avait donné un gâteau et du vin et lui avait dit que son cher grand-oncle était mort et qu'il était maintenant un lord.

Byron ajouta que ce petit festin et les manières respectueuses du maître lui avaient donné aussitôt une haute idée de sa nouvelle dignité. »

CHAPITRE IV

Moore 10, *passim*.
Lettre de Hanson : L. J. I, 10.
Sur lord Carlisle : L. J. I, 36.
Sur Margaret Parker : L. J. V, 449.

CHAPITRE V

Sur le docteur Drury, voir Percy M. THORNTON : *Harrow School*.
Anecdote du bassin d'eau : J. 60.
Anecdote du buste de Napoléon : L. J. II, 324.
Vers sur la mort de Margaret Parker : P. 2.

CHAPITRE VI

Epigraphe : P. 33.
Sur Mary Chaworth et Jack Musters, voir GRANTLEY BERKELEY : *Recollections*.
C'est de cet auteur, qui connaissait intimement Jack Musters, que viennent tous les détails donnés ici sur ce couple.
Anecdote du fantôme : M. 27.
Réponse de Mary-Ann à sa femme de chambre : M. 28.
Lettres de Byron : L. J. I, 16,17.
Brouille avec Lord Grey : L. J. I, 53.
Hobhouse, à propos de Lord Grey, écrit en marge de Moore : « Durant cette intimité se produisit un fait qui eut certainement beaucoup d'influence sur les mœurs de Byron dans la suite. »
Vers *En quittant Newstead* Abbey : P. 2.

CHAPITRE VII

Sur les amitiés de Byron à Harrow, note de Hobhouse : « Moore ne sait rien, ne veut rien dire de la principale cause de toutes ses amitiés enfantines. »

Poème cité : *Joyeuse bande...* P. 25.

Citation soulignée dans Marmontel : J. 62.

Lettres échangées avec Lord Clare : M. 24.

Anecdote : « Un, deux, trois, quatre, cinq, six, sept... » L. J. I, 130.

Première rencontre avec Elisabeth Pigot : M. 32.

Lettre de Mrs Byron à Augusta : L. J. I, 19.

Lettres de Byron à Augusta : L. J. I, 20, 42, 49, 29, 35, 30, 46, 47, 40, 49, 62.

Mariage de Mary Duff : L. J. II, 347.

Adieux à Mary Chaworth : P. 386.

CHAPITRE VIII

Poèmes cités : P. 3. et P. 37.

Sur le départ de Drury, j'ai adopté la version qui m'a été donnée par Mrs Du Pontet, bibliothécaire de Harrow, et d'après laquelle ce n'est pas Byron qui empêcha ses camarades de répandre la poudre.

Sur le travail de Byron à Harrow, note de Hobhouse : « Lord Byron ne quitta pas Harrow, ou du moins n'arriva pas à Cambridge avec une réputation quelconque de succès étonnants ou de talents extraordinaires. »

A propos de la liste des livres lus par Byron, liste que donne Moore et qui semble supposer des lectures étendues, note de Hobhouse : « Lord Byron dit qu'il a lu ces livres. Je suis incliné à le croire, mais il est certain qu'il n'a jamais donné par la suite aucun signe de les connaître. »

Lettre de Byron à Augusta : L. J. I, 68.

Sur les dons d'orateur de Byron : L. J. V, 453.

Sur le rôle de Byron dans l'équipe de cricket : L. J. I, 71.

Sur la note dans les *Scriptores Graeci* : M. 30.

Poème cité : P. 6.

CHAPITRE IX

Lettres de Byron : L. J. I, 81, 76.

Sur les mœurs du temps et leur influence sur la formation de

Byron, voir H. J. C. GRIERSON : *Byron and English Society*, pages 167-199 du volume intitulé *The Background of English Literature*.

Sur la vie avec Long : L. J. V, 4, 5, 446, et M. 32.

Sur Eddleston : L. J. I, 130, 132, 133 ; P. 19.

Lettre de Byron à Augusta : L. J. I, 93.

Lettres de Mrs Byron à Hanson : L. J. I, 95.

Lettre de Byron sur Cambridge : L. J. I, 83.

CHAPITRE X

Epigraphe. Mot de Byron, cité par Medwin (Thomas MEDWIN : *Journal of the Conversations of Lord Byron*) I, 70.

Lettres de Byron sur sa mère : L. J. I, 100, 101, 105.

Séjour à Harrogate : M. 37, 38.

Vers à John Pigot : P. 16.

Poème « Collines d'Annesley... » P. 62.

Conversation entre Byron et Becher : M. 45.

Poème à Becher : P. 31.

Transformation physique : L. J. I, 126.

Anecdote de l'agate : M. 45.

Sur Southwell, note de Hobhouse : « Ce fut en cet endroit que non seulement il a pris ses premières leçons de sensualité, mais aussi qu'il eut l'occasion de voir à quels bas expédients peut recourir l'intérêt. Une des familles dont il parle toléra des relations entre lui et une des jeunes filles, dans l'espoir de l'entraîner à un mariage inégal. »

Lettre à Elizabeth Pigot : L. J. I, 131.

Lettre de Mrs Byron : L. J. I, 128.

Lettres de Byron à Elizabeth Pigot : L. J. I, 142, 137, 141, 144, 147.

Lettre de Dallas à Byron : R. C. DALLAS, *Recollections of the Life of Lord Byron*, 3, 4.

Réponse de Byron : L. J. I, 169, 170, 173.

Anecdote de la bouée : LEIGH Hunt, *Byron and his contemporaries*, I, 1.

CHAPITRE XI

Eddleston retrouvé : L. J. I, 134, 135.

Sur Matthews : L. J. I, 150-160.

Sur Hobhouse, Davies, et leurs rapports avec Byron, on trouve beaucoup de souvenirs aussi bien dans les journaux de Byron (L. J. V.) que dans les Mémoires de Lord Broughton (John Cam Hobhouse).

Lettre à Hanson : L. J. I, 150.

Sur les dettes de Byron : L. J. I, 187.

Lettre à Becher : L. J. I, 184.

L'article de la *Revue d'Edimbourg* est donné *in extenso* dans L. J. I, appendice, page 344. Moore dit (page 69) que le sentiment d'humiliation de Byron ne dura qu'un moment. Hobhouse répond, en marge, que c'est faux. Il fut tout près de se tuer.

Lettre citée : L. J. I, 186.

CHAPITRE XII

Lettres de Mrs Byron : British Museum, Egerton manuscripts, 2611. (M. Rodonacachi a déjà publié quelques-uns de ces textes.)

Lettre de Byron à sa mère :. L. J. I, 192.

Lettre sur Mrs Musters : L. J. I, 198.

Poèmes à Mary-Ann Chaworth-Musters : P. 81, 82.

Le monument de Boatswain est encore intact à Newstead.

Inscription ajoutée par Byron dans ses *Scriptores Graeci* : M. 39.

Brouille avec lord Carlisle : L. J. I, 217.

Sur la prise de siège à la Chambre des Lords, voir DALLAS, 50-54.

Lettres sur les dettes et Newstead : L. J. I, 174, 200, 216, 217.

Lettre de Mrs Byron à Hanson : L. J. I, 205, 206.

Emprunt fait à Scrope Davies : L. J. II, 11.

Vie à Newstead : L. J. I, 153-156.

Poème sur le crâne : P. 80.

Vie à Newstead : L. J. I, 153-156.

Lettre de Byron à Augusta : L. J. I, 203.

Indifférence de Lord Delawarr : DALLAS, 62-64.

Stances à Mary-Ann : P. 83.

CHAPITRE XIII

Sur le départ : L. J. I, 230. Voir aussi P. 1016.

Lettre à Mrs Byron : L. J. I, 225.

Sur Lisbonne et le Portugal : L. J. I, 233, et H. I, 6-10.

Sur l'Espagne : L. J. I, 238.

Robert Rushton, renvoyé à Newstead : L. J. I, 283.

Sur la traversée de Gibraltar à Malte, voir John GALT : *The Life of Lord Byron*, 65-74.

Vers sur Mrs Spencer Smith : *Childe Harold*, chant II, XXXII.

Sur Mrs Spencer Smith, voir duchesse d'ABRANTES, *Mémoires*, XV, 4, 5.

Sur l'Albanie, sur Ali Pacha : L. J. I, 248, 250, 251.

Sur la tempête en mer : L. J. I, 253.

Sur les Albanais : L. J. I, 254.

Lettres de Byron sur Fletcher : L. J. I, 256, 308.

Sur le séjour en Grèce, M. I, 25-27. Voir aussi Harold SPENDER : *Byron in Greece*, qui donne à la fois les lettres et les poèmes.

Citation : *Childe Harold*, chant II, LXXIII.

Sur la famille Macri : L. J. I, 269. Voir, pour plus de détails, l'article de M. Camborouglou dans le *Messager d'Athènes*, 1924. Voir aussi M. 101, 102, 105.

Poème « Fille d'Athènes... », p. 246.

Hobhouse, sur le despotisme : H. 26.

Traversée de l'Hellespont à la nage : L. J. I, 285.

Sur Constantinople : L. J. I, 282, et H. I, 30.

Byron à sa mère, sur le départ d'Hobhouse : L. J. I, 295.

Hobhouse, sur ce départ : H. I, 32.

Hobhouse à Byron, et réponse de Byron : L. J. I, 305.

Sur le couvent des Capucins : C. I, 29, 30.

Sur Nicolo Giraud : C. I, 15.

Sur Mme Macri : C. I, 16.

Opinion de Lady Hester Stanhope sur Byron : L. J. I, 190.

Maladie de Byron : L. J. II, 21.

Sur l'ingratitude de Delawarr : *Childe Harold*, chant II, note B.

Lettres de Byron à sa mère : L. J. I, 291, 292, 311, 312.

Lettre de Byron à Dallas : L. J. I, 313.

Deuxième partie

CHAPITRE XIV

Le récit du retour est dans DALLAS, 103, *passim*.

Citations de *Childe Harold*, chant I, strophes II, III, IV, V, X, VII, chant II, strophe II.

Lettre de Dallas à Byron : DALLAS, 114.

Lettre de Byron à sa mère : L. J. I, 319.

Lettres et comptes de Mrs Byron : British Museum, Egerton manuscripts. En partie inédits.

Mort de Mrs Byron : M. 121.

Lettre de Byron à Pigot : L. J. I, 320, 321.

Lettre de Byron à Hobhouse : C. I, 44.

Autres lettres citées : L. J. I, 338, 324, 325 ; C. I, 44 ; L. J. II, 7, 5, 46.

Remarques de Dallas sur *Childe Harold* : DALLAS, 124, 125.

Lettres de Byron à Augusta : L. J. I, 332 ; L. J. II, 18.

Lettres d'Augusta à Byron : L. J. II, 10, 11.

Lettres de Byron à Augusta : L. J. II, 17, 31.

Testament de Byron : M. 130, 131.

Sur le séjour de Hodgson à Newstead, voir *Memoir of Rev. Francis Hodgson*, I, 219, 221.

Lettres de Byron à Hodgson : L. J. II, 21, 22, 36, 100, 90.

Epître à Hodgson : P. 250.

Lettre citée : L. J. II, 55.

CHAPITRE XV

Sur John Murray, voir SMILES. *A Publisher and his Friends*.

Sur Rogers, voir CLAYDEN : *Rogers and his contemporaries*, et *Tabletalk of Samuel Rogers*.

Sur les débuts politiques de Byron, voir DALLAS, 188-218, et Dora RAYMOND : *The Political Career of Lord Byron*, 34-61.

Sur le succès de *Childe Harold*, voir GRIERSON : *Byron and English Society*.

Opinion de la duchesse de Devonshire sur *Childe Harold* : L. J. II, 106.

CHAPITRE XVI

Sur l'histoire des Melbourne, voir TORRENS : *Melbourne Papers*, et MABELL, Countess of AIRLIE : *In Whig Society.*

Sur Lady Caroline Lamb, voir L. J. II, 114, 115.

Les lettres de Caroline Lamb sont citées dans les Mémoires de Lady MORGAN.

Les extraits du journal de William Lamb et les lettres de Lady Caroline à son mari sont dans TORRENS : *Melbourne Papers.*

La phrase entre guillemets sur Lady Melbourne et sa belle-fille est de Lady AIRLIE : *In Whig Society*, 117.

Byron sur Lady Melbourne : *Conversations of Lord Byron with the Countess of Blessington*, 200.

Lettre de Caroline Lamb à Byron : L. J. II, 446.

La rencontre avec Miss Milbanke est décrite d'après le journal inédit de Miss Milbanke (Lovelace Papers). Sur cette première entrevue, voir aussi MEDWIN, I, 37.

Lettre de Byron à Caroline Lamb : L. J. II, 110, 117.

La duchesse de Devonshire, sur Caroline Lamb : L. J. II, 136.

Sur la liaison de Byron avec Lady Caroline, voir MEDWIN, II, 64-67, et MEDWIN, I, 81.

Lettre de Byron à Caroline Lamb : L. J. II, 121.

La duchesse de Devonshire, sur Miss Milbanke : L. J. II, 120.

Sur les excentricités de Lady Caroline et l'intervention du prince régent, voir *In Whig Society*, 127-131.

Lettre de Caroline Lamb à Byron : L. J. II, 448.

Lady H. Leveson-Gower sur Lady Caroline Lamb : L. J. II, 187.

Lettre de Byron à Lady Melbourne : C. I, 71, 72.

Lettres de Lady Melbourne à Byron : *In Whig Society*, 145, 147.

Lettres de Byron à Lady Melbourne : C. I, 75, 82.

Lettre de Lady Melbourne à Byron : *In Whig Society*, 146.

Lettres de Byron à Lady Melbourne : C. I, 79, 87, 88.

Lettres de Lady Melbourne à Byron : *In Whig Society*, 146.

Sur Miss Milbanke chez ses parents, journal inédit (Lovelace Papers).

Lettres de Miss Milbanke à Lady Melbourne : *In Whig Society*, 141.

CHAPITRE XVII

Epigraphe : *Don Juan*, chant III, strophe III, P. 829.
Sur la vente de Newstead : L. J. II, 251.
Sur Lady Jersey, voir *Memoir of Sarah, Lady Jersey*, par la comtesse de JERSEY.
Sur Lady Oxford, voir Lady BLESSINGTON, 233, et MEDWIN, I, 76, 77.
Sur le séjour à Eywood, voir C. I, 98-132.
Lady Caroline Lamb à Lady Oxford : *In Whig Society*, 151.
Byron à Lady Melbourne : C. I, 104, 145.
Lady Melbourne à Byron : *In Whig Society*, 147.
Byron à Lady Caroline Lamb : L. J. II, 136.
Vers de Lady Caroline Lamb, récités à Brocket Hall : L. J. II, 447.
Appréciation de Byron sur l'autodafé : C. I, 123.
Byron sur Lady Bessborough : C. I, 137.
Bal chez Lady Heathcote : *In Whig Society*, 152-157.
Article du *Satirist* : L. J. II, 242, 243.
Remember thee..., P. 258, et MEDWIN, II, 68, 69.
Vers à Lady Oxford : P. 259.
Byron à Lady Melbourne : C. I, 161.

CHAPITRE XVIII

Epigraphe : C. I, 196.
Pour une interprétation psychologique très pénétrante de cette période, voir le *Byron* de Charles DU BOS. Le fait précis qui permet d'affirmer que les amours de Byron et de Mrs Leigh commencèrent à ce moment est la naissance de Médora, le 15 avril 1814. La correspondance de Byron et de Lady Melbourne apporte une confirmation.
Lettres de Byron à Augusta : L. J. II, 226, 227.
La phrase entre guillemets :
« Ils n'avaient pas été élevés ensemble... » est de Lord ERNLE : *Lady Byron and her Separation*, article publié dans *The Quarterly Review*, 1930.
Lettres de Byron à Lady Melbourne : C. I, 254, 255.
Lettre de Byron à Moore : L. J. II, 151.

Sur l'intervention de Lady Melbourne, voir *Astarté*, 33, 34.
Lettres de Byron à Lady Melbourne : C. I, 177, 173.
Citation du *Giaour*, vers 1181 à 1191 : P. 277.

CHAPITRE XIX

Epigraphe : C. I, 255.
Lettres de Byron à Lady Melbourne : C. I, 183, 181, 186, 189, 191, 192, 193, 194, 198, 200, 199, 200, 203, 204, 209.

CHAPITRE XX

Journal de Byron : L. J. II, 321.
Lettre de Byron à Galt : L. J. II, 305.
Lettre de Byron à Lady Melbourne : C. I, 219.
Journal de Byron : L. J. II, 323, 346, 319, 348, 345.
Lettres de Byron à Lady Melbourne : C. I, 226, 232, 233.
Lettres de Mary Chaworth-Musters à Byron : C. I, 223, 240, 225, 228.
Lettre de Lady Melbourne à Byron : *In Whig Society*, 165.
Lettre d'Augusta à Byron : *Astarté*, 263.
Lettre de Byron à Lady Melbourne : C. I, 228.
Sur le héros byronien, voir Edmond ESTÈVE : *Byron et le Romantisme français*, 18, 19.
Sur *Le Corsaire* : L. J. II, 382.
Citation du *Corsaire*, chant I, strophe IX : P. 300.
Journal de Byron : L. J. II, 377.
Lettres de Byron à Lady Melbourne : C. I, 241, 276, 256, 257.
Citation entre guillemets : *Astarté*, 34, 35.
Journal de Byron : L. J. II, 339.
Vers à la princesse Charlotte : P. 254.
Sur le succès du *Corsaire*, voir Mark RUTHERFORD : *The Revolution in Tanner's Lane*, 28, 27.
Journal de Byron : L. J. II, 384, 385, 389, 390, 408, 409.
Lettre de Byron à Lady Melbourne : C. I, 251.
Poème à Augusta : P. 349, et *Astarté*, 328.
Citation de *Lara*, chant I, strophes XVII, XVIII : P. 328. L'expression « ex-futur Byron » est dans une belle lettre de Don Miguel de Unamuno.

CHAPITRE XXI

Les lettres de fiançailles de Byron et de Miss Milbanke ont été publiées par Miss Ethel COLBURN MAYNE : *The Life of Lady Byron.*

Quelques extraits des Lettres de Byron à sa fiancée avaient déjà paru dans *Letters and Journals*, tome III.

Lettre de Byron à Moore : L. J. III, 126.

Lettre de Byron à Lady Melbourne : C. I, 137.

Journal de Byron : L. J. II, 380.

Lettres de Miss Milbanke à Lady Melbourne : *In Whig Society*, 160, 161, 163, 162, 137, 138, 140.

Lettre de Miss Milbanke à Byron : L. B. 58.

Lettres de Byron à Miss Milbanke : L. J. III, 398, 399, 402, 403, 408.

Lettres de Byron à Lady Melbourne : C. I, 178, 253, 254.

Lettres de Byron à Miss Milbanke : L. B. 103, 111.

Anecdote de la bague : M. 264.

Lettres de Miss Milbanke à Byron : L. B. 111, 112.

Lettres de Byron à Miss Milbanke : L. B. 112, 113, 444.

Lettre de Byron à Lady Melbourne : C. I, 270.

Lettre de Byron à Moore : L. J. III, 138, 139.

Lettres de Byron à Miss Milbanke : L. J. III, 146, 160.

Lettre de Miss Milbanke à Miss Emily Milner : L. J. III, 148.

Lettres de Byron à Miss Milbanke : L. B. 447, 448, 449.

Lettre de Miss Milbanke à Byron : L. B. 451.

CHAPITRE XXII

Epigraphe : *Don Juan*, chant III, strophe VIII : P. 829.

Sur le contrat de mariage de Byron, voir E. C. M, 306, 307.

Lettre de Byron à Lady Melbourne : C. I, 272.

Chanson de Tom Moore : *The English Poets*, edited by Thomas Humphry Ward, vol. IV, 320.

Pour le séjour à Seaham (novembre 1814), journal inédit de Miss Milbanke et lettres de Byron à Lady Melbourne : C. I, 287, 290, 288.

Lettres de Miss Milbanke à Byron : L. B. 127, 128, 129, 134, 140, 149.

Lettres de Byron à Miss Milbanke : L. B. 150, 151, 153, 154.
Sur le second séjour à Seaham et la cérémonie du mariage, il y
a un excellent récit de Hobhouse : H. I, 191-197.

CHAPITRE XXIII

Ce chapitre est entièrement écrit à l'aide du journal de Lady
Byron. C'est un document remarquable, très bien écrit, très
précis. Il faut souhaiter qu'un jour il puisse être publié *in exten-
so*. Miss E. C. MAYNE en a cité de nombreux passages dans sa
Vie de lady Byron. J'ajoute un certain nombre d'extraits, en
particulier sur l'attitude religieuse de Byron. Je ne puis indiquer
de références numériques, puisque le document est inédit.
L. B. 194.
Lettre de Byron à Lady Melbourne : C. I, 295.
Lettre de Lady Melbourne à Byron : C. I, 297.
Lettre de Byron à Lady Melbourne : C. I, 300.
Lettre de Lady Melbourne à Byron : C. I, 303.
Lettre de Byron à Hobhouse : C. I, 306.
Lettres de Byron à Moore : L. J. III, 176, 182, 175.

CHAPITRE XXIV

Sources générales : Journal de Lady Byron ; Hobhouse (Lord
Broughton) : *Recollections of a long life;* Leigh Hunt ; *Lord
Byron and his contemporaries;* Ethel Colburn Mayne : *The Life
of Lady Byron.*
Lettre de Lady Byron à Mrs Leigh : L. J. III, 210.
L. B. 181.
Les entrevues avec Walter Scott sont racontées dans MOORE,
280.
Lettre de Byron sur la chute de Napoléon : L. J. III, 208, 209.
La phrase entre guillemets « En fin de compte est-il au-
jourd'hui... » est, comme l'on sait, de Chateaubriand.
Don Juan, chant III, strophes V et VIII : P. 829.
L. B. 166.
Lettre de Lady Byron à Mrs Leigh : L. J. III, 210.
Journal de Hobhouse : H. I, 324, 325.
Lettre de Byron à Lady Byron : *Astarté*, 39.

Réponse de Lady Byron : *Astarté*, 40.
Lettres de Lady Byron à Byron : Fox, 98, 99, et H. II, 203.

CHAPITRE XXV

Pour la séparation, voir E. C. MAYNE : *The Life of Lady Byron*, 199-232 ; *Astarté*, et le livre très soigneusement fait, qui contient beaucoup de documents, de Sir John Fox : *The Byron Mystery*. Les sources de ces livres, et du mien, sont aux archives d'Ockham Park (Lovelace Papers). Hobhouse, qui consacre à ce seul épisode 164 pages de ses Mémoires (H. II, 191-355), semble d'abord avoir tout ignoré des rapports de Byron et d'Augusta. Dans son exemplaire de la *Vie de Byron* par MOORE, en face du passage où Moore dit que l'affection de Byron pour sa sœur fut due à leur séparation, qui laissa ses sentiments pour elle frais et intacts, Hobhouse a écrit en marge : « Mon cher Moore, vous ne savez rien de cette question. »
Lettre de Mrs Leigh à Lady Byron : Fox, 105.
Lettres de Lady Byron à Mrs Leigh : L. J. III, 299, 295.
Lettre du docteur Le Mann : Fox, 104.
Lettre de Lady Noel à Lady Byron : Fox, 106.
Lettres de Byron à Lady Byron : H. II, 239, 240, et L. B. 212, 403.
Lettre de Lady Byron à Mrs Leigh : L. J. III, 311.
Lettre de Byron à lady Byron : L. B. 134.
Lettre de Lady Melbourne à Byron C. I, 307.
Lettre de Lady Caroline Lamb à Byron : L. J. II, 449.
Lettre de Mrs Leigh à Hodgson : L. J. III, 317.
Lettre de Byron à Moore : L. J. III, 272.
Sur l'intervention de Hobhouse, voir II. II, 225, et Fox, III, 112.
Poème *Fare thee well...* P. 377.
Vers sur Mrs Clermont *(The Sketch)* : P. 377.
Le désespoir de Byron, lors de son dernier entretien avec Augusta, est dépeint par Mrs Leigh elle-même à Lady Byron, qui en prend note dans son Mémoire. Voir *Astarté*, 65.
La phrase entre guillemets « Il avait posé au rebelle... » est de Sir Leslie Stephen.
Sur la soirée chez Lady Jersey, voir MOORE, 302, 303, et *As-*

tarté, 50.

Lettre d'adieu de Byron à sa femme : *Astarté*, 51, et L. J. III, 280.

Lettres de Claire Clairmont à Byron : L. J. III, 435, 436, 437.

Quatrain *A year ago...* P. 1027.

Lettre de Nathan à Byron : L. J. III, 283.

Le journal de Polidori a été publié par Mr Rossetti.

Byron sur la tombe de Churchill : H. I, 335.

Vers à Tom Moore : P. 1028.

L'anecdote du paquet envoyé à Miss Elphinstone est dans l'ouvrage de la comtesse GUICCIOLI : *My recollections of Lord Byron*, traduction anglaise d'Hubert Jerningham, publiée en 1869, page 184. Je dois à Lord Lansdowne de savoir ce qu'il y avait dans le paquet : un Virgile qui se trouve encore aujourd'hui à Bowood.

Départ de Byron : H. I, 336.

Troisième partie

CHAPITRE XXVI

Childe Harold, chant III, strophe II : P. 185.

Childe Harold, chant III, strophe VI : P. 186.

Childe Harold, chant III, strophe XVI : P. 187.

Journal de Polidori. British Museum (010854-df-47).

Les vers de *Childe Harold* cités isolément dans le texte, entre guillemets, sont extraits du chant III, strophe XXI (P. 188); strophes XL et XLII (P. 191).

Conversation de Byron avec Polidori : M. 319.

Childe Harold, chant III, strophe LV, couplets 1 et 4 : P. 193.

Childe Harold, chant III, strophes LXXXVI (P. 197), XCIX (P. 199) et LXXII (P. 195).

Le Rêve : P. 385.

Stances à Augusta : P. 39.

Lettres de Byron à Mrs Leigh : *Astarté*, 265, 273, 272.

Lines on hearing that Lady Byron was ill : P. 393, 394.

Sur Byron chez Mme de Staël, voir Dora RAYMOND, 104.

Epigraphe de *Glenarvon : Le Corsaire*, chant III, strophe XXIV : P. 321.

Poème ironique sur *Glenarvon* : L. J. IV, 79.
Lettre de Byron sur *Glenarvon* : L. J. IV, 12.
Lettre de Byron sur Shelley : L. J. V, 496.
Lettre de Byron à Mrs Leigh : *Astarté*, 267.

CHAPITRE XXVII

Lettre de Hobhouse à Mrs Leigh : L. J. III, 347.
Sur Byron et Hobhouse à Coppet, voir H. II, 26.
Parodie des *Stances à Augusta* par Hobhouse : L. J. IV, 74.
Byron et Hobhouse en montagne : H. II, 19.
Journal de Byron : L. J. III, 349, 355, 356, 360, 362, 364, 365.
Manfred, acte I, scène I : P. 399.
Manfred, acte II, scène II : P. 404.
Manfred, acte II, scène II : P. 408.
La phrase entre guillemets « Si Augusta... » est de Lord Lovelace. *Astarté*, 63.
Lettres de Lady Byron à Mrs Villiers : *Astarté*, 220, 212.
Lettres de Lady Byron à Mrs Leigh : *Astarté*, 210.
Lettre de Mrs Leigh à Lady Byron : *Astarté*, 214.
Lettre de Mrs Villiers à Lady Byron : *Astarté*, 238.
Lettre de Mrs Leigh à Lady Byron : *Astarté*, 242.
Mémoire de Lady Byron : *Astarté*, 253.
Lettre de Lady Byron à Mrs Leigh : *Astarté*, 248.
Lettre de Byron à Mrs Leigh : *Astarté*, 275.
Journal de Hobhouse : H. II, 53.
La lettre de Louis de Brême est inédite et se trouve aux archives du château de Coppet.
Voir aussi, sur cette période, STENDHAL : *Racine et Shakespeare*.

CHAPITRE XXVIII

Lettre de Byron à Murray : L. J. IV, 14.
Lettre de Byron à Moore : L. J. IV, 7.
Lettres de Byron : L. J. IV, 18, 19.
Childe Harold, chant IV, strophe VIII : P. 212.
Lettre de Byron : C. II, 23.
Vers à Moore : L. J. IV, 29.
Vers à Marianna Segati : L. J. IV, 60.

Lettres de Byron à Mrs Leigh : *Astarté*, 285, 288.
Lettre de Mrs Leigh à Lady Byron : *Astarté,* 70.
Manfred, acte III, scène I : P. 410, 411.
Manfred, acte III, scène IV : P. 414.
Lettre de Mrs Villiers à Lady Byron : *Astarté*, 69.
Lettre de Lady Byron à Mrs Leigh : L. B. 271.
Sur Byron à Rome, voir M. 356, et L. J. IV, 122, 123.
Sur le buste de Byron par Thorwaldsen, voir ELZE, 220, 221.
Childe Harold, chant IV, strophe CXXXII.
Journal de Hobhouse : H. II, 78, 84.
Dédicace du quatrième chant de *Childe Harold :* P. 208.
Childe Harold, chant IV, strophes CXXI (P. 231), CXXXVII
(P. 234), CLXXXIV et CLXXXV (P. 241).
Beppo, strophes XLVII et XLVIII (P. 424).
Episode Margarita Cogni : L. J. IV, 328, 330.
Journal de Hobhouse : H. II, 90.
Lettre de Byron à Moore : L. J. IV, 262.
Lettre de Byron à Rogers : L. J. IV, 208.
Lettre de Byron sur la mort de Lady Melbourne : C. II, I.
Lettre de Byron à Lady Byron : L. J. IV, 268.
Lady Byron à Newstead : L. B. 277, 278.
Lettre de Shelley à Byron : C. II, 52.
Lettre de Byron à Kinnaird : C. II, 65.
Lettre de Byron à Hobhouse : C. II, 71.
Lettre de Byron à Mrs Leigh sur Allegra : D. J. IV, 250.

CHAPITRE XXIX

Byron à Hobhouse, lettre apocryphe de Fletcher : L. J. IV,
234.
Don Juan, chant I, strophe CC : P. 802.
Don Juan, chant I, strophes XII et XVII : P. 781, 782.
Don Juan, chant I, strophes CCXIV, CCXV, CCXX : P. 803,
804.
Don Juan, chant I, strophe CXXVII : P. 794.
Julian et Maddalo, *Œuvres* de *Shelley ;* P. 189.
Sur la venue des Hanson à Venise, voir C. II, 93.

CHAPITRE XXX

Le récit, par la comtesse Guiccioli, de sa deuxième rencontre avec Byron est la traduction d'un texte italien (manuscrit de la main de Mme Guiccioli), cité dans MOORE, page 393.

Byron sur l'amour en Italie : MEDWIN, 26.

Lettre de Byron à Hobhouse : C. II, 107.

Lettres de Byron : L. J. IV, 307, 308, 325, 326.

Les propos tenus par la comtesse Guiccioli sont cités par MOORE, 400.

Ave Maria... : Don Juan, chant III, strophe CII, 842.

Pèlerinage à la tombe de Dante. Voir *Lord Byron à Venezia*.

Lettre de Byron à Mrs Leigh : *Astarté*, 291.

Lettre de Byron à Murray : L. J. IV, 349.

Lettre de Byron sur Bologne : C. II, 121.

Byron sur ses projets de voyage : L. J. IV, 357.

Rapports de police sur Byron : L. J. IV, 460, 462, 463.

Lettre de Byron à la comtesse Guiccioli, sur son exemplaire de *Corinne :* L. J. 350.

Lettres de Byron : L. J. IV, 371, et C. II, 128.

Lettre de Byron à la comtesse Guiccioli : L. J. IV, 379.

Lettre de Byron à Mrs Leigh : *Astarté*, 85.

Lettre de Mrs Leigh à Murray : L. J. IV, 383.

Lettre de Byron à la comtesse Guiccioli : L. J. IV, 391.

Lettres de Byron : L. J. IV, 409, 400.

Propos tenus par la comtesse Guiccioli : L. J. V, 32.

Lettre de Byron à Mrs Leigh : *Astarté*, 307.

Journal de Byron : L. J. V, 152, 147, 149, 152, 153, 154, 155, 198, 199.

Journal de Lady Byron : L. B. 292.

Lettre de Byron : C. II, 135.

Journal de Byron : L. J. V, 181.

Lettre de Byron : C. II, 176.

Journal de Byron : L. J. V, 189.

Sardanapale, acte I, scène II : P. 557.

Caïn, acte I, scène I : P. 627, 632.

Caïn, acte III, scène I : P. 651.

Lettre de Walter Scott à Murray, sur *Caïn :* P. 625.

Journal de Byron : L. J. V, 159.

Lettre de Byron à Hoppner : L. J. V, 74.

Lettres de Shelley à Mary Shelley : *Letters of Percy Bysshe Shelley*, édition Ingpen, vol. II, pages 887, 893, 894.

Lettre de la comtesse Guiccioli à Shelley : *Letters of Shelley*, II, 902.

Lettre de Shelley à Byron : C. II, 292.

Lettre de Byron sur Lord Clare : L. J. V, 463.

CHAPITRE XXXI

Epigraphe : L. J. VI, 99.

Lettre de Shelley : *Letters of P. B. Shelley*, II, 931.

Confidences de Byron à Medwin : MEDWIN, I, 65 ; II, 65 ; I, 76, 36, 38, 119, 120, 121, 131.

La lettre de Mary Shelley sur Trelawny est dans DOWDEN : *Percy Bysshe Shelley*, vol. II, page 462.

Lettre de Claire Clairmont à Byron : L. J. V, 498.

La comtesse Guiccioli sur Byron après la mort d'Allegra : L. J. VI, 52, 53.

Lettre de Shelley à Byron : C. II, 223.

Lettre de Byron sur les obsèques d'Allegra : L. J. VI, 69.

Lettre de Byron sur *Don Juan* : L. J. VI, 95.

Lettre de Byron à Mary Shelley : L. J. VI, 119.

CHAPITRE XXXII

Citation de HUNT, I, 102.

Lettre de Mary Shelley à Byron : C. 243.

Lettre de Byron à Mary Shelley : L. J. VI, 174.

Lettre de Leigh Hunt à Byron : H. N. 29.

Hunt sur la comtesse Guiccioli : HUNT, I, 68.

Sur Lord et Lady Blessington à Gênes, voir *A Byron Mystery resolved*, article de John GORE publié dans *Cornhill Magazine*, janvier 1928, pages 39-53.

Don Juan, chant X, strophe LXV : P. 936.

Don Juan, chant X, strophe LXXXII : P. 938.

Lettre de Byron à Lady Byron : L. J. V, 479.

Citations de Lady Blessington : *Conversations of Lord Byron with the Countess of Blessington*, 95, 91, 125, 112, 149.

Don Juan, chant XIV, strophe III : P. 974.
Don Juan, chant IX, strophes XXIV et XXV : P. 921.
Don Juan, chant XIII, strophes IX et X : P. 961.
Don Juan, chant XVI, strophe XCIX : P. 997.

CHAPITRE XXXIII

Journal de Byron : L. J. II, 340. Voir aussi M. 585.
Poème cité : L. J. VI, 238.
Lettre de Byron : C. II, 255.
Lettre de Bowring à Byron : William PARRY, *The Last Days of Lord Byron*, page 188.
Lettre de Byron à Bowring : L. J. VI, 207.
Lettres de Byron sur la comtesse Guiccioli : C. II, 258, 260.
Sur Pietro Gamba, voir H. N. 81.
Sur les casques homériques : H. N. 83.
Byron à Lady Blessington : Lady BLESSINGTON, 288.
Sur Byron à bord de l'*Hercule* : H. N. 109.
Conversation entre Fletcher et le capitaine Scott : H. N. III, 112.
Sur la sensibilité de Byron : H. N. 122.
Lettre de Byron sur ses revenus : L. J. VI, 252.
Lettre de Byron à Mrs Leigh : L. J. VI, 260.
Sur les rapports de Byron avec le docteur Kennedy, voir James KENNEDY : *Conversation on religion with Lord Byron*, pages 46, 47, 56, 136, 154, 172.
Lettre de Mavrocordato à Byron : *A Narrative of Lord Byron's Last Journey to Greece*, extracted from the journal of Count Pietro GAMBA, page 295.
Conversations de Byron avec Pietro Gamba : GAMBA, 48.
Lettres de Byron : L. J. VI, 291, 293, 294.

CHAPITRE XXXIV

Lettre de Byron au colonel Stanhope : L. J. VI, 297.
Conversations de Byron avec Pietro Gamba : GAMBA, 122, 123, 121, 115.
Querelle entre Byron et le colonel Stanhope : GAMBA, 138 et H. N. 206.

Sur la grandeur d'âme de Byron à ce moment, voir GRIER-
SON : 199, et H. N. 213.

Arrivée de la lettre de Hobhouse : H. III, 62.

Citation GRIERSON, 199.

Anniversaire de Byron. Poème cité : GAMBA, 127.

Aspect physique de Byron : PARRY, 21.

Lettre de Byron : L. J. VI, 318.

Byron et son chien Lion : PARRY, 75.

Sur la crise d'épilepsie de Byron, voir H. N. 224 et Julius
MILLINGEN : *Memoirs of the affairs of Greece, with various
anecdotes relating to Lord Byron.*

Lettres de Byron à Mrs Leigh : *Astarté*, 313 et L. J. VI, 330.

Sur la situation à Missolonghi : Dora RAYMOND, 265.

Découragement de Byron : GAMBA, 192.

Opinion de Hobhouse : H. III, 35.

Lettre de Trelawny : H. N. 233.

Dernière promenade à cheval : GAMBA, 249.

Sur la maladie de Byron, voir MILLINGEN, 129 ; GAMBA, 249 ;
MILLINGEN, 131.

Conversation de Byron avec Fletcher : H. N. 253.

Conversation de Byron avec Parry : PARRY, 121, 122.

Sur la mort de Byron : MILLINGEN, 132 ; H. N. 260 ; PARRY,
126 ; MILLINGEN, 141 ; H. N. 265, 266 ; GALT, 300, 301 ;
GAMBA, 265.

Épilogue

Epigraphe : L. J. V, 462.

Lettre de Hobhouse à Byron : C. II, 292, 299.

Hobhouse apprend la mort de Byron : H. III, 38, 39.

Mrs Leigh à Hodgson : HODGSON, II, 148, 149.

Effet de la nouvelle en Angleterre : CHEW, 194.

Arrivée du corps : H. III, 65.

La destruction des Mémoires est racontée avec beaucoup de
détails dans Hobhouse.

Sur la fin de la vie de Lady Byron, voir E. C. MAYNE, L. B.
323, 400, 401, 403, 405, 413, 414, 393.

Sur la mort de Mrs Leigh, voir *Astarté*, 31, 32.

Sur Ada Byron, voir *Ralph, Earl of Lovelace, a Memoir*, par MARY, comtesse de LOVELACE. Voir aussi *The Next generation*, Epilogue à la *Vie de Lady Byron* d'E. C. MAYNE, écrit par Lady LOVELACE.

Sur Médora LEIGH : *Médora Leigh, a history and an autobiography*, édité par C. Mackay, 1869 (British Museum : 10855-bb-15) ; Fox, 48, 53 ; L. B. 340-369 ; E. C. M. 327-334. Sur la vie de Médora en France et sur ses enfants, lire Roger DE VIVIE DE REGIE : *Le Secret de Byron*, dont je cite quelques extraits (pages 100, 45, 48, 49, 197, 200, 204).

Sur la fin de Mrs Chaworth-Musters, voir Grantley BERKELEY : *Recollections*.

Sur Theresa Macri, voir l'étude de M. CAMBOROUGLOU.

La lettre de Claire Clairmont à Mary Shelley est citée par CHEW, 151.

Lettre de Lady Caroline Lamb à Medwin : L. J. II, 454.

Sur les dernières années de la comtesse Guiccioli, voir Lord MALMESBURY : *Mémoires d'un Ancien Ministre*, pages 15, 20, 22, 51.

TABLE

Dans la collection Les Cahiers Rouges

Paul Alexis, Henry Céard, Léon
Hennique, JK Huysmans, Guy *Les Soirées de Médan*
de Maupassant, Émile Zola

Lou Andreas-Salomé *Friedrich Nietzsche à travers ses œuvres*
Joseph d'Arbaud *La Bête du Vaccarès*
Jacques Audiberti *Les Enfants naturels ■ L'Opéra du monde*
Marguerite Audoux *Marie-Claire suivi de l'Atelier de Marie-Claire*
François Augiéras *L'Apprenti sorcier ■ Domme ou l'essai*
d'occupation ■ Un voyage au mont Athos ■ Le
Voyage des morts
Marcel Aymé *Clérambard ■ Vogue la galère*
Jules Barbey d'Aurevilly *Les Quarante médaillons de l'Académie*
Charles Baudelaire *Lettres inédites aux siens*
Bayon *Haut fonctionnaire*
Hervé Bazin *Vipère au poing*
Béatrix Beck *La Décharge ■ Josée dite Nancy ■ L'enfant chat*
Jurek Becker *Jakob le menteur*
Max Beerbohm *L'Hypocrite heureux*
Louis Begley *Une éducation polonaise*
Julien Benda *Tradition de l'existentialisme ■ La Trahison des*
clercs
Yves Berger *Le Sud*
Emmanuel Berl *La France irréelle ■ Méditation sur un amour*
défunt ■ Rachel et autres grâces
Emmanuel Berl, Jean
d'Ormesson *Tant que vous penserez à moi*
Tristan Bernard *Mots croisés*
Princesse Bibesco *Catherine-Paris ■ Le Confesseur et les poètes*
Ambrose Bierce *Histoires impossibles ■ Morts violentes*
Lucien Bodard *La Vallée des roses*
Alain Bosquet *Une mère russe*
Jacques Brenner *Les Petites filles de Courbelles*
André Breton, Lise Deharme,
Julien Gracq, Jean Tardieu *Farouche à quatre feuilles*
André Brincourt *La Parole dérobée*
Charles Bukowski *Au sud de nulle part ■ Factotum ■ L'amour est*
un chien de l'enfer ■ Contes de la folie ordinaire
■ Journal d'un vieux dégueulasse ■ Le Postier ■
Souvenirs d'un pas grand-chose ■ Women